大宗淡水鱼产业发展报告
（2011—2015）

REPORT ON DEVELOPMENT OF CHINA'S STAPLE

FRESHWATER FISHES INDUSTRY

陈 洁 刘景景 张静宜等 著

上海远东出版社

图书在版编目(CIP)数据

大宗淡水鱼产业发展报告:2011—2015/陈洁等著.—上海:上海远东出版社,2016

(中国经济论丛.新农村建设专辑)

ISBN 978 - 7 - 5476 - 1230 - 9

Ⅰ.①大… Ⅱ.①陈… Ⅲ.①淡水鱼类-产业发展-研究报告-中国-2011—2015 Ⅳ.①F326.4

中国版本图书馆 CIP 数据核字(2016)第 290641 号

本书由上海文化发展基金会图书出版专项基金资助出版

大宗淡水鱼产业发展报告(2011—2015)

陈 洁 刘景景 张静宜等 著

责任编辑/李 英 祁东城 封面设计/李 廉

出版:上海世纪出版股份有限公司远东出版社

地址:中国上海市钦州南路 81 号

邮编:200235

网址:www.ydbook.com

发行:新华书店 上海远东出版社

　　　上海世纪出版股份有限公司发行中心

制版:南京前锦排版服务有限公司

印刷:昆山市亭林印刷有限责任公司

装订:昆山市亭林印刷有限责任公司

开本:710×1000 1/16 印张:27 插页:1 字数:484 千字

2017 年 1 月第 1 版 2017 年 1 月第 1 次印刷

ISBN 978 - 7 - 5476 - 1230 - 9/F · 599

定价:68.00 元

前　言

　　我国疆域辽阔，内陆江河纵横，湖泊、水库星罗棋布，是世界上淡水水面较多的国家之一。我国大部分地区位于温带或亚热带，气候温和，雨量充沛，适于鱼类生长。数千年来，我国劳动人民积累了丰富的渔猎知识，创造了灿烂的渔业文明。新中国成立后，在我国水产科技人员和渔业劳动者的共同努力下，我国渔业科技取得很大进步，逐步发展出成熟的淡水鱼养殖技术，使我国成为当今世界淡水养殖业最发达的国家，也为世界渔业文明做出了重要贡献。20世纪80年代初，我国确立了"以养为主"的渔业发展道路，一举解决了"吃鱼难"问题。自1990年以来，我国水产品产量一直稳居世界首位，特别是淡水养殖在世界上占有举足轻重的地位，是世界上唯一的渔业养殖产量超过捕捞产量的国家。2015年，我国淡水养殖产量占水产养殖产量的62.02%。淡水养殖业在合理开发利用国土资源、促进食物安全、改良水环境、改善国民膳食结构、增强人民体质、增加劳动就业机会与促进农民增收等方面成效显著，在我国现代农业产业中占有重要的地位。在人口增长、耕地减少、生态环境恶化及渔业资源衰退与枯竭的现实情况下，淡水鱼类养殖业会在食物经济中发挥更大作用，并对现代农业发展和区域经济发展产生积极的促进作用。

　　大宗淡水鱼指淡水鱼类养殖生产中规模相对较大的品种。目前，我国淡水养殖鱼类中产量较大的品种分别为青鱼、草鱼、鲢鱼、鳙鱼、鲤鱼、鲫鱼、鲌鲂（简称鲌鱼）等品种（罗非鱼产量也较大，为外来引进品种，不作为本书的研究对象），它们是我国淡水养殖鱼类的主体。2015年，这七个大宗淡水鱼养殖品种的产量占我国淡水鱼类产量的77.54%，占鱼类产量的55.57%，对保障我国食物安全、满足城乡市场水产品有效供给起到了关键作用，产业地位十分重要。作为高蛋白、低脂肪、营养丰富的健康食品，大宗淡水鱼对提高国民营养水平、增强国民身体素质有不可忽视的贡献。此外，养殖大宗淡水鱼也对调整农业结构、扩大就业、增加农民收入、带动相关产业发展发挥着重要作用。大宗淡水鱼食物链短、饲料利用效率高，其中滤食性鱼类占38%，草食性鱼类占30%，杂食性鱼类占29%，是节粮型渔业的典范。大宗淡水鱼养殖模式多为多品种混养，搭配鲢鱼、鳙鱼等滤食性鱼类，可以稳定水体生态群落，平衡生态区系，在改善水域生态环境方面正发挥着不可替代的作用。大宗淡水鱼生产在我国有着几千年的历史传承，是重要的传统渔业文化遗产，在新的经济社会发展阶段将继续承担生产、生计、生态、文化等多重功能,仍将具有鲜活的生命力。

近年来,随着水产养殖业发展,渔业经济研究越来越受到重视,相关文献层出不穷。这些研究通过理论阐述,探讨揭示问题并提出建议,不断完善渔业经济学研究体系,并对指导产业发展、优化产业政策起到积极作用。国家大宗淡水鱼产业技术体系产业经济研究室成立于2009年年底,是现代农业产业技术体系的一员。2011年,产业经济研究室岗位科学家陈洁研究员等曾推出大型研究著作《中国淡水渔业发展问题研究》,该书共51章185万字,涵盖产业链所有环节,在中长期发展问题研究中取得显著和积极的成果①。2011年以来,围绕产业经济研究室重点任务"大宗淡水鱼经济信息采集与监测及产业政策研究",产业经济研究团队继续跟踪产业发展情况,扩展研究内容,在产业发展的中长期需求预测和产业政策研究方面开展了大量基础性、铺垫性的调查研究工作,全方位开展了我国渔业发展政策研究。主要研究内容包括:国内外产业现状和发展经验;产业发展面临的资源环境、科技瓶颈、信息供给和服务、产业政策、金融支持等制约问题;产业的未来定位和发展长效机制;支渔惠渔的政策建议;从经济增长、收入提高和膳食营养需求角度分析我国淡水渔业未来需求持续增长的内在驱动力;预测2020—2030年我国淡水产品需求量。2011—2015年,产业经济研究室形成研究报告30多份,参与编著丛书4部,在核心期刊公开发表学术论文24篇。这一系列研究为未来我国大宗淡水鱼产业发展提供了系统全面的产业情况,提供了实证性强、前瞻性强的丰富的研究结果。

本书汇集了产业经济研究室2011~2015年的最新研究成果。这些成果主要是在国家大宗淡水鱼产业技术体系研究专项CARS-46-25的支持下完成的。部分成果获得了陈洁研究员主持和参与的国家自然科学基金项目"数字鸿沟还是信息红利:信息供给对我国水产品市场价格离散、渔民生产决策和福利的影响研究——以手机为例"(71073088/0305)、农业部渔业局2013年渔政管理项目"我国渔业发展支持政策研究"、农业部农产品质量安全监督管理局2012年委托课题"农产品质量安全风险防范预警机制、公共政策与公众认知研究"在课题经费和人力方面的支持。产业经济研究室组织的调查研究得到了体系首席科学家戈贤平研究员、其他24位岗位科学家和30个综合试验站的大力支持,产业经济研究室在此一并致谢!

本书研究和出版得到"现代农业产业技术体系建设专项资金"资助,特此致谢!

---

① 陈洁,罗丹等.中国淡水渔业发展问题研究[M].上海:上海远东出版社,2011.

目　录

第一章
我国大宗淡水鱼产业发展历程、现状与特点

我国是一个渔业大国,在世界渔业发展史中成就辉煌,关键在于我国走出了一条"以养为主"的发展道路,这是我国渔业发展的最大特色。我国淡水养殖产量一直占水产养殖产量的 3/4 左右。淡水养殖业的迅猛发展,为我国农业发展、农民增收乃至整个国民经济社会的发展做出了非常重要的贡献。而作为占淡水养殖业 2/3 的大宗淡水鱼养殖是确保我国渔业产业稳定、城乡居民获得价格低廉的优质蛋白的重要保障。

第一节　淡水养殖业在食物经济与现代农业中的地位

我国是世界上淡水鱼养殖历史最悠久的国家,也是世界上唯一的水产养殖产量超过捕捞产量的国家,淡水养殖产业的发展对渔业乃至整个农业发展都具有重要影响。20 世纪 80 年代初,我国在渔业方面就确立了"以养为主"的发展道路。自 1990 年以来,我国水产品产量一直稳居世界首位,特别是淡水养殖在世界上占有举足轻重的地位。2015 年,我国淡水养殖产量占水产养殖产量的 62.02%,大宗淡水鱼养殖品种(青鱼、草鱼、鲢鱼、鳙鱼、鲤鱼、鲫鱼、鳊鲂)的产量占鱼类总产量的 55.57%。作为高蛋白、低脂肪、营养丰富的健康食品,大宗淡水鱼对提高国民营养水平、增强国民身体素质有不可忽视的贡献。此外,养殖大宗淡水鱼也对调整农业结构、扩大就业、增加农民收入、带动相关产业发展发挥着重要作用。大宗淡水鱼食物链短、饲料利用效率高,其中的滤食性鱼类占 38%、草食性鱼类占 30%、杂食性鱼类占 29%,是节粮型渔业的典范;大宗淡水鱼养殖模式多为多品种混养,草食性鱼类养殖搭配鲢鱼、鳙鱼等滤食性鱼类,

可以稳定水体生态群落，平衡生态区系，在改善水域生态环境方面正发挥着不可替代的作用。大宗淡水鱼生产在我国有着几千年的历史传承，是重要的传统渔业文化遗产。随着人口增长、耕地减少、生态环境日益恶化及渔业资源的衰退与枯竭，人类的生存环境正日趋严峻。淡水养殖业在合理开发利用国土资源、促进食物安全、改善水环境、调整国民膳食结构、增强人民体质、增加劳动就业机会与促进农民增收等方面成效显著，在我国现代农业产业中占有重要的地位。

一、我国淡水养殖历史悠久，对保障国家食物安全发挥了重要作用

　　我国疆域辽阔，内陆江河纵横，湖泊、水库星罗棋布，是淡水水面较多的国家之一。我国大部分地区位于温带或亚热带，气候温和、雨量充沛，适于鱼类生长，是当今世界淡水养殖业最为发达的国家，对世界渔业文明做出了重要贡献。我国是世界上养鱼最早的国家，淡水养殖距今已有3 100多年的历史。公元前460年范蠡的《养鱼经》是世界上最早的养鱼著作，较系统地总结了数百年来养鲤的实践经验。到新中国成立之前，我国的淡水养殖已形成两广（广东、广西）和菱湖（江、浙太湖地区）两大养鱼典型区，养殖技术已相当成熟。

　　新中国成立后，我国淡水养殖进入了全新的发展阶段。1958年，我国家鱼人工繁殖成功，从根本上改变了长期依靠天然鱼苗的被动局面，开创了淡水渔业新纪元。农村改革开放以来，我国确立了"以养为主"的渔业发展方针，在政策引导与经济、科技迅猛发展的背景下，淡水养殖业逐渐步入快速发展轨道并不断迈上新的台阶，培育出了一批新品种，配合饲料、渔业机械也得到广泛应用，淡水养殖业取得了显著成绩，解决了长期困扰我们的"吃鱼难"问题。迄今为止，我国是世界上唯一水产养殖产量超过捕捞产量的国家。2014年中国的水产养殖产量占到世界水产养殖产量的64.34%。其中，中国的淡水养殖产量占世界淡水养殖总产量的65.02%。难能可贵的是，我国淡水养殖业发展是建立在"不与人争粮，不与粮争地"的基础上。一方面，淡水养殖产量中，草食性、滤食性鱼类占了约六成，饲料系数平均仅为1.5，说明淡水养殖是真正高效率的技术。另一方面，我国现有的养殖池塘多数是20世纪80年代为了解决"吃鱼难"问题而发展商品鱼基地时建设的，随着养殖技术的发展，大量的不可耕地、低洼盐碱地被利用，淡水养殖真正实现了"不与粮争地"。此外，随着淡水养殖业的发展，养殖产量的提高已经不仅仅是依靠养殖面积的扩大，而更多的是得益于养殖技术的进步。因此，淡水养殖业对保障我国食物安全发挥了重要作

用。中国淡水养殖业对世界渔业的贡献巨大。我们以占世界6.7%的淡水径流量生产了世界63.6%的淡水养殖产量,在世界渔业中,我国池塘养殖产量和平均单产均处于世界首位。美国著名生态经济学家、哈佛大学教授布朗曾高度评价我国的淡水渔业,认为"中国淡水渔业对世界贡献巨大,是最有效率的技术"。

二、作为主要优质蛋白质来源之一,淡水产品对国民营养水平提高和物价水平稳定做出了重要贡献

在我国,食用淡水产品的传统可以追溯到远古时代。淡水鱼营养丰富,美味可口,古人将其奉为"百味之味",将鱼作为"鲜"的极品。春秋战国时期,鱼曾被作为宗庙祭祀的贡品和赏赐馈赠的礼品。《诗经·小雅》中有"饮御诸友,炮鳖脍鲤"之句。民间有"洛鲤伊鲂,贵于牛羊"之说。

淡水产品因富含多种营养物质,在现代社会被视为健康食品。国际经验表明,随着收入增长,特别是达到中等收入水平后,消费者增加的收入将主要用于改善食物质量,增加动物性食品的消费量,在副食品消费中体现为向"一多"(多维生素)、"二高"(高蛋白、高能量)、"三低"(低脂肪、低胆固醇、低糖盐)方向发展,消费者的食物消费行为将呈现个性化、多样化趋势,这就对各类食物提出了多样化发展的要求。我国淡水产品种类十分丰富,绝大多数都有较高的营养和保健价值。鱼类中蛋白质含量15%～20%,富含人类必需的多种氨基酸,属优质蛋白质,且肉质鲜嫩,易消化吸收,消化率可达87%～98%。鱼类脂肪含量低,鳙鱼为1%～3%,草鱼、鲤鱼的脂肪含量在5%～8%,鳊鱼脂肪含量15%,食用其脂肪替代陆生动物脂肪不易得心脑血管病。淡水产品含有一定数量的高度不饱和脂肪酸,具有医疗保健作用,可有效预防动脉硬化,减少或预防脑血栓形成,防止心肌梗死和老年痴呆,促进婴儿身体和智力发育。鱼类含无机盐1%～2%,包括钙、磷、钾、铜、锌、硒等。淡水鱼每千克含碘为50～400微克。鱼肝含有丰富的维生素A和维生素D,可增进视力。鱼类中还含烟酸和维生素B1和B2。由于鱼类的高蛋白、高营养和低糖、低盐、低脂肪等营养学特点,使其颇受消费者青睐。此外,根据我国药食同源的中医理论,很多淡水产品都有补血、补气功效,可养胃、利尿消肿、益气健脾、降压祛痰、通脉下乳等,可作为健康食品和婴儿食品原料。如青鱼含锌、硒、铁等微量元素,有防癌抗癌作用。鳙鱼头、黄鳝富含人脑细胞发育需要的卵磷脂,对儿童智力发育有益。"鳝鱼素"可降低血糖和调节血糖。泥鳅、鳝鱼、龟鳖等都适宜身体虚弱、营养不良之人食用。河蟹维生素A含量高达389微克,钙含量126毫克,有抗结核作用,

DHA 和 EPA 在鳖油中含量远比海产鱼、贝类含量高。随着城乡居民收入水平和消费能力提高,以及营养知识趋于丰富,消费者对淡水产品的消费会愈加重视。生活习惯的改变和生活节奏加快,带动了淡水鱼消费需求的增长。在淡水鱼主产地湖北、湖南、江苏、四川等地,淡水鱼餐馆遍布各地,在西南、西北地区,吃淡水鱼也蔚然成风,烤鱼、沸腾鱼、炝锅鱼、冷锅鱼、麻辣鱼、香辣鱼、鲫鱼火锅、仔姜鱼、鲜椒鱼头等菜品在市场上各领风骚。

2014 年,我国淡水产品产量已经达到 3 165.3 万吨,占我国水产品总量的49%,其中淡水养殖产品产量达到 2 935.76 万吨,占淡水产品总量的 92.75%。淡水产品已经是我国国民膳食构成中的主要蛋白质来源之一,在国民食物构成中占有重要地位。因此,发展淡水养殖业可有效改善国民膳食结构,对提高国民的营养健康水平、增强国民身体素质具有重要意义。

近年来,在城乡居民"菜篮子"产品中,水产品所占比重大幅度提高,在有的城市甚至超过肉类的消费量。目前,我国已经成为世界上淡水养殖规模最大、水产消费市场容量最大的国家。随着城乡居民收入水平不断提高,消费结构改善,人均粮食消费量不断下降,消费由温饱型向营养型转变,水产品消费在居民食物消费中的地位逐渐提高。我国城镇居民人均粮食消费量从 1990 年的130.72 千克下降到 2014 年的 117.2 千克,而水产品人均消费量从 7.69 千克增加到 14.4 千克,增长 87.3%。且农村居民的水产品消费增长速度快于城镇居民,由 1990 年的 2.13 千克/人增至 2014 年的 6.8 千克/人,增幅为 219.2%。我国淡水鱼供给水平自 1991 年以来呈现快速增长态势,1996 年后增速有所放缓,但仍然保持较高的增长速度,人均淡水鱼供应量已由改革开放之前的低于世界水平,发展到 2011 年是世界平均水平的 2.3 倍[①],淡水产品消费已经在我国居民食物构成中占有重要的地位。此外,由于我国淡水养殖比重最大的是大宗淡水鱼品种,其长期以来相对稳定适宜的价格为社会提供了大量高效、低价的动物蛋白,适合了普通消费者的承受能力,对稳定市场、保障供应做出了重要贡献。

三、淡水养殖业对调整农业产业结构、促农增收效用显著, 在我国现代农业建设中占有重要地位

淡水养殖业是现代农业的重要组成部分,在提高农产品供给能力、促进农

[①] 根据 FAOSTAT 数据,中国的淡水鱼消费数据更新到 2013 年,为 15.9 千克/(人·年),世界淡水鱼消费数据更新到 2011 年,为 6.8 千克/(人·年),2011 年中国淡水鱼消费 15.5 千克/(人·年)。

民就业和增收方面的作用日益重要。1978～2013年,我国渔业产值年均增长率达到18.96%,渔业产值占农林牧渔产值的比重从1.58%提高到9.93%,与种植业、畜牧业、林业等其他农业产业相比,渔业是发展最快的行业。淡水养殖业已从过去的农村副业转变为农村经济的重要产业和农民增收的重要途径。2014年,我国渔业从业人员有1 429.02万人,其中从事养殖的专业人员有512.42万人。1978年我国渔民人均纯收入水平要比农民人均纯收入低30.39%,但2014年渔民人均纯收入达到14 426.26元,高于农民人均纯收入4 500多元。从增长率来看,渔民人均纯收入的增长率一直很高,除1989年为-13%外,其余年份均为正增长。在我国广大农村,凡是有水面的地区,绝大部分都将水产养殖放在养殖产业的首位,淡水养殖已成为农民致富增收的重要途径。

大宗淡水鱼养殖是劳动密集型产业,较之于种植业,由于其劳动对象是淡水鱼类,需要精细管理,因而它对劳动者劳动时间和劳动质量的要求更高,因此能够吸纳大量劳动力。根据产业经济研究室的调查,大宗淡水鱼养殖户混养模式普遍,养鱼收入可占到养殖户总收入的91.7%。因此,对于大宗淡水鱼养殖家庭而言,淡水鱼养殖是其维系生计的重要产业,也是收入增加的重要依托。正是淡水养殖业等非粮产业的高效益使得在当前城市吸纳了相当数量的农民工就业之后,农村经济内部仍然可以吸纳一部分素质优良的农业劳动力,从而成为农村劳动力就业的一个重要的"蓄水池"。由于淡水养殖业的特点,养殖户除了投入自有劳动外,在一些需要劳力较多的生产环节养殖户还需要雇工来解决劳动力不足的问题,规模养殖户则需要常年雇工。根据产业经济研究室调查,水产养殖户中常年雇工的占31.32%。其中,常年雇工1～3人的占25.01%,常年雇工4～10人的占4.71%,常年雇工10人以上的占5.31%;户均雇佣季节性短工4.95人,雇佣季节性短工1～3人的占15.66%,雇佣季节性短工4～10人的占12.74%,雇佣季节性短工10人以上的占7.92%。这充分说明淡水养殖业对劳动力的巨大吸纳作用。

随着淡水养殖技术的发展,淡水养殖也逐渐向种植区延伸,出现了稻田种养等技术,农民通过实施稻作为主,兼营鱼(蟹、鸭)饲养和蔬菜(豆)种植的方式,既提高了收入水平,又稳定了种粮积极性。

淡水养殖业的发展还带动了水产苗种、饲料、鱼药、养殖设施设备和水产品加工、储运物流等相关产业的发展,不仅形成了完整的产业链,也创造了大量的就业机会。

淡水产品还是我国重要的出口商品之一。从出口结构来看,淡水产品的比重总体低于海水产品,但罗非鱼、淡水小龙虾、斑点叉尾鮰等淡水品种养殖和对外贸易发展迅速,在国际市场占有率不断提高。随着需求增加和加工技术提高,常规鱼类出口结构也日渐丰富,由单纯的活鱼出口向鲜冷、冻品及鱼片等产品类别发展。

四、淡水养殖业对主产区经济发展具有重要的促进作用

2014 年,我国淡水养殖产值为 5 072.58 亿元,占渔业第一产业产值 10 861.39 亿元的比重为 46.70%,占渔业经济总产值 20 858.95 亿元的比重为 24.32%,这是自 2003 年以来连续 12 年我国淡水养殖业产值占渔业第一产业产值的比例保持在 40% 以上,连续 12 年淡水养殖业占渔业经济总产值的比例保持在 20% 以上。这充分说明,在整个渔业经济中,淡水养殖业占有重要的地位。

在淡水养殖业产值较大的江苏、湖北、广东、江西、安徽、湖南 6 省,2014 年,淡水养殖业产值占渔业第一产业产值的比重分别是 62.99%、84.37%、48.95%、85.00%、79.32% 和 89.55%,淡水养殖业产值占渔业经济总产值的比重分别是 36.16%、40.85%、23.13%、42.20%、48.86% 和 73.12%。由此可见,淡水养殖业在这些省份渔业经济中的重要地位。在一些水产资源丰富的地区,淡水养殖业的兴起不仅给渔民带来了收益,也为地区经济和城市经济带来了新兴产业。

在一些水产重点县(市、区),淡水渔业在县域经济中的地位非常重要。例如,湖北荆州市淡水产品产量已连续 19 年居全国地市首位,全市上下以建设水产强市、打造淡水渔都为目标,不断完善水产品养殖、加工和流通配套服务,大力培育市场经营主体,实施精品名牌战略。2015 年,全市水产养殖面积 245 万亩;水产品产量 138.7 万吨,比去年增 9.1 万吨,增长 7.02%;渔业产值 225 亿元,比去年增 29 亿元;加工水产成品 40 万吨,加工产值 150 亿元;渔民人均纯收入超过 15 900 元。水产业已成为荆州经济发展的特色产业和优势产业。

五、大宗淡水鱼产业的环境修复功能日益凸显

淡水生态系统除了提供清洁水源外,还承担调节气候、净化污染、保护生物多样性等生态环境功能。淡水渔业生产的产品仅是淡水生态系统所提供的一种重要产出,但不能代替其他功能。目前,我国大宗淡水鱼养殖业还是关注生产能

力和产品数量,而对淡水渔业所附着的淡水生态系统的其他功能重视不足,因而一定程度上已经成为威胁淡水生态系统多功能性和可持续性的重要影响因素。

我国淡水资源日益短缺,约1/2的湖泊受到不同程度的污染,几乎所有的城郊湖泊都存在着严重富营养化现象,内陆水域生态系统中的生物多样性面临威胁。高度富营养化的淡水生态系统生物生产力功能高,但饮用水源功能却严重退化,严重威胁着人们的身体健康。大量投放草食性鱼类会对水下植被造成影响,使原本存积在水草中的营养通过鱼类摄食排泄释放到水体,使浮游藻类在初级生产者中占绝对优势,水质变差,高温季节会出现蓝藻"水华"爆发。研究表明,微囊藻"水华"的次生代谢产物等能损害肝脏,影响蛋白磷酸酶的活力,具有促癌效应。因此,在具有饮用水功能的湖泊水库必须控制淡水渔业的发展规模。

我国内陆水体的淡水鱼类有800多种,其中约500种为我国特有种类,其中长江水系鱼类约300种,且含有许多单型属种类,并保存了相当多的子遗物种。目前,我国淡水鱼类中约有62种处于濒危状态。大江大河的水利设施兴建和湖泊萎缩等已经破坏了半洄游鱼类的生境,鱼类多样性大大下降,纯天然苗种大量减少,对水产育种提纯复壮工作带来困难。目前4大家鱼鱼苗来源多靠人工繁殖,已经出现退化现象,亲本个体变小,发病率高。一些专家提出,增殖放流工作必须在科学、可控的条件下开展,不能盲目投放苗种、加剧生态灾难。

通过生物手段来控制水体中氮、磷和藻类,以解决水体富营养化问题,已经被实践证明是一种可行的措施。美国在20世纪70年代曾引入亚洲鲤科鱼类来控制浮游植物、微生物和水草等(其湖泊多属于草型湖泊和藻型湖泊),以改善水质。近年来,我国在江河湖泊中进行增殖放流,以恢复天然水域中的自然种群,缓解渔业资源衰退。三大淡水湖鄱阳湖、洞庭湖、太湖先后启动大规模的生态修复工程;包括三峡水库在内的一些湖泊水库利用鲢、鳙等滤食性鱼类来治理水体污染,开展生态养殖;滇池实施封湖禁渔并开展增殖放流,"以鱼控藻、以鱼减污、以鱼养水",2012年9月底开湖16天即捕捞3 680吨鱼,削减总氮110吨、总磷22吨。

六、文化传承和休闲体验功能将促进大宗淡水鱼产业增值

大宗淡水鱼养殖在我国已经有几千年的历史。随着大宗淡水鱼养殖技术的传承发展,与大宗淡水鱼生产相关的文化历史也一并传承下来。

中国是世界上最早的稻田养鱼国家。司马迁在《史记》中描述过"江南之地,地广人稀,饭稻羹鱼,或火耕而水耨"。"火耕水耨"指的是古代吴越地区粗

放的稻作生产技术;"饭稻羹鱼"则体现了古时江南地区人民以稻谷、鲜鱼为主食的丰富的农耕饮食文化生活。我国著名的全球重要农业文化遗产浙江青田稻鱼共生系统就是例证。浙江青田县位于浙江省中南部,瓯江流域中下游,该地稻田养鱼历史至今已有1 200多年,稻鱼文化独具特色。清光绪《青田县志》曾记载:"田鱼,有红、黑、驳数色,土人在稻田及圩池中养之。"稻谷收获时节,家家尝新饭、吃田鱼、祭天地,以庆贺丰收。这个田鱼就是鲤鱼中著名的"瓯江彩鲤"。青田田鱼养自水稻田,肉质细嫩鲜美,民间还流传下来一种青田鱼灯舞。可见,田鱼历来与农家收获、祭祀、饮食文化和民间传统有着密不可分的关系。2005年6月,青田县的稻田养鱼系统被联合国粮农组织列为首批全球重要农业文化遗产保护试点,成为中国第一个世界农业文化遗产。青田稻田养鱼系统被评为世界农业文化遗产保护地后,得到了国际组织、农业部、浙江省政府和中国科学院的资金和科技支持,其影响力和知名度大大增加。青田县高度重视稻鱼共生产业发展和文化挖掘工作,成立了县"稻鱼共生系统"项目保护和开发领导小组,成立了稻鱼共生农业文化遗产研究推广中心,制定了稻鱼共生产业发展规划,出台了产业发展扶持政策,基础设施投入大大增加。2010年5月还举办了稻鱼共生博物园的修建奠基仪式。村民也渐渐意识到稻鱼共生系统的重要性,从保护中看到了发展机会,保护热情被大大激发。目前,农业文化遗产旅游已成为青田主打的乡村旅游项目之一,旅游知名度不断提高。借助农业文化遗产地品牌,当地对稻鱼共生系统相关农产品进行有机产品品牌开发,产生了良好的市场效应,提升了品牌价值①。田鱼成为中餐馆的招牌菜,甚至出口国外。一些外国人将田鱼作为观赏鱼来饲养,价格不断攀升。目前,青田县稻田养鱼面积8万亩,标准化稻田养鱼基地3.5万亩。一条田鱼将青田县农业文化遗产资源的内涵充分挖掘出来,依托田鱼,青田县东部地区实现了三产融合发展,农民收入增加有了新的着力点。

历史上,随着战争和民族迁徙,稻田养鱼技术从水网密布的平原沼泽地区被带到了山区。至今,我国贵州、四川、云南、湖南、广西、湖北、海南、重庆以及缅甸、老挝等地苗族、侗族等少数民族仍有稻田养鱼习惯。侗族至今保留水稻收获时以新谷和田鱼祭祀祖先的习俗。2011年,"侗乡稻鱼鸭系统"被全球重要农业文化遗产保护试点授牌;此后,当地香禾糯出现恢复性增长,稻鱼鸭价格全部提升②。浙江青田的鱼灯节、广东顺德的鱼灯会、福建夏茂的鱼灯展、安徽

① 来源:http://baike.haosou.com/doc/7204914-7429540.html。
② 从江. 保护生物多样性的探索. 中国科学报,2015-10-20. http://tech. gmw. cn/newspaper/2015-10/20/content_109604086. htm.

歙县的"嬉鱼灯"、江西鄱阳湖的渔民游灯会、广西融水苗族自治县的"烤鱼节"等都是与大宗淡水鱼养殖生产紧密相关的传统渔业文化节日。这些都将成为各地大宗淡水鱼产业功能拓展、农民增收可资利用的重要资源。

近年来,休闲渔业作为渔业转型的重要方式和新的经济增长点,发展十分迅速。发展休闲渔业,可以利用近水、沿岸的环境与渔业资源,结合渔村风俗、鱼鲜品尝、休闲垂钓、水上观光等内容,为人们提供一种亲近自然、休闲度假的新方式,使得渔业的文化休闲功能得到发挥和强化。随着休闲渔业发展,我国钓鱼、养殖观赏鱼爱好者队伍不断扩大,为休闲渔业、观赏渔业发展提供器材、设备等各项配套服务的商家日益增多;淡水观赏鱼走出国门,走入寻常百姓家庭等。这些新兴产业的发展,充分表明我国淡水渔业发展不仅顺应了经济社会发展的需求,而且也具备了开拓新的市场领域的物质基础和客观条件。在北京市,观赏鱼养殖面积1.3万亩,占渔业养殖面积的四分之一,养殖基地集中在通州、朝阳、大兴、顺义等6个区,初步构成了一条半环京城东南部的观赏鱼产业观光带。观赏鱼养殖与展示渔业、休闲渔业、水族市场紧密联系,初步形成了一、二、三产业相互融合的产业模式。江苏、湖北、江西、四川等省还利用江湖两岸的山水风光发展新型旅游业,以游船为主,形成集赏景、娱乐、垂钓、避暑和风味餐饮于一体的特色休闲渔业。

"十二五"期间,根据渔业产业结构调整优化的需要,休闲渔业发展迅速,成为都市农业和休闲农业的重要组成部分。北京市在"菜篮子"工程标准化池塘改造中,加大休闲渔业的基础设施改造力度,促进休闲渔业大发展。2015年,全市休闲渔业经营单位777个,垂钓水面21 671亩,休闲设施资产9.78亿元,年产值4.65亿元,年接待量342万人,从业人员3 903人,吸纳农村劳动力2 697人。

第二节　我国大宗淡水鱼产业发展历程

新中国成立后,党和政府着手恢复和发展渔业生产,淡水鱼类养殖进入了全新的发展阶段,从改革开放之前的数量匮乏到农村改革开放之后的产量猛增,到成为"菜篮子"产品的重要组成部分,满足着国内城乡市场的需求。2014年,我国淡水养殖面积已经达到6 006.13千公顷,是1954年的16.17倍,淡水养殖产量达到2 935.76万吨。回顾新中国成立以来的发展过程,可以将我国大宗淡水鱼类养殖业的发展历程大体分为农村改革开放以前、农村改革开放到

20 世纪 90 年代初、20 世纪 90 年代初到 21 世纪、21 世纪以来这四个发展阶段。

一、改革开放以前：在大落大起中发展

农村改革开放之前,我国国民经济整体发展水平不高,农村经济不发达,农业生产几经波动,农村各业的发展也受到局限。在物质匮乏、口粮安全没有解决的大背景下,渔业生产获得了一定的发展,淡水鱼类养殖蓬勃兴起,育种科技获得了突破,为此后淡水养殖业的发展奠定了基础,渔业生产者在大宗淡水鱼类养殖业方面也积累了较为丰富的经验。

(一) 淡水鱼类养殖整体情况

尽管我国渔业文化发源较早,但在新中国成立之前,全国淡水渔船仅 10 多万只,平均载重 1.5 吨,养鱼地区仅限于珠江三角洲、长江三角洲 70 多万亩的湖荡和池塘,淡水渔业可以用"一穷二白"来概括。当时,渔民收入水平低下,生活困难,被蔑视为"渔花子"。在当时较低的经济发展水平下,我国城乡居民的生活水平很低,温饱问题没有完全解决,就更谈不上考虑营养需要来发展淡水渔业。当时的淡水鱼类养殖无论是在供给能力,还是在有效市场需求两个方面,都存在明显不足。

1950 年 2 月,我国食品工业部渔业组在北京召开了首届全国渔业会议,制定了"以恢复为主"的渔业生产方针。1951 年,全国淡水渔业产量达到 51.8 万吨,捕捞量占 82%,养殖产量占 18%。1953 年,农业部召开第三届全国水产会议,制定了新的全国水产工作方针,其中提出"扩大淡水养殖面积""改进技术、提高单位产量"等工作方针。随着国家对渔业发展的重视,传统淡水养鱼地区养殖产量增加,湖南湖北等地开发养鱼新区,淡水养鱼从无到有。1954 年我国淡水养殖面积仅为 564.03 万亩,1957 年增加到 1 500 万亩,比 1954 年增加 1.6 倍。1958 年,水产部召开全国淡水养殖会议,肯定了淡水养鱼的产业地位。同年,我国池养鲢鳙鱼人工繁殖技术成功,随后草鱼、青鱼人工繁殖成功,为淡水鱼养殖奠定了技术根基,从根本上改变了长期依靠天然鱼苗的被动局面,开创了淡水鱼类养殖的新纪元。

这一时期,湖泊、水库等大水面养鱼也有了较大发展。但随着"以粮为纲"政策的提出,淡水养鱼受到排挤,在大农业中的地位下滑。1962 年全国养鱼产量仅为 31.5 万吨,较 1957 年下降 44%。此后经过调整,淡水鱼养殖有所恢复。到 1965 年,全国淡水养殖产量达到 51.4 万吨,占淡水产品产量的 53%,首次超过了捕捞。此后多年,淡水养鱼在 50 万吨上下波动。"文化大革命"发动后,产量又连年减少。到 1978 年,我国淡水养殖产量为 76.2 万吨,养殖水面达到 4 084.27 万亩。

新中国成立以后,我国长时间、大规模开展了农业基础设施建设,尤其是一系列水利工程的开展,为扩大淡水养殖面积奠定了良好基础。总体上看,养殖面积快速扩大是改革开放以前我国水产养殖业发展的主要带动力,也是这一时期淡水养殖业发展的主要特征之一。20 世纪 50 年代,各地大兴农田水利建设,修建了大批水库和圩堤蓄水工程,一些地方提出"以养为主,养捕并举"和"以孵为主,采孵并举"的水产发展方针,大力开发内湖、水库、塘堰放养,开始利用自然坑塘、河沟等自然水面,大大提高了我国淡水养殖的可养水面。1963—1965 年,国民经济处于困难时期,为安排好城市副食品供应,江苏省鼓励发展城郊养鱼。1965 年,南京、无锡、徐州、苏州、常州、南通、连云港、靖江、泰州、扬州和镇江 11 个城市的养鱼水面为 13.85 万亩,其中池塘养鱼 7.8 万亩,产量达到 5 677 吨,人均产量为 1.8 千克。1973 年农业部召开第一次全国城郊养鱼会议,此后,江苏发动群众改造老鱼池和建设新鱼池。1973—1977 年,11 个城市完成改造老鱼池 1.8 万亩,建设新鱼池 2.6 万亩。南京、无锡等城市还发动各行各业投入义务劳动 200 多万人次,将鱼池土方任务纳入农田水利建设计划等,1973—1977 年共扶持资金 228 万元,1977 年全省 11 个城郊养鱼面积 18.3 万亩,其中池塘 9.6 万亩,养鱼 13 904 吨,比 1965 年分别增加 4.45 万亩、1.8 万亩,池塘养鱼面积增长 23.1%、产量增长 1.45 倍。1958—1962 年,四川省加强农田水利建设,兴修水库塘坝。1960 年,四川省人工繁殖四大家鱼成功,又兴办一批国营水产场。1966—1976 年,该省社队办渔场开始发展。20 世纪 70 年代后,四川省水库综合经营发展很快,很多地方开始在水库投放大规格鱼种和控制鱼类种群,完善拦鱼设备,提高鱼种保存率。到 1976 年,四川全省养殖面积 204 万亩,水产品产量 4.15 万吨。由于中央高度重视,地方各级政府积极性很高,1954—1978 年,我国淡水养殖面积从 564.03 万亩增加到 4 084.27 万亩,24 年间增加了 6.24 倍。

新中国成立之初,我国的淡水养殖技术水平比较低。1954 年,我国淡水养鱼亩产仅为 49.28 千克。当时,养殖技术缺乏,"人放天收",多数鱼池是利用自然坑塘和低洼地,池水浅,池底不平,渗水快,换水少,不能保水保肥,不能越冬,没有专门的供水设施,养鱼用水源不稳定。多数地区没有自己的鱼苗繁育体系,鱼苗满足不了生产需求。由于整个农村经济基本上是以粮食经济为主,水产养殖业发展不受鼓励。计划经济时期,水产品价格长期由国家控制,产销不挂钩,群众水产养殖的积极性不高。1968年,我国淡水养鱼单产水平为13.18千克/亩,仅相当于1954年的26.75%。

总体来看,新中国成立到农村改革以前,我国淡水养鱼的发展水平很低,绝对产量也很低。20世纪80年代以前,吃鱼对老百姓来说是一种奢侈的享受,只有逢年过节和特别重要的日子才可能消费。

(二) 鱼苗鱼种生产取得突破性进展

鱼苗鱼种生产是开展淡水鱼类养殖的重要前提。早在殷商时代,我国就有鲤鱼池塘养殖的记载,当时的苗种主要来源于自繁自养,鲤鱼苗种的培育主要是在池塘中与成鱼一起混养。到了唐代以后,除鲤鱼之外的青、草、鲢、鳙及鲮鱼养殖逐渐兴起,苗种来源完全依靠江河捕获,然后从鱼苗种产区向其他地方运输。最早的全国性鱼苗种产区主要在江西,到明清时期以湖北的嘉鱼、武汉,江西的九江、湖口鱼苗种产量最多。家鱼苗养殖技术也逐步完善,从单一养殖鲤鱼苗种发展到以草、鲢搭配为主,兼营其他鱼种的混养模式。到了明清时期,人们对鱼池清整、投饵、施肥技术等不断细化,在鱼池建造、放养密度、搭配比例、分苗、转塘、饲料、施肥等方面都积累了丰富的经验,鱼苗种养殖技术有了很大提高。目前世界闻名的我国重要的农业文化遗产"桑基鱼塘"就是在明代形成的。辛亥革命后,民国政府改进渔业技术,创办了渔业技术传习所和渔业试验场等。但总体上来看,鱼苗鱼种生产技术尚未有突破。

新中国成立后,我国大宗淡水鱼的天然产卵产苗区主要集中在长江的湖北宜昌至江苏江阴流段、湘江的湖南常宁至岳阳流段、珠江支流西江上游的广西百色至广东中山流段。为满足各地发展水产养殖的需要,鱼苗鱼种长途调运,"南种北调"的运输成本高昂、死亡率高,严重制约着大宗淡水鱼养殖业的发展。为解决产需矛盾,必须进行大宗淡水鱼人工繁殖攻关。

1. 大宗淡水鱼繁殖技术突破为我国淡水鱼类养殖提供了物质技术基础

为解决在静水池塘中青、草、鲢、鳙鱼一直不能进行自然产卵繁殖的科研难题,新中国成立后,科学家们一直在探索池塘繁殖家鱼的技术,以集中精力满足苗种生产的需要为己任。1950年,江苏省吴江县建立了平望淡水水产养殖试验场,利用3万亩内塘、外荡水面培育鱼种和进行成鱼生产,产生了重要的示范带动作用。1956年和1957年,水产部召开全国鱼苗鱼种会议,制定了"扩大养殖品种,采孵并举,就地育种,就地放养"的苗种生产方针。1958年,广东省水产研究所的钟麟等科学家终于成功突破了鲢鳙鱼人工繁殖孵化技术,中国科学院水生生物研究所和浙江省淡水水产研究所的科学家则在青鱼、草鱼的人工繁殖技术方面获得突破。上述科技领域的新突破使得此后我国的淡水养殖产业在苗种来源上摆脱了对自然的依赖。20 世纪 60 年代以后,我国鱼苗生产开始从江苗为主转向以人工繁殖为主。其中,国营苗种生产单位成为家鱼人工繁殖的主体单位。水产部及时组织技术培训和进行必要的基本建设,推动产卵孵化设施、催产剂提炼合成厂等的应用,使得大宗淡水鱼的人工繁殖技术迅速普及。

随着鱼苗问题的解决,大规格鱼种供应不足的问题开始被提上议事日程。各地大力兴建鱼种池,并探索鱼种培育方法。但受限于经济发展条件,大规格鱼种生产在改革开放前有所发展,但水平仍然偏低。

2. 良种化进程有所推进

受"文化大革命"影响,我国淡水养殖鱼类良种化进程一度受挫。1972 年,农林部召开了 21 省、市、区淡水养殖鱼类良种选育协作会议;1974 年由中国农科院主持召开全国 23 省、市、区的鱼类良种选育基础理论研究协作会议。局部地区在良种系统选育方面进行探索,例如江西大学和江西省婺源荷包红鲤原种场合作对荷包红鲤进行 7 代提纯选育,历时 13 年育成了一个性状基本稳定的优良品种,并建立了一套繁育技术体系,对于荷包红鲤养殖的发展做出了重要的贡献。总体上看,我国农村改革开放前,淡水养殖鱼类良种化工作有所推进,但还局限在局部地区、局部品种上。

(三)重视农田水利建设和发展池塘养鱼

新中国成立后,随着大兴农田水利建设,塘堰增多,我国淡水养殖的可养水面大大增加。1954—1978 年,淡水养殖面积从 564.03 万亩增加到 4 084.27 万亩,24 年间增加了 6.24 倍,总体呈现快速增长态势。20 世纪 70 年代末,在我国大城市兴起了城郊养鱼热潮。国家扶持社队建设了一批商品鱼基地。江苏省、湖南省的一些市县被选为试点地区,由财政部进行专项扶持,建 1 亩鱼池补助 200 元,将这些地区的闲置水面、盐碱低洼荒地、废窑坑、干河道、湖区荒滩和围垦后种粮得不偿失的易涝田等开挖或改造成集中连片的精养鱼塘。在政府鼓励下,池塘养鱼发展很快,使池塘养鱼在充分利用水体资源和农村闲置劳动力资源、增加农民收入和满足城乡老百姓吃鱼方面的作用充分显现出来。作为社队发展的重要产业,池塘养鱼一度为一些地区解决了资金短缺问题,养鱼收入成为农村扩大再生产的重要支撑。塘泥还成为重要的肥源,起到改良土壤的作用。在当时,涌现出一批高产典型,探索出了多种池塘养鱼新模式。1958 年水产部门根据群众经验总结出了池塘养鱼"八字精养法",即"水(水深水活)、种(良种体健)、饵(饵精量足)、密(合理密放)、混(多种混养)、轮(轮捕轮放)、防(防治病害)、管(精心管理)",并随时间推移不断完善充实成为我国池塘养鱼理论和技术体系的核心。1978 年,湖南省建成 3.5 万亩池塘,江苏省建成 1.9 万亩池塘,主产省丰富的渔获不仅确保了它们各自的省内供应,还实现了向外省市供应,为解决"吃鱼难"问题做出了贡献。

但受限于经济发展整体水平落后和粮食生产波动的局面,在农村改革开放之前,我国淡水养殖几度出现起伏,发展仍比较落后。在 20 世纪 60 年代之前,我国主要淡水养殖鱼类仍是四大家鱼。20 世纪 60 年代中期以后,养殖鱼类品种有所扩大,出现了团头鲂、胡子鲇、东北鲫、细鳞斜颌鲴以及一些鲤鱼新品种。20 世纪 70 年代,我国引进了罗非鱼、罗氏沼虾、牛蛙等。团头鲂、胡子鲇、东北鲫、细鳞斜颌鲴在短时间内就成为了全国性或区域性的重要养殖品种。

农村改革开放以前,我国淡水养殖产量一度大起大落,但总体呈增加趋势。1954—1978 年,淡水养殖产量从 277 959 吨增加到 760 468 吨,24 年间增至 2.73 倍。其中,1954—1959 年的短短 5 年间就增长了 1.14 倍。此后淡水养殖业进入一个大谷底,直到 1971 年,淡水养殖产量才增加到 617 846 吨,超过 1959 年的水平。1974 年,我国淡水养殖产量突破 70 万吨,1978 年达到 760 468 吨。

二、1978—1991 年:以放活为中心的发展阶段

改革开放以后,随着经营体制和流通体制改革的实施、科技教育事业的发展、城乡居民收入和消费水平的提高,我国淡水渔业经历了一个迅速发展的过程,生产规模迅速扩大,供给能力迅速提高,也使得世界水产业发展出现了新的历史性变化。

(一) 农村改革开放促进了淡水鱼类养殖业大发展

农村改革开放以来,我国确立了"以养为主"的渔业发展方针,在政策引导与经济、科技迅猛发展的背景下,淡水鱼类养殖步入快速发展轨道并不断迈上新的台阶,培育出了一批新品种,配合饲料、渔业机械也得到广泛应用,淡水鱼类养殖业取得了显著成绩,解决了长期困扰我们的"吃鱼难"问题。

农村改革开放为淡水鱼类养殖业发展带来了空前的活力,解放了渔业生产力。1980 年,邓小平同志在《关于编制长期规划的意见》中谈道:"要发展多种副业,发展渔业、养殖业。渔业,有个方针问题。究竟是以发展捕捞为主,还是以发展养殖为主?看起来应该以养殖为主,把各种水面包括水塘都利用起来。这也涉及到责任制问题。有的就是要实行包工包产。……政策要放宽,使每家

每户都自己想办法,多找门路,增加生产,增加收入。有的可包给组,有的可包给个人。"他的讲话,为理顺经营制度、激发农民的养殖积极性明确了方向。同年,广东省提出实行养鱼联产承包责任制,鼓励农民利用零星水面,扶助家庭养鱼,实行谁养谁受益,并规定任何单位和个人不得侵犯。湖南祁东县实行"开标承包"的养鱼办法,随后,全省联产承包、大包干等多种形式的养鱼生产责任制普遍建立,小水面养殖业迅速发展。1980年,我国淡水养殖实现全面增产,淡水产量超过1959年123万吨的历史最高水平,增产幅度为20年来最大。在中央要求下,我国大部分省、市、区都召开了水产工作会议,研究、贯彻渔业调整方针,有力地推动了淡水鱼类养殖业发展。各地普遍对集体渔业推行多种形式的生产责任制,提倡社员发展家庭养鱼,调动了群众生产积极性。江西省一些社队实行以塘分等、定产包养到户,全奖全赔后,单产大为增加。据不完全统计,1980年江西省社员家庭养鱼有30多万户,有5万亩水面,产量约500万千克。湖北省社员家庭养鱼户26.6万户,有水面7.9万亩,产量240万千克。1984年,根据中央1号文件精神,湖南渔业生产向养鱼能手集中,加上允许请帮工,延长鱼塘承包期,山塘养鱼积极性更加高涨。除衡邵盆地67个县市以外,洞庭湖16个县市和15个国营渔场以及湘西土家族苗族自治州、怀化等地市(州)的池塘养鱼也迅速兴起。1984年,广东实行分塘到户,池塘实验区一定8年,产品全部归自己处理,在生产队内公开投标。1987年广东全省淡水养殖产量比1984年增加7.62吨。

进行"商品鱼"基地建设,是促使淡水养鱼迅速发展的重要原因。1985年中央发出《中共中央、国务院关于放宽政策、加速发展水产业的指示》的五号文件。各地贯彻执行该文件精神,在不与粮食争地的前提下,投入资金、劳力,开挖新鱼塘并对老塘进行改造配套,至1985年底共新挖鱼塘235万亩,商品鱼基地老塘改造44.46万亩,池塘总产量达219.38万吨,比上年增加44.44万吨,增长25%。除池塘养鱼外,在较大水域的江河湖库利用网箱、围拦等形式以及稻田养鱼,也有较快的发展。1986年,全国稻田养鱼已达1 038.48万亩,扩大了65.48万亩。

市场调控政策的作用也不容忽视。十一届三中全会后,国家对鲜鱼的购销政策逐渐放宽,在收购政策上,一些省市规定农村社队副业养鱼和社员家庭养鱼国家不予派购;广东、浙江等省规定收购养殖鱼,按斤鱼斤粮回供饲料。这些政策对整个渔业生产,特别是对淡水养鱼的发展,起到明显促进作用。

一系列的利好政策激发了农民从事淡水鱼类养殖的积极性。1983年我国淡水养殖产量为142.82万吨,比上年增加22.10万吨。各地涌现出各种形式的养鱼专业户、重点户和经济联合体,形成了群众性养鱼热潮。1983年全国家庭养鱼户增加了 78.69 万户,湖北、湖南等省"两户"大量增加,湖北省达到 5.52 万户,比 1982 年增加 4.32 万户。

淡水养鱼获得大发展与增加投入有着密不可分的关系。1988 年,广东省改造池塘 17 万亩,占应整治三、四类塘的 20%。佛山市投入鱼塘基建资金 1 645 万元,其中一半以上用于清整 9 万多亩池塘。江苏省改造鱼池 30 万亩,水深普遍增加 50 厘米。无锡郊区池塘改造后,高标准塘占全区鱼塘总面积的 40%。陕西省集中了 60% 的农村养鱼补助和农业贷款,进一步配备完善增产设施。湖北省大力扩展精养水面,当年精养水面积 77 万亩,比上年增加 9 万亩,精养产量 21 万吨,占养殖产量 54 万吨的 39%,比上年精养 17 万吨增产 4 万吨。

(二) 淡水养殖鱼类生产进入大发展阶段

十一届三中全会后,一系列有利于渔业生产的政策的实行,使广大渔民生产积极性高涨,一些可以养鱼的水面大都实行了承包;大型湖泊、水库网箱、网栏等养鱼方式兴起;国家商品鱼基地建设力度加大;大水面养鱼从粗放向精养发展。

1. 淡水可养面积增加是淡水鱼类产量增加的主要推动因素

1985 年,我国淡水养殖面积的增长幅度一度达到 13.2%。到 1988 年,淡水养殖面积为 5 842.46 万亩,比 1978 年增长 43.05%。大宗淡水鱼产量在 1986 年跃升至 295.1 万吨,年均增长率达到 35.9%,群众"吃鱼难"问题得到初步解决。到 1991 年,淡水养殖面积、单产和产量分别为 5 799.02 万亩、78.81 千克/亩和 457.017 万吨,分别比 1978 年增长 41.98%、3.23 倍和 4.0 倍,年均增长速度分别为 2.73%、11.74% 和 14.79%。尤其是单产水平,呈现出节节攀升态势,年均增长速度为 9.44%。

到 1983 年,国家商品鱼基地面积达到 61.80 万亩,扩大了 11.66 万亩,产量增加 17 259 吨。由于生产责任制的落实,生产者精心管理、科学养鱼,苗种投放数量足、规格大。1983 年池塘、湖泊、水库的单产都有提高。由于单产提高了 4.5 千克,养殖产量增加了 189 232 吨。

大水面开发利用和集约化养鱼向纵深方向发展。1988 年,江苏省大中型湖泊围拦养鱼 14 万亩,比上年增长 7%。湖北省在大中型水面上实行围养、拦汊养鱼,1988 年围养面积 16 万亩,比上年扩大近万亩。新开发地区如河北省围养面积也达 3 万多亩,比上年增长 2 倍多。网箱养鱼迅速崛起,为大中型水域发展养殖业开辟了新路。1988 年 4 月,赵紫阳同志关于网箱养鱼的批示使北京市形成了全市统一领导、统一规划、统一指导的局面,全市网箱养鱼发展到 7 个县区、18 个水库、3 个湖泊共 45 个点,总面积 102 亩,是 1987 年的 3 倍,平均亩产 4.1 万千克。

稻田养鱼在广度和深度上都有较大拓展。四川省实施"百万亩稻鱼丰产计划",突破了传统稻田养鱼格局,成为养殖业中不可缺少的产业类型。1983 年全国稻田养鱼面积 661.54 万亩,扩大 144.75 万亩;产量 36 330 吨,增加 12 101吨,仅四川一省就扩大面积 53 万亩,产量增加 5 418 吨。1988 年全国稻田养成鱼达到 1 059 万亩,产量 1.8 万吨,分别比上年增长 7.6% 和 11.3%。

2. 鱼苗鱼种生产基本实现自给

20 世纪 80 年代,我国人工繁殖鱼苗已经可以占到鱼苗产量的绝大部分,为淡水鱼类养殖奠定了坚实的基础。农村改革开放后,好的生产经验得以进一步推广和发展。各地通过大力发展建设鱼种场,使得大规格鱼种数量不断增加,到 1986 年,我国鱼种生产基地已经有 570 处,鱼种池达到 5.7 万亩,越冬池1.7 万亩,年产大鱼种 3.8 亿多尾,实现了鱼种自给,扭转了鱼种的"南种北调"局面。在我国东北地区,通过长期摸索也发展形成了各具特色的鱼种生产系统,为冷寒地区的淡水鱼类养殖业发展奠定了良好的基础。南方气候适宜地区的鱼种生产发展水平也得到大幅度提高。广东中山县 1981 年就利用 1 460 亩冬闲田培育草鱼种,解决了 15% 的鱼塘放养草鱼种的需要。鱼种生产水平也很高,北京高里掌渔场的鲤鱼鱼种生产水平在 1986 年就超过了当时日本和联邦德国的水平,达到平均亩产 450 千克的水平。

3. 加大了优良品种推广力度

为促进水产养殖业稳步健康发展,20 世纪 80 年代以来,国家和地方各级政府加大了对水产原良种工程建设的投入。1982 年,我国各地普遍开展科学养鱼试验,普及交流先进技术,推广优良品种,在池塘养鱼高产稳定综合技术的应用、网箱培育鱼种、杂交鲤及草鱼鱼病防治、颗粒饲料养鱼、稻田培育鱼种和尼罗罗非鱼推广等方面都取得一定的效果。

进入 20 世纪 80 年代,我国又陆续引进镜鲤、革胡子鲇、沟鲶、道尔逊群选优质虹鳟、高白鲑等新品种,使我国混养鱼类扩大到 20 多种。这些新品种的池塘养殖对于整个淡水养殖业大发展起到了推动作用。

在扩大养殖面积的同时,各地普遍重视提高单产。1986 年全国淡水养殖单产达到 50 千克,其中池塘 109 千克,湖泊 18 千克,水库 11 千克,河沟 40 千克。各地在不断总结经验的基础上,充分利用科学养鱼技术,改粗养为精养;改一季捕捞为轮捕轮放;改单一生产为多种经营。在一些养鱼较有基础的地区,开始重视品种结构的调整。在品种放养上,都不同程度地增加了底层和适销名优品种的比例。

随着精养生产的发展和养殖品种结构的改良,对鱼种的数量、质量要求也越来越高。因此,各地普遍加强了鱼种生产的配套和提高鱼种生产技术水平。同时,由于利用颗粒饲料实行精养收到较好的效果,颗粒饲料的需求量日益增大,供不应求。不少地方正在扩大或筹建饲料厂。所有这些都为持续稳定地发展渔业生产打下了物质基础。上海市的颗料养鱼面积到 1982 年扩大为 8 888 亩,产量 3 250 吨,平均亩产 365.66 千克,最高成鱼亩产已超 1 吨。随着经济责任制的落实,一些地方还实行技术联产承包,科技人员下乡与农户签订承包合同,或成立"技术指导、咨询服务站"提供技术,促进生产。

4. 淡水鱼类养殖结构不断优化

随着淡水鱼类养殖生产的发展,名优新特品种越来越受市场青睐。渔民在品种放养上,除增加青、草、鲤、鲫、鳊等品种外,还育珠养蟹、养鳗养虾、养泥鳅、黄鳝、乌龟、甲鱼等。1987 年,全国淡水珍珠产量 352 065 千克,比上年增加 122 194 千克,河蟹人工放流增殖扩大至 27 个省市,面积 950 万亩。安徽省珍珠产量 5.20 万千克,比上年增加 172%;生产河蟹 1 662 吨,增长 41%。广东鳗塘面积 1 419 亩,亩产 837.9 千克,罗氏沼虾 4 363 亩,亩产 30 千克。甘肃省形成了全省性的相当规模的虹鳟鱼养殖,面积比 1986 年扩大近一倍,产量 134 吨,同比增加 3.7 倍。在淡水鱼类养殖结构优化的过程中,生产反复波动的情况也时有出现。一些地方普遍重视创汇多、售价高的名特优品种和集约化吞食性品种养殖,而忽略了食物链短、节粮型、适销对路,大众化、售价低的传统养殖品种鲢、鳙、草鱼等。

迅速发展的养殖业也对淡水鱼类加工业提出要求。在内陆地区,一些淡水鱼集散地出现了淡水鱼加工点,为适应市场需求,逐步开始探索淡水鱼小段加工、鱼片、鱼糜、鱼丸食品加工,以及熏鱼等传统风味食品。

此外,为提高综合经济效益,各地农民还探索出综合经营、立体开发的模式。陕西、山西、河南等省综合开发黄河沿岸长期荒废的低洼盐碱荒地,建设渔农牧副综合生产基地,取得了事半功倍的成效。湖南洞庭湖区普遍开展鱼猪、鱼鸭结合及鱼鳖、鱼珠混养,出现以鱼为主、各业兴旺的景象。渔农、渔菜、渔林、渔果、渔牧、渔禽结合,使农村经济面貌发生新的变化。

(三) 不断加强渔业管理和挖潜改造

随着淡水鱼类养殖业发展,生产实践中也出现了一些矛盾和问题,各地渔业管理部门根据形势发展需要都加强了渔政监督管理。1982 年 3 月,上海市人民政府颁布了《水产养殖保护暂行规定》,各县社队普遍建立护渔联防组织,当年共查处偷鱼和违规事件 2.2 万起,教育 2 万多人次,赔偿损失和罚款 15 万元,没收各种渔具 4 万余件,没收鱼货 8 万余斤,维护了渔业生产秩序。湖南省人大也在同年颁布《湖南省水产暂行管理条例》,公安、司法部门对一些破坏水产资源和渔业生产秩序的案件及时进行处理。全省共处理此类案件 8 956 起,逮捕 52 人,拘留 486 人,罚款 19 万元。

其次,在生产发展过程中,针对天旱缺水、养鱼比较效益下降等因素引起的生产波动现象,主产省份狠抓了池塘的挖潜改造,依靠科技兴渔,努力提高单位面积产量。1989 年,全国淡水养殖面积减少 124.04 万亩,其中:池塘减少 14.69 万亩、湖泊减少 40.17 万亩、水库减少 50.87 万亩,尤以北方地区减少最多,黑龙江减少 91.13 万亩、山东减少 37.64 万亩、河北减少 8.52 万亩、辽宁减少 5.25 万亩。但由于各地普遍重视精养高产塘建设,使得精养面积仍大幅度增加,大多数当年投产当年即获益。由于改变了粗放粗养的经营方式,注意挖掘内在潜力,改善生产要素质量,应用推广高产养殖技术,通过提高劳动生产率增加产量,因此各类水面的单产水平又有不同程度提高,其中,淡水养殖平均亩产提高 6 千克,达 71 千克;池塘、湖泊、水库、河沟亩产分别为 148 千克、27 千克、10 千克和 51 千克,分别增加 10 千克、3 千克、2 千克和 3 千克。在淡水养殖业较发达的地区,还充分利用当地水域资源,多形式分层次立体开发,养殖、增殖、种植和管理相结合,降低了养殖成本,取得了明显效益。

第三,集约化养鱼程度明显提高。"三网"养鱼和高密度微流水养鱼技术为大水面养殖发展创开了新路,并为贫困山区脱贫致富提供了新的途径。四川省 1987 年集约化养鱼已发展至 170 亩,实现了水库网箱亩产成鱼 8.7 万千克,流水养鱼亩产 7 万多千克的高产典型;河北省投产 43 亩,平均亩产 4 万千克,最高的达 8 万千克,一般每亩盈利在 7 万元以上。明显的经济效益刺激了各地大力发展集约化养鱼。此外,"以渔保粮""以渔促粮"有机结合、相互促进,形成良性生态循环的稻田养鱼不仅在南方川、贵、湘、赣等地,在北方也有较快发展。

三、1992—1999 年:高速增长阶段

20 世纪 90 年代之后,我国淡水鱼养殖产业发展进入稳定期。一方面,淡水养鱼面积仍在继续增加;另一方面,20 世纪 90 年代中后期,我国水产品已经越过了短缺时代,在供给不断增加的情况下,市场竞争日益激烈,导致养殖效益波动非常大。此外,不断衰退的渔业资源与日益增长的需求之间也形成新的矛盾。在此背景下,淡水渔业面临增长方式转变和提质增效的挑战。此后,淡水经济鱼类发展很快,休闲渔业兴起,成为渔业经济发展的新亮点。这个基本格局的形成,对我国淡水养殖业产生了深刻的影响。

(一)淡水鱼类养殖进入高速增长阶段

20世纪90年代,我国农产品供求关系出现了变化,在口粮问题解决之后,农业遇到的瓶颈问题就是市场。各地农业部门都看到了养殖业的巨大发展空间,在资金紧张的情况下,纷纷向淡水养殖业重点倾斜。有的通过股份合作制等形式筹集资金,或横向联合投资,开发浅荒滩、荒水、低洼地和内陆大中型水域;有的挤出资金整治修复老旧池塘;有的集中财力大力发展名特优新产品,获得明显经济效益。在这种发展背景下,20世纪90年代,我国淡水鱼生产仍处于高速增长时期。1992年,我国淡水养殖面积为5 965.71万亩,1993年,全国内陆养殖面积比上年扩大270万亩;淡水鱼苗产量2 478亿尾,比上年多产450亿尾,投放淡水鱼种112万吨。1997年,淡水养殖产量达到一个新的高峰,为1 229.0万吨,比1991年增长1.69倍,年均增长17.92%。到1999年,淡水养殖面积达到7 794.36万亩,增长了3.89%。在此期间,大宗淡水鱼增长率超过10%的年份有4年,分别是1992年、1994年、1995年和1997年,增长率分别达到27.52%、33.37%、18.20%和14.54%,这7年的年平均增长率为15.7%。

表1.2.1　1992—1999年全国大宗淡水鱼产量

(单位:吨)

年度	青鱼	草鱼	鲢鳙鱼	鲤鱼	鲫鱼	鳊鱼	合计	同比增长率%
1992	35 682	1 045 106	2 563 964	787 447	276 358	197 133	5 213 817	27.52
1993	65 638	1 464 891	2 708 534	891 624	291 529	218 921	5 641 137	8.20
1994	109 887	1 923 651	3 518 855	1 247 768	418 711	304 485	7 523 357	33.37
1995	111 021	2 230 591	4 080 526	1 534 094	575 733	360 299	8 892 264	18.20
1996	118 872	2 407 908	3 918 565	1 591 514	689 905	379 148	9 105 912	2.40
1997	137 515	2 632 364	4 605 697	1 761 283	858 455	434 896	10 430 210	14.54
1998	152 646	2 807 514	4 699 554	1 927 973	1 032 030	449 282	11 068 999	6.12
1999	173 325	3 062 359	4 770 225	2 050 762	1 235 735	475 827	11 768 233	6.32

数据来源:农业部渔业局编制、中国农业出版社出版历年《中国渔业统计年鉴》。

(二)淡水渔业生产结构调整升温

在"吃鱼难"问题基本解决后,一些淡水鱼主产区出现了水产品压塘、滞销等问题,导致淡水养殖成本收益率不高。另一方面,市场上对部分名特优产品仍有很强的需求。1995年以前,养殖利润连续增长。1992年461元/亩,1995

年 1 243 元/亩,年均增长率高达 40%,即使扣除通货膨胀因素后,年实际平均增长率也高达 18%。1997 年成本利润率出现较大反弹,上升至 28%,1998 年和 1999 年又出现连续下降,如果将土地成本计入总成本,那么成本收益率水平的下降更加明显,1999 年的成本利润率只有 9%。

由于看到养殖业的效益,各地在资金紧张的情况下,纷纷向养殖业重点倾斜,把发展渔业作为优化农村产业结构,引导农民增收致富的重要产业。有的以明晰产权、优化资源配置为内容,全面推行渔业股份合作制,通过拍卖、转让荒水、荒滩和宜渔低洼荒地使用权,通过股份合作制等形式筹集资金,或横向联合投资,开发浅海滩涂、荒滩荒水低洼地和内陆大中型水域;有的加强基础设施的建设和改造,挤出资金整治修复老旧池塘,开挖和修整鱼虾池塘以及苗种繁育设施,改善了生产条件,提高了生产能力;有的为适应养殖结构的优化,引进、繁育优良品种,集中财力大力发展名特优新产品,获得明显经济效益。

1992 年,湖南压缩鲤、鳙鱼,增加草食鱼,扩大杂食鱼,套养名贵鱼,经济效益显著提高;湖北优化品种结构,主要名特优品种苗种生产取得较大进展,甲鱼、青虾、鳜鱼等开始形成批量生产。通过进一步推广实用增产技术,使养殖生产逐步从经验型向集约型方式过渡。1993 年,鳜鱼、罗氏沼虾养殖不断升温,养殖方式也从粗放向精养、集约化、规模效益方向迈进,混养套养立体模式、庭院式养殖、稻田养鱼等普遍推开。据不完全统计,全年淡水名特优养殖面积约达 40 万公顷,其中河蟹约占一半,甲鱼 2 000 多公顷,鳗鱼 8 000 多公顷。此外,牛蛙、鳜鱼、罗氏沼虾、贝类、蟹类等养殖不断升温。各地坚持以市场为导向,以效益为中心,以自然资源为基础,不断调整品种结构,使名优品种所占养殖面积和产量都不断提高。

此外,各地充分利用宜渔非耕地资源。1997 年养殖总面积比 1996 年扩大212.8 千公顷,增长 3.75%,除池塘扩大 34.4 千公顷外,湖泊、水库等大中水域的围拦养殖面积也扩大了 81.8 千公顷。养殖规模扩大,为水产养殖业发展奠定了基础。

(三) 淡水养殖方式趋于多样化

在这一阶段,养殖面积的稳步增加是促进产量增长的一个重要原因,但更为主要的贡献来自单产水平的快速提高。20 世纪 90 年代之后,池塘大面积综合高产养鱼理论体系和技术体系,大水面"三网"(网箱、网围、网拦)养鱼和资源增殖、施肥综合配套养鱼技术、集约化养殖技术的确立,以及暴发性流行病防治技术的突破,推动了淡水鱼养殖进入新的发展阶段。养殖者改进养殖技术,并广泛使用增氧机、投饵机等养殖设备。各地积极完善水产养殖的配套措施,推广应用新技术,扩大良种覆盖率,加强病害防治体系建设,充分挖掘内部潜力,使水产养殖产量上升,单产提高。三北地区(东北、西北、华北)的单产提高近一倍,实现亩产吨鱼。辽宁一般亩产 1 500 千克,最高可达 2 000 千克以上,河南洛阳地区最高亩产可达 1 750~2 000 千克。而 1980 年,我国淡水养殖平均单产约 21 千克/亩,其中,池塘约 56.5 千克/亩、湖泊 9.2 千克/亩、水库 6.2 千克/亩、河沟 22.4 千克/亩。到 1996 年,我国池塘养殖面积所占比重已经提高到 40.34%。此后,这一比例一直稳定在 40% 以上。而 1978 年,池塘养殖面积所占比重为 26.51%。

针对养殖病害流行情况,组织科技攻关,示范、普及病害防治技术,并加快病害防治体系的建设,加强苗种、饲料、鱼药的管理,减少病害损失。一系列有助于推动养殖业发展的科技成果得到普及应用;加大病害防治体系的建设,一定程度地控制了病害的发生和蔓延。科技推广对于养殖单产提高起到积极作用,1997 年内陆养殖单产增长 9.6%,并出现了一些高产示范区。

1996 年,有条件的地区通过几年摸索,已逐步在养殖业特别是名特优新养殖方面形成产加销一条龙,贸工渔一体化的经营方式,取得了较好的经济效益。稻田养鱼、"三荒"等宜渔后备耕地资源的综合开发力度进一步加大,种苗投放量有所增加。1998 年,全国共生产淡水鱼苗 11.11 亿尾,比去年多 1.44 亿尾。内陆水产养殖面积扩大至 5 080.63 千公顷,增加 125.79 千公顷。各地通过加大科技推广力度,使水产养殖的科技含量不断提高,内陆池塘养殖单产达 2 490 千克/公顷,同比增加 101 千克/公顷。生产结构和品种结构进一步趋向合理,养殖生产逐步由外延向内涵发展转化。苗种生产体系、病害防治体系及其他各项配套措施不断完善。名特优新水产养殖发展加快。水产养殖业结构日趋合理。

1999 年全国淡水养殖产量增长 7.57%,继续保持较高的发展势头,养殖产量占总产量的比重同比提高 2 个百分点。内陆养殖面积 5 196.24 千公顷,增加 115.62 千公顷,增长 2.28%;其中池塘 2 145.11 千公顷,增加 59.54 千公顷,增长 2.85%。稻田养殖产量 65.0 万吨,面积 1 464.09 千公顷,分别较上年增加 9.86 万吨和 143.41 千公顷。名特优新水产品的养殖面积和产量都有了很大的提高,养殖业结构已开始由规模产量型向质量效益型转变。从单产水平看,池塘、湖泊、水库、河沟四类水面的平均单产水平由 2 490 千克/公顷提高到 2 603 千克/公顷,每公顷增加 113 千克。

(四) 科技支撑和市场服务体系加快建设

1998—2007 年,各级政府先后投资建设水产良种工程项目 319 个,其中原种场 62 个、良种场 194 个、苗种繁育场 29 个、引种保种中心 22 个、水产种质检测中心 3 个、遗传育种中心 9 个,初步构建起全国水产原良种生产体系框架,原良种生产能力有了较大的提高。

1999 年,经国家质量技术监督局批准,农业部成立了水产品质量认证中心,对一些产品进行全国性的质量抽查。

为更好地解决市场销量问题,各地纷纷以水产品交易市场为骨干,以城乡集贸市场为主体,建立了不同层次的水产品市场体系,少环节多渠道地将水产品流通纳入市场管理,引导生产者和经营者进入市场经营,把水产品推向城镇和农村。广东省 1992 年水产品市场成交量达到 120 多万吨,占全省水产品总产量的 48%,解决了过去水产品交易秩序混乱的问题。健全的水产品市场体系和流通顺畅对稳定水产品价格起到积极作用。

随着淡水鱼类养殖的快速发展,养殖水域污染严重、渔业基础设施落后、病害严重、鱼用饲料等主要生产资料价格涨幅较大、名特优苗种供不应求、区域性及结构性供需不平衡、东、中、西部发展存在差距等问题日益突出。上述问题直接影响水产养殖业发展。例如,1998 年的长江、松花江、嫩江等流域的洪涝灾害造成部分内陆地区的池塘毁损,水库、河沟溃决,大量成鱼逃逸,使淡水养殖产量增幅同比下降 5.64%,养殖产量在总产量中的比重同比下降 0.45 个百分点。受 1998 年亚洲金融危机、国际市场需求萎缩、通货紧缩、社会消费水平下降影响,水产品呈供大于求局面,渔业经营效益普遍下降。此外,20 世纪 90 年代后期,渔业水域环境恶化和资源衰退的局面越来越严峻;渔业基础设施和保障能力仍较脆弱;水产苗种生产体系、病害防治体系、渔港建设、执法装备及其他渔业发展支撑体系相对落后。

四、2000 年以来:结构转型阶段

经历了前期的高速增长阶段以后,淡水养殖业进入了一个相对平稳的发展阶段,但也到了结构转型的关键时期。

(一) 21 世纪以来我国淡水鱼类养殖进入转型阶段

经历了前期的高速增长阶段以后,淡水养殖业进入了一个相对平稳的发展阶段。与上一个阶段相比,这一个阶段的突出特征是增长速度大幅度下降,多数年份的增长率都低于 5%,其中 2007 年增长率为负。但与粮食生产等行业相比较而言,这一增长速度仍然不低。这一阶段,我国池塘养殖的规模继续扩大。2000 年,淡水养殖面积为 7 926.6 万亩,到 2005 年达到高值,为 8 775.73 万亩,此后,淡水养殖面积出现下降,到 2008 年为 7 456.5 万亩,2014 年为 9 121.24 万亩。从产量来看,这一阶段的增长速度明显比上一个阶段放慢了。这说明,短缺时代已经过去,仅靠量的扩张已不能实现淡水鱼养殖业的持续发展。正是在这样的背景下,我国淡水鱼养殖方式开始进入了发展转型阶段。

表 1.2.2　2003—2014 年全国大宗淡水鱼产量

(单位:吨)

年度	青鱼	草鱼	鲢鱼	鳙鱼	鲤鱼	鲫鱼	鳊鱼	合计	同比增长率(%)
2003	269 491	3 492 585	3 382 009	1 906 004	2 267 274	1 789 031	524 927	13 631 321	2.92
2004	295 609	3 698 419	3 466 775	2 079 643	2 366 782	1 945 803	516 869	14 369 900	5.42
2005	324 347	3 857 106	3 524 773	2 182 030	2 474 661	2 083 468	552 922	14 999 307	4.38
2006	349 914	3 963 382	3 714 740	2 372 712	2 590 306	2 094 881	594 287	15 680 222	4.54
2007	331 262	3 555 963	3 075 578	2 135 371	2 228 585	1 937 121	576 341	13 840 221	-11.73
2008	359 804	3 707 146	3 193 210	2 290 228	2 350 691	1 955 500	599 623	14 456 202	4.45
2009	387 623	4 081 520	3 484 442	2 434 555	2 462 346	2 055 478	625 789	15 531 753	7.44
2010	424 123	4 222 198	3 607 526	2 550 848	2 538 453	2 216 094	652 215	16 211 457	4.38
2011	467 736	4 442 205	3 713 922	2 668 305	2 718 228	2 296 750	677 887	16 985 033	4.77
2012	494 908	4 781 698	3 687 751	2 851 419	2 896 957	2 450 450	705 821	17 869 004	5.20
2013	525 498	5 069 948	3 850 873	3 015 380	3 022 494	2 594 438	730 962	18 809 593	5.26
2014	557 328	5 376 803	4 226 009	3 202 887	3 272 433	2 767 910	783 023	20 186 393	7.32

数据来源:历年《中国渔业统计年鉴》

在供给不断增加的情况下,淡水鱼市场竞争日益激烈,导致养殖效益的波动。这个基本格局的形成,对我国大宗淡水鱼养殖,对整个淡水养殖业乃至整个渔业都产生了长远而深刻的影响。在此之后,养殖户养殖模式日益转向多品种混养、常规性品种与名优品种混养的方式。

(二)养殖结构得到优化,发展领域得到拓展

2003 年内陆省份继续加大渔业结构调整力度,在大力发展名优养殖的同时,重点创建"绿色渔业"和"品牌渔业",有效增强了渔业发展的后劲。随着养殖技术提高,养殖方式逐渐由传统型向现代化、工厂化、集约化和效益型转变。

我国淡水养殖以鱼类为主。大宗淡水鱼(青、草、鲢、鳙、鲤、鲫、鳊)是我国淡水养殖业发展的保障性主导品种。我国大宗淡水鱼产量自 20 世纪 90 年代以来逐年增长,1991 年总产量为 408.88 万吨。2014 年我国大宗淡水鱼产量达

2 018.63 万吨,占淡水养殖产量的 68.76%,占全国水产品总产量的 31.24%。2014 年,大宗淡水鱼产量增长率为 7.32%,增幅比上年提高 2.06 个百分点,全国水产品增长率为 4.69%,大宗淡水鱼产量增速高于水产品总产量增速。

在大宗淡水鱼获得稳定发展的同时,名特优新品种得到快速发展,并引起了淡水养殖业结构的变化。由于名特优新产品的高速发展,大宗淡水鱼产量所占比重呈下降趋势。1991 年,我国 7 个大宗淡水鱼品种产量占淡水养殖总产量的 88.41%,1991 年我国只统计罗非鱼和河蟹这两种名特优新淡水产品,它们的产量合计占到我国淡水养殖产量的 2.77%。到 2008 年,7 个大宗淡水鱼品种产量占淡水养殖总产量的比例下降为 70%;2008 年淡水鱼养殖产量 1 836.9 万吨,占淡水养殖产量的 88.6%;2008 年,7 个大宗淡水鱼品种产量占淡水养殖鱼类总产量的 78.7%。在大宗淡水鱼类中,草鱼的产量位居第一,之后依次是鲢鱼、鲤鱼、鳙鱼、鲫鱼,鳊鱼和青鱼的产量最少。到了 2014 年,草鱼产量仍为最高,为 537.68 万吨;鲢鱼第二,为 422.60 万吨;鲤鱼第三,为 327.24 万吨;其他依次为鳙鱼、鲫鱼、鳊鲂和青鱼。罗非鱼的产量低于鲫鱼,但大于其他大宗淡水鱼。随着我国淡水养殖名特优新品种发展和统计范围扩大,2014 年,名特优新淡水鱼占我国淡水养殖鱼类产量的 22.83%。目前,养殖发展快的名特优新品种还有鲶鱼、斑点叉尾鮰、团头鲂、乌鳢、加州鲈、鳜鱼、长吻鮠、虹鳟、黄颡鱼、裂腹鱼、中华倒刺鲃、丁桂鱼、胭脂鱼、史氏鲟、西伯利亚鲟、杂交鲟、匙吻鲟等。

(三)区域特色日益明显,集群化特征开始显现

据统计,2014 年,全国淡水养殖产量超过 100 万吨的省份有 9 个,分别是湖北、广东、江苏、湖南、江西、安徽、山东、广西、四川,比 2008 年又增加了广西和四川两省。目前,这 9 省产量占全国淡水养殖产量的 74.76%,而 2008 年 7 省产量占全国淡水养殖总产量的 68.51%。这说明,在产地分布上,淡水养殖区域集中的特点更加突出,西南地区的淡水养殖发展很快。其他淡水鱼养殖品种也呈现明显的区域相对集中特点。水产加工业则围绕着原料基地而建立。淡水产品产量较大的省份往往也是加工业产量较大的省份。在淡水加工产品总量前十的省份中,湖北位于第一,其余依次是江苏、广东、江西、海南、安徽、广西、湖南、福建、浙江,这些省占了淡水加工产品总量的 93.97%。

淡水鱼养殖区域相对集中与主产区相关政策到位有着直接关联。例如,湖北提出建立渔业板块经济来发展渔业的产业发展模式。2003 年以来,湖北省开始构建"一块一品""一村一品"格局。到 2008 年,已发展省级板块 33 个,板块总规模达到 660 万亩,万亩以上连片大基地 57 个,初步形成了"一鱼一产业"

的发展格局。同时,与淡水养殖业有关的产业,如饲料业、加工业、销售业等,在一定区域内柔性集聚,结成密集的合作板块,共同推动区域经济的发展。2003年以来,江西省也开始推动淡水渔业板块经济发展,着手打造"三区一带"(即环鄱阳湖区优势水产品养殖加工产业区、鳗鱼养殖加工产业区、龟鳖类养殖区和鲶形目鱼类养殖加工产业带)。

(四) 养殖方式快速转变,经营效率得到提高

改革开放以来,我国水产养殖模式发生了很大变化,单产水平大幅度提高,促进了养殖产量的大幅度增长。

1. 池塘精养方式快速发展,养殖模式更为丰富

1982—2008 年,我国池塘养殖面积扩大了 1.3 倍,年均增长 3.31%,产量增加了 15.76 倍,年均增长 11.45%,平均亩产由 63.19 千克增加到 453.66 千克,增加了 6 倍多,年均增长 7.88%。2008 年,我国池塘养殖产量达到 1 459.45 万吨,占淡水产品总产量的 70.42%,水库、湖泊养殖产量 387.16 万吨,占 18.68%。进入 21 世纪,池塘养殖模式已经成为我国最主要的淡水养殖模式,其次为水库、湖泊、河沟和其他养殖模式。目前,我国内陆养殖产量的增长主要缘于池塘养殖产量的增长。

池塘精养模式的高投入带来了单产水平的大幅度提高。2008 年,全国淡水养殖平均单产 130.5 千克/亩,平均单产比 1980 年增加了 5.2 倍。其中池塘约 226.8 千克/亩、湖泊 50.5 千克/亩、水库 52.0 千克/亩、河沟 92.1 千克/亩、稻田养成鱼 26.4 千克/亩,分别比 1980 年增长 3.01 倍、4.52 倍、7.42 倍和 3.11 倍。到 2014 年,全国淡水养殖平均单产达到 523.5 千克/亩,比 2008 年增加了 3.01 倍,其中池塘养殖平均单产 233.4 千克/亩,比 1980 年增长 3.63 倍。

在池塘养殖得到快速发展的同时,其他养殖方式也得到发展。2014 年淡水养殖总面积已发展到 9 121.24 万亩,池塘、湖泊、水库、河沟面积分别占到 43.78%、16.70%、32.81% 和 4.52%。在不同省份和地区,几类水体的比例变化存在差异,有些省近年来湖泊、河沟养殖和稻田养殖发展较快。湖北省 2014 年已利用养殖面积 683 460 公顷,除 375 953 公顷为池塘养殖外,湖泊养殖面积达到 192 620 公顷,水库养殖面积也有 107 967 公顷,还有十多万亩排水位线以下的低湖田、荒滩、沼泽和常年不干的洼地。湖南省 2014 年水产养殖面积为 698.10 万亩,除池塘养殖面积 447 632 公顷外,稻田养殖面积 189 652 公顷,湖泊养殖面积为 89 756 公顷,水库 128 505 公顷。

2. 经营规模明显扩大,专业化、组织化水平明显提高

随着大宗淡水鱼养殖规模的扩大,养殖的专业化和规模化趋势开始显现。

自 2011 年以来,我国渔业专业合作组织数量不断增多、会员规模不断扩大。一些已经成立的水产合作经济组织发展相对较好,规模不断壮大。水产合作社的成立和发展,解决了社员大量以前单家独户所不能解决的问题。合作社为养鱼户提供的服务主要包括几个方面:一是技术指导,合作社内的技术人员给养鱼户集中授课,聘请专家为会员提供技术指导,与政府的技术推广部门合作推广养殖技术,不定期地发短信给社员提供服务,在合作社中安排专职人员常年为养鱼户提供技术支持等;二是信息服务,合作社也会向其会员提供市场供求、生产资料价格、新技术等信息;三是购销服务,社员通过统一采购生产资料,可以获得价格优惠和选择更好质量的生产资料,合作社统一销售,则可以直接将水产品销往批发地或加工企业,从而获得更多的利润,避免了中间盘剥。

3. 健康养殖模式得到快速推广

受养殖基础设施条件差、养殖技术及管理水平较低、盲目追求短期效益等因素影响,很多水产养殖户凭传统经验养殖,生产方式粗放、养殖密度过大等问题已经暴露,传统养殖模式已经越来越不适应市场和消费者对健康、安全的水产品的要求。在这种背景下,健康养殖模式开始出现。目前,各地围绕池塘标准化改造工作开展健康养殖。池塘标准化改造是推进池塘传统养殖向现代健康养殖转变的重要途径,也是迅速改变池塘养殖生产落后面貌的重要举措之一。

4. 休闲渔业一枝独秀

随着人们生活水平提高,对休闲度假等有益身心的活动的需求大为增加。近年来,我国各地休闲渔业发展很快,已形成一定规模。2014 年我国休闲渔业总产值 431.86 亿元,比上年增长 18%,占渔业第三产业和渔业经济总产值比例分别为 8.4% 和 2.1%。虽然休闲渔业占渔业经济总产值的比重不高,但2004 至 2014 年,我国休闲渔业产值年均增长率达到 18.9%,高于同时期的渔业总产值增长率 6.9 个百分点。

(五) 形成适应市场经济要求的流通格局

改革开放以后,水产品流通体制很快突破计划经济体制下国有专营体制的束缚,初步形成了适应市场经济要求的流通格局。

一是流通主体得到发育。随着水产品流通体制改革的深入,新的流通主体迅速发育,并日益活跃。目前,淡水产品经纪人、批发商和零售商队伍已经得到比较充分的发展,他们一头联结市场,将淡水产品从产地运往全国各地;另一方面,他们联结养殖者,帮助他们将产品销往大市场,有的还兼营生产资料和养殖,有的则组建了庞大的运输车队,有的建立了自己的经纪人协会。他们把市场价格信息和品种需求情况带给养殖户,保证了养殖户可以按市场需求来进行生产。

二是购销体制已基本适应市场经济要求。1985年以后,水产品基本实现了购销自由化。自由购销体制的建立,使得自主经营、自负盈亏的新型流通主体迅速发展起来,并对计划经济体制下的经营主体形成了明显的冲击,使其深化改革,不断激发流通主体活力。自由购销主体在利益的驱动下,不断寻求新的获利机会和开拓新的市场,对实现市场供需对接起到了非常重要的作用。随着绿色通道网络的日益完善,水产品在全国大市场的流通受到的限制越来越小。目前,水产品流通已经形成非常充分的竞争机制。自1992年国家取消对国有水产供销企业的财政补贴后,水产品价格已基本由市场供求机制决定。

三是市场体系得到发展。水产品经营放开后,一批以自由交易为基础的批发市场得到发展。2004—2013年,全国交易额亿元以上的专业性水产品批发市场从72个增加到150个,增加一倍多,成交额从522.5亿元增加到2 808.81亿元,增加4.4倍。水产品批发市场在商品集散、价格形成、供需调节、信息提供、交易结算、运输、仓储、保鲜以及其他综合服务等方面发挥着越来越重要的作用,水产专业化市场规模升级的趋势非常明显。

四是流通方式现代化水平明显提高。随着交通网络的越来越发达,水产品开始采用公路、铁路、货船和飞机等灵活多样的运输方式,运输速度大为提高。各地纷纷开辟水产品绿色通道。在一些大中城市,水产品进入超市或是连锁经营已经成为重要的营销方式。例如江苏阳澄湖大闸蟹的连锁专售网点就遍布北京。在一些流通规模较大的市场,拍卖已经成为一种重要的销售方式,对显示真实价格起到了重要促进作用。近年来,随着电子商务发展,越来越多的水产生产者与经营者开始利用网络进行信息沟通和交流。

五是跨区域大流通的格局初步形成。在河南省,除了70%左右的淡水产品在省内销售外,该省淡水产品还流向山西、陕西、甘肃和我国东北地区;小龙虾、青虾、银鱼、泥鳅、克氏原螯虾、鲢鳙鱼头、田螺等还出口到日本、韩国、美国和东南亚国家。

(六) 质量安全监管得到加强

近十几年来,我国渔业发展的基本矛盾已经从主要解决数量供应不足转向结构调整和质量安全水平提高。总体上看,我国水产品质量安全水平是稳定的,水产品质量安全水平的提高,与建立了一套比较完整的质量安全控制体系密不可分。

1. 法律法规已经比较完善,标准体系建设取得明显进展

2009 年 6 月 1 日,《食品安全法》正式生效,这意味着我国食品领域的法律法规体系有了基本法律。这一法律从食品安全风险监测和评估、食品安全标准、食品生产经营、食品检验、食品进出口、食品安全事故处置、监督管理、法律责任等几个方面明确了食品安全监管的主体内容。《农产品质量安全法》《产品质量法》《食品卫生法》《标准化法》等专业性法律则从不同侧面对食品安全监管提出了要求。对水产品来说,《水产养殖质量安全管理规定》《兽药管理条例》《饲料和饲料添加剂管理条例》等则是最为主要的行业性法规。此外,还有不少法律法规与之相关,一些地方还专门出台了水产行业的地方性法规和政策。

经过 20 多年的努力,我国的水产标准化工作取得了可喜的成绩,初步建立起了以水产国家、行业标准为主,地方标准、企业标准相衔接、相配套的比较健全的水产标准体系。2004 年以来,我国加强了对渔业标准体系的规划和建设,以水产品质量安全标准为重点,制定并发布实施了多项渔业标准,截至 2010 年底,已发布实施渔业国家标准 143 项,渔业行业标准 684 项。与此同时,全国各地以养殖为主的地方标准体系建设步伐加快,标准数量大幅度增加,已达 1 139 项,还有 281 项地方标准正在制定中。目前,我国以国家标准和行业标准为主体、地方标准和企业标准相衔接、相配套的渔业标准体系已经形成,标准内容覆盖了渔业资源、环境、养殖、加工、渔船、渔机、渔具、工程等各个领域,为规范渔业生产、管理与贸易活动提供了重要技术保障。

2. 监管体制得到完善,控制能力得到加强

目前,我国的食品安全监管体系由国务院食品安全委员会牵头,农业、质检、卫生、食品药品监督管理等相关部门负责,已经覆盖农产品供应链各个环节。"十二五"期间,渔业系统紧紧围绕农业部确定的"两个千方百计、两个努力确保"目标,切实加强水产品质量安全监管,工作取得显著成效。各省设立专门的水产品质量安全监管处(室),强化水产品产地监测,质量安全抽查合格率由 2010 年的 97.9% 提高到 2014 年的 99.2%,2015 年上半年达到 99.6%,"十二五"期间未发生重大水产品质量安全事件。

水产品质量安全监管体系初步建成,以国家级和部级质检中心为骨干,地、县、乡级质检中心为补充的水产品质量安全检测体系已经建成,水产品质量安全执法能力有所提升。

"十二五"期间,为引导生产经营者提高质量安全水平,我国初步构建了认证体系。产品认证有无公害农产品、绿色食品、有机农产品、中国良好水产养殖规范、水产养殖认证委员会对虾认证等,体系认证有 ISO 9000、ISO 14000 和 HACCP 等。目前,这些认证工作已经走上正常运行轨道,获得认证的生产经营者明显增加,为进一步提升质量安全控制水平奠定了基础。

"十二五"期间,农业部指导各地全面推进养殖水域滩涂规划编制、颁布和养殖发证登记工作,定期通报各地养殖规划编制和发证登记工作进展,指导和督促各地工作。各级渔业部门不断推进养殖证核发工作,推动新版养殖证换证工作。目前,全国已有 11 个省级、153 个地市级和 1 363 个区县级人民政府颁布实施本级养殖水域滩涂规划,五年累计核发《水域滩涂养殖证》近 20 万本,2015 年底仍有效的《水域滩涂养殖证》达 16.4 万余本,确权登记水域、滩涂面积约 512 万公顷,占总养殖面积的 61%。农业部将养殖证作为享受渔业油价补助等支渔惠渔政策的凭证,并积极支持各地开展养殖权抵押贷款,充分发挥养殖证的作用,保护和实现渔民合法权益。

据不完全统计,"十二五"期间,中央财政投资各地养殖池塘标准化改造 20 余亿元,支持实施池塘标准化改造(包括新挖)120 余万公顷,在全国形成一批健康养殖、稳产高产的生产基地,池塘养殖生产能力和抵御自然灾害能力大幅提升,疫病发生率和死亡率下降,能耗、水资源消耗和药物使用明显减少,养殖产品档次提高和产品质量提升,从业农民收入提高,促进了养殖生产经济效益和生态效益协调发展。

"十一五"之初农业部启动水产健康养殖示范场创建活动。"十二五"期间,继续组织开展示范创建活动,鼓励一批企业、合作社和养殖大户按照健康养殖的标准,自觉加强基础设施改造,规范养殖生产操作,健全质量安全管理制度,促进节能减排,扩大辐射带动,率先实现健康养殖。"十二五"期间,全国共新创建水产健康养殖示范场 4 000 多家,2015 年底示范场数量达到 5 856 家,示范面积达到约 300 万公顷,培养示范养殖户约 20 余万户,健康养殖示范规模比"十一五"末增长了 3 倍多。为推动健康养殖由点向面发展,实现养殖主产县养殖场、合作社全面达到健康养殖要求,改善企业生产条件,完善县域服务体系,健全行业管理制度,"十二五"期间,农业部启动渔业健康养殖示范县创建活动,到 2015 年末,共有 10 省(区)的 43 个县区申报创建示范县,并已经有 5 个县区通过验收,健康养殖示范已经从示范场向示范县快速推进。

第三节　我国大宗淡水鱼养殖业发展现状和特点

我国大宗淡水鱼生产历史悠久,特别是自农村改革开放以来,技术进步、流通体制放开、市场需求等刺激大宗淡水鱼产业迅猛发展,为解决我国"吃鱼难"

问题做出了重要贡献。20世纪90年代以来,大宗淡水鱼产业进入稳定发展时期并不断进行内部结构调整和模式改进,产业规模不断扩大,产区分布渐趋均衡,生产以池塘养殖方式为主,养殖技术趋于成熟。目前,作为我国鱼类生产的主体,大宗淡水鱼已成为全国性生产、跨区域流通、全国性消费的重要水产品种,近年来其加工业不断兴起,对外贸易量也有所增加。

一、养殖规模与效益

改革开放以来,随着鱼苗培育、池鱼高产精养、饲料、鱼病防治、鱼种人工繁殖等多项技术的综合应用,我国淡水鱼养殖单产水平不断上升,同时,随着养殖面积的扩大,淡水养殖产量也在不断增加。淡水养殖总产量从1976年的74万吨,增加到2014年的2 935.76万吨,年均增长率超过10%,中国成为世界上第一淡水养殖大国。2014年,中国淡水养殖产量占到水产品总产量的45.4%,其中,淡水养殖鱼类产量达到2 603万吨(图1.3.1),占到淡水养殖总产量的88.7%。

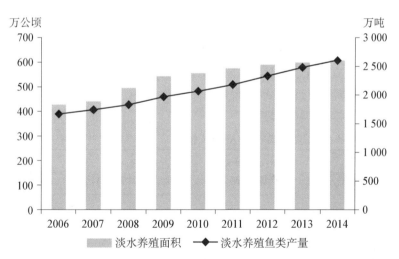

图1.3.1 2006~2014年淡水养殖面积和淡水养殖鱼类产量

数据来源:《中国渔业统计年鉴》相关年份

从产业规模来看,大宗淡水鱼是我国淡水养殖业发展的保障性主导品种。2014年我国大宗淡水鱼养殖产量2 018.63万吨,占淡水养殖产量的68.76%,

占全国水产品总产量的 31.24％。其中,草鱼、鲢鱼、鲤鱼和鳙鱼的产量均在 300 万吨以上,鲫鱼的产量超过 270 万吨,青鱼和鳊鱼产量相对少。淡水养殖业已经成为区域经济的重要支撑。在淡水养殖业产值较大的江苏、湖北、广东、江西、安徽和湖南 6 省,2014 年淡水养殖业产值占渔业第一产业产值的比重分别是63.0％、84.4％、48.9％、85.0％、79.3％和89.6％,淡水养殖业产值占渔业经济总产值的比重分别是 36.2％、40.9％、23.1％、42.2％、48.9％和 73.1％。由此可见,淡水养殖业在这些省份渔业经济中的重要地位。

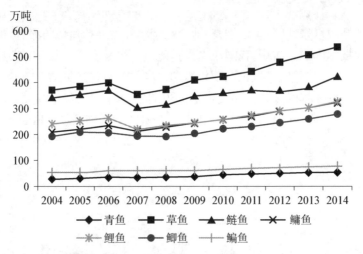

图 1.3.2 2004～2014 年大宗淡水鱼产量增长情况

数据来源:《中国渔业统计年鉴》相关年份

表 1.3.1 大宗淡水鱼产量及增长情况

	2014 年养殖产量(万吨)	占淡水鱼养殖总产量的比重(％)	同比增幅(％)
青鱼	55.7	2.1	6.1
草鱼	537.7	20.7	6.1
鲢鱼	422.6	16.2	9.7
鳙鱼	320.3	12.3	6.2
鲤鱼	327.2	12.2	8.3
鲫鱼	276.8	10.6	6.7
鳊鲂	78.3	3.0	7.1

数据来源:根据《中国渔业统计年鉴》相关年份数据计算

二、养殖品种结构与产业区域布局

我国地域辽阔、水网密布,形成了大宗淡水鱼在国内各省区基本上均有分布的产业布局。随着经济社会发展水平的提高,大宗淡水鱼产业布局也在不断进行调整和发生变化。这除了取决于水资源状况和管理情况以外,水产饲料业发展布局、市场需求变化、劳动力成本、技术扩散、城镇化发展等多因素也会对我国大宗淡水鱼产业布局产生明显的影响。

目前,我国珠江流域和长江中下游地区虽然仍是大宗淡水鱼的主产区之一,但受成本收益变化和加工业发展需求影响,其生产将逐步向着规模化、标准化方向发展。"十一五""十二五"以来,受科技进步、技术扩散加快的影响,我国西南、西北地区的大宗淡水鱼产业发展很快,大宗淡水鱼综合生产能力不断提高。总体上,我国大宗淡水鱼产业重心发生了由南向北、由东向西的逐渐倾斜。

首先,随着饲料业发展,各地均有了发展池塘养殖的物质条件;其次,随着"十一五""十二五"大宗淡水鱼产业技术体系的建设步伐加快,西南、西北地区的大宗淡水鱼养殖出现蓬勃发展态势。如新疆、云南、内蒙古、宁夏等省区,通过体系建设,以点带面,促进了示范基地建设,辐射带动周边县区。目前甘肃省已在白银、靖远、永靖、临泽和肃州 5 个示范县区共形成 10 个示范片,35 个示范户,示范面积达 2 500 亩。甘肃引进黄金鲫、团头鲂"浦江 1 号"、抗病草鱼等大宗淡水鱼优良品种 1 200 万尾,养殖效益明显,为优化甘肃省大宗淡水鱼养殖品种、促进产业可持续健康发展起到带动作用。银川综合试验站自 2011 年开始新品种引进、扩繁、养殖试验示范,2013 年在全区 8 大苗种繁育场开展了福瑞鲤亲本置换,至 2014 年已成功实现福瑞鲤苗种繁育本地化,保障全区及周边省份主养鲤鱼的苗种供给,2014 年累计繁育福瑞鲤苗种(水花)8 000 万尾,并向内蒙古、辽宁提供苗种 1 200 万尾。该站 2013 年还成功繁育异育银鲫"中科 3 号"苗种(水花)2 000 万尾。经过几年的新品种引进试验示范,有效带动宁夏地区水产良种更新换代,实现当家养殖品种鲤鱼的更新换代。优良品种的技术支撑使非主产的边远省份的单产水平大为提高,显著提高了渔业生产效率,为渔业经济布局变化提供了动力和保障。

改革开放以来,长江三角洲、珠江三角洲和浙江、广东等东部沿海地区率先成为市场化、国际化、工业化和城镇化快速推进的区域。由于农业比较效益低下,大量农田转为工业和城镇建设用地,再加上外向型农业和高效经济作物的发展,使得这些地区的渔业生产受到影响。未来,这些区域淡水渔业生产格局将会进一步调整优化。另一方面,西南、西北等边远省份大宗淡水鱼生产发展潜力巨大。渔业生产更依赖于水资源的丰裕程度和气温,所以在水量充沛、温暖的南方地区大宗淡水鱼有着天然的发展优势。但品种改良、技术扩散、饲料业发展、机械装备、工程设施改进等客观上改变了区域之间的生产条件差异,使得缺水地区、寒冷、高海拔地区等也具备了大宗淡水鱼的生产条件,使得几乎全国各地都能养鱼,大宗淡水鱼生产的空间格局发生变化。2014年我国大宗淡水鱼养殖产量 2 018.63 万吨,占淡水养殖产量的 68.76%。2014年淡水养殖产量在 50 万吨以上的省份有 14 个,其中,产量在 300 万吨以上的省份有湖北、广东和江苏,湖南、江西两省的淡水养殖超过了 200 万吨,安徽、山东、广西、四川的产量达到百万吨以上水平。大宗淡水鱼的养殖地主要集中在湖北、江苏、湖南、广东、江西、安徽等省区。其中,湖北、江苏两省的大宗淡水鱼年产量超过了 200 万吨。这说明,在产地分布上,大宗淡水鱼养殖区域集中的特点更加突出。

在淡水养殖业产值较大的江苏、湖北、广东、江西、安徽和湖南 6 省,2014年淡水养殖业产值占渔业第一产业产值的比重分别是 63.0%、84.4%、48.9%、85.0%、79.3%和 89.6%,淡水养殖业产值占渔业经济总产值的比重分别是 36.2%、40.9%、23.1%、42.2%、48.9%和 73.1%。可见,淡水养殖业在这些省份渔业经济中的重要地位。

水产加工业围绕着原料基地而建立。淡水产品产量较大的省份往往也是加工业产量较大的省份。在淡水加工产品总量前十的省份中,湖北位于第一,其余依次是江苏、广东、江西、海南、安徽、广西、湖南、福建、浙江等省,前十位的省份占了淡水加工产品总量的 96.41%,比之 2008 年(10 省占 93.4%)淡水加工业布局有所集中,广西发展特别快。

随着生产发展和社会需求的增长,淡水鱼养殖的种类也不断增多。目前淡水、海水养殖鱼类 70 余种,其中淡水养殖种类 50 余种,海水养殖种类 20 余种,分别隶属于 12 个目,其中,鲤形目鱼类均为淡水种类,鲇形目鱼类绝大多数为淡水种类。在我国淡水养殖鱼类中,除了常见的大宗淡水鱼(青鱼、草鱼、鲢鱼、鳙鱼、鲤鱼、鲫鱼、鳊鲂)外,罗非鱼、乌鳢、鲶鱼、黄鳝、鲈鱼、泥鳅、黄颡鱼、鳜鱼、鲴鱼、鳗鲡等淡水鱼的年产量均超过了 20 万吨。我国淡水鱼养殖品种日趋多元,养殖结构也在不断优化,近十年来鲴鱼、黄颡鱼、鲑鱼、鳟鱼、河豚、池沼公鱼、鲈鱼、鲟鱼等特色品种的年产量增幅均在 10%以上。

分品种来看,草鱼养殖产量最大,2014年草鱼产量占大宗淡水鱼养殖产量的 26.8%,占淡水鱼养殖总产量的 20.7%,近十年产量的年均增幅达到3.8%。2014年鲢鱼的养殖产量为 422.60 万吨,位居大宗淡水鱼的第二位。近年来,鲢鱼的地位已经被草鱼超越,近十年的年均增长速度仅 2.0%,是大宗淡水鱼中增幅最为缓慢的品种,其价格也最为低廉。2014 年,我国鲤鱼的养殖产量为 327.24 万吨,占大宗淡水鱼产量的 16.2%,近十年鲤鱼的年均增长速度相对平缓,约为 3.3%。2014 年,鳙鱼的养殖产量为 320.29 万吨,占大宗淡水鱼养殖产量的 15.9%,近十年来年均增速为 4.4%。鲢鳙鱼都是滤食性鱼类,对水体有显著的净化作用,因此多数养殖户会选择将其作为配养品种。2014 年,我国鲫鱼的养殖产量为 276.79 万吨,占大宗淡水鱼产量的 13.8%,近十年其产量的年均增速为 3.6%。2014 年青鱼养殖产量仅 55.73 万吨,是大宗淡水鱼中产量最低的品种,占大宗淡水鱼产量的 2.8%,但青鱼也是产量增长最为迅速的大宗淡水鱼,近十年年均增速达到 6.5%。2013 年,我国鳊鲂养殖产量 78.3 万吨,占大宗淡水鱼养殖产量的 3.9%,近十年来年均增长速度为 4.2%。

(一) 青鱼

青鱼,俗称乌青、螺蛳青、青鲩、黑鲩、青根等,在全国各大水系均有分布,除新疆、青藏高原、内蒙古和黑龙江省外,其余各省区均有养殖。近年来随着配合饲料的广泛应用,养殖面积不断扩大,除了靠近江河湖泊的省份,北方地区也更多地开始养殖青鱼。青鱼是七个大宗淡水鱼品种中唯一的肉食性品种,常与鲢鱼、鳙鱼、鲤鱼和团头鲂等混养。目前长江中下游各省市是青鱼的主产区,湖北是最大的产区,2014 年湖北省青鱼产量超过 10 万吨,湖南、江苏、安徽、江西产量在 5 万吨以上,广东、浙江、广西、福建和山东产量达到万吨以上。

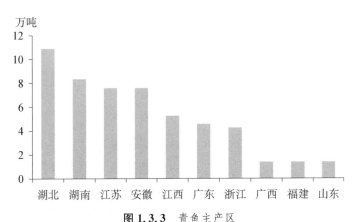

图 1.3.3 青鱼主产区

数据来源: 2015《中国渔业统计年鉴》

（二）草鱼

草鱼,俗称鲩鱼、草青、白鲩、油鲩、草根鱼等,除新疆和青藏高原无自然分布外,中国各大江河水系均有出产,全国各省区也都有养殖。草鱼的主产省份是湖北、广东、湖南、江西、江苏、广西、安徽、山东、四川、福建和河南,其养殖年产量均在 10 万吨以上。草鱼常与青鱼、鲢鱼、鳙鱼、鲤鱼和鲫鱼等混养。不论餐饮消费还是家庭消费,草鱼一直以来有着稳定的消费群体,近些年随着"水煮鱼"等餐饮形式的发展,草鱼深受广大消费者的喜爱。草鱼产量由 2004 年的 369.84 万吨增长到 2014 年的 537.68 万吨,年均增幅达到 3.8%。草鱼由 20世纪初与鲢鱼产量相当的地位,已逐步成为大宗淡水鱼类的龙头老大,近十几年来草鱼养殖产量一直稳居大宗淡水鱼首位。除鲜活销售外,草鱼加工正在逐步开展。

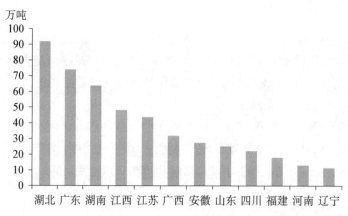

图 1.3.4 草鱼主产区

数据来源: 2015《中国渔业统计年鉴》

（三）鲢鱼

鲢鱼,俗称白鲢、鲢子、边鱼、水鲢、跳鲢、小头鲢子、苦鲢子等,在长江、珠江和黑龙江水系均有分布,全国各省区均有养殖。长江中下游各省市是主要产区,2014 年湖北、江苏、湖南、安徽、四川、江西、广西、山东、广东、河南、浙江和辽宁的产量均在 10 万吨以上。20 世纪 80 年代以前,鲢、鳙鱼是主要水产养殖品种之一,进入 90 年代,鲢鱼的经济价值下降,虽然一些地方仍有养殖,但主要是粉碎后拌入商品鱼饲料,投喂青鱼、龟、鳖等。近十几年来,其地位被草鱼超越,近十年的年均增长速度仅为 2.0%,是大宗淡水鱼中增幅最为缓慢的品种,其价格也是最为低廉的品种,近几年批发价一般在每公斤 7~8 元。不过作为池塘混养的搭配品种,近年来鲢鱼经常被作为江河湖库的增殖放流品种,其在改善水生生态环境方面正发挥着越来越重要的作用。

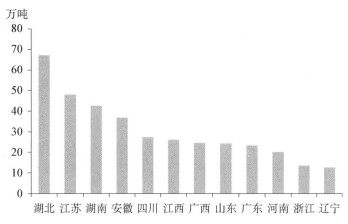

图 1.3.5 鲢鱼主产区

数据来源:2015《中国渔业统计年鉴》

(四) 鳙鱼

鳙鱼,俗称胖头鱼、花鲢、雄鱼、黑鲢、麻鲢、大头鱼等,在中国东部平原各主

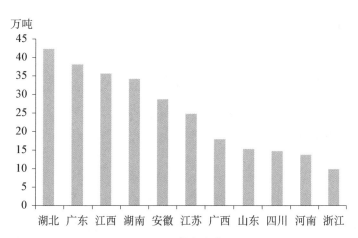

图 1.3.6 鳙鱼主产区

数据来源:2015《中国渔业统计年鉴》

要水系均有分布,除青藏高原外,其余省区均有养殖。鳙鱼常与鲢鱼、青鱼、草鱼、鲤鱼和团头鲂等混养。2014 年,湖北、广东、江西、湖南、安徽、江苏、广西、山东、四川、河南和浙江省的鳙鱼养殖产量均在 10 万吨以上,其中湖北省产量超过了 40 万吨。鳙鱼因其头部肉质鲜嫩,风味独特,深受消费者欢迎,饲养量一直保持上升势头。鲢鳙鱼作为滤食性鱼类净化水体的作用显著,因此多数养殖户会选择将其作为配养品种,不过近些年随着鳙鱼价格的提升,现在正研究怎么开展主养。随着鳙鱼养殖量的上升,其大有超过鲤鱼产量的趋势。

(五) 鲤鱼

鲤鱼,俗称鲤拐子、毛子等,在各水系有分布,全国各省区也均有养殖。作为主要养殖鱼类之一,常与青鱼和草鱼混养,有些地区还把鲤鱼作为网箱或流水高密度养殖的对象。鲤鱼是大宗淡水鱼中品种选育做得最好的品种,也是北方地区比较受欢迎的种类,养殖地也主要集中在北方地区。相比其他大宗淡水鱼品种,鲤鱼养殖的产区分布相对均衡,2014 年山东、辽宁、河南、黑龙江、湖北、湖南、广西、四川、江苏、江西、河北、云南、广东、天津和安徽等 15 个省市区的产量都在 10 万吨以上。

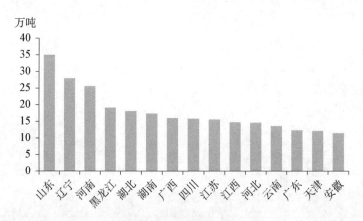

图 1.3.7　鲤鱼主产区

数据来源:2015《中国渔业统计年鉴》

(六) 鲫鱼

鲫鱼,俗称河鲫、土鲫、喜头、鲫瓜子、鲫子、鲫壳、鲫拐子等,除青藏高原无自然分布外,各江河水系均有分布,目前全国各省区均有养殖。鲫鱼在池塘养

38

殖过程中一直属于配角,通常与青鱼、草鱼、鲢鳙等混养在一起。鲫鱼的变异性很大,金鱼就是鲫鱼的变种。目前通过杂交等手段,我国培育了方正银鲫、异育银鲫和彭泽鲫等优良品种。鲫鱼和鳊鲂鱼的大小适中,是适应城市化而快速发展的品种。2014 年,江苏、湖北、江西、安徽、湖南、四川、山东和广东的产量在10 万吨以上,其中江苏省产量甚至超过了 60 万吨,江苏盐城地区是鲫鱼的主产区。

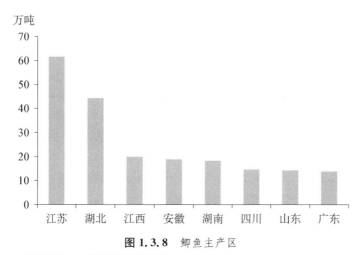

图 1.3.8 鲫鱼主产区

数据来源:2015《中国渔业统计年鉴》

(七) 鳊鲂

渔业统计中的"鳊鲂"是鳊属和鲂属鱼类的统称,我国常见有三种:一是鳊,俗称长春鳊、长身鳊、鳊花、草鳊、油鳊、鳊鱼、牛屎鳊、山鳊、白鳊、假鳊鱼、扁鱼等,在东部平原各水系均有分布,该种以草为食,个体较小,一般作为搭配品种养殖,天然水域中产量较多;二是鲂,俗称三角鳊、乌鳊、鳊、平胸鳊、鳊花鱼、法罗鱼等,在东部平原各水系及海南岛均有分布,该种肉细嫩、味鲜美,是优质食用鱼,曾是我国淡水养殖传统养殖对象之一;三是团头鲂,俗称鳊鱼、团头鳊、草鳊、武昌鱼,自然分布较少,仅在长江中下游一些大中型湖泊如湖北梁子湖、花马湖、武昌东湖和江西鄱阳湖等有分布,除青藏高原外,其余各省区均有养殖,团头鲂属草食性鱼类,是建国后才开发的淡水养殖重要对象,由于疾病少、易于饲养和捕捞,生长快,养一年即可上市,目前已成为鳊和草鱼的替代和补充。江苏、湖北两省的年产量在 10 万吨以上,两省产量占到鳊鲂总产量的

47.9%,江苏的常州、无锡等地是鳊鲂的主养区。

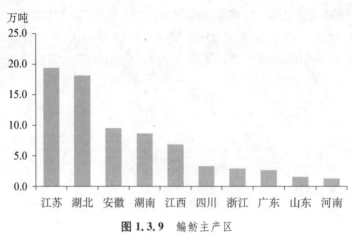

图 1.3.9 鳊鲂主产区

数据来源：2015《中国渔业统计年鉴》

　　除了养殖传统品种,近年来在国家大宗淡水鱼产业技术体系的支持下,异育银鲫"中科三号""福瑞鲤""松浦镜鲤""芙蓉鲤鲫"等新品种推介活动成功开展。养殖新品种推广进展显著,科技服务水平不断提高。通过体系各综合试验站的示范养殖,加速了新品种在全国的推广应用。例如,2012年全国渔业科技促进年活动深入开展,活动以"科技进塘入场到户、助推健康安全增收"为主题,以促进实现水产品安全有效供给和渔民持续稳定增收为目标,开展向广大渔民送科学、送技术、送知识、送文化、送信息、送服务活动。各地组织水产科研、教学、推广单位以及学会、协会、水产企业和渔民专业合作社等多方力量,大力开展形式多样、内容丰富的渔业科技促进活动。在全国渔业科技促进年的推动下,水产养殖科技服务水平显著提高。

三、养殖方式和养殖技术

　　按水域划分,池塘养殖方式在大宗淡水鱼各类养殖方式中所占的比重最高。2014年,我国池塘养殖淡水产品产量为2 090.26万吨,占淡水养殖总产量的71.2%,养殖面积为266.2万公顷,江苏、湖北两省的淡水池塘养殖面积均在35万公顷以上,广东、湖南和安徽省的面积均超过20万公顷。水库养殖产量377.1万吨,占淡水养殖总产量的12.8%,辽宁、吉林、黑龙江、江西、山东、河南、湖北、湖南等省份的养殖面积在 10 万公顷以上。其他各类养殖方式的比重则均在 6% 以下。湖泊养殖产量为 164.6 万吨,占淡水养殖总产量的 5.6%,受自然条件的制约,吉林、黑龙江、安徽、江西和湖北是主要生产区域。稻田养鱼产量虽然仅占淡水养殖总产量的 5.0%,但稻田养鱼在中国分布广泛,养殖面积仅次于池塘养殖和水库。在南方山区,稻田养鱼形式普遍,其中四川养殖面积最大,其次为湖北,近些年在北方的辽宁等地稻田养殖也有了很大发展。20 世纪 90 年代以后,以网箱、围栏和工厂化形式为代表的养殖模式迅速发展。2014 年淡水围栏、网箱和工厂化养殖分别达到了 24.2 亿平方米、1.4 亿平方米和 0.33 亿立方米。

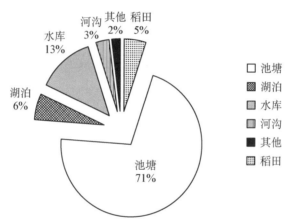

图 1.3.10 淡水养殖产量分布(按水域分)

数据来源:2015《中国渔业统计年鉴》

从养殖技术来看,无论是人工繁殖育种、鱼苗培育,还是增养殖技术、饲料生产、鱼病防治技术均获得很大发展,为我国大宗淡水鱼养殖业持续快速发展做出了重大贡献。改革开放以后,我国大宗淡水鱼鱼苗培育技术、繁殖育种技术以及池塘、湖泊、水库养殖技术得到明显提升。特别是在种苗技术方面,21世纪以来,我国成功培育出了团头鲂"浦江 1 号"、异育银鲫"中科 3 号"、长丰鲢、津鲢、福瑞鲤、芙蓉鲤鲫、松浦镜鲤和松浦红镜鲤等一批良种,建设了一批标准化、规模化的大宗淡水鱼类良种扩繁基地,明显提高了大宗淡水鱼类良种覆盖率。在养殖技术上,除了传统的单养、混养模式,鱼菜共生、循环水池塘养殖等生态养殖模式日益受到推崇。人工配合饵料技术方面,科研人员对各种淡水养殖鱼类的基本营养需求、饲料配方以及某些饲料添加剂等方面进行了系列研究,并在各类养殖模式中大力推广配合饲料的使用,为大宗淡水鱼养殖业的发展创造了条件。在鱼病防治方面,对各种寄生虫病、细菌性疾病、病毒性疾病、真菌性疾病和非寄生性疾病进行全面调查研究,并相应开展了病原生物学、寄生虫学、鱼类免疫学、病毒学、病理学、药理学和肿瘤等基础理论的研究,对控制大宗淡水鱼病害和促进淡水渔业的发展起到重大保障作用。在养殖机械方面,增氧机、渔用颗粒饲料机械得到大力推广和发展,自动投饲机、溶氧测定仪、电加温器、活鱼运输装置、水质净化机等机械设备也逐步得到发展和应用。

总之,改革开放以后,无论是人工繁殖育种、鱼苗培育,还是增养殖技术、饲料生产、鱼病防治技术均获得很大发展,推动了大宗淡水鱼养殖业持续快速发展。

四、我国大宗淡水鱼产业链存在的问题

我国是大宗淡水鱼类生产和消费大国。改革开放后,我国淡水渔业在经历了一个时期的快速发展以后,生产能力稳步提高,基本上实现了供应充裕,使"吃鱼难"问题得到解决。进入新的发展阶段,我国淡水渔业发展仍面临基础条件薄弱、支撑体系薄弱、产业内各环节发展不平衡、产业化程度不高、社会化服务水平低、生产经营方式与管理体制等不适应现代渔业发展需要等问题。这些对淡水渔业的持续稳定发展形成了明显制约。

(一) 发展基础条件薄弱

发展基础条件薄弱,是我国淡水渔业发展面临的突出问题。我国地域辽阔,水面较多,但从相对巨大的人口数量来看,人均资源占有量较低。在基础设施建设方面,长期以来,我国在很大程度上是在吃改革开放以前的"老本",投入的人力、物力和财力远远不能适应现代渔业发展的需要,使渔业生产能力受到影响。

1. 资源环境制约

我国淡水养殖模式众多,根据各地资源条件和市场需求,形成一定的养殖品种和模式发展的区域性格局。在发展方式上,目前大部分地区仍属于主要依赖扩大水面资源规模来实现产量增长的模式。随着国家耕地保护、城市化和工业化推进,水土资源短缺的形势趋于严峻。未来,受政策、质量安全、水资源保护等影响,水库、湖泊、稻田、河沟等的养殖均会受到限制。提升单位面积水域的产出率,是未来水产养殖业发展的唯一道路。

目前,我国水域环境污染较严重,并继续呈恶化趋势,对水产养殖构成严重威胁。在内陆重要渔业水域,污染物超标现象突出。近岸、江河、湖泊中氮、磷含量不断升高,水域处于富营养化状态。我国池塘水质也日益恶化。根据2013年产业经济研究室的调查,79.51%的养殖户认为投放饲料、鱼药对池塘的水质造成污染,而对水质的评价以中性居多,认为水质一般的比例为56.8%,认为水质好的养殖户比例为28.8%,认为较差的比例为10.4%。

总的来看,在资源环境约束和外部环境改变的双重挑战下,现有水产养殖模式必须适应节地、节水、减排等多方面的迫切需要而进行转型。

2. 基础设施条件落后

淡水养殖基础设施主要涉及池塘及配套的水电路涵桥闸等附属设施,也包括陆地工厂化养殖车间土建及其配套设施等。目前,基础设施条件薄弱,是我国淡水养殖业面临的重大制约。我国有3 700多万亩养殖池塘,目前有2 000万亩出现不同程度的淤积坍塌、灌排不畅等老化现象,其中急需改造的主要承担大宗淡水鱼类养殖的池塘近1 000万亩。一些标准塘原来水深2.5～3米,目前水深只有1～1.5米,基础设施建设的局面不容乐观。养殖场池塘老化、设施落后、进排水不合理导致病菌滋生、病害多发,综合生产能力显著下降,落后的池塘设施系统已经不能为集约化的健康养殖生产提供保障。水产养殖户认为渔业基础设施及其配套设施建设落后制约了水产养殖业的可持续发展。目前,很多省份都开展了池塘改造工作,但与大宗淡水鱼养殖的整体设施需求相比还存在很大缺口,大部分养殖池塘还没有得到有效修整,进排水设施、渔业机械配套等不能适应健康养殖方式的需求。与此同时,近年来大宗淡水鱼产业效益下滑,养殖户没有闲散资金投入,也严重影响了池塘改造进度。

其次,市场基础设施建设滞后。近年来,水产品市场基础设施建设取得一定进步,但建设投入水平仍较低,市场的水电路、场地、排污等基础设施落后,批发市场普遍达不到环保要求,影响了市场功能充分发挥。城乡零售市场"以街为市、以路为集"的特点明显,农村市场硬件条件更为落后,缺乏政府投资。目前,我国农村人均商业面积仅约为城市的十分之一,场地面积限制了市场发展。多数水产市场只有保鲜、贮藏设施,没有或缺乏质量安全检验检测设备仪器。此外,水产市场的信息化建设比较滞后。根据调研,批发市场缺乏现代电子技术手段,没有电子化记录台账,食品安全信息公示仍以市场公告栏为载体。使用电子显示屏的,也做不到信息实时更新。总的来说,现有的水产软硬件配套水平满足不了信息采集、传播、共享的需要。

第三是物流条件有待改善。国外保鲜产业是以高度发达的工业为基础的,生鲜产品从采收—商品化处理—运输—贮藏—销售整个过程基本在冷链(冷藏库或气调库)中进行,物流成本可以控制在销售成本的 10% 左右,超市生鲜农产品经营的毛利在 20% 左右。我国水产品仓储、冷链运输系统不发达,仍以常温物流或自然物流为主,未能形成统一运作的物流网络体系。目前,我国进入冷链系统的水产品仅为 20% 左右,水产品在流通环节成本高、损失大。经纪人调查显示,目前的淡水鱼运输方式以活鱼运输为主,占 95.3%,冷链运输的比例仅为 2.37%,鲜活水产品流通成本占销售成本的 60%,直接影响经营利润。

第四,推广机构基础条件差。据产业经济研究室调查,省以下的水产品质量安全检测机构、病害防治机构、良种场等机构建设都存在急需投入的情况。服务手段不足直接影响基层的品种改良、病害防控、适用技术培训和品牌建设等工作开展,使得水产技术推广体系在优良品种和生态高效养殖模式的推广方面工作滞后,技术服务对大宗淡水鱼养殖的促进作用不足。

3. 品种繁育体系尚不健全,种质退化问题严重

优质种苗是大宗淡水鱼产业健康发展的基础,直接关系水产品质量和养殖效益。但与淡水渔业发展的要求相比,我国育种及繁育体系建设严重滞后,对渔业生产效率和产品质量的提高形成了重要制约。

一是优质种苗供应不足。一段时间里,我国对大宗淡水鱼优质水产种苗的生产和开发重视不够、投入不足,加上大宗淡水鱼成熟周期长,育种工作耗时长,科研人员盯着经济价值高的鱼类,导致"四大家鱼"良种生产能力不足,亲本数量过少,严格选择不够,长期近亲繁殖,造成种质退化,种苗质量不齐,直接影响养殖产量,造成养殖成本增加。

二是没有建立和完善大宗淡水鱼原种、良种、繁殖场等三级体系。种苗场准入条件过低,更没建立完善的种苗准入制度。不少种苗场缺乏严格的科学管理,操作规程不规范,造成苗种质量低和种质退化。种苗质量不高,在高密度养殖过程中极易爆发疫病。大多数水产种苗生产采用传统孵化方式,很多品种一直处于自然繁育的野生状态,品种提纯复壮工作滞后,直接影响水产种质资源储备与改良。

三是野生种质资源面临威胁。随着过度捕捞、水域污染以及水利工程建设等人为原因,我国野生种质资源的生境被破坏,一些鱼类的产卵场消失,自然界中的水生动物种类与种群数量减少,天然淡水种苗资源遭到严重破坏并日渐衰竭,种质退化问题直接影响了亲本质量和遗传多样性。

4. 水产饲料供应不足,饲料质量难以保障

在我国,随着人口增加、消费结构的改变和饲料工业规模的扩大,饲料粮短缺已经成为常态,豆粕、玉米等原材料将越来越依赖进口,资源缺乏是困扰我国饲料工业持续发展的重大问题。我国水产配合饲料使用率较低,作为饲料重要

蛋白源的鱼粉年产量不高,且质量不稳定,鱼粉来源紧张,需要大量进口。已做饲料源使用的各种饼粕类以及肉骨粉、羽毛粉、肝末粉、血粉等的开发技术储备不足。由于蛋白质来源严重不足,水产饲料业发展受到根本性制约。

鱼类饲料质量在健康养殖中具有举足轻重的地位,近几年随着蛋白原料价格的上涨,有些饲料生产商为了追求利益,故意以次充好,加上缺乏有效的饲料监管机制,市场上饲料质量参差不齐,养殖户难以判断饲料中蛋白质含量及饲料质量优劣,直接影响到大宗淡水鱼类生长。

5. 病害多发,专用性、绿色鱼药匮乏,用药不规范现象普遍

随着气候和水体环境的变化,大宗淡水鱼各类病害呈多发态势,特别是水域污染日益严重导致鱼类暴发性疾病难以控制。从武汉综合试验站开展的调研情况来看,草鱼、鲢鱼等暴发病毒性出血病传播快、死亡率高、危害大,施用鱼药后效果不明显且不容易控制,目前该病的有效预防及治疗措施较少,以口服敏感抗生素为主,但用药成本较高,治愈率较低。从示范县经济信息采集与监测系统的数据来看,8月份是大宗淡水鱼养殖病害高发期,2014年8月,288个监测户中有89个监测户有鱼病发生情况,占样本户数的30.9%。

目前,我国鱼药市场上品种混杂,但专用性产品很少。不同地区养殖用水与土壤的含氧量、酸碱度、矿物质含量等理化指标差异对药效影响明显,因此,要求鱼药必须具有针对某类鱼病和某些区域水质的专用性品种。养鱼户希望鱼药高效、低残留、具有针对性、价格合理,也希望鱼药易于使用、符合当地养殖水质与渔业生产习惯。

目前,化学药物在防治水生动物病害中仍是使用最广泛、效果最直接有效的手段,但化学药物的毒性和残留问题需要审慎对待。目前,水产养殖中用药不科学、不规范的现象仍大量存在。我国在制订残留限量、休药期、给药剂量及用药规范等方面的资料缺乏,是导致鱼药使用存在盲目性的一个原因。

(二) 产业体系尚不健全,整体发展水平亟待提高

实践表明,产业化的不断发展和产业组织方式的创新,对促进淡水渔业向现代渔业转变,提高科技水平、优化结构、促进农民增收等起到了明显的作用。但我国淡水渔业仍然带有明显的传统农业特征,呈现"中间大,两头小"的橄榄型特点,即养殖业产业规模大,但饲料业、加工业等发展滞后,市场流通体系不完善、产业化整体水平较低、组织化程度低、政府对饲料、鱼药、产品质量等监管力度不够等,制约着产业体系作用的发挥和效果的显现。

1. 产业链各环节分割,利益联结机制未建立

围绕着淡水养殖业的其他关联产业在进入21世纪后都获得了较快发展,

对推动整个行业经济增长起到了重要的作用,但是,产业链中各个环节的发展很不平衡,产业之间的断裂问题越来越严重,已影响到淡水渔业的持续发展。

目前,淡水渔业产业链条已经形成制种、供种、饲料、生产、加工、流通等相对独立的体系。各个环节之间目前多为纵向的简单商品经济关系,联系比较松散,结成利益共同体的情况不多见。由于没有形成"利益共享,风险均沾"的利益联结机制,产业链条各环节不能共同承担市场风险,产业化组织优势难以发挥。因此,饲料价格攀升、品种品质不稳、加工产品不适应消费市场需求等等问题的出现就会随之传导到水产养殖业环节,供求问题随之产生。水产饲料业目前面临的原料短缺问题,淡水加工业面临的开拓市场难,产品以初级加工为主,精深加工、技术含量高的产品少,产品附加值和利润率低的问题,以及鱼药行业的研发能力不足、产品专用性不够和滞后于鱼病防控形势,乃至淡水渔业的社会化服务不足等问题,这些都充分表明淡水渔业内部正面临着严峻的形势,迫切需要提高整个产业链的竞争力,以保证发展的持续性、稳定性。

2. 加工业发展薄弱

我国水产加工企业整体实力不强,加工水平较低,带动农户经济和区域经济发展的能力不强,影响"龙头"导向作用和带动作用发挥。目前,我国淡水加工企业中规模以上企业不多,加工淡水产品的企业多为中小企业,规模不大。在有些主产县,甚至没有水产加工企业。我国淡水产品的加工率低,基本上是以鲜销为主。2014年用于加工的淡水产品为548.6万吨,占我国淡水产品总量的17.3%,比2012年提高了3.2个百分点;但大宗淡水鱼加工品仅占总产量的3%左右。大宗淡水鱼加工多以传统型加工工艺为主,一些符合我国消费者饮食习惯和深受欢迎的传统特色水产品多采用小规模的手工制作,技术装备落后。整体上看,我国大宗淡水鱼缺乏工业化生产技术,产品以初级加工为主,精深加工、技术含量高的产品少。此外,大宗淡水鱼加工后产物的综合利用程度不高,大多数下脚料被废弃,有些综合利用技术还会造成环境二次污染。

目前,淡水鱼加工的产学研结合薄弱。大宗淡水鱼缺乏工业化生产技术,产品单一,加工工艺和技术需要更新和升级,企业希望获得新产品、新技术,开发食用方便、营养和风味独特的淡水鱼系列产品,但是不知道技术来源;一些企业缺乏研发力量,"拿来主义"意识严重,如何实现传统特色淡水鱼产品的工业化、标准化、规模化生产是个问题。此外,受消费者收入水平、营养保健知识、传统习惯等影响,对水产加工品的接受度仍不高。很多加工企业反映,消费者的收入水平、消费习惯、市场因素是制约企业发展的重要因素。由于淡水鱼加工技术落后,利润薄,产品主要在国内销售,出口很少。

3. 流通现代化程度较低,交易方式落后

虽然水产品流通配送、连锁经营、拍卖交易、电子商务等新型交易方式在我国已经得到一定程度的发展,但这些交易方式还处于起步阶段,所占比重不高。整体上来看,我国水产品交易方式仍比较落后。大宗淡水鱼仍主要采用面对面的交易方式,小规模、大群体的特征比较明显。而水产品批发市场基本都采取对手交易方式,网上交易、拍卖交易、标价交易、委托代理交易等现代交易手段基本没有使用。在发达国家,生鲜产品主要通过连锁超市销售。如在美国和德国,农产品的95%通过超市或食品店销售,日本的这一比例达到70%。我国水产品连锁经营处于初步发展阶段,且主要在大中城市和发达地区。在多数小城镇和乡村,这种新型的农产品经营方式尚未充分发育。

目前批发市场的结算手段和物流配送落后。所有的交易目前仍是现金结算,结算手段比较落后。因经营的全部为活鱼,几乎都采取活鱼运输形式,第三方物流配送的意识和手段都比较落后。

4. 社会化服务体系不健全

我国淡水养殖户大部分为小规模农户,客观上需要健全的渔业社会化服务体系提供完善的服务。根据产业经济研究室的调查,养殖户对各类社会化服务均有着紧迫需求,排序分别是:养殖技术服务、鱼病防治服务、市场信息服务、鱼苗或饲料服务、渔机服务、信贷保险服务,各占92.16%、92.05%、89.58%、89.58%、77.81%和69.71%。养殖户对技术专家现场指导的需求较大:希望"进行具体的养殖技术指导,随时诊断"的占35.49%,希望"提供好的鱼种信息"和"提供市场上卖得价钱高的品种"的各占22.21%和17.29%,希望提供"池塘改造技术"的占9.71%。

从现实情况来看,目前能进村到户、到达塘边的技术指导和服务仍很少。作为技术的供给方,科技人员能够真正深入养殖一线,直接进行技术指导的情况不多。与养殖户最贴近的基层水产技术推广机构,受经费、人员、体制等多重因素影响,其作用一直没有得到很好的发挥,难以提供全方位的服务。基层水产技术推广机构的作用没有得到充分发挥,是当前我国水产科技体系中最为突出的问题。

5. 养殖户组织化程度不高

对小规模养殖户来说,参加合作社是其适应大市场的根本出路。从现实的情况来看,目前大宗淡水鱼养殖合作社少,养鱼户组织化程度不高,生产和销售中缺乏组织和指导,具有很大的盲目性,养殖技术水平和信息技术应用水平亟待提高[1]。

---

[1] 许竹青、陈洁.对水产养殖户对信息沟通技术的采用情况以及手机使用与渔民收入之间的关系进行分析.《兰州学刊》2012年第3期.

一些合作经济组织没有规范的章程,宗旨模糊,职责不清,管理制度不完善,民主氛围不够,致使内部缺乏活力。有的合作经济组织虽然有章程,但不按章程办事,处于放任自流状态。现有合作经济组织的服务能力低、带动能力弱,市场竞争力不强。在鱼苗、饲料、鱼药供应和产品销售方面,水产养殖户高度依赖于经销商和鱼贩。据产业经济研究室在湖南开展的案例调研表明,一斤淡水鱼从渔民手中出售到城市零售市场,渔民养殖环节利润占总利润的 28%,运销环节占 66%,批发环节占到 6%。生产者在整个产业链中分享的利益过低。养殖户自我组织的直接参与流通环节的中介组织还不多。养殖户不了解市场行情,产品只能依赖鱼贩再出售给个体商贩、流通企业、饭店等,谈判能力很弱。在水产品价格上涨的时期,往往大部分利润被中间商拿走;在水产品市场价格低迷时期,又成为风险的最终承担者。

目前,我国水产品批发市场中从事水产品运销的商人 90%~95% 是个体商贩。但鱼贩在购销关系中的地位也不高。调研显示,批发商与供货方有稳定购进关系的占 78.95%,而与购货方有稳定关系的只占一半,而且这种购销关系大多以口头协议形式确立,94.74% 的批发商在交易价格上要随行就市,有最低收购价的仅占 7.89%。

(三)支撑体系和管理薄弱

改革开放初期,由于明确了水面承包经营权和收益权,群众投入淡水渔业的热情高涨,在短时间内就建起一批商品化鱼池。此后,淡水渔业基本上是在市场推动之下来发展的,政府扶持很少。近十年,国家财政支农力度明显加大,但渔业获得的支持不多。与其他农业行业相比,大宗淡水鱼养殖户尚未获得与农民平等的惠农政策;养殖户普遍存在资金缺乏问题;渔业保险补贴政策覆盖范围有限。

1. 财政支持体系不完善,对渔业投入有限

总体而言,渔业政策在很长一段时间里往往都是作为特定时期中央或地方农业政策及其他短期宏观目标的配套措施出现的,因此缺乏长远性、整体性规划,体现在渔业主管机构几经变迁;在法制上,没有相关的法律约束和规范各级政府行为;渔业经费年际间存在波动并一直在绝对量和相对量上都很低。

首先,渔业还没有形成一个相对独立的支持政策体系。多年来,我国对渔业的支持主要是补贴方式,而在综合开发、水产科技、病害防治、技术推广等生产发展方面的投入明显不足。以 2002 年为例,中央对渔业的财政投入,仅有 7.69% 用于综合开发,4.59% 用于水产科技,0.36% 用于病害防治,0.19% 用于技术推广,四者加起来所占比例也仅为 12.83%。目前,财政支渔资金占国家

财政支持农业资金的比重不足3％，与渔业产值占农业总产值比重的10％很不相称。水产养殖业在国家支渔资金中的比重更低，还不到10％，而养殖产量占渔业总产量的比重将近70％。财政支持不足，使得淡水渔业的发展受到很大制约：基础研究和应用基础研究薄弱，许多制约渔业发展的关键技术问题长期得不到解决；基层水产技术推广体系"人散、线断、网破"；大规模的渔民科技培训工作未真正开展，渔民科技文化素质相对低；渔业病害防治和质量安全控制体系尚不健全等。

其次，我国渔业补贴制度本身不完善。现行渔用柴油补贴政策是渔业内资金规模最大的补贴，针对机动捕捞渔船和养殖船。而池塘养殖、稻田河沟养殖、其他小水面养殖的养殖户则享受不到任何补贴政策。近年来，我国淡水鱼养殖的成本收益率有所下降。导致亏损的原因是多方面的，但大宗淡水鱼价格下滑和饲料价格上涨是主因。市场供过于求后，养殖户面临转型难题，他们看到农民有种粮直补、看到捕捞渔民有柴油补贴，产生了不平衡心理。反观我们的现行渔业补贴制度，在良种化、规模化、池塘改造、环境友好的技术措施使用等方面仍然存在大量应该进行补贴而得不到补贴支持的问题。

第三，渔业市场发展政策扶持缺乏，没有运营建设方面的政策优惠。在水产品市场建设方面，对市场进行升级改造的资金来源排序应为：财政支持—银行贷款—合伙集资。而资金投入应以水产品质量检测系统为先，其次为卫生系统。政府资金投入应重点向这两个公共领域倾斜。水产品批发市场建设中最急需的则是仪器设备投入和水电价优惠政策。

2. 监管制度不健全

总体来说，我国大宗淡水鱼的安全性是有保证的，但污染和质量安全问题在供应链的每个环节都有可能出现，需要完善制度和加强监管。

一是对小规模生产经营主体的监管难。我国淡水渔业生产经营主体是小规模分散的农户和个体经营者，他们对污染物残留、微生物污染等引起的后果和问题实际上并没有足够的认识，缺乏指导，单凭政府部门对其进行全程监管和控制存在困难。

二是溯源管理难。在水产品生产加工流通过程中，由于技术不过关、设施条件不足、安全意识不强等原因，二次污染、使用违禁药物的现象也有发生。目前，我国尚未建立起完整的水产品质量安全控制体系，"投入品记录""养殖记录""加工记录""销售记录"信息系统建设滞后。对"质量回溯信息系统"建设缺少强制性的法律支持，对养殖户和企业建立记录缺乏必要的硬性约束，客观上使得溯源管理难以实现。

三是水产品质量标准、检验检测、认证等工作的整体水平落后。我国已经初建水产品质量标准、检验检测、认证等体系,但低水平重复建设情况普遍。标准体系建设面临科学依据不足、可操作性不强的问题。一些企业反映,现行鱼药 GMP 与 GSP 认证规定缺乏对鱼药有别于其他兽药特殊性的考虑,国家标准不准确,造成市场上仿冒劣药横行。此外,认证机构多头管理、多重标准、专业人才匮乏、权威性不够。

四是信息共享机制不完善。目前,缺乏一套有效、系统的信息收集制度和公开、透明的信息披露机制,广大消费者获取、了解相关信息的渠道缺乏,公众知情权得不到保障。

五是市场监管制度不完善。由于大量操作层面的实施条例和实施细则还没有出台,使得一些法律法规在实践性和可操作性方面都有待改善,存在执法能力弱、处罚轻等问题。

(四) 渔业权制度不完善,部分渔民缺乏长期预期

经过长期探索,我国已经建立了渔业养殖权的基本制度框架,但稳定这一基本制度的基础尚不牢固,制度本身仍需完善。

一是集体经济组织成员资格不明确,部分水域、滩涂权属存在争议。按现行法律,我国农村土地除国家所有外,均为集体所有。但集体经济组织成员资格并不明确,部分集体所有的水域、滩涂的权属存在争议,各地操作比较混乱,容易出现真正产权主体的权利受到侵害的现象。集体所有水域上的养殖渔业权是"土地承包经营权"的一种具体实现方式,其法律属性是用益物权,应适用物权法关于土地承包经营权的保护规定。

二是土地及养殖水面承包经营权流转有待规范。一些乡村组织出于利益动机,以"土地流转""规模经营""农业产业化""农业现代化"等名义收回养殖户承包经营权。有些流转给外商、企业的农户承包地或水面的租期过长。由于缺乏规范管理和完善的流转服务,水面流转不规范的现象较多,造成纠纷增多。

三是各地渔业水域、滩涂占用补偿中存在的征用程序不透明、补偿标准较低、分配不规范不合理等问题仍比较常见,难以实现养殖户生活水平不降低、长远生计有保证。

四是管理服务体系尚不健全。主要表现在登记制度尚未建立,权证发放不统一,核发养殖使用证的主体与法律规定不一致,养殖使用证的内容、申领的条件和程序没有规定或者规定得不够具体,养殖证制度执行不够得力和违规发放现象并存,仲裁制度不完善等。管理服务体系尚不健全,不利于水产养殖基本经营制度的稳定。

第四节 大宗淡水鱼养殖户生产经营情况和主要问题

本节以 2013 年产业经济研究室组织的水产养殖户专题调研数据为基础，对养殖户在生产经营、养殖设施装备、饲料投喂、常见病害及防治等方面的情况进行数据分析，反映淡水鱼养殖户生产经营基本情况和主要问题。此次调查共回收 133 份有效问卷，样本分布于山东、河南、安徽、湖北、湖南、江苏、浙江、福建、四川、贵州 10 个省份，共有来自中国农业大学、中国人民大学的 30 多位调查员参与。调查问卷由产业经济岗位科学家设计，调查由产业经济研究室组织实施，张静宜、刘锐、马一纹、孙述龙参与调查员组织和培训工作。

一、受访者家庭特征和养殖基本情况

对养殖户家庭特征的考察包括受访者家庭人口特征，家庭劳动力和家庭收入等方面。养殖情况上，主要调查了养殖户养殖规模、结构和品种等情况。概括而言，水产养殖户有明显的兼业特征，水产养殖收入占家庭收入的主要部分；养殖场多处于农村基层，养殖模式多为池塘精养；大宗淡水鱼养殖普遍，在水产养殖中占重要地位；养殖新品种的户数较少。

(一) 养鱼劳动力具有兼业性，水产养殖是家庭收入主要来源

受访者以男性为主，年龄集中在 40~60 岁，文化程度多为初中，且兼业特征较为明显。受访者中男性占大多数，比例为 85.71%；平均年龄 43.71 岁，40~60 岁的受访者占 61.66%；40 岁及以下占 33.84%；60 岁以上的老人比例较小，为 4.51%。初中文化程度的占 57.58%，高中及以上学历的占 27.27%，小学及以上文化程度的占 15.15%。受访者中 74.24% 的是农民，6.82% 的是村干部，22.73% 的从事个体，还有 15.15% 的为渔场职工。

养鱼劳动力是家庭主要劳动力。养殖户家庭人口平均为 4.33 人，平均劳动力人数为 2.86 人，家庭劳动力占家庭人口的比例为 67.27%。家庭劳动力中，养鱼劳动力最多，平均 2.15 人，种粮劳动力次之，平均 1.01 人，打工劳动力平均为 0.53 人，其中养鱼劳动力占家庭劳动力的近 80%。家庭劳动力中的大部分同时承担了种粮和养鱼的工作。

受访者报告的家庭总收入平均为 290 895 元,平均纯收入为 89 044 元,其中水产收入占主导地位,平均 262 555.5 元,占家庭总收入的 73.36%。其次是种粮收入,户平均 15 169.63 元,占家庭总收入的 9%。再次为打工收入,平均为 35 490.63 元,占家庭总收入的 8.86%。

表 1.4.1　养殖户家庭收入情况

家庭收入	频数(个)	有效平均(元)	平均比例
种粮收入	79	15 169.63	9.00%
经济作物收入	38	9 697.39	4.03%
蔬菜收入	19	4 105.27	0.97%
水果收入	7	10 285.71	0.59%
水产收入	132	262 555.50	73.36%
其他收入	34	12 758.82	3.19%
打工收入	53	35 490.63	8.86%
加总各项收入	133	290 895.00	100%
家庭纯收入	128	89 044.44	—

(二) 养殖场多在村级、养殖类型以池塘精养为主,主养大宗淡水鱼

养殖户所在的水产养殖场多在村一级,乡镇次之,位于县上的养殖场较少。养殖场位置在村的占 68.42%;养殖场在乡的占 21.8%;而养殖场在县的占 6.02%。养殖场主要位于村级,决定了水产养殖公共服务的提供、优惠政策落实等各项工作重点要落到基层。

养殖户的养殖类型以池塘精养为主,占样本的 69.92%,其次是水库网箱养殖,占 16.54%,河湖大水面粗放养殖的比例较小,为 9.02%,稻田养鱼的比例最小,为 4.51%。2012 年,养殖户的养殖池塘面积平均为 144.79 亩,平均水深为 2.12 米,养殖规模平均为 493.21 万尾。

养殖户报告的水产养殖总产量户平均为 21 201.74 千克,平均单价为 18.8 元/千克。水产养殖收入结构上,大宗淡水鱼养殖占 90.98%,特种养殖户有 18 户,占 13.53%;大宗淡水鱼养殖平均收入为 225 337.8 元,特种养殖收入为 352 875 元。大宗淡水鱼养殖户中,大宗淡水鱼养殖收入占其家庭水产收入的 94.26%。而在特种水产养殖户中,特种水产养殖收入占其家庭水产收入的 80.21%。

表 1.4.2　水产养殖收入结构

水产收入结构	样本户(户)	养殖比例	收入(元)	收入比例
大宗淡水鱼收入	121	90.98%	225 337.80	94.26%
特种水产养殖收入	18	13.53%	352 875.00	80.21%

大宗淡水鱼中，养殖最为广泛的是草鱼、鲢鱼、鲫鱼、鲤鱼和青鱼，比例分别为77.44%、66.17%、51.13%、50.38%和39.10%。大宗淡水鱼投苗量从高到低依次是鲫鱼、鲢鱼、草鱼、鳊鱼、鳙鱼、鲤鱼、青鱼，其中鲫鱼投苗量为30814.71尾、鲢鱼20338.30尾、草鱼19760.68尾。平均总产量从高到低依次是鳊鱼、草鱼、鲫鱼、鲢鱼、鲤鱼、鳙鱼、青鱼，其中鳊鱼平均产量为7696.31千克，草鱼为7189.7千克，鲫鱼为6221.72千克。出售量的排序依次为草鱼、鲫鱼、鲢鱼、鳊鱼、鲤鱼、鳙鱼、青鱼，其中草鱼出售量为7167.92千克，鲫鱼为6147.82千克，鲢鱼为5018.55千克。平均售价上，大宗淡水鱼价格不高，平均为13.69元/千克。价格由高到低分别是鳊鱼、青鱼、鲫鱼、鳙鱼、草鱼、鲤鱼、鲢鱼，其中鳊鱼价格为16.65元/千克，青鱼价格为16.04元/千克，鲫鱼价格为15.81元/千克。

其他养殖品种以名优水产品为主，如河蟹、青虾、鲶鱼、鲖鱼、黄鳝和鲟鱼等。其他养殖品种的平均价格为39.24元/千克，远高于大宗淡水鱼的平均价格。

表1.4.3　主要养殖品种概况

养殖品种	养殖户（户）	养殖户数比例	投苗量（尾）	总产量（千克）	出售量（千克）	平均售价（元/千克）
青鱼	52	39.10%	6 816.54	2 616.79	2 189.29	16.04
草鱼	103	77.44%	19 760.68	7 189.70	7 167.92	13.67
鲢鱼	88	66.17%	20 338.30	5 034.87	5 018.55	9.79
鳙鱼	38	28.57%	13 160.53	2 796.32	2 720.65	15.21
鲤鱼	67	50.38%	8 742.83	4 411.02	4 378.92	13.22
鲫鱼	68	51.13%	30 814.71	6 221.72	6 147.82	15.81
鳊鱼	18	13.53%	13 388.89	7 696.31	4 995.94	16.65
鲮鱼	3	2.26%	2 000.00	350.00	350.00	6.00
鲶鱼	6	4.51%	516.67	566.67	565.00	23.00
鲟鱼	4	3.01%	50 475.00	77 664.75	27 664.75	76.25
鲈鱼	2	1.50%	15 000.00	1 500.00	0.00	65.00
鲖鱼	6	4.51%	3 816.67	2 871.67	2 105.00	18.33
鳜鱼	2	1.50%	250.00	142.50	137.50	46.50
乌鳢	3	2.26%	16 800.00	10 250.00	15 500.00	19.33
黄鳝	5	3.76%	460.00	82.00	82.00	42.00
黄颡鱼	3	2.26%	110 000.00	1 250.00	375.00	21.00
青虾	6	4.51%	130.00	3 336.67	3 335.00	73.00
罗氏虾	2	1.50%	100 000.00	325.00	325.00	25.00
小龙虾	2	1.50%	150.00	250.00	250.00	28.00
河蟹	7	5.26%	20 014.29	1 937.14	1 937.14	47.50

(三) 养殖新品种的户数较少,新品种售价高,成活率两极分化

2012 年,大多数养殖户没有养殖新品种,养殖新品种的养殖户占比 21.05%。具体来看,养殖新品种较为分散,养殖较多的是鳜米、湘云鲫、鲴鱼和鲟鱼。养殖新品种售价较高,但成活率呈现两极分化。新品种平均售价高达 96.85 元/千克,其中,大鲵、鳜米和鲟鱼的每千克价格都在百元以上。成活率上,鳜米鱼、湘云鲫、鲴鱼成活率较低,不足 50%,大鲵、梭鱼的成活率在 90% 以上。由于新品种价格较高,一旦发生病害,给养殖户带来的经济损失也不小。28 个特种水产养殖户的户均鱼病损失为 9 800 元,其中,养殖匙吻鲟的 3 个养殖户损失 1.2 万元,养殖鳜米鱼的 7 户损失 28 571.43 元。可见,新品种养殖的投资回报和风险均较大,稳定性不强。

养殖户中,28.24% 的户考虑过更换品种,71.76% 的户则不愿更换养殖品种。考虑更换养殖品种的 37 个养殖户中,有 24 个是为了增加收益、减少成本,7 个是为改善品种结构,2 个是为了开拓销路,还有 1 个是因水污染而被迫换品种。而不愿更换品种的原因,25 人因为更换品种的成本高风险大,23 人满足于现有发展情况,15 人因为水域环境或现有条件不适合更换品种,12 人选择缺乏技术和经验,8 人不愿再投入更多精力。总之,养殖户对更换新品种的决策较为谨慎,风险是制约养殖户更换品种的主因。

(四) 养殖主要成本集中在精饲料、鱼苗等方面

2012 年养鱼户均成本为 160 899.8 元,饲料、肥料、鱼苗、家庭用工和雇工费用是主要支出。其中,养殖户精饲料费用平均为 57 192.4,占总成本的 30.64%;肥料费用平均为 49 906.27 元,占总成本的 7.06%;鱼苗费用平均为 33 158.62 元,占总成本的 26.38%。而饵料、防疫、水电、管理费用相对较低。综合调查数据,养殖户水产养殖收入为 262 555.5 元,其中,养鱼收入为 237 412.90 元,扣除成本开支,养殖户养鱼的纯收入平均为 55 681.63 元。

表 1.4.4　样本户养鱼开支情况

养鱼开支	样本户(户)	均值(元)	平均成本比例
清塘费用	85	7 197.94	1.77%
消毒费用	95	6 107.37	1.81%
肥料费用	75	49 906.27	7.06%
鱼苗费用	123	33 158.62	26.38%
饵料费用	28	8 757.14	1.69%

养鱼开支	样本户(户)	均值(元)	平均成本比例
精饲料费用	121	57 192.41	30.64%
防疫费用	71	4 316.51	1.53%
水电费用	93	4 911.40	2.31%
家庭用工费用	113	19 383.19	17.54%
雇工费	73	15 944.52	5.60%
管理、销售费	50	3 952.00	1.03%
上缴税费	12	4 575.00	0.51%
其他	29	6 715.52	0.70%
总成本加总	133	160 899.80	100%

二、养殖户对饲料使用培训需求强烈，且对饲料涨价预期较强

对水产养殖户饲料使用方面的情况主要调查了饲料来源、主要饲料品牌和分类、养殖户使用情况和问题、饲料价格趋势判断等。总体而言，养殖户主要通过批发商购买饲料；对不同饲料品牌和分类有其相应的评价，但主要是关注价格；对饲料的掌握水平和效果评价不高，希望得到有关培训；对饲料价格上涨的预期强烈。

(一) 饲料购买主要通过饲料批发商，自配料使用比例小

2012 年购买大宗淡水鱼料的养殖户有 118 户，购买名特优鱼料的有 23 户，购买虾料的有 8 户，购买蟹料的有 4 户，分别占样本户的 88.72%、17.29%、6.02% 和 3.01%。其中，大宗淡水鱼料的平均购买量为 13 400.15 千克，总花费 66 487.71 元。水产养殖饲料总购买量平均为 12 562.17 千克，总花费平均为 67 106.99 元。总体上看，养殖户大宗淡水鱼料总支出占养殖用饲料总支出的 99%。名特优鱼料、虾料、蟹料等总量不大，但单位支出水平远高于大宗淡水鱼料。

表 1.4.5　主要养殖饲料及其费用

养殖饲料支出	总计	大宗淡水鱼料	名特优鱼料	虾料	蟹料
频数(个)	133	118	23	8	4
购买量(千克)	12 562.17	13 400.15	2 036.96	2 118.75	6 437.50
总支出(元)	67 106.99	66 487.71	35 232.61	15 768.75	35 795.00

饲料的购买渠道以向饲料批发商购买为主,占比 65.89%;其次为在集贸市场购买,比例为 15.5%;再次为向饲料厂家直接进货,占比 11.63%;而通过合作社购买水产饲料的比例很小,仅为 4.65%。在饲料购买上,大多数养殖户以个体面对市场,组织化程度较低。此外,还有 21.8% 的受访者使用自配料。使用自配料的原因主要是自家有饲料来源,或认为自己配的饲料营养好、省钱。因有配置技术而选择自配料的比例较小。

(二) 养殖户常用的饲料品牌、种类及其相关情况

养殖户所用的饲料品牌较为分散,调查中养殖户使用的饲料品牌多达 39 个。其中,最为常用的五大饲料品牌为通威、海大、海域、正大和宏帮饲料。特别是通威饲料的使用最为普遍,超过 30% 的养殖户使用。

表 1.4.6　5 个养殖户常用饲料品牌的饵料系数、价格和性价比情况

饲料品牌	频数(个)	饵料系数	价格(元/吨)	购买数量(吨)	性价比打分
通威饲料	43	1.99	4 732.95	8.27	1.9
海大饲料	15	1.98	3 513.33	9.33	2.13
海域饲料	15	1.67	5 933.33	8.14	2.13
正大饲料	11	1.64	5 909.09	9.47	2.27
宏帮饲料	5	1.70	3 000.00	15.50	2.50

性价比:1: 90~100 分;2: 80~90 分;3: 70~80 分;4: 60~70 分;5: 60 分以下。

养殖户报告了五种饲料品牌的饵料系数。饵料系数代表增加单位水产重量所用的饲料数量,饵料系数越小,表明水产单位增重所用的饲料数量少,效率也就越高。统计发现,通威饲料的饵料系数最高,为 1.99,而正大饲料的饵料系数最小,为 1.64。价格上,五种饲料品牌的差异较大,通威饲料和海大饲料这两种最常用的品牌的价格处于较低水平,而海域和正大饲料这两种饵料系数较为理想的饲料的价格更高。养殖户对饲料性价比的评价上,对通威饲料的评价最高,而宏帮饲料最低。养殖户对饲料品牌的选择更倾向于考虑价格。

表 1.4.7　主要饲料种类及其相关情况

饲料种类	频数(个)	饵料系数	价格(元/吨)	购买数量(吨)	性价比打分
生鲜饵	8	1.40	8 634.67	17.43	1.29
粉状饲料	14	1.49	6 937.50	1.09	1.50

饲料种类	频数(个)	饵料系数	价格(元/吨)	购买数量(吨)	性价比打分
湿式粒状饲料	23	1.20	6 027.22	13.85	2.23
沉水性粒状饲料	102	1.95	4 326.96	13.36	2.24
浮性粒状饲料	25	1.64	6 195.65	8.15	2.50

性价比:1:90~100分;2:80~90分;3:70~80分;4:60~70分;5:60分以下。

按饲料种类分类,有生鲜饵、粉状饲料、湿式饲料、浮性粒状饲料和沉水性粒状饲料五种。其中,沉水性粒状饲料使用最为广泛,占比76.69%;其次是浮性粒状饲料,有18.80%的养殖户使用;再次是湿式粒状饲料,使用比例为17.29%;而使用粉状饲料和生鲜饵的养殖户较少。从饲料的使用效果来看,饵料系数最低的是湿式粒状饲料;其次是生鲜饵;沉水性粒状饲料和浮性粒状饲料饵料系数较高。综合来看,饵料系数与饲料价格有一定相关性,饵料系数低的饲料价格较高,而饵料系数高的饲料价格较低。养殖户对饲料的评价上,生鲜饵的性价比最好,其次为粉状饲料,而对较为常用的沉水性粒状饲料和浮性粒状饲料则评价不高。

(三)养殖户对水产饲料掌握水平和评价不高,培训需求强烈

调查收集了水产养殖户对饲料的评价。受访者认为水产饲料的问题主要是价格偏贵的占比57.69%,认为饲料专用性不强的占比38.46%,认为饲料性价比不高的比例为36.15%。可见,水产饲料在价格、专用性和质量性能上与养殖户的需求存在差距。

投喂饲料过程中的问题主要体现在饲料利用率不高,气温变化后投喂时间掌握不好,分别占养殖户的比例为54.96%和37.4%,此外有4.58%的人选择投喂机械功率小、投喂距离短。以上反映了养殖户在饲料使用中面临的难题。

影响饲料转化效率的因素主要是水体环境、天气、投喂量、投喂时间和鱼的品种,占比分别为68.7%、66.41%、53.44%、50.38%和46.56%。这些都是提高饲料转化效率需要考虑的因素。

养殖户中接受过投喂技术培训的比例为44.36%,没有接受过培训的养殖户占多数。提供培训的部门以水产技术推广部门为主,占到接受培训养殖户数的70%,其次,接受渔业大户培训的比例为13.33%。水产技术推广部门为提供培训的主体,而合作社、渔业局等部门提供培训的情况很少,比例仅为1.67%和6.67%。

培训的效果较为明显,选择效果较好的养殖户占比60.66%,选择效果不

大的养殖户占 39.34%。此外,养殖户对培训的需求强烈,认为需要培训的养殖户比例高达 84.69%。

(四) 养殖户判断饲料和鱼价上涨,对饲料上涨的预期强烈

调查请养殖户预测了 2013 年饲料价格和鱼价。认为大宗淡水鱼价格上涨的养殖户数量较多,占比为 54.89%;而认为价格与 2012 年持平的比例为 25.56%;仅有 3.01%的人认为价格会下降;此外,有 16.54%的人选择了说不清。对于饲料价格,73.68%的人认为会上涨,比例高于认为鱼价上涨的;认为饲料价格与 2012 年持平的比例为 15.79%。综合来看,养殖户对饲料价格涨价的预期更强。

表 1.4.8　养殖户对 2013 鱼价和饲料价格的预测

2013 年价格预测	大宗淡水鱼价格		饲料价格	
	频数(个)	比例(%)	频数(个)	比例(%)
上涨	73	54.89	98	73.68
持平	34	25.56	21	15.79
下降	4	3.01	3	2.26
说不清	22	16.54	11	8.27
总计	133	100.00	133	100.00

面对水产饲料价格上涨,40.77%的养殖户认为会影响自己的效益;20%的养殖户会更改养殖品种,使用饲料少的鱼种;13.85%的人会在单位水体内多养鱼来弥补饲料价格上涨造成的损失;另外,10.77%的人会选择退出养殖。饲料价格上涨对养殖户养殖效益和养殖行为的影响较大。

三、养殖户基础设施投资负担大,水质、渔机等方面有待改进

投资也是水产养殖户的重要行为。调查问卷涉及了养殖户在基础设施、水土布局、机械购买等方面的情况。调查发现,养殖户注重硬件基础设施建设,但投资负担较大;养殖用水水质不乐观;养殖户在渔机购买上面临问题较为集中,希望政府出台和完善补贴政策。

（一）基础设施以鱼塘改造、进排水系统和电力设施为最多

养殖户的基础设施以鱼塘改造、进水系统、排水系统和电力设施为最多，上述设施的拥有户数占样本养殖户的比例分别为 36.09%、20.30%、19.55%和12.03%。鱼池设施可以分为亲鱼池、成鱼池、鱼种池和育苗池四种。有亲鱼池的养殖户有 14 个，有成鱼池的 103 个，有鱼种池的 10 个，有鱼苗池的 15 个。四种鱼池平均每户的总面积分别为 9.82 亩、146.75 亩、8 477 平方米、1 873.3 平方米。

从建造费用上看，鱼塘改造、道路和电力设施费用较高，分别为 4.01 万元、3.38 万元和 1.26 万元。从调查的情况看，养殖户在进行基础设施建设的过程中得到补贴的户数很少，且补贴额度不高。养殖基础设施的投资基本全部由养殖户个体负担，力量较弱，激励不强。此外，养殖户主要着力于建设硬件基础设施如道路、电力等，而对于提高养殖效率的设施，如越冬、孵化设施的投入较少。

表 1.4.9　养殖户基础设施情况

基础设施	频数（个）	比例（%）	投入（万元）	有补贴户（户）	户均补贴（元/户）	使用寿命（年）
鱼塘改造	48	36.09	4.01	5	0.79	12.10
进水系统	27	20.30	0.53	1	0.01	12.05
排水系统	26	19.55	0.72	1	0.02	12.33
道路	9	8.27	3.38	3	0.90	13.00
电力设施	16	12.03	1.26	2	0.16	8.91
越冬设施	5	3.76	0.96	1	0.50	12.50
孵化设施	3	2.26	0.68	2	0.26	11.67

（二）养殖用水以天然水为主，水质情况不容乐观

养殖水源以河湖沟渠为主，比例占 67.94%；其次是水库水和雨水，比例均为 29.01%；再次是地下水，占比 17.56%。这样的养殖用水结构决定了水源质量受到自然水体环境的影响大。

养殖水源供应和水质方面的情况不容乐观。有 32.31%的养殖户报告养殖过程中出现过水源短缺的现象。而在水质方面，二类水质占比 42.02%，三类水质占比 36.13%，这两类水质的总和比例占养殖户数量的 78.15%；四类水质占比 16.81%，五类水质占比 5.04%，这两类不是养殖的优越水源，比例之和为 21.85%。对于水质问题，有水源处理设施的养殖户较少，仅有 36.64%；而

养殖户排放水处理设施的拥有比例为 50％,其养殖排放水量为 46 727.91 立方米/(年·亩)。

有 76.56％的养殖户进行水质调节,调节的方法以使用增氧机或潜水泵为主,占养殖户的比例为 69.52％;其次是采用加注新水的方法,占比为 67.62％;此外,泼洒生石灰水也是较为常见的方法,占比为 52.38％;而混养鲢鱼鳙鱼、培养植物、使用微生态制剂的比例较小,为 22.86％。

养殖用水的处理方式主要是直接排到塘口外,比例为 61.48％;未进行处理继续使用的比例为 22.95％;处理后循环使用的比例为 15.57％。养殖用水处理方式总体来说较为粗放,循环使用比例较低。

水质监测方面,养殖户进行监测的比例较高,有 81.25％的养殖户进行水质监测。监测的方式主要是使用 PH 试纸;其次是自己目测,比例为 39.6％;固定周期取样化验的比例为 10.89％;环保部门抽测和使用在线监测仪的比例更少,仅为 1.98％和 0.99％。可以发现,使用简单、自测方法进行水质监测的比例较高,而使用专业方法和依靠专业部门进行监测的比例低。

79.51％的养殖户认为投放饲料、鱼药会对池塘的水质造成污染。而对水质的评价以中性居多,认为水质一般的比例为 56.8％,认为水质好的养殖户比例为 28.8％,认为较差的比例为 10.4％。针对水污染,养殖户的处理措施集中在投放水质调节剂,比例为 57.38％;其次是换水的比例为 54.92％;而不采取措施的比例为 11.48％。

(三) 养殖户在购买渔业机械上面临较多问题,获得补贴较少

电力供应上,符合规范要求的养殖户比例为 84.25％,满足养殖要求的养殖户比例为 91.34％。电路的建设成本为每亩 564.65 元。

捕捞机械的拥有率低。养殖场的捕捞方式以人工为主,占比 93.13％,而使用机械捕捞的比例仅为 6.87％。

在购买渔业机械上存在较多问题。其中最主要的是渔业机械价格贵,选择的比例为 56.15％;选择质量不稳定的比例为 33.08％;缺乏技术指导也是一个重要的原因,选择比例为 22.31％;15.38％的养殖户认为渔业机械的维护费用高;13.08％的养殖户认为渔业机械的使用年限短;12.31％的养殖户认为渔业机械的售后服务差。上述问题都应成为促进渔业机械化的主要方向。

从拥有数量上看,养殖设备最多的是渔网、保温棚、增氧机和投饵机;从养殖户设备的投入资金来看,对专用变压器、机井、保温棚的投入最大。购买设备获得补贴的养殖户数量很少,而且补贴金额也不大。获得补贴的主要是增氧机、投饵机、发电机、保温棚、蓄水池等。

表 1.4.10 养殖户设备投入情况

渔业设备	拥有户数（户）	户均拥有量（台、个）	投入资金（万元）	获得补贴户数(户)	补贴（万元）	使用寿命（年）
增氧机	89	5.27	0.61	8	0.18	8.13
投饵机	46	4.87	0.41	2	0.27	8.05
水泵	77	2.95	0.49	5	0.07	7.97
发电机	40	2.90	1.00	1	0.10	11.22
保温棚	26	5.77	5.40	1	0.30	8.64
保温室	2	1.50	1.30	0	0.00	20.00
蓄水池	4	1.75	2.30	1	0.00	12.50
机井	15	2.78	7.64	0	0.00	11.54
渔船	42	2.05	0.78	0	0.00	12.03
渔网	95	6.54	0.54	1	0.10	6.62
专用变压器	2	1.50	8.02	0	0.00	13.50
投饲设备	29	1.69	0.55	1	0.50	8.38

在养殖户对改进渔机设备、完善补贴方面的建议上,有 66.30% 的受访者建议完善补贴方式,加大补贴力度;18.48% 的受访者希望提高农机质量,降低农机价格;8.70% 的人希望政府指导使用培训知识,强化相关服务;6.52% 的人希望出台和落实渔机政策,优化政府相关工作。养殖户在渔机补贴政策上期待政府支持。

表 1.4.11 养殖户对渔业机械和补贴方面的政策建议

在改进渔机设备、完善补贴方面的建议	频数(个)	比例
完善补贴方式,加大补贴力度	61	66.30%
提高农机质量,降低农机价格	17	18.48%
指导使用培训知识,强化相关服务	8	8.70%
出台和落实政策,优化政府工作	6	6.52%
总计	92	100%

四、病害对养殖户造成较大损失,防治水平普遍不高

本部分主要反映养殖户在水产养殖病害和防治方面的情况。调查结果反映,养殖户病害损失较为严重,而水质、溶氧度、温度变化是主要原因;而在鱼药

使用上,养殖户获得信息的渠道单一,主要依赖个人养殖经验,规范操作程度不理想,缺乏相关知识和培训,因此,疾病防治水平不高。

(一) 养殖户病灾损失较为严重,水质差、溶氧度低和温度变化大是主因

2012 年,养殖户因鱼病损失平均 10 348.67 元,因灾损失平均为 6 154 元,因病因灾损失较为严重,平均损失 14 183.28 元。其中出血性疾病损失平均为 558.2 千克,损失数额 5 863.65 元,病害损失占养殖收入的比例为 5.97%。而病害防治总费用平均为 11 364.9 元,占生产经营总费用的比例为 7.78%。

表 1.4.12 2012 年养殖户因病因害损失

2012 年养殖和鱼病情况	样本户(户)	均值(元)
养鱼总收入	128	237 412.90
生产经营总费用	129	146 150.6
病害防治总费用	128	11 364.9
病害总损失	116	14 183.28
因病损失	113	10 348.67
因灾损失	100	6 154.00
出血性疾病损失(千克)	105	558.20
出血性疾病损失(元)	107	5 863.65

养殖户养鱼过程中最容易爆发的鱼病是肠炎,占比 30.65%;其次是烂鳃病,占比 25.81%;再次是爆发性出血病,比例为 17.74%;此外,出血性败血症也是较为重要的鱼病,占比 12.1%;其他鱼病如锚头蚤病、真菌性疾病和肝胆综合征的选择比例较小。

最容易发病的鱼类是草鱼,选择比例为 55.37%;其次是青鱼,比例为 21.49%;再次是鲤鱼和鲫鱼,比例均为 8.26%;而鳙鱼和鳊鱼的选择比例较低。

从鱼的品种来看,养殖户发病范围最大的是草鱼,青鱼、鲢鱼、鳙鱼和鲫鱼的发病范围也较大,鲤鱼和鳊鱼的发病范围较小。其中,青鱼的常见疾病主要是细菌性疾病;草鱼的常见病主要是细菌性疾病、病毒性疾病,寄生虫和水霉病也较多;鲢鱼的常见疾病是细菌性、寄生虫和水霉病;鲤鱼的发病集中在细菌性疾病和寄生虫病;鳙鱼的常见病为细菌性疾病;鲫鱼的主要疾病是细菌性疾病;鳊鱼主要是细菌性疾病。从疾病的种类来看,养殖户发病范围最大的是细菌性

疾病,其他依次是病毒性疾病、水霉病、寄生虫病和其他疾病;因病损失最大的是其他疾病,其他依次是细菌性疾病、寄生虫病、病毒性疾病和水霉病。养殖户总的发病量平均为 8 797 千克,病死量 3 365 千克,鱼病是养殖户面临的较大问题。

表 1.4.13　大宗淡水鱼养殖常见疾病发病量和病死量

(单位: 千克)

疾病	种类	青鱼	草鱼	鲢鱼	鲤鱼	鳙鱼	鲫鱼	鳊鱼	总计
总计	频数	31	73	37	12	32	24	3	87
	发病量	2 276	3 454	726	2 602	1 288	13 606	5 583	8 797
	病死量	1 042	1 353	239	922	234	5 168	1 986	3 365
细菌性	频数	22	68	25	8	31	22	3	78
	发病量	2 246	1 581	616	136	1 328	13 291	2 250	6 587
	病死量	1 316	818	205	125	240	5 318	1 970	2 878
病毒性	频数	5	33	5	1	0	1	0	37
	发病量	9	137	36	20	0	3 000	0	210
	病死量	8	86	32	15	0	3 000	0	163
寄生虫	频数	0	9	3	4	1	2	1	12
	发病量	0	2 186	30	7 519	5	45	10 000	4 994
	病死量	0	1 681	10	2 513	3	7	200	2 121
水霉病	频数	4	8	13	1	2	2	0	19
	发病量	29	39	92	40	17	25	0	91
	病死量	26	14	42	0	8	14	0	59
其他	频数	4	4	1	0	0	4	0	6
	发病量	5 250	30 025	10 000	0	0	7 750	0	30 350
	病死量	800	6 273	3 000	0	0	1 000	0	5 882

注: 细菌性疾病包括烂鳃病、肠炎病、赤皮病、打印病、细菌性出血病、爱德华氏菌病、穿孔病、竖鳞病和疖疮病。寄生虫病包括孢子虫、小瓜虫、车轮虫、指环虫、中华鳋和锚头鳋病。其他疾病包括溃疡综合症、肝胆综合症、亚硝酸盐中毒症三种疾病。

鱼病暴发的原因上,选择水质不好的比例最多,为 57.14%;选择溶氧度不够和温度变化大的比例均为 48.41%;选择鱼苗质量问题的比例为 32.54%;而饲料质量问题、喂养技术问题和滥用抗生素也是重要原因,选择比例分别为 21.43%、19.84% 和 7.14%。

(二) 养殖户鱼药的规范使用情况不理想

对鱼药的评价上,45.26% 的养殖户认为清塘、消毒药物的效果最好,其次是水环境改良剂,比例为 31.58%,再次是杀虫剂,比例是 12.63%;而成本上,认为成本最低的是清塘、消毒药物的比例为 54.74%;其次是杀虫剂,比例是 21.05%;再次,认为中草药的成本最低的比例是 13.68%。

表 1.4.14　养殖户对鱼药效果的评价

对鱼药的评价	药效最好		成本最低	
	频数(个)	比例	频数(个)	比例
清塘、消毒药物	43	45.26%	52	54.74%
水环境改良剂	30	31.58%	8	8.42%
抗生素	4	4.21%	2	2.11%
杀虫剂	12	12.63%	20	21.05%
中草药	2	2.11%	13	13.68%
其他	4	4.21%	1	1.05%
总计	95	100%	95	100%

调查中养殖户报告了 2012 年所用药物的情况,包括清塘消毒、水质改良、抗生素类内服药、杀虫剂、中草药、疫苗六种。表中列出了每种药物最常用的三种药品名称。花费最大的是大蒜素,平均每户 1 707.08 元,其次是生石灰,平均每户 1 643.05 元,再次是增氧粉,平均每户花费 1 454.5 元。总的来看,养殖户对鱼药的效果给出相对积极的评价。

养殖户获取鱼药信息的渠道集中,主要是通过销售鱼药的单位或个人,比例高达 80.92%;其次是个人经验,比例为 38.93%;再次通过水产技术推广部门得知鱼药信息,比例为 36.64%;通过与其他养殖户交流的比例为 35.88%;通过合作社渠道获取鱼药信息的比例最低,仅为 3.05%。

表 1.4.15　2012 年养殖户使用的主要药品及其评价

药品用途	药品名称	频数(个)	费用(元)
清塘消毒	漂白粉	76	486.75
	生石灰	41	1 643.05
	二氧化氯	15	998.73
水质改良	增氧粉	54	1 454.50
	光合细菌	14	1 359.29
	沸石粉	9	614.44
抗生素类 内服药	土霉素	29	806.90
	大蒜素	12	1 707.08
	恩诺沙星	8	251.25
杀虫剂	敌百虫	52	959.45
	硫酸铜	9	425.56
	阿维菌素	9	312.78
中草药	大黄	7	270.86
	板蓝根	4	25.00
	穿心莲	3	95.00
疫苗	草鱼疫苗	15	398.67

购买鱼药途径以到个体鱼药销售点为最多,比例为 76.34%;其次是到水产技术推广站,比例为 35.88%;再次是到生产企业销售代表处购买,比例为 30.53%;到集贸市场购买的比例为 19.85%;而通过合作社购买和到动物卫生监督机构购买的较少。

养殖户辨别鱼药的方法以凭个人经验为主,比例为 69.23%;62.31% 的养殖户会检查外包装和产品说明书等;20% 的养殖户会通过电话、网络等向厂家核实相关鱼药信息;13.85% 的人会核对官方发布的鱼药质量信息;此外,还有 10.77% 的人不知道如何分辨鱼药。养殖户的鱼药信息获取渠道单一,获得的帮助较少。

调查中,有 18.46% 的养殖户曾受到假冒伪劣鱼药的侵害,平均损失 9 688.24 元。遇到假药,养殖户的处理方式主要是找鱼药售卖经销商,比例为 65.63%;自认倒霉的比例为 27.08%;向相关单位举报的比例很小,仅为 7.29%。养殖户处理假冒鱼药时倾向通过举报解决问题。

养殖户记录用药的规范程度不理想。有详细记录的比例为 7.63%,有简单记录的比例是 41.22%,凭经验而不记录的比例为 32.06%,不知道要记录的比例为 19.08%。

对于休药期规定,9.16% 的受访者表示非常清楚,41.98% 的人表示了解一些,28.24% 的人表示听说过但不了解,20.61% 表示不知道相关规定。对于国家对动物性产品进行药物残留检测的规定,7.63% 表示非常清楚,39.69% 的人表示了解一些,32.82% 的人表示听说过但不了解,还有 19.85% 的人不知道该规定。总体来看,养殖户对于休药期和药物残留检测的规定了解情况不是非常清楚。

使用鱼药的过程中,养殖户在水产养殖疾病预防知识上最需要帮助,比例高达 81.68%,而需要用药知识培训的比例为 72.52%,需要鱼药产品和功能介绍的比例为 62.6%,而需要识别真假鱼药方法的比例为 60.31%。

五、养殖户期待国家完善管理和支持政策

对于养鱼最困难的地方,48.12% 的养殖户选择资金短缺,45.86% 的人选择鱼病难以控制,30.83% 的人选择费用太多,23.31% 的人表示养殖技术不好掌握,15.04% 的人认为生产资料价格涨,12.03% 的人认为市场信息不灵。其他人则认为养殖困难之处在于鱼价低、竞争大、水污染等。资金筹集、技术难题、成本压力和信息不足是养殖户面临的主要难题。

表 1.4.16　养殖户认为养鱼最困难的地方

养鱼最困难的地方	频数(个)	比例(%)
资金短缺	64	48.12
鱼病难控制	61	45.86
养殖技术不好掌握	31	23.31
市场信息不灵	16	12.03
生产资料价格涨	20	15.04
不知该买哪些地方的鱼苗和饲料、鱼药等	11	8.27
费用太多	41	30.83
其他	4	3.01

养殖户对国家支持渔业的政策建议总结起来有 9 个方面。反映最为集中的是希望国家出台和优化扶持、补贴政策,加大扶持力度,扩大优惠覆盖面,比例为 48.87%;其次是希望国家提供技术培训,比例为 41.35%;第三位的是希望政府提供金融支持,包括信贷资金支持和保险方面,比例为 12.03%。此外,在提供市场信息、控制生产资料和设备价格、优化政府监督管理、治理水质、完善法律和出台鱼价保护政策方面也希望政府有所作为。

表 1.4.17　养殖户对国家支持渔业的政策建议

对国家支持渔业的政策建议	频数(个)	比例(%)
出台和优化扶持、补贴政策	65	48.87
提供技术培训	55	41.35
提供金融(信贷、保险)支持	16	12.03
提供市场信息	12	9.02
控制生产资料和设备涨价	7	5.26
优化政府管理监督	7	5.26
治理水质	4	3.01
完善法律	3	2.26
鱼价保护	3	2.26

养殖户十分关心鱼药质量,认为政府应该作为解决假冒伪劣鱼药的主体,加强监督监管工作,出台有力措施如加大监测力度、提高抽查频率、加大处罚力度、成立专门机构,加强对生产流通环节的监管、建立假药的理赔机制等。

第五节 我国大宗淡水鱼流通、加工与消费

大宗淡水鱼是我国水产品的重要组成部分,其在居民食品消费中所占比例较高,对整个渔业发展的影响较大。分析大宗淡水鱼流通发展历程和流通、加工现状,对推动我国大宗淡水鱼产业转型升级,实现水产品市场供求平衡,进而促进整个渔业提质增效具有重要意义。

一、我国淡水鱼流通体制演变历程

水产品流通体制改革是我国农产品流通体制改革中开放最快、取得成果最为显著的领域之一。在改革初期,我国水产品流通以市场化为取向,突破了计划经济体制的束缚,对促进渔业发展起到了非常重要的作用。

淡水鱼流通体制受国家整体经济体制及渔业生产状况的影响,中华人民共和国成立以来,其购销政策、流通渠道和流通形式、经营主体的变化主要经历了四个发展阶段:

1. 自由购销阶段(1949 年—1956 年 9 月)

新中国成立前,水产品供应主要操纵在渔行、渔霸和封建把头手中。中华人民共和国成立初期,为改造封建渔行、渔商,国家在各大行政区和水产重点省相继成立国营水产运销公司,负责水产品收购、运输业务,调节地区间的产销关系,并负责组织鱼商鱼贩进行加工运销,由此建立起社会主义水产商业;在渔村组织渔民成立渔业供销社,起着各地水产运销公司基层组织的作用。这一时期水产品市场体制是多种经济成分并存,多渠道、少环节、产销直接见面,实行市场调节,经营主体多样。

2. 统一购销与派购相结合阶段(1956 年 10 月—1979 年)

1955 年 10 月,国务院发布《关于将水产生产、加工、运销企业划归商业部统一领导的指示》,商业部成立中国水产供销公司,统一管理水产供销工作。到 1956 年,全国除个别省份外,均成立了省、市、县级公司,形成水产商业网,形成了统一领导的水产商业网络。水产经营体制由多种经济成分共同经营、多渠道、少环节的流通体制逐步转变为由国有水产供销企业按照国家计划价格计划收购、计划调拨、计划供应市场的独家经营的封闭型流通体制(孙琛等,2005)。

1977 年,当时的农林部根据湖南等省的要求,召集江苏、湖南、河北三省的

水产部门,在北京座谈商品鱼基地的建设问题,决定采取民办公助,鱼钱挂钩的办法,在全国主要渔业产区洞庭湖、鄱阳湖、太湖、洪泽湖、珠江三角洲等地建设十大商品鱼基地。

针对统得过多、管得过死的情况,1979年4月29日国务院转批国家水产总局关于全国水产工作会议情况的报告的通知,通知规定,国家对集体渔业的水产品试行派购和议购相结合的政策,派购比例一般为60%左右,其余部分实行议价收购或社队自行处理,但渔民除自食鱼外,不搞实物分配。同时,倡导产需直接见面,供应鲜活水产品,突破了所有水产品除渔民自食外全部卖给国家的统一收购、统一调拨的限制。

在执行调拨任务期间,国营水产供销企业,一般都是在政府和主管部门的支持下,从扶持生产入手,年初就派人到基地渔场或联营渔场签订产销合同,落实供货数量,并预先拨给20%～30%的定金。以后又及时下达回供化肥指标和其他渔需物资,扶持淡水鱼生产。鲜鱼购调任务完成以后,供销企业再向渔场议购销售,或者帮渔场代销。没有派购或完成派购任务的渔业生产单位,大多在捕捞起水前,派人与水产经营客户签订购销合同,送货上门,或者由经销商直接组织运输。

3. 逐步放宽阶段(1979年—1984年底)

1979年以后,水产品购销政策发生了历史性转折,总的趋势是沿着"改革、开放、搞活"的轨道前进,其基本特征是有计划、有步骤地调整流通结构,由国营垄断的封闭型模式向多渠道、少环节的开放型模式过渡。1981年5月,国家把水产品派购品种缩减到21个,对国家投资扶持的商品鱼基地和淡水鱼集中产区专业社队的产品,仍实行派购政策,派购比例为50%,重点产区不超过60%。同时规定水产品议购价格一般不超过牌价的30%,个别品种最高不超过50%。这样,使水产品形成了牌价、议价、市价三种价格并存的状况。

4. 实行市场调节,多渠道、多形式、多主体的流通体制阶段(1985年至今)

1985年,国家将水产品划为三类农副产品,一律不派购,价格全部放开,由市场调节生产,但国家投资的商品鱼基地仍按国家水产总局规定每亩交售300千克鲜鱼的协议执行,直到全部完成购调任务为止。

在全国农副产品价格体系中,淡水鱼是第一个全部开放,实现多渠道经营的,这既有利于加快解决大中城市吃鱼难的问题,又有利于促进整个渔业的发展和农村产业结构的合理调整。在淡水鱼流通渠道中,水产公司、渔业公司在一些大城市建立销售窗口,城镇集体、个体商贩也纷纷进入市场,形成了一个开放型、多元化、少环节、多渠道的淡水鱼流通竞争机制。随着市场观念的不断加深,渔场联市场、专业养鱼户联市场的格局逐步形成。进入 20 世纪 90 年代以后,以水产品专业市场为中心的市场体系开始形成,一批水产品集贸市场相继建立,淡水鱼的商品率逐步提高。进入 21 世纪,水产品流通形势更趋多样化。

二、大宗淡水鱼流通现状与特点

大宗淡水鱼属易腐农产品,主要以鲜活形式消费,这便要求其流通结构应该尽量减少实体周转,提高流通效率。从调查情况来看,目前我国大宗淡水鱼的流通主体多元、销售渠道多元,批发市场是主要的分销环节;目前淡水鱼运输技术较为成熟,但流通成本近年来有所提高。

1. 流通主体和渠道多元化,销售渠道地区差异大,新媒介形式有利养殖户信息交流

目前,大宗淡水鱼流通已经形成了主体多元化的格局,主要包括养鱼户(场)、鱼贩、批发商、企业、合作经济组织。从产业经济研究室对上述流通渠道的实地调研来看,有这样几个特点:第一,省内淡水鱼流通渠道的核心结点都是销地批发商,而流向省外的淡水鱼流通渠道的核心结点是产地批发商;第二,从生产者直接进入批发市场或超市的比例非常小,通过合作经济组织进入的比例也很小,淡水鱼主要是通过鱼贩进入下一个流通环节;第三,鱼贩的主要运作方式是赊销饲料、收购销售成鱼,这种情况约占 80%,纯粹收购、销售成鱼的比例约为 20%;第四,销地批发商的主要运作方式是为贩运户代卖,收取代卖费而较少承担市场风险,是整个流通渠道内最为稳定的一环。尽管已出现了"农超对接"、合作社参与流通等一系列新的流通形式和渠道,并且呈现快速发展之势,但从多数地区来看,生产领域仍以养殖户小规模生产为主,超市售鱼专柜还未成为大多数普通百姓购买水产品的主要场所,当前最主要、最核心的流通渠道还是通过鱼贩将鱼卖至产地批发市场或销地批发市场,产地批发市场作为一级批发商将鱼卖至销地批发商(可能是二级批发商、三级批发商),通过他们将鱼卖到零售商,再到达消费者手中。

调查显示,坐等鱼贩上门收购是养殖户的主要销售渠道,约占养殖户售鱼形式的 78.72%,通过其他渠道销售产品所占比重较低,其中,通过合作社销售、企业收购和自己送到批发地的分别占 7.34%、6.55% 和 5.47%。销售渠道的地区差异较大,在经济欠发达或偏远地区坐等上门收购的鱼贩比重相对于其他地区较低。从销售渠道的地区分布来看,卖给上门收购的鱼贩的比重最高的

是辽宁和广东,分别占到86.57%和83.53%,而通过合作社销售和卖给企业的比重最高的是湖北、辽宁、广东和河南。此外,养殖户的市场信息需求也主要是通过鱼贩来满足。随着通信技术的进步,养殖户了解市场信息的渠道也发生了变化,特别是在拥有手机之后,养鱼户主要通过手机与中间商以及其他养鱼户交流,这一比例占到受访养殖户的81.02%。手机等新媒介对养殖户信息获取和交流发挥了重要作用。

2. 批发市场是主要分销环节,批发商经营模式有所转变,但品牌意识不高

目前大宗淡水鱼主要是通过水产批发市场进行分销。水产批发市场是鲜活水产品流通中的重要环节,它将众多产品通过多种供应渠道汇集在一起,成为一个区域性的商品集散地,然后再通过各种流通渠道将商品传递到消费终端。水产品批发市场在商品集散、价格形成、供需调节、信息提供、交易结算、运输、仓储、保鲜以及其他综合服务等方面发挥着越来越重要的作用。2013年我国交易额亿元以上的专业性水产品批发市场150个,成交额2 808.81亿元,摊位数100 190个。据调查,批发市场的淡水鱼交易一般集中在晚上10点至次日凌晨,大量的活鱼运输车会把鱼从产地运往批发市场,然后通过批发市场把淡水鱼销往农贸市场、宾馆酒店、超市等地。批发市场的销售对象一般以农贸市场为主,其次是宾馆酒店。农贸市场一般是在下半夜取货,个体商贩则用三轮车从事中小量批发,若有固定客户则采用较大批量散装运输。宾馆酒店的采购大多以自身规模而定,一般每周采购两三次(吴慧曼等,2010)。

近几年,大宗淡水鱼类的市场交易方式发生了变化,这种变化来自批发商经营模式的转变。批发市场的"坐地"批发商是水产品流通的重要一环,他们为水产品的产销衔接搭建了一个平台。这些批发商现在有两种类型,一是传统意义上的"买卖型批发商",另一种是"佣金型批发商"。传统意义上的买卖型批发商与贩销商(鱼贩)的功能及经营模式相类似,他们从事传统的收鱼、卖鱼活动,而佣金型批发商是近几年兴起的一种新类型。由于运输条件改变,过去的一些批发商从"买卖型批发商"转变成为"佣金型批发商",以提供销售摊位、获得佣金收入为生,而养殖户或鱼贩则在活鱼运输车辆上直接售出产品,经销商户按每车收取佣金。目前,大宗淡水鱼的经销商大多认为活鱼业务不需要品牌经营,活鱼销售也没有明确的等级划分,品牌意识不高。

3. 流通半径相对短,流通环节多,主体之间关系松散,第三方物流比例低

由于大宗淡水鱼消费以鲜活为主,所以流通半径相对较短,大宗淡水鱼的主产区一般也是主销区。大宗淡水鱼区域间流通情况近年来有增多趋势,但运

输仍以中短途为主。大宗淡水鱼流通一般经过"收获—产地暂养—装鱼—运输—卸鱼—市场暂养—分销"等环节,其中,收获、产地暂养和装鱼环节的主体多为小规模养殖户,运输和卸鱼环节的主体或是养殖户,或是鱼贩或经纪人,市场暂养和分销环节的主体多为批发商及零售商。小规模养殖户、鱼贩、批发及零售商之间所形成的关系多数是纯粹的市场交易关系。随着合作次数增多,部分鱼贩与小规模养殖户、批发及销售商之间建立起相对长期的信用合作关系。调查中发现,很多批发商都有固定客户,如往垂钓中心送货的多是有稳定关系的,还有一些是经营多年的人,供销两方面的渠道都比较畅通。总体而言,这种合作形式松散而灵活。而在物流环节上,由于基本采取活鱼运输的形式,90%以上的交易是由养殖户、鱼贩或批发商自行组织,由第三方物流企业配送的比例不足一成。整体来看,目前大宗淡水鱼物流配送的意识和手段还比较落后。

4. 流通成本占比例较高,流通装备水平整体偏低

我国大宗淡水鱼流通成本约占总成本的40%,发达国家鲜活农产品的流通成本普遍占总成本的10%(朱永波,2009)。分析原因,一方面是流通过程中水产品失重或死亡所导致的损耗成本较高。目前,我国大宗淡水鱼损耗成本约占流通成本的25%,而发达国家这一比例仅为5%(朱永波,2009)。另一方面是运输成本日益升高。除了油价成本抬高之外,鱼贩或经纪人等从事运输的主体的人工成本也相应提高,增加了运输流通环节的成本。第三是交易成本高。在一些淡水鱼生产环节、流通环节都发育较为成熟的地区,生产主体与流通主体一般都形成较为稳定的口头协议,而在一些偏远地区,淡水鱼市场还处于发展中,流通各环节主体之间以短期、松散的市场交易关系为主,相关主体需要为新合作伙伴的搜寻和识别、与上下游客户的讨价还价等支付成本(吴慧曼等,2010)。

运输和暂养环节是大宗淡水鱼流通中最关键的环节,对淡水鱼的成活率与保鲜率影响较大,所需要的技术、装备与设施的投资也较多。一般短距离的大宗淡水鱼运输多使用较为简陋的设施装备,比如低端三轮车、拖拉机、农用车等,稍长距离的运输则会采用中型活鱼运输车,而大型进口集装箱式活鱼运输车在大宗淡水鱼中很少见到。在中长途运输中,主要采用有水运输技术,运输装备多使用改装式国产皮卡汽车、特质转运桶或鱼箱和气态或液态增氧装置,装备投资一般在6～30万元不等。在暂养环节,装备和设施主要包括换水站、暂养池、增氧机组等,装备投资在1～5万元。在收获、装鱼、卸鱼和分销等环节,则以人工操作为主,适当利用一些简易工具,如塑料捞鱼筐、机动三轮车、塑料泡沫箱等,一般投资只有几百元,但人工费用较高。总体来看,大宗淡水鱼流

通各环节使用的装备均采用单体购置、组配合成的方式加以链接,所需的一次性固定投入相对较少,但装备之间的匹配度与协同度普遍不高(吴慧曼等,2010)。

三、大宗淡水鱼加工业发展现状与特点

除鲜活形式外,近年来随着大宗淡水鱼产业规模的不断壮大,我国大宗淡水鱼加工产业也得到了快速发展,不仅在淡水鱼加工技术方面取得系列进展,淡水产品的加工比例也在不断提升。不过受消费习惯和技术的双重制约,我国大宗淡水鱼加工能力仍显不足。

(一)大宗淡水鱼加工技术取得一定进展

我国大宗淡水鱼历来以鲜销为主,20世纪90年代,随着淡水鱼产量提高,鲜销压力增大,为解决大宗淡水鱼的加工转化问题,我国从日本引进了冷冻鱼糜及其制品生产技术和设备,并陆续开发出小包装鲜(冻)鱼丸鱼糕、罐装鱼丸等鱼糜制品、冷冻产品、干制品、腌制品、罐头产品等。国家在"十五""十一五""十二五"期间先后立项实施了"淡水和低值海水鱼类深加工与综合利用技术的研究与开发""大宗低值淡水鱼加工新产品开发及产业化示范""国家大宗淡水鱼产业技术体系"等多项国家攻关计划、支撑计划项目以及现代农业产业技术体系建设项目,形成了一系列创新性成果。在冰温和微冻保鲜、速冻加工、鱼糜生物加工、低温快速腌制、糟醉、低强度杀菌和鱼肉蛋白的生物利用等方面取得了系列进展。近年来淡水鱼加工的关键技术和装备水平取得了明显提升,产业规模开始扩大,并建立了一批科技创新基地和产业化示范生产线,储备了一批具有前瞻性和产业需求的关键技术(夏文水等,2014)。尤其在鱼糜加工技术方面取得了较大进展,例如,开发了淡水鱼糜生物发酵技术、高凝胶强度的鱼糜制品及其生产技术、鱼肉复合凝胶制品加工技术、常温即食鱼糜制品加工技术、鱼肉面制品加工技术,在淡水鱼方便熟食类、休闲产品加工技术以及水产腌制糟醉加工技术、淡水鱼贮运保鲜技术、淡水鱼品质评价与质量控制技术方面也取得一定进展。

(二)产品结构不断完善,精深加工仍然不足

目前大宗淡水鱼类的产品结构不断完善,虽然我们没有大宗淡水鱼类加工产品的完整统计数据,但从近些年我国水产加工制品的发展可见一斑。我国淡

水产品加工比例由 2004 年的 7.47％提高到 2014 年的 17.33％,十年间提高了约 10 个百分点,而这期间水产品总体的加工比例和海水产品加工比例则变化不大,这说明淡水产品加工是我国水产品加工业发展新的增长点。目前我国水产品加工制品一般分为冷冻产品、干腌制品、鱼糜及其制品、罐头制品、藻类加工品、水产饲料、鱼油制品和其他加工产品等类型。2014 年我国冷冻产品、干腌制品、鱼糜及其制品、罐头制品、藻类加工品、水产饲料、鱼油制品和其他加工

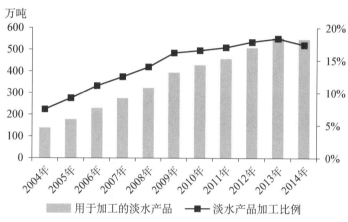

图 1.5.1 用于加工的淡水产品和淡水产品加工比例

数据来源:《中国渔业统计年鉴》相关年份

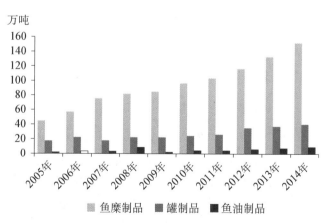

图 1.5.2 近十年增长迅速的水产加工品类别

数据来源:《中国渔业统计年鉴》相关年份

产品的产量分别为 1 317. 15 万吨、155. 09 万吨、151. 79 万吨、39. 99 万吨、108. 71 万吨、75. 99 万吨、10. 13 万吨和 194. 02 万吨,比 2011 年相比,干腌制品和水产饲料产量下降,其他几个类别的水产加工品数量均呈增长态势,特别是鱼糜、罐头、鱼油和其他加工品增长迅速,2011—2014 年分别实现了13. 43%、14. 62%、28. 24%和 21. 27%的年均增速。

虽然近些年来我国大宗淡水鱼加工技术得到明显提升,但受消费习惯和技术本身的限制,我国大宗淡水鱼加工能力仍显不足,加工业整体发展水平与大宗淡水鱼产业的地位不相匹配。从加工方式来看,还以传统型加工工艺为主,一些符合我国消费者饮食习惯和深受欢迎的传统特色水产品还多采用小规模的手工作坊,技术装备落后,缺乏工业化生产技术。目前虽然已有大型水产加工企业开始从事淡水鱼类加工,但成规模的企业大多为养殖、加工、贸易一体化的综合企业,纯粹以大宗淡水鱼加工为主的企业普遍规模较小,主要是以养殖为主、加工为辅的综合型企业,或者是以海洋水产品和冷冻制品加工为主、淡水鱼类加工为辅的综合性企业,纯粹加工淡水鱼的企业还寥寥无几,淡水鱼加工产业规模仍然较小。除一些大型企业外,多数淡水鱼加工生产线存在机械化程度低、工艺技术落后、质量安全控制薄弱的问题(夏文水,2014)。从产品类别上看,鱼糜类制品机械化程度相对较高,一些传统的腌腊鱼制品还主要由小规模的手工作坊经营。

(三) 区域布局不均衡,综合利用程度不高

我国淡水产品加工企业主要集中在湖北、江苏、广东、江西、海南、安徽、广西、湖南、福建和浙江省等内陆水域较多的省份,2014 年上述 10 省淡水产品加工量均在 10 万吨以上,合计加工量达到 351. 93 万吨,占我国淡水产品加工总量的 93. 97%。但即便如此,目前大宗淡水鱼的精深加工仍然不足,在内陆淡水鱼主产区,冷库数量很少,有的主产区还是空白,鱼品制冷、冻结、冷藏以及加工能力远不能适应淡水渔业发展的需要。

此外,淡水鱼加工后剩余的鱼鳞、鱼皮、鱼骨等下脚料虽然也开发生产了一些如胶原蛋白、蛋白胨、添加剂、鱼粉、鱼油、甲壳素、壳聚糖等产品,但综合利用程度不高,大多数下脚料仍被废弃,有些综合利用技术又会造成环境的二次污染。由于基础研究和应用基础研究薄弱,一些制约水产加工产业的关键技术问题未能解决,如淡水鱼土腥味重、蛋白易冷冻变性、水产品保活保鲜技术、水产动物蛋白高效利用技术等关键技术长期得不到有效解决。

总体来看,我国大宗淡水鱼类加工产业才刚刚起步,产业规模还比较小,与国际水产发达国家及我国海洋水产品加工相比还有很大差距。而且消费者对

淡水鱼及其加工产品还存在一定的认识盲区,多数消费者还停留在淡水鱼是一种低价值鱼类的观念上,对淡水鱼的营养价值和健康益处认识不足。加工企业对淡水鱼品牌宣传更是不够,缺乏具有广泛影响力的知名品牌。未来不仅需要企业加强淡水鱼加工产品品牌的塑造,更需要政府的普及、宣传和淡水鱼消费引导。

四、我国大宗淡水鱼贸易

目前,我国已经成为世界上淡水养殖规模最大、水产消费市场容量最大的国家。随着城乡居民收入水平不断提高,消费结构改善,人均粮食消费量不断下降,消费由温饱型向营养型转变,水产品消费在居民食物消费中的地位逐渐提高。大宗淡水鱼因价格平稳、适合普通大众消费能力,为稳定水产品价格,丰富居民餐桌和提供优质蛋白做出了很大贡献。与此同时,伴随亚洲移民向全世界范围的扩散,大宗淡水鱼在其他国家的消费也呈增加趋势,大宗淡水鱼贸易发展势头良好。

2015 年世界经济延续温和复苏态势,金融市场波动加大、大宗商品价格走低、地缘政治等非经济因素的影响也在加大,水产品贸易发展面临的国际环境依然严峻。大宗淡水鱼效益呈现下行苗头。在国际上和国内,鲤科鱼类贸易量一直不大,鲤科鱼类贸易规模较小,但发展势头良好,出口单价呈上升趋势。大宗淡水鱼贸易规模相对于整个产业规模微乎其微。不过,随着国内水产养殖业的迅速发展,以及世界亚洲移民社区对大宗淡水鱼需求的增长,鲤科鱼类贸易发展势头良好。我国活鲤鱼出口量由 1992 年的 125 吨增长至 2011 年的2 304.90吨,增长 17 倍;出口额由 18.6 万美元增长至 541.33 万美元,增长 28倍,年均增长率分别达到 16.58%和 19.41%。根据贸易数据测算,21 世纪以来鲤科鱼类的出口单价直线上升,每千克活鲤鱼由 2001 年的 0.81 美元提高到2011 年的 2.35 美元,且有进一步上涨趋势。

1. 鲤科鱼类出口产品结构日渐丰富,但仍以活鱼出口为主,海关编码调制,淡水鱼统计口径发生较大变化

随着出口需求增加和产品加工技术的提高,鲤科鱼类的产品结构日渐丰富,不再仅限于活鱼出口,也有鲜冷制品、冻品及鱼片等产品类别。因应联合国粮农组织(FAO)应用协调制度作为其粮食安全及早期预警数据系统标准的需求,2012 年 1 月 1 日起海关总署对协调制度第 1～16 章的部分章注、子目注释、品目和子目进行了相应的修改,其中在第 3 章多个子目项下为主要淡水鱼品种增列了相应子目,鲤科鱼类的统计发生了变化。原来仅有活鲤鱼和鲤鱼苗,自2012年起调制为6项,分别是其他活鲤科鱼、鱼苗除外(03019390),其他活鲤科鱼(03019993)、鲜、冷鲤科鱼(03027300)、冻鲤科鱼(03032500)、鲜或冷鲤科鱼片(03043900)和鲤科鱼苗(03019310)。2014年我国鲤科鱼类出口总量达到5.25万吨,出口额为1.81亿美元,出口产品结构具体见下表。从表中数据可以看出,虽然产品结构有所丰富,但仍以活鱼出口为主。

表1.5.1 2014年鲤科鱼类出口结构

出口类别	出口量 (吨)	出口量 占比(%)	出口额 (万美元)	出口额 同比(%)
其他活鲤科鱼、鱼苗除外(03019390)	38 380.79	73.08%	13 082.77	72.42%
其他活鲤科鱼(03019993)	12 542.41	23.88%	4 464.97	24.72%
鲜、冷鲤科鱼(03027300)	34.65	0.07%	2.92	0.02%
冻鲤科鱼(03032500)	134.87	0.26%	37.71	0.21%
鲜或冷鲤科鱼片(03043900)	1 425.07	2.71%	476.09	2.64%
鲤科鱼苗(03019310)	4.55	0.01%	0.38	0.00%

数据来源:中国海关

2. 港澳韩为鲤科鱼类主要出口市场,粤、辽、湘、鲁为主要出口来源省份

从出口市场分布来看,中国香港、中国澳门及韩国是中国大陆鲤科鱼类的前三大出口市场,2014年中国大陆对上述市场的出口量合计5.24万吨,出口额合计1.81亿美元,分别占中国大陆鲤科鱼类出口总量的99.7%和出口总额的99.8%。其中,香港是主要市场,输港鲤科鱼类占中国大陆鲤科鱼类出口总量的85.0%和出口总额的85.7%(表5-2)。从出口来源省份看,广东省由于输港条件便利,鲤科鱼类出口量、出口额分别达到4.79万吨和1.66亿美元,占鲤科鱼类出口总量和出口总额的91.3%和91.9%。出口量超过1 000吨的省份还有辽宁和山东。

表1.5.2 2014年鲤科鱼类出口市场

出口市场	出口量(吨)	同比(%)	出口额(万美元)	同比(%)
中国香港	44 658.98	4.97	15 472.59	12.13
中国澳门	3 909.03	-5.43	1 344.74	0.88
韩国	3 815.26	18.79	1 209.45	36.31

出口市场	出口量(吨)	同比(%)	出口额(万美元)	同比(%)
民主刚果	47.61		9.05	
刚果	25.87		4.92	
纳米比亚	25.00		4.70	
墨西哥	19.09	-84.78	12.52	-84.78
加拿大	9.56	91.24	3.34	96.41
马来西亚	4.55		0.38	
澳大利亚	3.88	-68.92	1.50	-68.18
美国	2.00	-96.15	0.77	-96.00
秘鲁	1.50		0.90	

数据来源：中国海关

表 1.5.3　2014 年鲤科鱼类出口省份

出口省份	出口量(吨)	同比(%)	出口额(万美元)	同比(%)
广东	47 933.94	6.33	16 593.20	13.72
辽宁	1 602.36	30.08	503.57	36.17
山东	1 329.00	-25.71	359.01	-24.09
天津	602.90		269.41	
湖南	674.65	-62.38	243.53	-62.49
江苏	227.50	19.11	64.70	45.32
广西	98.48		18.66	
湖北	53.50		12.78	

数据来源：中国海关

3. 我国大宗淡水鱼进口以鲜、冷鱼和冻鱼形式为主，目前主要进口来源国是美国

　　作为大宗淡水鱼的主产国，我国近几年也从国外进口少量的大宗淡水鱼产品以满足不同层次和主体的消费需求。但由于中国人爱吃鲜鱼的饮食习惯，目前进入我国市场的大宗淡水鱼产品以鲜、冷鱼和冻鱼形式为主。据中国海关统计，2014 年 1—11 月我国累计进口大宗淡水鱼产品 407.65 吨，其中冻鲤科鱼407 吨，鲜、冷鲤科鱼 0.65 吨。主要的进口来源国是美国，自美国的进口量占我国进口总量的 84.27%，且全部为冻鱼产品。另外，自俄罗斯进口冻鱼 31.92吨，自蒙古进口鲜、冷鱼和冻鱼 23.65 吨，自哈萨克斯坦进口冻鱼 8.21 吨，自韩国进口冻鱼 0.36 吨。其中，自美国进口的冻鱼全部为野生亚洲鲤鱼[①]。十几

[①] 亚洲鲤鱼是指原产地亚洲的鲤鱼，是美国人对青鱼、草鱼、鳙鱼、鲤鱼、鲢鱼等 8 种淡水鲤科鱼类的称呼。

年前,美国南部地区引进亚洲鲤鱼,用于清除养殖池塘,但目前亚洲鲤鱼泛滥成灾,成为五大湖的生物威胁。根据美国政府部门 2011 年的统计数据,在美国某些地区,亚洲鲤鱼占生物量的比重已经超过 95%。这些亚洲鲤鱼体形较大,全部为野生,品质相对较好,但由于运输成本高,价格比国内同类鱼稍高,同时又是冰冻产品,所以虽有经销商尝试将其卖入商场超市,但效果不好,对很多普通消费者来说暂时不能接受,目前在国内主要是销往餐馆或做成鱼丸等深加工产品。

表 1.5.4　2014 年 1—11 月鲤科鱼类进口类别及国别

进口类别	进口量(吨)	美国	俄罗斯	蒙古	哈萨克斯坦	韩国
鲜、冷鲤科鱼	0.65			0.65		
冻鲤科鱼	407.00	343.51	31.92	23.00	8.21	0.36
总进口量	407.65	343.51	31.92	23.65	8.21	0.36

表 1.5.5　2012 年至今自美国进口的冻鲤科鱼情况

年份	进口量(吨)	进口额(万美元)
2012 年	34.31	4.46
2013 年	161.85	26.58
2014 年 1~11 月	343.51	47.89

第二章
我国淡水鱼养殖业供需分析

  我国淡水养殖业发展有良好的水面资源、种质资源、技术基础和劳动力资源,但也面临资源环境约束加深、劳动力成本提高、技术存在瓶颈、成本收益变化等内外部因素的约束和影响。随着经济发展水平和居民收入水平提高,适应人口增长、人口结构变化和城市化发展带来的膳食习惯变化,未来国民对于淡水产品消费的需求会呈现新的特点。供求两方面的因素会综合影响今后淡水产品的需求趋势。

第一节　我国淡水养殖生产潜力分析和供给面临的挑战

一、我国淡水养殖生产潜力分析

  为满足城乡居民日益增长的消费需求,应确保我国淡水养殖业生产力发展水平能基本满足不断扩大的需求。所谓淡水养殖产品的生产潜力,是指在一定养殖技术及与之相适应的各项措施下的水体的最大生产能力,也叫淡水养殖生产力。它的基本要素是劳动资料、劳动对象和淡水养殖劳动者。从这三要素出发,基本上可以对我国淡水养殖业生产潜力进行轮廓性分析。

(一) 水资源

  水资源丰度和分布状况直接影响着我国淡水渔业生产布局。我国幅员辽阔,内陆江河湖泊纵横交错,淡水物种资源丰富,淡水养殖业发展的资源基础丰厚。中国江河众多,天然河流总长度43万公里,其中流域面积在100平方公里以上的河流有5万多条;流域面积在1000平方公里以上的河流有1580条,流域面积大于1万平方公里的河流有79条。中国湖泊众多,面积1平方公里以上的有2800多个,总面积约8万平方公里。人工湖泊(水库)数以万计。

中华人民共和国水利部《2014年中国水资源公报》显示,2014年全国水资源总量为27 266.9亿立方米,北方6区水资源总量4 658.5亿立方米,占全国的17.1%;南方4区水资源总量为22 608.4亿立方米,占全国的82.9%。从行政分区看,东部地区水资源总量5 332.3亿立方米,占全国的19.6%;中部地区水资源总量6 768.8亿立方米,占全国的24.8%;西部地区水资源总量15 165.8亿立方米,占全国的55.6%。全国水资源总量占降水总量的45.2%,平均单位面积产水量为28.8万立方米/平方千米。我国的淡水渔业分布也呈现南多北少的格局,且淡水鱼主产区均为江河流经省份或是湖泊水库众多省份。

在水域资源方面,我国内陆水域总面积约1 760多万公顷,其中河流666.7万公顷、湖泊666.7万公顷。在淡水养殖中,养殖池塘256.7万公顷、湖泊102.5万公顷、水库191.1万公顷、河沟27.5万公顷,其他养殖水域13.0万公顷,另有稻田养成鱼129.5万公顷。这些水域绝大部分处于亚热带和温带,气候温和,雨量充沛,适合鱼类增养殖。湖泊、水库及部分低洼盐碱荒地也有一定的发展空间和水面潜力。从产区分布来看,大宗淡水鱼在全国各省市均有养殖。养殖区域主要集中在湖北、江苏、湖南、广东、江西等长江中下游省区和珠江流域,其中,湖北、江苏两省的大宗淡水鱼年产量超过了200万吨。

2000年以来,我国淡水养殖面积在多数年份的增长率都低于5%。2005年之后淡水养殖面积出现下降,2008年为7 456.5万亩,但到2014年又增长到9 121.3万亩。目前,经济社会发展和各地建设用地的不断扩张,使一些地方的可养或已养水面被不断蚕食占用,养殖水面开发利用遇到了更多的困难和阻力。随着渔民权益保障力度的加大,水面确权发证工作逐步完全到位,水面承包经营权将得到进一步稳定。在此基础上,稳定池塘养殖面积,加大低洼盐碱地、稻田等宜渔资源开发力度,支持工厂化循环水养殖等,将会进一步挖掘我国淡水养殖的潜力。

(二)种质资源

参见第一章第三节第二部分"养殖品种结构与产业区域布局"。

(三)劳动力资源

在人力资源方面,我国水产养殖属劳动密集型产业,近20年来,渔业共吸纳了近 1 000 万人就业,其中约 70%从事水产养殖。2002 年以后,我国渔业劳动力增长趋缓,但仍基本保持在 1 400 万人左右。2014 年,我国有渔业人口 2 035.04 万人,其中传统渔民 686.40 万人,渔业从业人员 1 429.02 万人。而且,农村还有大量兼业劳动力专门从事渔业生产,呈现明显的专业化趋势。

1. 比较效益高吸引劳动力加入。

根据产业经济研究室测算,目前,我国淡水养殖的成本利润率(不计用工成本)仍在 30%以上,如不将家庭用工计入成本,池塘养殖模式亩均净利润近 1 000 元,如将家庭用工计入成本,池塘养殖户亩均净利润为 843.59 元;而粮食作物亩均净利润仅 400 多元。因此,在比较效益影响下,预计未来我国农村富余劳力仍将有部分要转为从事专业水产养殖。在我国一些水稻产区,确实也存在不少将稻田转为池塘的现象。此外,一些捕捞渔民转产后也会从事淡水养殖业,从而成为潜在的淡水养殖劳动力。

2. 淡水养殖业是一个劳动密集型行业。

在淡水养殖生产的诸多环节,需要的劳动力投入都较大。产业经济研究室 2009 年一项大样本调查表明,淡水养殖业的主要劳动力以男性为主,养殖劳动力平均年龄为 45.83 岁。在中西部地区,水产养殖业经济收益相对较好,吸引了较多的年轻劳动力加入。总体看,淡水养殖劳动力以各方面经验丰富的壮年劳动力为主。

3. 养鱼劳动力素质较高。

由于养鱼需要比较专门的知识,需要较高的学习技能,对劳动力的文化要求较高。根据产业经济研究室调查,养殖主要劳动力初中文化程度的占 51.84%;高中文化程度的占 22.86%;小学文化程度的占 18.33%。养殖户主要劳动力的素质较高,达到高中以上文化程度的比例达到 27.55%,大大高于全国农村劳动力平均水平。养殖户的素质不仅取决于文化程度,也取决于经验。大量养殖户在"干中学",不断试错和总结经验,掌握了专门和系统的技能。养鱼户平均养鱼时间大于 10 年。大量养殖户长期从事这个行业,已经积累了非常丰富的经验。

4. 从业的专门化水平较高。

一般而言,养鱼以家庭劳动力为主。产业经济研究室调查发现,家庭劳动力专门养鱼的占 45%,在水资源丰富的地方,专门养鱼的更普遍。即使是兼业户,其主要精力也是放在养鱼上。在养殖规模超过一定水平时,才会出现雇工或者换工现象。

(四) 科技支撑潜力

水产科技进步对推动水产养殖业跨越式发展起到引领作用。目前,我国渔业科技进步贡献率已超过 50%,渔业科技综合实力在国际上总体处于中上水平。目前,高效的集约式养殖技术,如网箱养鱼、工厂化养鱼等蓬勃兴起,且技术日臻成熟、品种不断增加、领域不断拓展、范围不断扩大,成为水产养殖业的未来发展方向。通过科学采用养殖模式,可以提高单位面积产出水平,提高资源利用率。我国现有淡水养殖水面的单产水平仍有提升潜力,特别是中西部地区。目前,我国淡水养殖的平均单产是 298.44 千克/亩,池塘养殖的平均单产是484.75 千克/亩。据产业经济研究室调查,有 30% 以上的池塘养殖户的单产水平可达 1 000 千克/亩以上,提高池塘单产的潜力很大。湖泊、水库、河沟养殖也有一定的增产潜力。今后,在发展淡水养殖方面不宜继续走平面扩张的道路,要依靠科技,通过单产提高来提高总产量。在淡水渔业研究领域,仍有较大的科技提升空间和发展潜力。

二、保障我国淡水产品供给能力面临的挑战

我国水产养殖业经过 30 多年的快速发展,取得了辉煌成就,做出了重大贡献。从一定程度上讲,我国水产养殖业的快速发展是建立在规模扩大的粗放式养殖基础上的,这与建设资源节约、环境友好和可持续发展的目标还不相适应,与建设现代渔业的要求还有差距。从可持续发展角度,结合淡水养殖产品的特点,保障我国淡水养殖产品供给能力还面临着生态环境和渔业资源、疫病防控、饲料需求、养殖模式、生产经营和产品质量安全等问题和挑战。

(一) 我国水域生态环境状况不容乐观,渔业资源萎缩

随着经济社会发展,人与资源环境之间的关系日趋紧张,我国内陆淡水资源和生态环境系统不断受到人类经济活动的挤压和破坏,水域环境污染严重,渔业资源呈现衰退趋势,进而成为大宗淡水鱼产业发展的瓶颈之一。

首先是经济增长、人口增长等对水域生态环境的破坏性影响。目前,陆源污染、船舶污染等对养殖水域的污染越来越重,使水产养殖成为环境污染的直接受害者,水域生产力下降,渔业经济损失日益增大。我国 1 200 条河流中,已有 850 多条受到不同程度的污染,一些大型湖泊的富营养化程度非常严重。污染物增加使得近岸、江河、湖泊中氮、磷含量不断升高,水域处于富营养化状态。

60万亩面积的滇池年入湖污水量曾一度达到1.85亿吨,形成异常富营养化水域,每年蓝藻大量繁殖,致使鱼类大批死亡。2011年太湖蓝藻暴发的覆盖面积约238平方公里,占太湖水面的11.1%。水质污染后,鱼类会富集水域中的重金属、石油、农药、有机污染物和生物毒素等污染物,污染物会通过生物富集与食物链传递而危害人类健康和安全,直接影响水产品质量安全。

其次,受国家城市化、工业化的推进、旅游业兴起等,水产养殖业发展的空间正在逐步变小。工业化和城市发展客观上使得水产养殖的外部空间被压缩,土地(水域)资源短缺的困境在加大,传统渔业水域养殖空间受到挤压。

第三,养殖自身污染问题比较突出。大规模的池塘精养模式、水库网箱养殖模式等都高度依赖于饲料的大量投入,残饵、药品、排泄物等产生的氮磷等营养物质无法消解就成为养殖水域富营养化的根源,导致水体污染。在水质状况不佳的状态下,养殖鱼类会出现应激状态,造成病害多发,药残控制和品质管理困难,对养殖业健康发展带来负面影响。由养殖水域环境引发的水产品质量问题,会大大降低消费者信心,对养殖业长期效益的影响不可估量。

(二)鱼种资源呈现加速衰退趋势

我国水患频繁,兴建水利设施可以防洪除涝、优化配置淡水资源。但水利工程设施兴建对于鱼类资源也有破坏性影响。拦河筑坝、造地工程项目增多,使得水生生物洄游通道被切断,鱼类的产卵场遭受破坏,鱼类传统栖息地生态环境遭受严重破坏,对水生生态系统的生物多样性和水生生物群落的繁衍构成威胁,削弱了渔业持续发展的基础。

我国长江水系四大家鱼的洄游通道、栖息和繁殖场所等目前已经遭到破坏,过度捕捞、水域污染也导致鱼类天然群体的生境改变,使野生鱼类种质资源遭到破坏,天然资源减少。目前,四大家鱼已不能形成渔汛。2011年,长江四大家鱼产量仅为历史峰值的三百分之一。江苏省淡水水产研究所在长江的监测显示:2012年,捕获量仅为7吨多。伴随水域生态功能退化和天然渔业产量减少,水生生物群落结构出现小型化、低龄化,渔获物单个体重明显降低,性成熟提前,生长速度减缓,抗病能力降低。近几十年来,作为天然水域渔业发展的饵料基础的底栖生物量明显降低。

我国四大主要流域鱼类资源丰富,是我国鱼类基因的宝库。丰富的生物资源,为我国淡水渔业,尤其是淡水养殖业的发展奠定了基础。我国水产养殖业所需亲本,都直接或间接来源于天然水域。良好的生态环境有助于天然鱼类的生长和繁衍,也是渔业持续发展的基础。但目前,我国四大家鱼的天然资源在不断减少,野生鱼种的数量下降,直接导致天然基因库中优良基因的流失。目前我国约有 6 家水产研究单位存有鱼类精子库,每个精子库保存的种类从十几种到三十多种不等,还不到我国淡水和海水鱼类的 1%。而一些鱼类消失得太快,鱼种都留不住。农业部数据显示,目前长江四大家鱼从占渔获物的 80% 降至目前的 14%,产卵量也从 300 亿尾降至目前不足 10 亿尾,仅为原来的 3%。黄河原有鱼类 150 多种,目前 1/3 种群绝迹,捕捞量下降 40%。黄河鲤等名贵鱼类在大多数河段绝迹[①]。珠江水系 24 科 78 属 92 种列入濒危鱼类,占全国淡水鱼类总数的 11.7%,其中中国特有鱼类 60 种[②]。

(三) 环境和设施承载能力不足

养殖基础设施,一般包括池塘及其配套的水电路涵桥闸等附属设施,也包括陆地工厂化养殖车间土建及其配套设施等,辅助养殖生产的大型机械设备也属于基础设施范畴。我国现有的养殖池塘规模小,池塘布局仅有提供鱼类生长的空间和基本的进排水功能,不具备废水处理、循环利用、水质检测等功能。在夏秋季节和捕鱼时,养殖废水大量排放,污染周边水域,造成富营养化问题。特别是水库发展网箱养殖,在带来巨大经济效益的同时,也给后续治理带来了难题。

我国大部分的养殖池塘是 20 世纪 80 年代开挖,水系混乱,设施老化,目前已经持续运营 30 多年,普遍出现严重淤积、塘埂倒塌、排灌不通、自净能力弱化的问题,导致病害频发、用药增多,很多池塘靠药品和水质调节剂来控制,严重影响水产养殖综合生产能力的增强。当前,我国淡水养殖业发展与环境的矛盾进一步加剧,对现有养殖基础设施的承载能力也提出了更高要求。而目前的池塘养殖模式,缺乏养殖生境有效调控的措施,缺少机械化生产装备和智能化、数字化调控能力,健康养殖、高效生产、质量控制等还处于初始阶段。

养殖基地的土地所有权归国家和集体所有,大多以承包出租等方式将池塘的短期使用权转让给养殖户,由于拥有的使用权期限过短,养殖户存在短期行为,一般不会投入更多的资金实施基础设施建设,池塘养殖只能维持低水平运转。目前,我国淡水养殖生产过程主要依赖经验和劳力,养殖设施化水平和装备程度处于较低水平,养殖户对养殖关键环节的把握度很低,还没有脱离传统农业生产方式,基于生态系统水平的高效生态养殖技术体系尚未构建,基本上属于开放型和粗放型养殖方式,大多采取大排(水)大放(水)的养殖模式,离现

---

① 黄河流域渔业资源形势堪忧 1/3 鱼类种群绝迹. 2007 - 01 - 18. www.hnai.gov.cn. 湖南省乡镇企业信息网.

② 珠江水系 92 种鱼类列入濒危. 南方日报,2005 年 12 月 09 日 09:46. http://www.sina.com.cn.

代农业的要求还有距离。

（四）饲料供给能力

水产饲料业是确保水产养殖业持续较快发展的重要支撑性产业。从整体上看，我国水产业耗粮水平逐年在提高。根据测算，我国水产品到 2020 年产销缺口在 211.5 万吨，以饲料转化率为 1% 计算，此方面的饲料粮缺口 201.3 万吨（见《中国食物供求与预测》第 34 页，2004）；若以海水产品和淡水产品产量大致为 3∶7 的比例计算，则到 2020 年，我国淡水产品缺口在 148.05 万吨，需消耗的饲料粮之缺口在 140.91 万吨。解决这一问题，或者通过国际市场进口饲料粮来解决，或者以进口一部分淡水产品来解决。

（五）成本收益状况伴随产销变化而存在波动风险

20 世纪 90 年代以来，在水产品供给不断增加的情况下，市场竞争也日益激烈，导致养殖效益波动大。这个基本格局的形成，对我国淡水养殖业乃至整个水产业都产生了长远而深刻的影响。之后，养殖户养殖模式日益转向多品种混养、常规性品种与名优品种混养的方式。近年来，我国淡水特种养殖增加较快，养殖结构调整较快，主要原因就是名优特新鱼类、虾蟹龟鳖类等有更好的经济效益。但渔业结构调整不是一个一蹴而就的事情。2012 年中央出台"八项规定"，受此政策影响，国内餐饮行业、休闲垂钓和水产品礼盒消费均受到影响，市场对各类水产品需求量有所减少。常规鱼类价格虽然相对于中高档水产品来说一直价格是平稳的，但在 2015 年也出现了增产不增收的现象。长期看，随着人们收入水平提高，消费层次提高，对于常规大宗鱼类的消费会稳定增长，而出于消费层次提高和求新求变的心理，对于名优特新养殖产品的需求会呈现快速增加态势，而信息化发展会逐渐使供求信息沟通变得容易和快捷，从而促使生产者根据市场需求进行更为合理的结构调整，带动整个淡水养殖业结构的调整。从这一角度来说，淡水养殖业未来的发展不仅要在量上有提高，也必须在结构上、在发展质量上有更大提升。

（六）水产养殖病害严重

据不完全统计，我国水产病害种类多达 200 多种，其中细菌病、病毒病、寄生虫病占 80% 左右；涉及池塘、网箱、滩涂、工厂化养殖等所有养殖模式以及各主要养殖品种，每年病害发病率达 50% 以上，损失率 30% 左右，每年病害经济损失达百亿元。水产养殖病害频发、暴发、并发、多发，已成为水产养殖业持续发展的重要制约因素。随着我国工业化和城市化进程的加快，可供养殖的土地越来越少,水资源短缺现象凸显,集约化、工厂化养殖将成为淡水养殖的主体,导致病害防控形势更为严峻。

目前,我国水产养殖病害呈现发生数量逐年增多的迹象,新的流行性病害种类不断出现,导致养殖效益大幅度降低。近年来,在大宗淡水鱼中,受病害影响的养殖品种越来越多,死亡率高、发病时间长、覆盖面积广,病原错综复杂,病害发生难以预测,受影响的区域和影响的程度不断扩大。而且,病害一旦发生,发病区域的水产养殖生产会在相当长的时间内难以恢复。根据产业经济研究室的调查,因池塘水质变差,使水产养殖中出血病、肠炎、烂腮病和孢子虫病的发病率变高,肝胆综合征、指环虫病、车轮虫病等发病率上升,甚至出现了一些原因不明的鱼病。病害发生后,养殖户的病害防治费用大幅提高,养殖成本增加,对渔业效益影响明显。据产业经济研究室 2013 年调查,在诸多养殖面临的困难中,45.86%的受访者选择鱼病难以控制,仅靠养殖户自身无法解决。在国家大宗淡水鱼产业技术体系 30 个综合试验站推广的新品种中,也出现了粘孢子虫病、草鱼出血病、肠炎、烂腮病、出血性败血症、鲤春病毒等,给新品种试验示范工作等带来一定影响。其次,鱼类死亡量增加,减少了农户收入。加之一些病因一时无法确认,一旦发生,往往造成大面积"翻塘"现象,养鱼户损失常多达数万元。第三,养殖病害发生后,养殖户不合理和不规范用药会进一步导致养殖产品药物残留,影响了水产品质量安全和消费。

(七) 不合理的生产方式

一是酷渔滥捕。渔业生产者大量使用有害渔具、渔法,过度捕捞产卵亲鱼和幼鱼群体,对鱼类资源造成直接破坏,这也是导致渔业资源衰退的重要因素,加剧了天然水域渔业资源的衰退。一些洄游性鱼类从海里游到长江中上游或从长江中游游到海里产卵、繁殖、生长,须躲过重重"关卡"才能逃生。一些渔民们将单层流刺网改为双层、三层流刺网,且大部分渔民的捕捞网目越来越小,甚至将深水囊网、长江鳗鱼网、底拖网等禁用渔具也派上用场,在江面上设下道道"埋伏",连长江小杂鱼也成为渔民网中之物。

二是片面追求单产、结构单一的密集养殖方式。在目前增养殖技术条件下,由于生产操作缺乏严格规范,在封闭或半封闭的增养殖生态系统中,残饵、排泄物、生物尸体、鱼用营养物质和鱼用药物等,会使得硫化物、残留药物、有机质和还原物质含量升高,有害微生物或嗜污生物繁衍,水域营养盐升高,下层水域缺氧,极易形成污染。当投入水平超过有效负荷后,水域无法实现自净,既影响水产品质量,又造成水域环境污染。不注重病害预防,违规使用违禁药物,还会使水生生物产生抗药性。

为保证鱼类生长,我国发布的《渔业水质标准》明确规定,养殖用水必须符合各种理化因子指标。在不少地区,养殖户片面追求单产,缺乏科学的论证和功能区划,采用肥水养殖,形成了大面积、单品种、高密度的养殖格局。长期结构单一的密集养殖,造成生物种群多样性降低,食物链变短,生态系统的稳定性变差,极易引发病害的发生和流行。加之养殖区域排灌水设施不合理,造成养殖水域污染日益严重。

(八) 科技支撑和监管服务不足

一是生产过程中的关键性技术研究还存在空缺,无法支撑和满足产业发展需求。种质退化,饲料营养研究和技术落后,高效、安全、低残留的新型替代鱼药和疫苗研发滞后,高效生态养殖模式研究存在缺乏系统性和适用性等问题是大宗淡水鱼产业发展亟待解决的关键性问题。

迄今为止,占水产养殖总产量 70% 以上的青鱼、草鱼、鲢鱼、鳙鱼等主要淡水养殖品种目前仍依赖未经选育和改良的野生种。由于育种理论及方法上的研究不足,我国在水生生物繁殖和发育机理方面缺乏系统研究,高效、定向、多性状的现代良种选育技术体系尚未建立。

新的蛋白源和水产动物营养研究开发滞后,水产饲料业配方技术不高。目前,我国只有部分水产品种的饲料系数总体水平达到 1.8,而日本、挪威、美国等渔业发达国家养殖的鲑、鳟、鲆鲽鱼和鲤鱼饲料系数已达 1.0~1.3 的水平,其他鱼类及甲壳类的饲料系数在 1.5~1.8 之间。我国人工配合饲料的普及率不高,推广率不足三分之一。饲料添加剂绝大多数是矿物盐和氯化胆碱,而技术含量较高的氨基酸、维生素等产品生产能力较低。由于饲料来源紧张,一些企业不倾向于使用高质高价的原料,使原料品质和质量安全水平难以保证。

病害发生与养殖水质环境、养殖方式、苗种质量和病害防控能力等密切相关。目前,对一些新生疾病的机理和传播途径缺乏前期研究基础,防控技术研究方面基本上是空白;渔用药物研发特别是禁用替代药物和疫苗的开发滞后,缺乏对鱼类的药效学、药代动力学、毒理学及对养殖生态环境的影响等基础理论的研究,对鱼药残留控制的基础科学研究、药物残留标准制定、检测方法等重视不够;未能在给药剂量、用药程序、休药期等方面提出科学意见,给予规范指导,导致滥用、乱用药物情况普遍,药残问题突出,影响到水产品质量安全;疫苗、绿色鱼药的基础研究和应用技术不能满足需要,鱼用化学药物至今尚未形成自主产品系列,专用型鱼药研发不足,杀虫剂研发生产薄弱,抗生素的研究速度已无法解决日趋复杂的耐药性问题;中草药研究薄弱。

我国养殖池塘现代化、工程化、设施化水平较低,养殖环境生态化调控手段不足。随着工业化、城市化发展，水产养殖用水与工业和生活用水的冲突将日益加重，水产养殖水质性缺水的局面会逐渐加重。目前水体处理技术缺乏实用性、集成程度不高、成本增加，从根本上解决我国大规模水产养殖用水难题的技术尚未攻克。针对养殖水域污染的研究和改进技术还基本处于空白，针对池塘底质污染的生态修复技术还有待进一步完善。此外，使资源消耗型的水产养殖向环境友好型转变的技术支撑体系尚不完善。在从业人员老龄化、劳动力成本日益增高的情况下，养殖逐步向着机械化方向发展，目前，在饲喂、摄食等环节的精准化程度低，在机械化、电子化、自动化装置方面与国外先进国家还有很大差距。

此外，淡水鱼加工综合利用技术尚不成熟和配套，加工增值、成本控制、常温保存和品质控制技术均有较大提升空间。

第二节　影响我国淡水产品需求的主要因素

食物消费结构的演变与社会经济发展密切相关。近年来，中国经济保持快速发展态势，居民收入水平稳定提高，消费者购买力水平持续增长、消费结构不断升级，对淡水产品的消费偏好明显上升。经济发展程度、居民收入水平、人口增长和结构变化、城市化发展水平、膳食习惯和变化等都是决定淡水产品消费的重要因素，综合影响了今后淡水产品的需求趋势。经合组织-粮农组织《农业展望 2013—2022》报告预测，未来十年，中国肉类和水产品的消费产量将继续增长，但增速预计放缓。中国肉类消费总量年均增长率为 1.6%，中国水产品消费总量年均增长率为 1.8%。2013—2022 年，预计中国的人均肉和鱼的消费水平趋向于 OECD 国家。当前，中国居民的食物消费就数量而言已经基本满足需要，但是在食物消费结构上与发达国家存在较大的差距（史登峰、封志明，2004）。因此，我国水产品消费还有较大增长空间。在淡水产品消费上，拓宽消费空间、挖掘消费潜力、优化消费结构是未来消费发展的必然趋势。

一、宏观经济发展促进居民淡水产品消费

国内生产总值（GDP）是衡量一个国家经济发展水平的重要指标。改革开放以来，我国 GDP 保持了较快的增速，很长一段时间内保持了 10% 左右的高

增长,经济发展动力强劲。2010 年,中国国内生产总值(GDP)超越了日本,成为全球第二大经济体;2012 年我国国内生产总值(GDP)突破 50 万亿,达到540 367.4 亿元,人均国内生产总值为 40 007 元。

经济发展是我国居民淡水产品消费增长的基础,我国城乡居民人均淡水产品消费量随着宏观经济的持续发展而逐渐增加。1990—2011 年,城乡居民人均消费淡水产品数量分别由 3.48 千克和 0.91 千克增至 9.13 千克和2.88 千克,增幅分别为 162.36% 和 216.48%。为了衡量经济发展水平与人均淡水产品消费量的相关关系,计算人均国内生产总值和城乡居民人均淡水产品消费量的相关系数,数值分别为 0.928 3 和 0.911 0,并在统计上显著。这表明中国城乡居民淡水产品消费的增长与国民经济快速增长的过程一致。

相关预测研究的结果显示,未来 15 年,我国国内生产总值将保持 8% 的左右的增长速度[1][2]。国家统计局未来 15 年中国生产力发展的展望与宏观研究的报告预测(邱晓华[3],2005),到 2020 年,我国国内生产总值将超过 60 万亿元,人均国内生产总值将达到 4 万元。而根据世界银行公布的《全球经济展望》的预测[4](2013),中国国内生产总值的增速高于 8%。可以预见,未来我国宏观经济发展形势看好,经济的持续增长将进一步拉动居民对淡水产品的消费。

二、居民淡水产品消费量随收入提高而增长

收入是消费的基础。随着我国经济社会的不断发展,城乡居民的收入水平显著提高,1990—2012 年,城乡居民收入分别由 1 510.2 元、686.3 元增至24 565 元、7 917 元,年均增速分别为 13.52% 和 11.76%。

随着我国城乡居民收入水平的不断增加,水产品消费量持续增长。图中呈现 1990 年至 2010 年城乡居民人均收入和淡水产品消费的变化趋势,城乡居民的淡水产品消费量与收入水平的变化趋势基本一致。1990—2011 年,城市和农村居民淡水产品人均消费量年均增长率分别为 4.7% 和 5.64%。分别计算

---

[1] 国家统计局预测:中国经济还能高速增长 15 年,http://business. sohu. com/20051118/n240746222. shtml 中华工商时报,2005.

[2] 未来 15 年中国 GDP 增速仍可保持在 8% 左右,http://stock. sohu. com/20121228/n361878485. shtml 财经网,2012.

[3] 国家统计局预测:中国经济还能高速增长 15 年,http://business. sohu. com/20051118/n240746222. shtml 中华工商时报,2005.

[4] 世行公布全球经济展望预测中国经济增长 8. 4%, http://business. sohu. com/20130117/ n363707521. shtm 第一财经日报,2013 年 1 月 17 日 03∶06.

城乡居民人均收入和其淡水产品消费量的相关系数,数值分别为 0.950 0 和 0.935 6,并在统计上显著。可见,城乡人均淡水产品消费量与居民收入同步增长。

————城镇居民人均可支配收入（元） ------城市人均淡水产品消费量（千克）

图 2.2.1 城镇居民人均可支配收入与其淡水产品消费量

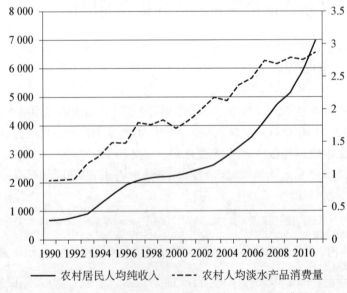

————农村居民人均纯收入 ------农村人均淡水产品消费量

图 2.2.2 农村居民人均纯收入与其淡水产品消费量

我国国民经济继续保持较快增长的良好势头为城乡居民收入的增长提供强有力的支持。中共十八大报告提出,到 2020 年,我国国内生产总值和城乡居民人均收入比 2010 年翻一番,这是中共首次明确提出居民收入倍增目标,确保到 2020 年实现全面建成小康社会目标。国家将采取一系列措施继续支持消费需求,继续提高城乡居民收入。在国家宏观经济增长、政府政策强有力支持下,淡水产品消费需求还会有一个比较稳定的增长。

三、淡水产品需求在人口增长和城市化发展中持续增长

人口数量及其年龄、地域结构是影响食物消费的最基本因素。1990—2012 年,全国总人口由 114 333 万人增至 135 404 万人,人口的自然增长率由 14.39‰降至 4.95‰,人口增长模式为低出生、低死亡、低增长的现代型模式,进入减速增长阶段;65 岁以上人口占总人口的比例由 5.6%增至 9.4%,我国进入老龄化社会的步伐加快。城镇人口比例由 1990 年的 26.4%增至 2012 年的 52.6%,人口加速向城市集聚。

人口因素对水产品消费的影响主要体现在人口规模和人口结构两个方面。人口数量决定了市场容量与规模。人口增长对水产品消费的影响体现在两个方面:一方面,人口增长可促进淡水产品消费总量的增长;另一方面,国家人口数量与人均收入水平密切相关,人口基数的庞大,也决定我国人均淡水产品消费处于世界较低水平,消费增长受到一定限制。年龄结构方面,老年人口和人均寿命逐渐增加,老龄化趋势明显,食物需求更加关注健康、营养、益寿、防病,而淡水产品具有营养丰富、补身防病的功效,消费具有较大的增长潜力。

人口的地域结构可以用城镇化发展水平来衡量。城镇化是经济发展的必然结果,是推动经济发展的强大动力,也是影响淡水产品消费的主要因素。城市人口迅速增长,尤其是大城市和沿海沿江城市人口增幅较大。城市人口的增加促进淡水产品的消费需求增长,原因在于:一是改变居民的饮食习惯,优化居民的消费结构,增加淡水产品消费人群,随着城市化水平的提高,对肉蛋奶、水产品的消费会不断增长,而对口粮的消费减少,城镇居民淡水产品消费水平明显高于农村,更多的城镇人口将产生更多的水产品消费;二是改善淡水产品的可获得性,城市人口集中、交通便捷,水产品市场比较发达,而且品种齐全、数量充足、购买方便,促进居民更为便捷地消费水产品。因此,城镇消费在很大程度上左右着淡水产品消费的总体格局。随着经济发展和城镇化水平的提高,城镇居民人口的比例将进一步加大,城镇居民水产消费增长仍将是今后产业发展

的主要动力。

表 2.2.1　联合国对人口和城镇化水平的预测

年份	人口（亿）			城镇化（%）		
	世界	亚洲	中国	世界	亚洲	中国
2011	69.7	42.07	13.48	52.1	45	50.6
2030	83.2	48.68	13.93	59.9	55.5	68.7
年均增长率（%）	0.93	0.77	0.34	0.74	1.1	2.48

　　根据联合国经济发展与社会事务部的预测[①]，到 2030 年，世界总人口将达到 80.32 亿人，亚洲人口将达到 48.68 亿，中国总人口将达到 13.93 亿，中国的年均人口增长速度低于世界和亚洲。城镇化方面，到 2030 年，世界的城镇化水平将达到 59.9%，亚洲 55.5%，而中国的城镇化水平则较高，达到 68.7%，城镇化增速明显高于世界和亚洲水平。可以预见，未来中国人口保持总量低速增长，而城市化则呈快速推进的趋势。我国政策层面，进一步加快和服务城镇化的发展，已经成为当前政府工作部署中的重点。人口和城镇化因素将对淡水产品的消费产生深刻而持续的影响。

四、居民膳食结构变化中淡水产品消费增长突出

　　我国目前食物消费已经进入结构转型期（秦中春，2013[②]），消费能力不断增长，需求结构逐渐升级。2020 年之前，是我国全面实现小康社会的关键时期，城乡居民的消费结构和膳食结构都将发生根本性转变。在这个变化过程中，人们的消费需求从低层次转向高层次，更加重视健康和营养，追求品种丰富和多样化，对加工水平和高附加值产品需求增加，促进了淡水产品消费的增长和结构优化。

（一）我国城乡居民消费进入富裕水平

　　用居民在食物消费上的支出占生活消费总支出的比重即"恩格尔系数"可以衡量一国居民的生活水平。根据联合国粮农组织提出的标准，恩格尔系数在

---

① http://esa.un.org/unpd/wup/.
② 秦中春.我国农产品消费增长的预测与分析.经济日报，2013 年 9 月 20 日。

92

59%以上为贫困,50%～59%为温饱,40%～50%为小康,30%～40%为富裕,低于30%为最富裕。20世纪90年代,我国城镇居民实现了温饱向小康阶段的转变,2000年进入富裕阶段;农村居民生活水平提升慢于城镇居民,在2000年我国农村居民进入小康阶段,2012年则开始进入富裕阶段。

表2.2.2 1990—2012年城乡居民恩格尔系数

恩格尔系数	城镇	农村	恩格尔系数	城镇	农村
1990	54.2	58.8	2011	36.3	40.4
2000	39.4	49.1	2012	36.2	39.3
2010	35.7	41.1			

数据来源:根据《中国统计年鉴》相关数据计算。

发达国家的经验显示,随着城镇居民食物消费阶段由温饱迈向小康,进而进入富裕阶段,居民的膳食结构逐渐改善,植物类食物消费量明显下降,动物类食物的消费量快速增加,具体表现为口粮的消费量下降,而肉、蛋、奶和水产品的消费量稳定增加。我国居民的膳食结构变化也经历上述历程。

(二)淡水产品消费量快速增加,在动物类食品中增长位于前列

我国居民消费的主要食物品种可以划分为植物类和动物类两种。其中,植物类包括粮食、蔬菜和植物油,而动物类包括猪牛羊肉、禽类、蛋类和水产品等。1990年以来,我国城乡居民膳食结构发生了较大变化。植物类消费总量减少,其中,粮食和蔬菜减少,而食用植物油消费有所增加;动物类消费总量显著增加,各类食物均有所增长,其中以禽类和淡水产品的消费量增长最快。1990—2011年,我国城乡居民人均粮食消费量降幅分别为38.26%和34.85%;同期城乡居民人均猪牛羊肉消费量增幅分别为13.06%和43.92%;城乡禽类消费增幅分别为209.65%和260.32%;城乡人均水产品消费增幅分别为90.12%和151.64%,其中,城市淡水产品人均消费量由3.48千克/人增至2011年的9.13千克/人,农村淡水产品人均消费量由0.91千克/人增至2011年的2.88千克/人,增幅分别为162.36%和216.48%,淡水产品消费量的增长快于水产品总体消费量增长情况,淡水产品的增幅位于动物类食物中的前列。

(三)淡水产品消费的城乡差异扩大

从城乡结构看,除粮食外的其他食物种类中,城镇居民消费量均高于农村,

其中蔬菜、禽类和水产品的城乡消费差异呈扩大趋势,猪牛羊肉、蛋类消费量的城乡差距缩小,植物油的差异变动不大。水产品的城乡消费量差距由1990年的5.56千克增至2011年的9.26千克,淡水产品的消费量差距则由2.57千克增至6.25千克,城乡差距分别扩大了66.55%和143.19%,扩大幅度次于蔬菜和禽类。

1990年以来,农村居民对动物性食物消费需求增长幅度大于城镇居民,在淡水产品上也有所体现。农村居民在肉类、禽类、蛋类和水产品消费上的增速均超过城市居民,其中农村居民淡水产品消费量增速为5.64%,超过城镇居民淡水产品4.7%的增速。

表2.2.3　城乡居民动物类食物消费增速

年均消费增长率	城市	农村	年均消费增长率	城市	农村
猪牛羊肉	0.59	1.75	水产品	3.11	4.49
禽类	5.53	6.3	淡水产品	4.7	5.64
鲜蛋	1.6	3.92			

根据经合组织-粮农组织《农业展望2013—2022》报告预测,未来十年,中国肉类和水产品的消费产量将继续增长,但增速预计放缓。中国肉类消费总量年均增长率为1.6%,中国水产品的消费总量年均增长率为1.8%。2013—2022年,预计中国的人均肉和鱼的消费水平趋向于OECD(Organization for Economic Co-operation and Development,经济合作与发展组织,简称经合组织)国家。因此,我国水产品消费还有较大的增长空间。当前,中国居民的食物消费就数量而言已经基本满足需要,但是在食物消费结构上与发达国家存在较大的差距(史登峰、封志明,2004)。我国城镇居民的膳食模式逐渐趋于西方模式(较少摄入粮谷类食物,动物性食品和糖类占较大比例,具有高热量、高脂肪、高蛋白质的特点),今后将会更加注重膳食结构对健康的促进关系,开始向最佳膳食模式——地中海模式转变,即鱼类蛋白质被认为是蛋白质中的高级蛋白,摄入动物蛋白以鱼类最多,其次为牛肉、鸡等,同时食用更多的豆、果、菜类。当前,有关膳食营养的研究基本提倡少吃红肉、多吃白肉(包括鱼肉)。我国居民膳食结构的优化将会进一步促进淡水产品的需求增长。在淡水产品消费上,拓宽消费空间、挖掘消费潜力、优化消费结构是未来消费发展的必然趋势。

第三节　我国淡水养殖鱼类产品需求预测

以 1990—2011 年我国城乡居民淡水产品消费、淡水产品生产、淡水产品进出口贸易量、水产品居民消费价格指数、人口数为基础,构建计量模型预测 2012—2030 年我国淡水产品需求量。本部分将国际市场(进出口需求)视为我国淡水产品调剂余缺的重要途径,在预测需求过程中暂不考虑出口需求,仅预测国内需求。国内的淡水产品需求由居民食用需求、加工需求、种用需求和损耗减重四部分构成。

一、城乡居民食用淡水产品需求

按经济理论,需求主要受到收入和产品价格的影响。前文分析中已提到我国城乡居民可支配收入和淡水产品价格对淡水产品消费量的影响,此处不再赘述。构建预测方程如下:

$$\log y_{1t} = \alpha + \beta_1 \log inc_t + \beta_2 \log p_t + \varepsilon_t \tag{1}$$

式中,y_1 为居民人均直接食用的淡水产品消费量(该数值＝人均水产品消费量×淡水产品产量÷水产品总产量),inc 为人均可支配收入(以 1978 年为基期折算成可比收入),p 为淡水产品居民消费价格指数(以水产品居民消费价格指数替代,取 1988 年的价格水平为 100),$t_{1990} = 1$。模型调试过程中,发现居民可支配收入 inc 与淡水产品居民消费价格指数 p 之间存在强相关性,所以通过如下模型分别估算居民直接食用淡水产品消费量的收入弹性和价格弹性:

$$\log y_{1t} = \alpha + \beta_1 \log inc_t + \varepsilon_t \tag{2}$$

$$\log y_{1t} - \beta_1 \log inc_t = r + \beta_2 \log p_t + u_t \tag{3}$$

分别估算农村居民和城镇居民直接食用淡水产品消费量的收入弹性和价格弹性,得到预测方程:

农村居民:

$$\log y_{11t} = -4.961 + 0.970 \log ruinc_t + \varepsilon_t \tag{4}$$
$$a\_R^2 = 0.882$$

$$\log y_{11t} - 0.970 \log ruinc_{1t} = -3.196 - 0.328\beta_2 \log rup_t - 0.397 dum92 + u_t \tag{5}$$
$$a\_R^2 = 0.618$$

城镇居民:

$$\log y_{12t} = -1.976 + 0.612\log urinc_t + \varepsilon_t \tag{6}$$

$$a\_R^2 = 0.940$$

$$\log y_{12t} - 0.612\log urinc_{1t} = -0.808 - 0.214\beta_2 \log urp_t - 0.172 dum93 + u_t \tag{7}$$

$$a\_R^2 = 0.188$$

$dum92$ 为年份虚拟变量,1992 年及以前取 1,否则取 0;对 $dum93$,1993 年及以前取 1,否则取 0。

由式(4)~(7)知,要预测农村居民和城镇居民的人均直接食用的淡水产品消费量,须先分别预测两类群体的人均可支配收入和淡水产品居民消费价格指数。

预测 2012—2030 年居民人均可支配收入:利用 1990—2011 年的基础数据,分别估算人均 GDP 和农村居民人均纯收入、城镇居民人均可支配收入的相关关系 $\rho1$、$\rho2$,然后利用国内外权威机构对中国 GDP 增速(2012—2030 年)的预测数据进行折算,即人均可支配收入增长率 = $\rho \times$ GDP 增长率。按各个机构的预测,中国经济未来增速将减缓。对世界银行和中国国务院发展研究中心、美国农业部、经济发展与合作组织(OECD)和联合国粮农组织(FAO)等权威机构预测结果进行折中,取 2011—2020 年、2021—2025 年、2026—2030 年中国 GDP 年均增长率分别为 7%、5.9%和 5%。相应地,农村居民人均纯收入的年均增长率在三个时期分别为 7.624%、5.406%和 4.581%;城镇居民人均可支配收入的年均增长率在三个时期分别为 6.414%、5.406%和 4.581%。由 2011 年的可支配收入实际值和对应年份的收入增长率可分别估算出 2012—2030 年的农村居民人均纯收入和城镇居民人均可支配收入。

预测 2012—2030 年农村(城镇)水产品居民消费价格指数:以 1990—2011 年农村(城镇)水产品居民消费价格指数的年均增速作为 2012—2030 年各年的增速。

预测 2012—2030 年中国农村人口数和城镇人口数:采用联合国经济发展与社会事务部的中位预测结果。

食用淡水产品消费量换算成鲜活淡水产品消费量:假定居民直接食用消费的淡水产品是不含内脏等损耗的,将这部分消费量换算成鲜活淡水产品消费量,即人均鲜活淡水产品食用消费量 = 直接食用消费的淡水产品消费量 ÷ 0.531 903。[①]

[①] 按陈永福(2011)的估算,水产品实物消费、损耗以及其他途径的水产品消费比率为总消费量的 10.82%。淡水产品也取该数值,以 2011 年为例,当年国内淡水产品总供给量(国内产量+净进口量)为 2 643.347 万吨,总供给量=总需求量,扣除加工消费量、种苗用量、损耗量后,剩余 1 540.78 万吨,而按统计年鉴数据计算出的人均淡水产品消费量与人口数的乘积为 819.54 万吨,由此换算系数为 819.54 ÷ 1 540.78 = 0.531 903,即鲜活淡水产品在食用过程中的废弃率为 1−0.531 903。

因此,城乡居民鲜活淡水产品食用消费量＝(农村居民人均淡水产品直接食用量×农村人口数＋城镇居民人均淡水产品直接食用量×城镇人口数)÷0.531 903。依上述过程估算,得到我国城乡居民淡水产品食用需求量预测值,如表所示。

表 2.3.1　我国鲜活淡水产品居民直接食用消费量预测结果

年份	农村			城镇			城乡居民直接食用消费量 ⑦＝③＋⑥ (万吨)	城乡居民鲜活淡水产品食用消费量 ⑧＝⑦÷ 0.531 903 (万吨)
	① 人均直接食用消费量(千克)	② 人口数(万人)	③＝ ①×② (万吨)	④ 人均直接食用消费量(千克)	⑤ 人口数(万人)	⑥＝ ④×⑤ (万吨)		
2012	3.05	64 487.84	196.69	9.38	70 749.01	663.82	860.50	1 617.78
2013	3.23	63 100.28	203.81	9.64	72 713.15	701.17	904.98	1 701.41
2014	3.42	61 660.66	210.88	9.91	74 731.82	740.63	951.51	1 788.87
2015	3.63	60 268.56	218.77	10.19	76 705.44	781.27	1 000.05	1 880.14
2020	4.84	55 511.20	268.67	11.68	83 266.80	972.45	1 241.12	2 333.36
2025	5.84	50 229.00	293.34	12.99	89 296.00	1 160.31	1 453.64	2 732.91
2030	6.77	45 971.31	311.23	14.10	93 335.69	1 316.37	1 627.60	3 059.96

由预测结果可知,到"十二五"末,我国农村居民对淡水产品的人均直接食用消费量将达到 3.63 千克,城镇居民将达到 10.19 千克,总的直接食用消费量将达到 1 000.05 万吨,换算成鲜活淡水产品为 1 880.14 万吨,而 2011 年该数字 1 054.78 万吨。预计到 2030 年我国城乡居民对淡水产品的直接食用需求量将达到 1 627.60 万吨,换算成鲜活淡水产品为 3 059.96 万吨,是 2011 年的 2.90 倍。

二、加工淡水产品需求

近年来,我国用于加工的淡水产品投入量保持高速增长,从 2003 年的 88.67 万吨增加到 2011 年的 457.28 万吨。由于《中国渔业统计年鉴》对用于加工的淡水产品投入量是从 2003 年开始统计的,1990—2002 年,该指标的数据值采用 FAO 提供的数据进行折算,即:用于加工的淡水产品投入量＝国内鲜活淡水产品食用消费量×(淡水产品其他用途消费量÷淡水产品食用消费量)。

由预测模型可得到 2012—2030 年用于加工的淡水产品投入量需求,关键年份的预测需求量如表所示。

表 2.3.2 用于加工的淡水产品投入量预测结果

年份	用于加工的淡水产品量(万吨)	年份	用于加工的淡水产品量(万吨)
2012	481.30	2020	724.96
2013	506.58	2025	936.48
2014	533.20	2030	1 209.72
2015	561.21		

由预测结果可知,到"十二五"末,预计我国用于加工的淡水产品投入量将达到 561.21 万吨,是 2011 年的 1.23 倍。随着居民生活水平的提高,淡水加工产品需求将会增加,但因市场流通体系的发展及替代品的增加,鲜活淡水产品消费仍是我国居民淡水产品消费的主流。预计到 2030 年我国用于加工的淡水产品投入量约为 1 209.72 万吨。

三、投放鱼种产量需求

采用《中国渔业统计年鉴》对 1990—2011 年淡水鱼种投入量的统计数据,直接建立与时间 t 的单边对数时间序列模型。由预测模型可得到 2012—2030年用于投放淡水鱼种的需求量,关键年份的预测需求量如表所示。

表 2.3.3 淡水鱼种投放需求量预测结果

年份	淡水鱼种投放需求量(万吨)	年份	淡水鱼种投放需求量(万吨)
2012	372.05	2020	492.00
2013	385.283	2025	585.89
2014	398.97	2030	697.69
2015	413.16		

由预测结果可知,到"十二五"末,预计我国用于淡水鱼种投放的需求量将

达到 413.16 万吨,是 2011 年的 1.15 倍。为满足我国居民持续增加的淡水产品食用需求量和加工产品需求量,不断提高淡水养殖综合能力将是非常关键的现实选择,因此,淡水鱼种的投放量将随需求量的增加而上升。预计到2030 年我国用于淡水鱼种投放的需求量约为 697.69 万吨,是 2011 年的1.94 倍。

四、损耗减重

基于恒等式:本国淡水产品产量＋淡水产品净进口量＝城乡居民淡水产品消费量＋加工投入需求量,[①]则损耗减重量 ＝ 本国淡水产品产量＋淡水产品净进口量－城乡居民淡水产品消费量－加工投入需求量。由于直接使用计算得到的损耗减重量构建各类模型,模型拟合情况较差,所以构建损耗食用需求比这一指标(该指标数值 ＝ 损耗减重量÷城乡居民鲜活淡水产品食用消费量),进而构建预测方程。由预测模型得到 2012—2030 年各年的损耗食用需求比 r ,将城乡居民鲜活淡水产品食用消费量预测值乘以 r 可以得到各年的损耗减重量,预测结果见表 2.3.4。

表 2.3.4　损耗减重量预测结果

年份	损耗食用需求比	损耗减重量（万吨）	年份	损耗食用需求比	损耗减重量（万吨）
2012	0.250 7	292.39	2020	0.163 6	340.98
2013	0.237 7	299.47	2025	0.125 3	349.57
2014	0.225 4	306.65	2030	0.096 0	342.69
2015	0.213 6	313.71			

由预测结果可知,到"十二五"末,我国淡水产品的损耗减重量约为 313.71万吨,到 2020 年约为 340.98 万吨,到 2030 年约为 342.69 万吨。虽然淡水产品的总需求量在上升,但损耗食用需求比却是在下降的,这可能是技术进步降低了损耗率的缘故。

---

① 在我国的统计资料中,鱼苗(种)产量未计入水产品产量,故等式中也未纳入鱼苗(种)投入量。

五、淡水产品总需求量预测结果

通过对各项影响我国淡水产品总需求量构成部分预测结果进行加总,我国淡水产品需求量变化趋势及其结构变化分别如图 2.3.1 和图 2.3.2 所示,具体数据见表 2.3.5。

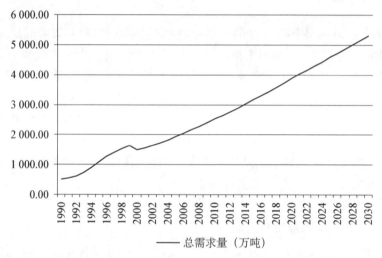

图 2.3.1　我国淡水产品总需求量预测结果

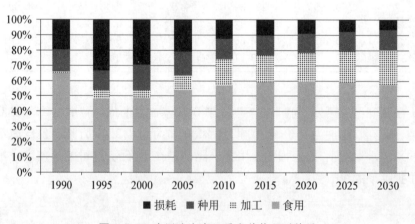

图 2.3.2　我国淡水产品需求结构预测结果

表 2.3.5　我国淡水产品总需求量预测结果

年份	食用 （万吨）	加工 （万吨）	种用 （万吨）	损耗 （万吨）	国内总需求量 （万吨）
2012	1 617.59	481.30	372.05	292.39	2 763.33
2013	1 701.42	506.58	385.28	299.47	2 892.75
2014	1 789.16	533.20	398.97	306.65	3 027.98
2015	1 879.73	561.21	413.16	313.71	3 167.81
2020	2 333.72	724.96	492.00	340.98	3 891.66
2025	2 732.73	936.48	585.89	349.57	4 604.66
2030	3 059.97	1 209.72	697.69	342.69	5 310.06

　　由预测结果可知,2012—2030 年间,我国淡水产品总需求将保持增长趋势,但增长率逐渐趋缓。"十二五"期间,我国淡水产品总需求的年增长率在 4.2%～4.6% 之间,预计到"十二五"末,淡水产品总需求量将达到 3 167.81 万吨。2016～2020 年,我国淡水产品总需求年增长率在 4.2% 左右,随后增速变缓,2021～2025 年的年增长率在 3.4% 左右,到 2026～2030 年,增长率将维持在 2.9% 左右。具体来看,到 2020 年,我国淡水产品总需求量将达到 3 891.66 万吨,是 2011 年的 1.47 倍;预计到 2030 年,淡水产品总需求量将达到 5 310.06 万吨,是 2011 年的 2.01 倍。

　　从预测结果可以看出,我国城乡居民未来对水产品的需求将保持快速增长势头,我国水产业发展将具有广阔的空间。并且由于人均水产品需求收入弹性较高,城乡居民水产品消费增速将比其他食品消费增速明显加快。未来我们应正确引导城乡居民对鲜活水产品食用及加工部分的供给,使各部分需求均能得到合理满足。同时,我国面临着水资源匮乏、人均水面资源有限、产业体系尚不健全、环境污染日益严重等不利因素,这些都将影响我国水产品的供给。在水产品需求量迅速增长、进口渠道尚未明确的背景下,如何保障水产品供给安全将是一个长期而艰巨的课题。

第三章
大宗淡水鱼养殖户产销行为及成本收益

"十二五"期间,围绕"大宗淡水鱼经济信息采集与监测及产业政策研究"任务,产业经济研究室继续完善示范县经济信息采集系统的网上采集和传输系统建设。该信息采集系统涉及国家大宗淡水鱼产业技术体系 30 个综合试验站 150 个示范县共 947 个示范户,其中监测户 624 户。本章撰写基于该系统的 2010—2013 年示范县月度价格数据和 2011—2013 年示范户生产经营监测数据,包括 7 种大宗淡水鱼的鱼苗价格、鱼种价格、成鱼塘边价格、饲料肥料价格、示范户的投苗情况、成鱼销售情况、饲料使用情况、养殖成本和鱼病情况等指标。三年有效样本共计 311 个,其中 3 年连续提供监测数据的养殖户有 148 户。

基于数据和变量预测精度评估的思路,我们分别从每个变量的缺失比例和各变量缺失比例的分布情况构建了数据缺失程度评价指标体系,并对数据缺失情况进行评估。具体评估步骤是:1. 首先对各变量进行统计描述,测算出各变量缺失比例 R(R 为缺失数据样本数在总样本中所占比例);2. 考虑到监测数据本身缺失情况,将 R 划为 10%、30%、50% 和 70% 四个层次,分别计算 R 在 10% 以下、30% 以下、50% 以下和 70% 以下变量个数在总变量个数中的比例 M1、M2、M3 和 M4;3. 若 M1<0.3,则大部分监测数据缺失非常少,评价为优,若 M1>0.3 而 M2<0.3,则大部分监测数据缺失较少,评价为好,若 M2>0.3 而 M3<0.3,则大部分监测数据缺失较多,评价为良,若 M3>0.3 而 M4<0.3,则大部分数据缺失很多,评价为中,若 M4>0.3,则大部分数据缺失非常多,评价为差。根据上述方法,淡水鱼监测数据评价为中,即监测数据缺失较多。各部分数据缺失情况为:样本户基础特征信息和养殖成本数据较完整;饲料分项使用情况、鱼病情况数据缺失严重。说明数据采集工作还需在强化调查员培训和提高数据填报完整性方面下功夫。

根据不同地区经济社会发展水平、人地资源关系、淡水鱼生产的区域性特征,我们将监测户样本划分为华东、中部加西南、京津加东北、河南加西北和华南五个地区。华东地区包括中国东部的安徽、福建、江苏、山东、上海和浙江,有73户养殖户,比重为23.47％;中部加西南地区包括贵州、湖北、湖南、江西、四川、云南和重庆,有122户养殖户,比重为39.23％;京津加东北地区包括北京、天津、吉林和辽宁,有8户养殖户,比重为2.57％;河南加西北地区包括河南、内蒙古、宁夏和陕西,有70户养殖户,比重为22.51％;华南地区指广东和广西,有38户养殖户,比重为12.22％。

第一节　大宗淡水鱼示范养殖户基本情况

一、家庭规模情况

华东和华南地区养鱼劳动力在常住人口中的比例相对较低。一般而言,经济发达地区农民文化程度相对较高,外出务工比例相对较高,而经济落后地区农民则受传统和自身因素影响,外出务工比例相对较低。东北和西北地区户均常住人口和户均劳动力较多,而户均季节性短工人数较少。全部样本户均常住人口为4.3人,其中户均劳动力为2.7人,户均自家养鱼劳动力为2.1人,户均常年雇工人数为4.4人,户均季节性短工为10.7人。

表3.1.1　2013年样本户家庭规模情况

（单位:人）

项目类别	户均常住人口	户均劳动力	户均自家养鱼劳动力	户均常年雇工	户均季节性短工
华东地区	3.7	2.4	1.8	2.9	4.2
中部加西南地区	4.0	2.7	2.3	4.5	12.8
京津加东北地区	4.1	2.6	1.6	1.3	9.5
河南加西北地区	4.9	2.9	2.1	4.2	8.7
华南地区	5.0	2.9	1.8	6.3	15.4
全部样本	4.3	2.7	2.1	4.4	10.7

二、经营模式

在养殖户家庭类型方面,淡水鱼养殖从业者大多是分散养殖,且专门开展养殖活动,这样的养殖专业户占绝大多数,养鱼和运输、同时开办公司两种养殖户所占比例非常低。其次是种植、养殖兼营的农户。其余类型农户所占比例相对较小。全部养殖户中,专业养鱼户 216 户,兼营种植、养殖的 53 户,兼营养鱼和运输的 13 户,养鱼同时开办公司的 19 户,其他类型的 10 户。

表 3. 1. 2　2013 年样本户经营模式

（单位：户）

项目类别	专业养鱼	种植和养殖都做	养鱼和运输	同时开办公司	其他	合计
华东地区	52	12	1	4	4	73
中部加西南地区	83	21	8	7	3	122
京津加东北地区	4	4	0	0	0	8
河南加西北地区	44	13	3	8	2	70
华南地区	33	3	1	0	1	38
全部样本	216	53	13	19	10	311

三、养殖者年龄

养殖户主要劳力以中年为主,不同地区年龄结构存在明显差异。受工业化、城镇化影响,越来越多的农村青壮年劳动力外出务工,渔业从业人员呈现老龄化趋势。受访养殖户大多为户主,也是养殖的最主要劳动力。数据显示,受访养殖者大多为 40~60 岁的中老年劳力,其中 40~50 岁农户分布最集中,在总样本中所占比例超过 40%。全部样本中 30 岁以下养殖者 1 个,30~40 岁的 43 个,40~50 岁的 146 个,50~60 岁的 98 个,60 岁以上的 23 个。经济发达地区养殖户老龄化趋势更明显,水产养殖业越来越难吸引这一地区高素质的青壮年劳力。

表 3. 1. 3　2013 年受访养殖者年龄分布

（单位：个）

项目类别	30 岁及以下	30~40 岁	40~50 岁	50~60 岁	60 岁以上	合计
华东地区	0	7	33	29	4	73
中部加西南地区	1	19	59	35	8	122
京津加东北地区	0	1	2	5	0	8
河南加西北地区	0	10	25	26	9	70
华南地区	0	6	27	3	2	38
全部样本	1	43	146	98	23	311

四、养殖者文化水平

淡水养殖是劳动密集型产业,生产过程需要专门的知识,因此对劳动力的文化水平有一定要求。全部受访养殖者中初中和高中文化程度的农户占比较高,均占总受访户的约40%,只有约14%(42人)的农户接受过高中以上文化程度的教育,25名农户为小学文化程度。五个地区的样本养殖者文化水平结构基本一致,总体上,华东和中部加西南地区养殖者文化水平相对较高。

表 3.1.4　2013 年受访养殖户户主文化水平

(单位:人)

项目类别	小学	初中	高中	大专	大专以上	合计
华东地区	5	31	33	2	2	73
中部加西南地区	8	57	40	15	2	122
京津加东北地区	0	4	3	0	1	8
河南加西北地区	11	27	21	7	4	70
华南地区	1	9	19	6	3	38
全部样本	25	128	116	30	12	311

五、养殖大户分布

由于各地资源禀赋差异,对养殖大户的界定实际上没有通用标准。我们的信息采集与监测系统在指标设计时利用主观判断和客观判断两种方式来判定示范户是否为养殖大户。主观养殖大户是以养殖户自身判断为依据进行划分的,客观养殖大户则主要看养殖面积(见下文"六、养殖水面")。采集数据显示,全部样本中,约35%的养殖户为主观非养殖大户,其余65%为主观养殖大户。

表 3.1.5　2013 年样本户是否养殖大户分布情况

(单位:人)

项目类别	主观非养殖大户	主观养殖大户	合计
华东地区	30	43	73
中部加西南地区	44	77	121

项目类别	主观非养殖大户	主观养殖大户	合计
京津加东北地区	5	3	8
河南加西北地区	21	49	70
华南地区	7	31	38
全部样本	107	203	310

　　我们的监测指标设计是否为养殖大户虽然是一个主观判断标准,但其分布与实际养殖水面面积仍表现出较强的关联性。主观非养殖大户集中分布在0～100亩区间内,而主观养殖大户,虽然也有约50%的户养殖面积在100亩以内,但与非主观养殖大户相比,所有300亩以上养殖户均为主观养殖大户。

表 3.1.6　2013 年养殖户规模主观判断与实际承包养殖水面的分布情况

(单位:户)

项目类别	20 亩以下	20～100 亩	100～300 亩	300 亩以上	合计
主观非养殖大户	47	56	4	0	107
主观养殖大户	12	87	55	49	203
全部样本	59	143	59	49	310

六、养殖水面及其变化

　　池塘养殖和水库养殖是大宗淡水鱼养殖示范户最主要的养殖方式。全部样本总养殖总面积为 74 109.88 亩,其中,池塘、湖泊、水库、河沟、其他养殖面积分别为 42 179.59 亩、2 500 亩、28 587 亩、694 和 149.29 亩。分不同地区看,中部加西南地区样本户水库承包面积明显大于其他地区,达到 27 547 亩,合计养殖面积35 605.49 亩;华东地区池塘养殖面积 5 915.39 亩,合计养殖面积 10 189.39 亩。

表 3.1.7　样本户总体承包养殖水面情况

(单位:亩)

项目类别	池塘	湖泊	水库	河沟	其他	合计
华东地区	5 915.4	2 400.0	1 040.0	694.0	140.0	10 189.4
中部加西南地区	8 049.2	0.0	27 547.0	0.0	9.3	35 605.5

项目类别	池塘	湖泊	水库	河沟	其他	合计
京津加东北地区	281.0	0.0	0.0	0.0	0.0	281.0
河南加西北地区	11 733.0	100.0	0.0	0.0	0.0	11 833.0
华南地区	16 201.0	0.0	0.0	0.0	0.0	16 201.0
全部样本	42 179.6	2 500.0	28 587.0	694.0	149.3	74 109.9

在全部 323 户示范养殖户中,池塘养殖户数量最多,达到 295 户;湖泊、水库、河沟和其他类型则分别为 3 户、16 户、5 户和 4 户。分地区看,中部加西南地区水库养殖户较多,华东地区还有一定数量的河沟养殖户。华东地区 79 户中,池塘养殖户 67 户,湖泊、水库、河沟和其他类型分别为 2 户、3 户、5 户和 2 户;中部加西南地区 127 户中,池塘养殖户 112 户,水库和其他类型养殖户分别为 13 户和 2 户;京津加东北地区池塘养殖户 8 户;河南加西北地区 71 户中,池塘养殖户 70 户,湖泊养殖户 1 户;华南地区池塘养殖户 38 户。

表 3.1.8　样本户承包养殖水面数量情况

(单位:户)

项目类别	池塘	湖泊	水库	河沟	其他	合计
华东地区	67	2	3	5	2	79
中部加西南地区	112	0	13	0	2	127
京津加东北地区	8	0	0	0	0	8
河南加西北地区	70	1	0	0	0	71
华南地区	38	0	0	0	0	38
全部样本	295	3	16	5	4	323

有效样本 311 户养殖户在养殖规模的分布方面表现出较为集中的态势,养殖规模多集中于 20～100 亩之间。户均养殖面积在 20 亩以下、20～100 亩、100～300 亩、300 亩以上的农户分别为 60 户、143 户、59 户和 49 户。分地区看,华南地区养殖大户数量占比相对较高,而中部加西南地区养殖户养殖规模分布较平均。

表 3.1.9　不同地区样本户承包养殖水面规模的分布情况

（单位：户）

项目类别	20 亩以下	20～100 亩	100～300 亩	300 亩以上	合计
华东地区	11	38	15	9	73
中部加西南地区	37	55	18	12	122
京津加东北地区	3	4	1	0	8
河南加西北地区	6	35	20	9	70
华南地区	3	11	5	19	38
全部样本	60	143	59	49	311

　　大宗淡水鱼示范养殖户户均养殖面积呈现较大差异。全部样本户中，20 亩以下、20～100 亩、100～300 亩和 300 亩以上养殖户户均养殖面积分别为 11.3 亩、48.1 亩、160.8 亩、1 165.1 亩，全部平均为 238.4 亩。

　　分地区看，不同地区示范养殖户户均养殖面积呈现较大差异。中部加西南地区、华南地区户均养殖面积较大，而京津加东北地区户均养殖面积最小。中部加西南地区 20 亩以下、20～100 亩、100～300 亩和 300 亩以上示范养殖户户均养殖面积分别为 11.4 亩、46.9 亩、158.8 亩和 2 478.8 亩，合计平均291.9 亩；华南地区 20 亩以下、20～100 亩、100～300 亩和 300 亩以上示范养殖户户均养殖面积分别为 5.3 亩、65.9 亩、186 亩和 764.7 亩，合计平均426.3 亩；京津加东北地区 20 亩以下、20～100 亩、100～300 亩养殖户户均养殖面积分别为 9.7 亩、38 亩和 100 亩，合计平均 35.1 亩；华东地区、河南加西北地区合计平均分别为 139.6 亩和 169.4 亩。

表 3.1.10　2013 年各地区不同规模样本户的户均承包养殖水面情况

（单位：亩/户）

项目类别	20 亩以下	20～100 亩	100～300 亩	300 亩以上	合计
华东地区	10.8	49.6	141.2	674.4	139.6
中部加西南地区	11.4	46.9	158.8	2 478.8	291.9
京津加东北地区	9.7	38.0	100.0	—	35.1
河南加西北地区	15.8	43.9	173.9	749.4	169.4
华南地区	5.3	65.9	186.0	764.7	426.3
全部样本	11.3	48.1	160.8	1 165.1	238.4

　　2011—2013 年全部示范养殖户水产养殖总面积先增后降。分地区看，华

东地区、华南地区、中部加西南地区示范养殖户的水产养殖总面积均为先增后降；中部加西南地区示范养殖户的水产养殖总面积最大，2013年为3.56万亩；京津加东北地区、河南加西北地区示范养殖户的水产养殖总面积略有下降。华南地区示范养殖户水产养殖总面积占全部样本水产养殖面积的20%左右，河南加西北地区、华东地区则均占比15%左右。

分规模看，示范养殖户中，20亩以下和100～300亩组别的水产养殖面积逐渐减少，而20～100亩和300亩以上规模的均先增后减。2011—2013年，示范户水产养殖总面积在300亩以上的占比约75%。2013年，20亩以下、20～100亩、100～300亩和300亩以上示范户的水产养殖面积占比结构为0.92：9.28：12.79：77.01。

表 3.1.11　2011—2013 年总体水产养殖面积变化情况

（单位：万亩）

项目类别	2011	2012	2013
华东地区	1.34	1.38	1.02
中部加西南地区	3.54	3.89	3.56
京津加东北地区	0.06	0.03	0.03
河南加西北地区	1.39	1.20	1.19
华南地区	1.62	1.63	1.62
20 亩以下	0.08	0.07	0.07
20～100 亩	0.70	0.75	0.69
100～300 亩	1.23	1.16	0.95
300 亩以上	5.93	6.14	5.71
合计	7.95	8.13	7.41

从户均情况来看，2011—2013年全部样本户均水产养殖面积分别为222.01亩、234.3亩和238.37亩，总体呈略微上涨态势。

分地区看，2011—2013年，华东、京津加东北、华南地区户均养殖面积呈略微下降趋势，其余地区呈上涨态势。华南地区养殖户户均养殖面积最大，2011—2013年分别为437.51亩、429.74亩和426.34亩；中部加西南地区户均养殖面积也相对较大，2011—2013年分别为268.09亩、270.29亩和291.85亩；京津加东北地区养殖户户均养殖面积最小，2011—2013年分别为45.62亩、33.88亩和35.13亩。

分不同规模看，2011—2013年不同规模的养殖户户均养殖面积均有不同程度提高，20～100亩和300亩以上组别的户均养殖面积增长尤为明显。

2011—2013 年,20～100 亩样本户户均水产养殖面积分别为 45.47 亩、47.70 亩和 48.09 亩;300 亩以上样本户户均水产养殖面积分别为 1 098.3 亩、1 116.96 亩和 1 165.12 亩。

表 3.1.12　2011—2013 年户均水产养殖面积变化情况

(单位:亩/户)

项目类别	2011	2012	2013
华东地区	156.10	156.43	139.58
中部加西南地区	268.09	270.29	291.85
京津加东北地区	45.62	33.88	35.13
河南加西北地区	154.28	174.09	169.36
华南地区	437.51	429.74	426.34
20 亩以下	11.41	12.09	11.33
20～100 亩	45.47	47.70	48.09
100～300 亩	162.16	158.82	160.75
300 亩以上	1 098.30	1 116.96	1 165.12
全部样本	222.01	234.30	238.37

第二节　示范养殖户产销基本情况

一、产销总体情况

2011—2013 年,样本户的淡水鱼产量和出售量均呈下降趋势。2011 年大宗淡水鱼平均产量为 251.88 吨,平均出售量为 63.03 吨;2012 年大宗淡水鱼平均产量为 220.04 吨,平均出售量为 59.87 吨;2013 年大宗淡水鱼平均产量为 142.78 吨,平均出售量为 41.61 吨(见表 3.2.1、3.2.2、3.2.3、3.2.4)。

从不同地区来看,华南地区样本户淡水鱼产量最高,其次为中部加西南地区和华东地区,最低为京津加东北地区。2011—2013 年,华南地区样本户淡水鱼产量分别为 741.47 吨、467.50 吨和 302.99 吨,出售量分别为 194.03 吨、169.96 吨和 88.23 吨;中部加西南地区样本户各年度淡水鱼产量分别为 339.28 吨、295.86 吨和 181.62 吨,出售量分别为 48.88 吨、42.68 吨和 29.69

吨;华东地区样本户各年度淡水鱼产量分别为 135.79 吨、129.74 吨和 92.32 吨,出售量分别为 53.16 吨、54.20 吨和 47.06 吨;河南加西北地区样本户各年度淡水鱼产量分别为 57.94 吨、63.02 吨和 50.39 吨,出售量分别为 36.90 吨、47.61 吨和 32.71 吨;京津加东北地区样本户各年度淡水鱼产量分别为 81.58 吨、18.01 吨和 18.37 吨,出售量分别为 80.08 吨、16.76 吨和 18.37 吨。

养殖规模越大,淡水鱼的总产量和出售量越高。2011 年,300 亩以上、100～300 亩、20～100 亩和 20 亩以下养殖规模产量分别为 1 099.74 吨、238.72 吨、62.09 吨和 41.65 吨,出售量分别为 211.91 吨、76.73 吨、26.21 吨和 16.93 吨;2012 年,300 亩以上、100～300 亩、20～100 亩和 20 亩以下养殖规模的产量分别为 920.59 吨、188.61 吨、63.65 吨和 31.60 吨,出售量分别为 203.48 吨、65.60 吨、25.77 吨和 11.77 吨;2013 年,300 亩以上、100～300 亩、20～100 亩和 20 亩以下养殖规模的淡水鱼产量分别为 470.04 吨、214.12 吨、48.54 吨和 26.09 吨,出售量分别为 123.72 吨、55.25 吨、21.58 吨和 9.22 吨。

表 3.2.1　2011 年样本户大宗淡水鱼产销情况

(单位:吨)

项目类别	总产量	出售量	年底存塘量
华东	135.79	53.16	82.63
中部加西南	339.28	48.88	291.16
京津加东北	81.58	80.08	1.50
河南加西北	57.94	36.90	22.53
华南	741.47	194.03	547.45
20 亩以下	41.65	16.93	25.72
20～100 亩	62.09	26.21	36.83
100～300 亩	238.72	76.73	162.16
300 亩以上	1 099.74	211.91	887.82
全部样本	251.88	63.03	189.50

表 3.2.2　2012 年样本户大宗淡水鱼产销情况

(单位:吨)

项目类别	总产量	出售量	年底存塘量
华东	129.74	54.20	81.85
中部加西南	295.86	42.68	256.53
京津加东北	18.01	16.76	1.25
河南加西北	63.02	47.61	16.85

项目类别	总产量	出售量	年底存塘量
华南	467.50	169.96	297.55
20 亩以下	31.60	11.77	21.07
20～100 亩	63.65	25.77	41.06
100～300 亩	188.61	65.60	127.39
300 亩以上	920.59	203.48	721.45
全部样本	220.04	59.87	163.45

表 3.2.3　2013 年样本户大宗淡水鱼产销情况

(单位：吨)

区域	总产量	出售量	年底存塘量
华东	92.32	47.06	51.86
中部加西南	181.62	29.69	157.85
京津加东北	18.37	18.37	0.00
河南加西北	50.39	32.71	19.06
华南	302.99	88.23	228.67
20 亩以下	26.09	9.22	19.73
20～100 亩	48.54	21.58	30.45
100～300 亩	214.12	55.25	169.41
300 亩以上	470.07	123.72	359.21
全部样本	142.78	41.61	107.11

注：当年总产量＝当年出售量＋当年底存塘量－上年底存塘量，下同。

表 3.2.4　2011—2013 年样本户大宗淡水鱼销售量变化情况

(单位：吨)

项目类别	2011 年	2012 年	2013 年
华东	53.16	54.20	47.06
中部加西南	48.88	42.66	29.69
京津加东北	80.08	16.76	18.37
河南加西北	36.90	47.61	32.71
华南	194.03	169.96	88.23
20 亩以下	16.93	11.77	9.22
20～100 亩	26.21	25.77	21.58
100～300 亩	76.73	65.60	55.25

项目类别	2011 年	2012 年	2013 年
300 亩以上	211.91	203.48	123.72
全部样本	63.03	59.91	41.58

二、生产效率

2011—2013 年,样本户的土地生产率呈下降趋势,劳动生产率则先增后降;连续监测户的土地生产率呈先减后增趋势,劳动生产率则不断下降。2011—2013 年,全部样本户的土地生产率分别为 2.81 吨/亩、1.75 吨/亩和 1.73 吨/亩;全部样本户的劳动生产率分别为 18.24 吨/劳力、25.07 吨/劳力和 18.24 吨/劳力。2011—2013 年,连续监测户的土地生产率分别为 3.26 吨/亩、1.85 吨/亩和 1.87 吨/亩;连续监测户的劳动生产率分别为 31.51 吨/劳力、25.94 吨/劳力和 19.06 吨/劳力(参见表 3.2.5、3.2.6、3.2.7、3.2.8)。

分地区看,中部加西南地区的样本户淡水鱼土地生产率最高,最低为河南加西北地区;劳动生产率最高的地区为中部加西南地区,最低的地区为河南加西北地区。2011—2013 年,中部加西南地区全部样本户淡水鱼土地生产率分别为 5.22 吨/亩、2.48 吨/亩和 2.78 吨/亩;连续监测户的土地生产率分别为 6.18 吨/亩、2.80 吨/亩和 3.07 吨/亩。2011—2013 年,中部加西南地区全部样本户淡水鱼劳动生产率分别为 31.60 吨/劳力、27.11 吨/劳力和 21.17 吨/劳力;连续监测户的劳动生产率分别为 43.96 吨/劳力、28.82 吨/劳力和 20.90 吨/劳力。

从样本户的养殖规模来看,养殖规模和土地生产率呈现反向相关关系,养殖规模和劳动生产率呈现正向相关关系。2011 年的全部样本中,300 亩以上、100～300 亩、20～100 亩和 20 亩以下养殖规模的土地生产率分别为 1.16 吨/亩、1.70 吨/亩、1.48 吨/亩和 7.80 吨/亩;劳动生产率分别为 50.59 吨/劳力、35.97 吨/劳力、19.41 吨/劳力和 12.97 吨/劳力。2012 年的全部样本中,300 亩以上、100～300 亩、20～100 亩和 20 亩以下养殖规模的土地生产率分别为 0.70 吨/亩、1.32 吨/亩、1.29 吨/亩和 4.39 吨/亩;劳动生产率分别为 43.11 吨/劳力、28.44 吨/劳力、21.73 吨/劳力和 12.74 吨/劳力。2013 年的全部样本中,300 亩以上、100～300 亩、20～100 亩和 20 亩以下养殖规模的土地

生产率分别为 0. 62 吨/亩、1. 56 吨/亩、1. 11 吨/亩和 4. 27 吨/亩;劳动生产率
分别为 23. 67 吨/劳力、28. 27 吨/劳力、15. 48 吨/劳力和 10. 39 吨/劳力。

从是否主观养殖大户来看,养殖大户的土地生产率要低于非养殖大户,但
劳动生产率要高于非养殖大户。2011—2013 年,主观非养殖大户的土地生产
率分别为 3. 88 吨/亩、2. 41 吨/亩和 2. 51 吨/亩,主观养殖大户的土地生产率
分别为 2. 32 吨/亩、1. 45 吨/亩和 1. 33 吨/亩;主观非养殖大户的劳动生产率
分别为 11. 00 吨/劳力、12. 66 吨/劳力和 11. 00 吨/劳力,主观养殖大户的土地
生产率分别为 21. 98 吨/劳力、30. 82 吨/劳力和 21. 98 吨/劳力。

表 3. 2. 5　2011—2013 年样本户大宗淡水鱼土地生产率

(单位:吨/亩)

项目类别	2011 年	2012 年	2013 年
华东	1.21	1.32	1.05
中部加西南	5.22	2.48	2.78
京津加东北	1.92	1.60	1.75
河南加西北	1.05	1.03	1.00
华南	1.97	1.30	1.02
20 亩以下	7.80	4.39	4.27
20~100 亩	1.48	1.29	1.11
100~300 亩	1.70	1.32	1.56
300 亩以上	1.16	0.70	0.62
主观非养殖大户	3.88	2.41	2.51
主观养殖大户	2.32	1.45	1.33
全部样本	2.81	1.75	1.73

注:土地生产率=户总产量/养殖总面积,下同。

表 3. 2. 6　2011—2013 年样本户大宗淡水鱼劳动生产率

(单位:吨/劳力)

项目类别	2011 年	2012 年	2013 年
华东	28.94	30.38	18.63
中部加西南	31.60	27.11	21.17
京津加东北	18.22	17.35	17.34
河南加西北	14.07	15.53	14.02
华南	35.00	22.51	15.78
20 亩以下	12.97	12.74	10.39

项目类别	2011 年	2012 年	2013 年
20～100 亩	19.41	21.73	15.48
100～300 亩	35.97	28.44	28.27
300 亩以上	50.59	43.11	23.67
主观非养殖大户	11.00	12.66	11.00
主观养殖大户	21.98	30.82	21.98
全部样本	18.24	25.07	18.24

注：劳动生产率＝户总产量/养鱼劳动力总人数,养鱼劳力总人数＝家庭养鱼劳力＋常年雇工＋1/12 季节性短工,下同。

表 3.2.7　2011—2013 年连续监测户大宗淡水鱼土地生产率

（单位：吨/亩）

项目类别	2011 年	2012 年	2013 年
华东	0.91	1.39	1.00
中部加西南	6.18	2.80	3.07
京津加东北	2.09	1.45	1.77
河南加西北	1.24	1.10	1.07
华南	2.03	1.18	1.20
20 亩以下	11.24	5.41	5.85
20～100 亩	1.64	1.34	1.10
100～300 亩	1.92	1.10	1.34
300 亩以上	1.27	0.71	0.72
主观非养殖大户	5.19	2.94	3.17
主观养殖大户	2.29	1.30	1.22
全部样本	3.26	1.85	1.87

表 3.2.8　2011—2013 年连续监测户大宗淡水鱼劳动生产率

（单位：吨/劳力）

项目类别	2011 年	2012 年	2013 年
华东	23.57	36.44	20.49
中部加西南	43.96	28.82	20.90
京津加东北	21.59	16.28	17.97
河南加西北	17.48	16.70	14.59

项目类别	2011 年	2012 年	2013 年
华南	34.41	20.64	20.57
20 亩以下	18.82	15.93	13.11
20～100 亩	19.62	21.75	14.91
100～300 亩	43.18	25.37	25.56
300 亩以上	59.25	46.75	27.64
主观非养殖大户	13.52	13.92	12.60
主观养殖大户	40.57	31.99	22.31
全部样本	31.51	25.94	19.06

第三节　示范养殖户销售行为与销售收入

一、销售行为

(一) 青鱼

2013 年,样本户平均青鱼销售量为 13.26 吨,主要集中在华东、河南加西北以及中部加西南地区(表3.3.1)。按全国样本的销售月份来看,青鱼的销售主要集中在 8 月、1 月、4 月和 10 月,销售淡季为 7 月、5 月、9 月和 3 月。

表 3.3.1　2013 年样本户青鱼销售情况

(单位:吨/年、吨/月)

项目类别	青鱼销售量	1 月	2 月	3 月	4 月	5 月	6 月	7 月	8 月	9 月	10 月	11 月	12 月
华东	15.94	6.18	0.99	2.00	3.25	0.56	—		0.13	0.20	1.77	—	0.87
中部加西南	9.28	0.25	0.32	0.17	0.19	0.29	0.17	0.26	6.43	0.48	0.28	—	0.43
京津加东北	0.00	—	—	—	—	—	—	—	—	—	—	—	—
河南加西北	11.40	—	3.03		6.27		2.10						
华南	0.00	—	—	—	—	—	—	—	—	—	—	—	—

项目类别	青鱼销售量	1月	2月	3月	4月	5月	6月	7月	8月	9月	10月	11月	12月
20亩以下	1.54	0.22	0.38	0.35	—	—	0.10	—	—	—	0.05	—	0.44
20～100亩	6.79	1.58	1.03	0.02	2.20	0.25	0.78	0.10	0.09	0.35	0.09	—	0.29
100～300亩	12.05	6.02	1.48	—	—					1.06	2.07	—	1.43
300亩以上	16.79	0.20	0.58	1.05	2.25	0.72	0.35	0.43	8.57	0.24	1.74	—	0.68
全部样本	13.26	1.94	0.85	0.47	2.22	0.35	0.56	0.26	4.33	0.45	1.24		0.58

注："—"表示数据空缺,下同。

从不同地区看,青鱼的销售特征因地区而异,均呈现明显的季节性差异。在销售量最大的华东地区,青鱼的主要销售月份为1月、4月、3月和10月;在河南加西北地区,青鱼销售主要集中在4月、2月和6月;在中部加西南地区,8月份是青鱼销售旺季。京津加东北和华南地区无此项数据。

从不同规模看,不同规模养殖户的销售特征有所差别。规模最小的养殖户主要销售月份在2、3月份,20～100亩规模的养殖户主要在4月、1月和2月销售青鱼,100～300亩的养殖户主要集中在1月和10月份销售,300亩以上的养殖户主要在8月、3月、4月和10月销售青鱼。

(二) 草鱼

2013年,样本户平均草鱼销售量为71.89吨,主要集中在华南和华东地区,其他地区的销售量相差不大(表3.3.2)。按全国样本的销售月份来看,草鱼的销售季节分布比较平均,只有9、10、11月份销售相对少。

但不同地区的草鱼销售呈现明显的季节性差异。其中,在销售量最大的华南地区,草鱼的主要销售月份为年中的6—8月以及12月、1月和3月,淡季为9—11月;在华东地区,草鱼的销售主要集中在10月、11月和1月,淡季为4—6月;在中部加西南地区,9月、10月和1月是销售旺季;在河南加西北地区,销售主要集中在3月和5月;京津加东北地区数据不完整,未做分析。

不同规模养殖户的销售时期也有差别。规模最小的养殖户的主要销售月份在2、3月,20～100亩规模的养殖户主要在1月和12月,100～300亩规模的养殖户主要集中在下半年销售,300亩以上的养殖户主要在7～11月及1月销售。

表 3.3.2　2013 年样本户草鱼销售情况

（单位：吨/年、吨/月）

项目类别	草鱼销售量	1月	2月	3月	4月	5月	6月	7月	8月	9月	10月	11月	12月
华东	65.89	9.39	5.18	2.57	1.07	0.90	2.60	5.04	5.89	6.32	10.06	10.03	6.85
中部加西南	49.02	5.66	2.89	1.99	2.51	4.27	4.06	5.36	4.21	5.32	5.95	4.44	2.37
京津加东北	45.73	—		18.65	—		15.00	—		12.08	—		
河南加西北	39.27	—		6.37	3.69	8.17	4.42	3.79	3.57	3.65	5.21	0.40	—
华南	125.66	12.16	—	13.45	10.60	9.92	13.80	15.80	17.12	5.90	8.81	3.96	14.14
20亩以下	27.80	2.03	5.24	6.92	0.62	0.20	3.03	0.87	1.18	1.66	2.00	2.36	1.69
20~100亩	52.31	9.60	2.68	2.40	1.98	5.20	3.81	5.42	3.67	3.02	3.95	3.51	7.07
100~300亩	87.10	8.97	5.16	6.54	2.98	5.65	3.41	7.37	7.27	8.10	9.59	11.51	8.94
300亩以上	109.52	13.32	3.00	4.95	4.64	6.55	5.46	15.37	15.71	7.75	12.28	15.51	4.99
全部样本	71.89	8.68	4.12	4.59	2.64	5.44	4.06	8.98	7.80	5.45	7.51	6.59	6.03

（三）鲢鱼

2013 年,样本户鲢鱼销售量平均为 37.69 吨,主要集中在华东地区和中部加西南地区(表 3.3.3)。按全国样本的销售月份来看,鲢鱼的销售旺季为 1 月和 11 月,销售淡季为 3 月,其他月份都比较均匀。

表 3.3.3　2013 年样本户鲢鱼销售情况

（单位：吨/年、吨/月）

项目类别	鲢鱼销售量	1月	2月	3月	4月	5月	6月	7月	8月	9月	10月	11月	12月
华东	47.11	6.35	2.88	1.71	4.33	4.06	2.21	0.96	0.37	5.15	8.06	6.62	4.42
中部加西南	28.72	7.64	1.12	1.89	1.43	1.15	1.14	1.44	1.77	1.63	1.68	4.51	3.31
京津加东北	4.78	—		1.15		0.75	2.00		0.88				
河南加西北	19.90	—		0.91	3.54	3.95	3.85	1.24	1.01	2.30	2.34	0.76	—
华南	20.44	0.32	—	0.26	0.38	0.37	0.72	6.65	4.76	2.59	3.38	0.70	0.31
20亩以下	8.25	0.38	0.82		0.58	0.53	0.23	1.08	0.58	0.88	0.43	0.97	0.98
20~100亩	16.39	2.07	1.02	1.95	1.47	0.88	1.31	1.14	0.65	1.12	1.24	2.43	1.11
100~300亩	50.72	4.59	5.59	0.60	4.47	9.45	5.16	3.30	1.75	3.73	2.35	5.83	3.89
300亩以上	76.35	19.48	0.75	1.27	4.68	2.80	2.28	4.95	4.97	4.33	7.74	15.94	7.16
全部样本	37.69	5.67	2.22	1.51	2.92	2.89	2.08	3.39	2.39	2.70	3.56	4.80	3.55

不同地区的鲢鱼的销售各有特点,均呈现明显的季节性差异。其中,在销售量最大的华东地区,鲢鱼的主要销售月份为 1 月、10 月和 11 月,淡季为 7、8 月;在中部加西南地区,鲢鱼的销售主要集中在冬季的 11 月—1 月,其他月份销售量比较接近;在华南地区,7—10 月是销售旺季;在河南加西北地区,销售主要集中在 4—6 月;京津加东北地区数据不完整,未做分析。

不同规模养殖户的销售时期也有差别。其中,规模最小的养殖户主要销售月份为 7 月、11 月和 12 月份,20～100 亩规模的养殖户主要在 11 月和 1 月销售,100～300 亩的养殖户主要集中于 5 月销售,300 亩以上的养殖户主要在 11 月及 1 月销售。

(四)鳙鱼

2013 年,样本户鳙鱼销售量平均为 30.97 吨,主要集中在华东和华南地区(表 3.3.4)。按全国样本的销售月份来看,鳙鱼的销售旺季为 1 月和 5 月,销售淡季为 3 月。

不同地区的鳙鱼的销售各有特点,均呈现明显的季节性差异。其中,在销售量最大的华东地区,鳙鱼的主要销售月份为 9—11 月,淡季为 3 月、7 月和8 月;在华南地区,8 月是销售旺季;在中部加西南地区,鳙鱼的销售主要集中在 1 月;在河南加西北地区,销售主要集中在 5—7 月;京津加东北地区数据不完整,未做分析。

不同规模的养殖户的销售时期也有差别。其中,规模最小的养殖户主要销售月份为 4 月、7 月、9 月和 10 月,20～100 亩规模的养殖户主要在 12 月和 1 月销售,100～300 亩的养殖户的销售主要集中于 5 月,300 亩以上的养殖户主要在 11 月及 1 月销售。

表 3.3.4　2013 年样本户鳙鱼销售情况

(单位:吨/年、吨/月)

项目类别	鳙鱼销售量	1 月	2 月	3 月	4 月	5 月	6 月	7 月	8 月	9 月	10 月	11 月	12 月
华东	48.42	4.22	2.28	0.88	3.34	8.14	1.90	0.58	0.19	6.24	9.15	7.47	4.02
中部加西南	24.32	5.34	1.42	0.90	1.96	2.69	0.91	1.32	1.94	1.50	2.61	2.70	1.03
京津加东北	1.87	—	—	0.42	—	0.25	0.80	—	0.40	—	—	—	—
河南加西北	10.26	—	—	0.59	0.49	2.15	1.66	1.81	1.16	0.74	1.13	0.53	—
华南	30.05	2.67	—	2.98	2.36	2.06	3.10	3.31	5.44	1.70	2.53	0.90	2.99
20 亩以下	10.94	0.49	1.13	0.37	1.60	0.25	0.25	1.85	0.24	1.71	0.36	1.72	0.98
20～100 亩	13.63	2.29	0.80	0.92	0.53	1.16	0.82	1.23	1.16	1.11	0.99	1.12	1.50

项目类别	鳙鱼销售量	1月	2月	3月	4月	5月	6月	7月	8月	9月	10月	11月	12月
100～300亩	42.56	3.48	3.75	1.37	2.01	15.01	2.78	1.89	1.31	1.68	1.39	4.45	3.44
300亩以上	64.76	11.29	3.57	1.54	3.17	3.35	2.05	3.00	5.71	4.11	7.81	13.37	5.79
全部样本	30.97	4.09	1.92	1.02	1.58	3.89	1.38	2.14	2.88	2.20	3.40	3.83	2.63

（五）鲤鱼

2013年,样本户鲤鱼销售量平均为52.62吨,主要集中在河南加西北地区(表3.3.5)。按全国样本的销售月份来看,鲤鱼的销售旺季为4月,销售淡季为12月和1月。

不同地区的鲤鱼的销售各有特点,均呈现明显的季节性差异。其中,在销售量最大的河南加西北地区,鲤鱼的主要销售月份为3—4月、6月及11—12月,其他月份销售量比较接近;在华南地区,7—8月是销售旺季;在中部加西南地区,鲤鱼的销售主要集中在9月、1月、2月和4月;在华东地区,销售主要集中在9月;京津加东北地区数据不完整,未做分析。

不同规模的养殖户的销售时期也有差别。其中,规模最小的养殖户主要销售月份为5月份,20～100亩规模的养殖户主要在4月和11月销售,100～300亩的养殖户主要集中于4月和6月销售,300亩以上的养殖户主要在4月及11月销售。

表3.3.5　2013年样本户鲤鱼销售情况

（单位：吨/年、吨/月）

项目类别	鲤鱼销售量	1月	2月	3月	4月	5月	6月	7月	8月	9月	10月	11月	12月
华东	24.03	1.47	1.42	1.56	1.48	1.97	0.66	1.33	2.47	4.68	2.28	3.85	0.86
中部加西南	34.86	4.82	4.60	1.46	4.82	1.09	2.03	0.71	1.73	5.21	3.42	3.50	1.47
京津加东北	0.00	—	—	—	—	—	—	—	—	—	—	—	—
河南加西北	113.33	—	7.55	12.13	15.47	7.05	14.30	8.11	7.35	7.64	7.71	11.02	15.00
华南	6.39	0.24	—	0.51	0.29	0.32	0.50	1.12	1.39	0.75	0.65	0.30	0.32
20亩以下	18.23	0.85	0.40	0.40	0.80	5.23	1.20	0.80	1.64	2.21	1.69	1.38	1.64
20～100亩	39.34	3.53	4.34	4.06	5.38	1.75	2.39	3.10	1.87	3.93	2.86	5.09	1.05
100～300亩	78.51	2.98	4.95	4.00	12.64	4.38	16.71	3.44	5.31	8.83	4.43	5.03	5.81
300亩以上	76.67	0.77	2.50	1.44	25.38	6.34	5.54	3.22	4.68	4.60	6.63	10.99	4.60
全部样本	52.62	2.23	3.83	2.97	9.84	3.61	6.22	3.17	3.70	5.05	4.06	5.48	2.45

（六）鲫鱼

2013 年,样本户鲫鱼销售量平均为 57.49 吨,主要集中在华南地区、华东地区和中部加西南地区(表 3.3.6)。按全国样本的销售月份来看,鲫鱼的销售旺季为 1 月、7 月和 8 月,销售淡季为 3、4 月和 5 月。

不同地区的鲫鱼的销售各有特点,均呈现明显的季节性差异。其中,在销售量最大的华南地区,鲫鱼的主要销售月份为 7—10 月;在河南加西北地区,4—6 月是销售旺季;在中部加西南地区,鲫鱼的销售比较平均,但 3—5 月和 12 月较少;在华东地区,销售主要集中在 1 月;京津加东北地区数据不完整,未做分析。

不同规模的养殖户的销售时期也有差别。其中,规模最小的养殖户主要销售月份为 7 月份,20～100 亩规模的养殖户主要在年初的 1、2 月销售,100～300 亩的养殖户主要集中于下半年和 1、2 月销售,300 亩以上的养殖户主要在 1 月及 7、8 月销售。

表 3.3.6　2013 年样本户鲫鱼销售情况

(单位: 吨/年、吨/月)

项目类别	鲫鱼销售量	1 月	2 月	3 月	4 月	5 月	6 月	7 月	8 月	9 月	10 月	11 月	12 月
华东	45.82	22.94	3.85	0.63	0.11	1.76	0.88	1.01	1.14	2.95	2.61	2.15	5.80
中部加西南	35.97	3.04	3.01	1.49	2.27	1.68	3.60	3.61	3.64	4.07	3.96	3.64	1.98
京津加东北	0.00												
河南加西北	12.49	—	—	3.05	2.14	3.37	0.86	0.37	1.49	1.07	0.15	—	
华南	54.52	—	—	—	—	—	—	14.48	17.85	10.40	10.49	1.30	—
20 亩以下	20.25	0.10	0.75	2.16	1.63	1.79	2.43	5.15	1.62	0.83	1.17	0.77	1.88
20～100 亩	24.19	3.46	3.46	0.58	0.57	0.93	0.78	2.66	1.29	2.79	2.10	2.94	2.63
100～300 亩	58.08	4.64	6.14	0.50	2.26	2.48	5.66	5.35	7.08	5.27	5.68	4.02	8.99
300 亩以上	108.17	52.14	0.30	0.25	4.32	2.42	2.47	11.72	13.05	8.14	8.65	4.04	0.67
全部样本	57.49	14.80	3.36	1.22	1.89	1.81	2.66	7.48	7.09	5.20	4.81	3.02	4.16

（七）鳊鱼

2013 年,样本户鳊鱼销售量平均为 31.55 吨,主要集中在京津加东北地区以及河南加西北地区(表 3.3.7)。按全国样本的销售月份来看,鳊鱼的销售旺季为 8 月,销售淡季为 2 月和 7 月。

不同地区的鳊鱼的销售各有特点,均呈现明显的季节性差异。其中,在河南加西北地区,8月和9月是销售旺季;在中部加西南地区,销售主要以4月为主;在华东地区,销售主要集中在12月和1月;华南地区、京津加东北地区数据不完整,未做分析。

不同规模的养殖户的销售时期也有所差别。其中,规模最小的养殖户主要销售月份为8月份,20~100亩规模的养殖户主要在3月和8—9月份销售鳊鱼,100~300亩的养殖户主要集中于12月销售,300亩以上的养殖户主要在1月销售。

表 3.3.7　2013 年样本户鳊鱼销售情况

（单位：吨/年、吨/月）

项目类别	鳊鱼销售量	1月	2月	3月	4月	5月	6月	7月	8月	9月	10月	11月	12月
华东	17.84	4.44	0.97	0.33	0.49	0.51	0.73	0.66	0.89	2.74	1.58	1.17	3.33
中部加西南	28.58	0.20	0.73	4.91	10.24	0.68	1.42	0.42	2.00	1.23	2.10	4.17	0.49
京津加东北	46.00	—	—	—	—	23.00	—	—	23.00	—	—	—	—
河南加西北	40.75	—	—	—	0.73	1.80	12.42	1.89	10.33	13.60	—	—	—
华南	0.00	—	—	—	—	—	—	—	—	—	—	—	—
20亩以下	57.01	0.19	1.02	0.81	8.08	8.30	2.65	0.18	23.50	3.75	—	8.00	0.53
20~100亩	36.19	1.56	0.49	6.81	3.88	0.95	3.09	1.00	6.77	5.95	2.04	3.14	0.50
100~300亩	10.13	—	1.08	0.40	0.61	0.15	0.13	0.13	0.24	1.02	1.15	0.64	4.58
300亩以上	12.06	6.87	0.40	0.25	0.75	1.25	1.07	—	0.20	0.25	—	—	1.03
全部样本	31.55	2.74	0.87	2.83	3.44	2.34	2.19	0.66	6.48	3.78	1.68	2.55	1.98

从表 3.3.8、3.3.9、3.3.10、3.3.11 可以看出,样本户各年度淡水鱼销售特征比较类似,主要在 12 月和 1 月进行销售,这样的样本户约有 40%;销售淡季主要为 6—7 月份,样本户比重约 10%~20%。

表 3.3.8　2011—2013 年样本户大宗淡水鱼销售量时间分布

（单位：吨）

年份	1月	2月	3月	4月	5月	6月	7月	8月	9月	10月	11月	12月	合计
2011	33.47	21.24	12.54	8.15	8.55	7.88	11.33	14.86	17.46	19.22	25.35	30.56	210.60
2012	39.48	24.77	11.21	10.88	9.11	9.22	15.36	15.74	14.90	14.51	17.61	30.56	213.34
2013	20.30	8.79	6.98	10.80	10.25	9.92	15.29	16.05	13.66	16.69	14.44	12.12	155.30

表 3.3.9　2011—2013 年样本户大宗淡水鱼销售量时间分布

(单位：%)

年份	1 月	2 月	3 月	4 月	5 月	6 月	7 月	8 月	9 月	10 月	11 月	12 月
2011	40.79	20.64	15.33	25.39	15.66	14.45	15.61	27.01	21.74	30.59	33.39	44.57
2012	48.12	19.07	34.31	25.60	23.28	20.26	18.41	24.02	26.04	27.13	27.18	48.70
2013	39.58	40.90	32.34	24.43	28.85	23.72	24.29	31.56	30.84	31.75	32.76	45.08

表 3.3.10　2011—2013 年连续监测户大宗淡水鱼销售量时间分布

(单位：吨)

年份	1 月	2 月	3 月	4 月	5 月	6 月	7 月	8 月	9 月	10 月	11 月	12 月
2011	38.56	16.65	12.44	8.42	8.99	9.07	12.07	15.11	17.05	18.91	22.23	27.60
2012	47.11	25.62	6.68	9.89	9.69	10.25	17.73	15.88	15.01	14.54	15.18	27.60
2013	22.46	6.28	7.16	11.99	10.34	10.84	15.50	16.32	13.52	15.62	16.27	12.88

表 3.3.11　2011—2013 年连续监测户大宗淡水鱼类销售量时间分布

(单位：%)

年份	1 月	2 月	3 月	4 月	5 月	6 月	7 月	8 月	9 月	10 月	11 月	12 月
2011	45.25	14.47	12.70	22.36	14.84	14.20	13.96	24.91	20.54	29.38	26.85	40.49
2012	35.66	17.39	21.38	21.25	25.03	20.55	19.88	23.39	27.04	25.18	23.74	39.20
2013	32.92	21.18	35.08	24.89	25.93	26.12	25.60	32.60	31.99	31.49	30.52	34.31

注：表中比重是每户比重的简单平均，与表 3.3.10 无关。

二、销售收入

由于养殖规模和价格等因素影响,不同品种淡水鱼销售收入呈现较大差异。2013 年,全部样本的淡水鱼销售收入平均为 44.69 万元,其中草鱼和其他鱼类销售收入相对较高,青鱼最低。青鱼、草鱼、鲢鱼、鳙鱼、鲤鱼、鲫鱼、鳊鱼和其他鱼类的户均销售收入分别为 2.29 万元、10.30 万元、2.33 万元、3.11 万元、5.82 万元、8.17 万元、3.39 万元和 9.28 万元,分别占总销售收入的5.11%、23.05%、5.22%、6.96%、13.03%、18.28%、7.59% 和 20.76%(表

3.3.12和3.3.13)。

分地区看,华南地区的户均销售收入最高,为63.36万元;中部加西南地区最低,为34.31万元。各地区的主要销售鱼类也不同。华东地区主要以草鱼和其他鱼类为主,分别占总销售收入的22.23%和30.48%;中部加西南地区主要是草鱼、其他鱼类和鲫鱼,分别占总销售收入的21.36%、21.55%和19.50%;京津加东北地区以其他鱼类和鳊鱼为主,分别占总销售收入的45.32%和33.33%;河南加西北地区主要为鲤鱼,占总销售收入的26.08%;华南地区主要为鲫鱼和草鱼,分别占总销售收入的40.03%和34.29%。

分规模看,不同养殖规模的养殖户所养品种也有较大差异。20亩以下养殖户主要收入来自草鱼、鳊鱼和其他鱼类;20~100亩的养殖户主要收入来自草鱼;100~300亩的养殖户主要销售收入来自草鱼和其他鱼类;300亩以上的养殖户主要收入来自草鱼和鲫鱼。

按是否为主观养殖大户分析,主观非养殖大户的销售收入主要来自草鱼和鳊鱼,而主观养殖大户主要来自草鱼、鲫鱼和其他鱼类。

表3.3.12   2013年样本户大宗淡水鱼类户均销售收入及其构成

(单位:万元)

项目类别	户均销售收入	青鱼	草鱼	鲢鱼	鳙鱼	鲤鱼	鲫鱼	鳊鱼	其他鱼类
华东	47.70	3.15	10.60	2.87	4.42	3.95	6.39	1.76	14.54
中部加西南	34.31	1.34	7.33	1.58	2.45	4.23	6.69	3.30	7.39
京津加东北	47.06	—	9.60	0.27	0.18	—	—	15.69	21.33
河南加西北	39.38	3.59	6.15	1.08	0.85	10.27	1.59	7.04	8.81
华南	63.36	—	21.72	5.30	5.43	0.95	25.37	—	4.59
20亩以下	13.98	0.30	2.38	0.27	0.69	1.76	1.84	4.38	2.36
20~100亩	25.63	1.54	6.56	0.89	1.28	3.95	3.20	3.80	4.41
100~300亩	62.12	4.38	13.58	2.72	3.06	8.25	9.99	1.32	18.82
300亩以上	89.78	3.81	23.96	7.03	10.21	10.09	21.15	2.39	11.14
主观非养殖大户	19.72	1.61	4.36	0.54	0.74	3.42	1.97	4.91	2.19
主观养殖大户	54.27	2.74	13.40	3.43	4.36	6.86	10.74	2.18	10.55
全部样本	44.69	2.29	10.30	2.33	3.11	5.82	8.17	3.39	9.28

表 3.3.13　2013 年样本户大宗淡水鱼类户均销售收入及其构成

（单位：%）

项目类别	合计	青鱼	草鱼	鲢鱼	鳙鱼	鲤鱼	鲫鱼	鳊鱼	其他鱼类
华东	100	6.61	22.23	6.03	9.28	8.28	13.40	3.70	30.48
中部加西南	100	3.91	21.36	4.59	7.13	12.34	19.50	9.62	21.55
京津加东北	100	—	20.39	0.57	0.39	—	—	33.33	45.32
河南加西北	100	9.12	15.62	2.75	2.15	26.08	4.04	17.87	22.37
华南	100	—	34.29	8.36	8.57	1.50	40.03	—	7.24
20 亩以下	100	2.18	17.02	1.93	4.91	12.61	13.17	31.30	16.88
20～100 亩	100	6.00	25.58	3.47	4.98	15.34	12.48	14.84	17.22
100～300 亩	100	7.06	21.85	4.38	4.92	13.28	16.09	2.13	30.30
300 亩以上	100	4.25	26.69	7.83	11.37	11.23	23.56	2.66	12.41
主观非养殖大户	100	8.17	22.09	2.72	3.76	17.33	9.96	24.87	11.10
主观养殖大户	100	5.06	24.69	6.32	8.04	12.65	19.79	4.02	19.44
全部样本	100	5.11	23.05	5.22	6.96	13.03	18.28	7.59	20.76

2011—2013 年，全部样本和连续监测样本的淡水鱼销售户均与亩均收入均呈现逐年减少的趋势（未剔除通胀因素，下同）。2011—2013 年，全部样本的淡水鱼户均销售收入分别为 34.67 万元、34.40 万元和 22.75 万元；亩均销售收入分别为 0.57 万元、0.39 万元和 0.33 万元；连续监测样本的淡水鱼户均销售收入分别为 39.64 万元、39.12 万元和 23.63 万元；亩均销售收入分别为 0.53 万元、0.39 万元和 0.29 万元。

分地区看，华南地区的户均销售收入最高，京津加东北地区的亩均销售收入最高。2011—2013 年，华东地区的户均销售收入先增加后减少，亩均销售收入不断增加；中部加西南地区的户均和亩均销售收入均不断减少；京津加东北地区的户均和亩均销售收入均先减少后增加；河南加西北地区的户均销售收入先增加后减少，亩均销售收入不断减少；华南地区的户均和亩均销售收入均先增加后减少。

按养殖规模分析，20 亩以下、20～100 亩和 100～300 亩养殖户的户均和亩均销售收入均不断减少；300 亩以上的养殖户的户均销售收入先增加后减少，亩均销售收入不断减少。

按是否为主观养殖大户分析，主观非养殖大户的户均销售收入先增加后减少，亩均销售收入不断减少，主观养殖大户的户均和亩均销售收入也均不断减少。

表 3.3.14　2011—2013 年样本户大宗淡水鱼养殖收入

（单位：万元）

项目类别	户均			亩均		
	2011 年	2012 年	2013 年	2011 年	2012 年	2013 年
华东	27.03	31.92	25.10	0.26	0.30	0.31
中部加西南	32.64	24.24	16.85	0.96	0.50	0.37
京津加东北	46.94	16.00	20.12	1.14	1.04	1.30
河南加西北	22.15	26.13	16.77	0.33	0.26	0.22
华南	88.10	98.20	48.54	0.30	0.35	0.25
20 亩以下	10.63	7.44	5.52	1.58	0.93	0.70
20～100 亩	15.58	14.89	11.95	0.39	0.33	0.29
100～300 亩	42.15	38.76	31.44	0.29	0.25	0.21
300 亩以上	108.58	113.92	65.26	0.19	0.16	0.10
主观非养殖大户	10.60	11.14	8.84	0.62	0.52	0.47
主观养殖大户	45.89	45.33	30.14	0.54	0.33	0.25
全部样本	34.67	34.40	22.75	0.57	0.39	0.33

表 3.3.15　2011—2013 年连续监测户大宗淡水鱼养殖收入

（单位：万元）

项目类别	户均			亩均		
	2011 年	2012 年	2013 年	2011 年	2012 年	2013 年
华东	25.97	37.07	29.54	0.24	0.30	0.26
中部加西南	42.43	30.98	16.92	0.81	0.48	0.33
京津加东北	45.85	19.14	19.12	1.17	1.09	1.23
河南加西北	27.37	27.81	17.36	0.37	0.28	0.23
华南	80.25	98.55	51.13	0.33	0.39	0.21
20 亩以下	11.51	8.02	5.63	1.40	0.89	0.65
20～100 亩	17.50	15.13	11.45	0.43	0.35	0.28
100～300 亩	45.50	40.67	28.21	0.30	0.25	0.18
300 亩以上	117.61	130.66	68.16	0.22	0.19	0.11
主观非养殖大户	10.84	11.52	9.60	0.72	0.58	0.47
主观养殖大户	54.08	53.22	30.87	0.41	0.29	0.20
全部样本	39.64	39.12	23.63	0.53	0.39	0.29

第四节　大宗淡水鱼塘边价格影响因素分析

一、2010—2013 年国内淡水鱼塘边价格回顾

1. 不同品种

大宗淡水鱼不同品种之间的价格呈现出较大分化。青鱼、草鱼价格相对较高,鲫鱼、鳊鱼和鳙鱼价格居中,鲤鱼和鲢鱼价格相对较低,其中青鱼价格约为鲢鱼价格的 2.5 倍。2010 年以来,全国各品种大宗淡水鱼价格呈平稳波动态势。除青鱼和鲫鱼外,2010—2012 年其余品种价格呈逐步上升态势,而 2013年由于 CPI 高企,除鲫鱼以外的其余品种的价格均有不同程度的下降,但降幅有限。

表 3.4.1　2010—2013 年监测县塘边价格变化情况

（单位：元/斤）

年份	青鱼	草鱼	鲢鱼	鳙鱼	鲤鱼	鲫鱼	鳊鱼
2010	8.14	6.15	2.86	4.53	4.62	5.52	5.41
2011	8.01	5.98	2.92	4.72	4.95	5.71	5.75
2012	7.99	6.01	3.09	5.07	4.88	5.99	6.29
2013	7.9	6.01	3	4.91	4.44	6.03	6.14

注：以上价格是以 2010 年为基期的实际价格。

2. 不同地区

2013 年,各品种淡水鱼价格也呈现较大的地区上的分散。以草鱼为例,价格较高区域集中分布于西北、西南、东北等非主产省区。同时也应注意到北京、上海附近地区价格的分散更为明显,一方面,京沪等地区人口较多,为淡水鱼消费的主要集中地区,故需求相对较大,另一方面,京沪四通八达,周边省市如天津、河南、湖北、江苏、江西等大宗淡水鱼主产地区的水产品均可便捷地到达,大宗淡水鱼供应量相对较大。但是,南北方食鱼传统习惯上的差异使得消费者对于不同大宗淡水鱼产生不同的偏好,体现在价格方面,南北方也有较大的差别。供需因素相互交织,加上淡水鱼生鲜消费的基本特征,造成京沪地区大宗淡水鱼消费价格差异明显。

3. 不同月份

2011—2013 年淡水鱼月度价格均呈两头低,中间高的特征。淡水鱼价格从 4 月份开始上涨,一直持续到 8 月上旬,9 月份市场价格趋于平稳,10 月份后开始逐渐回落。造成这种现象的原因大致包括:一是生产周期因素,4、5 月份商品鱼市场供应量减少,是造成淡水鱼价格大幅上涨的主要原因;二是节日因素,中秋节和春节是我国的传统节日,节日期间淡水鱼需求激增,一定程度上造成不同月份价格差异较大的现象;三是季节因素,淡水鱼价格的高低与季节分布有较为明显的关系,一般来说,室外气温越低越有利于淡水鱼的存储与运输,故价格相对低,而气温越高则对淡水鱼的存储和运输造成了一定的困难,活鱼死亡率较高,故价格相对较高。

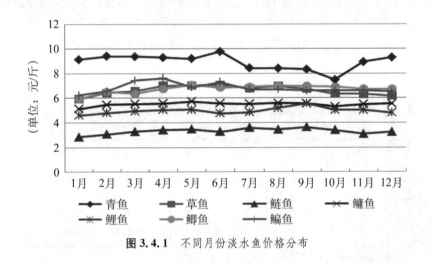

图 3.4.1 不同月份淡水鱼价格分布

二、淡水鱼亩均养殖成本变动情况

渔业成本对淡水鱼价格形成具有非常重要的影响。近年来,除饲料、肥料等生产成本上涨外,劳动力成本也有一定程度的涨幅,同时由于油价上涨,运输成本的快速增长也是淡水鱼价格波动的重要因素。

表 3.4.2　监测户亩均养殖成本时间分布情况

(单位：元/月)

月份	投苗	清塘消毒	肥料	饲料	天然饵料	卫生防疫
1 月	495.53	5.64	2.64	28.48	0.91	1.89
2 月	230.57	4.66	3.98	37.84	3.11	1.47
3 月	266.56	9.74	4.45	80.63	0.96	2.33
4 月	252.22	4.51	5.08	177.97	1.59	4.27
5 月	169.98	5.59	8.64	341.22	6.99	6.45
6 月	60.52	6.03	6.73	490.22	3.11	7.95
7 月	53.31	4.85	18.11	643.21	2.60	9.61
8 月	64.02	7.25	14.09	819.89	7.93	12.14
9 月	18.55	4.29	6.23	702.60	7.23	9.96
10 月	5.76	4.39	2.41	424.47	0.96	4.42
11 月	23.04	1.16	2.18	220.61	1.66	1.56
12 月	25.92	1.24	0.42	39.25	1.42	0.71
月平均	125.19	5.16	7.11	388.68	3.56	6.03
	水电	人工	运输	承包租赁费	贷款利息	其他
1 月	7.65	27.39	2.91	57.69	1.58	5.78
2 月	5.81	31.26	3.47	26.80	0.43	7.50
3 月	7.36	32.04	4.72	32.48	0.14	8.02
4 月	14.46	27.77	4.66	34.00	0.19	6.09
5 月	19.78	25.24	5.52	19.35	0.20	6.25
6 月	26.06	25.97	6.99	12.20	0.15	6.38
7 月	28.98	26.01	9.52	10.91	0.29	6.51
8 月	38.96	32.55	6.62	32.08	0.38	8.54
9 月	31.71	26.79	4.72	18.50	0.39	5.58
10 月	23.33	29.20	4.66	27.74	0.24	5.65
11 月	11.26	30.66	4.16	22.83	0.14	4.10
12 月	7.24	22.68	2.18	15.64	0.17	4.98
月平均	20.79	28.13	5.39	24.62	0.33	6.39

　　整体看,监测户最主要的养殖成本主要是投苗费用和饲料费用两项,合计所占比重高达 80% 以上,整体养殖成本与饲料费用呈较为相似的变化趋势,即当年 2—8 月呈上升趋势,当年 9 月至下一年 1 月呈递减趋势。与此同时,投苗成本则随着时间表现出递减的趋势,说明投苗主要集中在上半年。同时也应该注意到,养殖成本的变化与淡水鱼价格的变化呈现较高的一致性(图 3.4.2)。

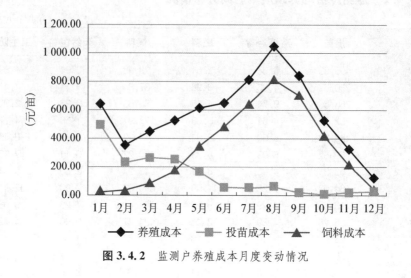

图 3.4.2 监测户养殖成本月度变动情况

三、大宗淡水鱼价格影响因素的理论分析

如果将淡水鱼生产与销售整个过程所产生的成本联系起来,淡水鱼养殖成本可以大体分为生产成本和流通成本两种类型。其中生产成本指具体养殖户在养殖行为开始前准备阶段以及养殖行为实际实施过程中所产生的一系列费用,指物质费用、劳动费用和期间费用,具体包括苗种、清塘消毒、承包租赁费、肥料、饲料、天然饵料、卫生防疫以及水电和人工费等;流通成本是指淡水鱼从生产领域到消费领域转移过程中所耗费的费用,主要包括运输费用和销售费用等,其中运输费用是最主要的流通成本。根据以上分析,我们可以从成本的角度,对淡水鱼的价格做进一步的分解,可得 $price = pcos\,t + ccos\,t + profit$。其中 $price$ 指淡水鱼的塘边价格;$pcos\,t$ 指生产成本,是价格构成的主体和制定商品价格的最低经济界限;$ccos\,t$ 指产后过程中的流通成本;$profit$ 是去除生产成本和流通成本后的剩余。假如销售价格分别对生产成本和流通成本一次求导,可以发现其系数均为正值,说明销售价格与生产成本和流通成本之间呈正相关关系,即随着生产成本和流通成本的增加,销售价格应该是不断上涨的。

四、大宗淡水鱼价格影响因素的实证分析

更进一步,为找到大宗淡水鱼价格形成的影响因素,我们建立了全国大宗淡水鱼示范县塘边价格影响因素模型。其中因变量为示范县 2010—2013 年 10 月的月度塘边价格数据,自变量为示范县到中心城市的最短距离(中心城市包括北京、上海、广州、西安和武汉)、月度亩均成本和主产省虚拟变量(所在县是否在主产省内,主产省取 2011 年大宗淡水鱼产量前十位省份,主产省取 1,非主产省取 0)。

表 3.4.3 模型解释变量

变量	含义界定	理论依据	预期符号
距离	示范县到中心城市最短距离	距离可以一定程度上代表市场因素,市场因素对价格产生重要影响	+
亩均成本	示范县内农户平均亩均成本	亩均成本代表生产因素,成本越高价格应越大	+
主产省变量	示范县所在省为主产省,取 1;反之,取 0	主产省变量代表供给因素,价格应较低	—

研究对因变量和自变量均取对数形式,采用广义最小二乘法进行估计。结果显示,距离因素对各品种的大宗淡水鱼均产生正的影响,即随着距离的变大,塘边价格呈上升趋势;亩均成本也表现出对价格的正向影响;除鳙鱼外,其余品种主产省虚拟变量系数均为负值,表明产量越高,价格越低。

亩均生产成本与塘边价格呈正向关系是比较容易理解的,因为生产资料成本本身作为销售价格的主体,其自身的上涨一般会引起商品价格的上涨。

示范县到最近大城市的距离系数为正数则比较容易引起人们的误解。北京、上海、广东和武汉等城市周边水资源相对较为丰富,淡水鱼主产省多分布在这些大城市的周边,养殖户运输费用相对较低,但人力成本和土地成本相对较高,这也会导致生产成本较高,从而对价格造成一定的压力。

表 3.4.4　中国大宗淡水鱼塘边价格影响因素估计结果

变量	青鱼	草鱼	鲢鱼	鳙鱼	鲤鱼	鲫鱼	鳊鱼
距离	0.042 8***	0.028 7***	0.038 7**	0.052 6***	0.182 9***	0.100 1***	0.020 3**
亩均成本	0.005 0*	0.006 5***	0.013 4***	0.015 3***	0.009 5***	0.014 2***	0.014 0***
主产省虚拟变量	−0.071 8***	−0.109 8***	−0.000 6	0.020 4	−0.162 6***	−0.041 5**	−0.060 8***
常数	1.875 6***	1.658 2***	0.763 7***	1.262 2***	0.551 6***	1.157 5***	1.661 4***

注: *、**、*** 分别表示在 10%、5%、1% 水平上显著

五、结论

通过对大宗淡水鱼塘边价格走势和影响因素的分析,我们可以得出以下几个方面的结论及启示:

第一,大宗淡水鱼价格的影响因素包括示范县到中心城市最短距离、亩产成本以及是否属于主产省等三个方面,其中示范县到中心城市最短距离与亩均成本与大宗淡水鱼塘边价格呈正向关系,而主产省变量系数则较为显著为负。

第二,大宗淡水鱼不同品种之间的价格呈现出较大分化,说明不同类型、不同品种的鱼在市场上受欢迎的程度是不一样的。养殖户在养殖前要多考虑市场因素,以需定产,养殖符合市场需要的鱼种,才能获得较好的经济收益。

第三,目前养殖户的养殖行为在时间、空间上有较大差异,容易造成水产品价格波动较大。有关部门应合理引导养殖户养殖行为,提供更为准确及时的市场价格信息,避免大宗淡水鱼价格的过度波动。

第五节　示范养殖户的养殖行为与养殖成本

一、养殖行为

(一) 种苗使用情况

1. 户均情况

大宗淡水鱼养殖户投苗成本随时间表现出较强的季节性特征,投苗主要集

中在 10 月至次年 4 月。全部养殖户户均种苗投入 52.01 万元,其中 1—3 月种苗投入分别为 6.99 万元、3.29 万元和 10.62 万元,合计占比超过 40%。

分不同地区看,华南和华东地区养殖户户均种苗费用最高,而河南加西北地区养殖户户均种苗费用最低。华南地区养殖户户均种苗投入高达 78.03 万元,月度分布较为分散,3 月种苗费用最高,占比约 24%;华东地区养殖户户均种苗投入为 46.55 万元,11 月至次年 4 月是主要的投苗期,该时期种苗费占比约 90%;河南加西北地区养殖户户均种苗投入 12.80 万元,4—6 月种苗费用较高,合计占比约 92%;除此之外,京津加东北、河南加西北两个地区户均种苗费用分别为 34.61 万元和 18.43 万元。

分不同规模看,随着养殖规模扩大,户均种苗费用有上升的趋势。20 亩以下养殖户户均种苗投入 8.79 万元,种苗费用分布较为分散,总体来看 12 月至次年 4 月分布较为集中,合计占比约为 70%;20～100 亩养殖户户均种苗投入 32.51 万元,1 月和 12 月种苗投入较高,合计占比约为 40%;100～300 亩养殖户户均种苗投入 47.03 万元,3 月种苗投入 25.83 万元,占比约为 55%;300 亩以上养殖户户均种苗投入 98.17 万元,1—4 月占比约为 50%。

表 3.5.1　2013 年样本户大宗淡水鱼户均种苗费用时间分布情况

(单位:万元/年、万元/月)

项目类别	种苗费用	1 月	2 月	3 月	4 月	5 月	6 月	7 月	8 月	9 月	10 月	11 月	12 月
华东地区	46.55	5.37	4.05	13.81	6.73	1.58	0.84	0.86	0.20	0.48	1.29	4.50	6.84
中部加西南地区	18.43	2.18	3.06	2.38	1.06	1.33	0.34	0.67	1.91	0.19	4.17	—	1.14
京津加东北地区	34.61	—	—	—	34.27	—	0.34						
河南加西北地区	12.80	—	—	—	4.73	2.87	4.23	0.97					
华南地区	78.03	9.63	—	18.45	5.48	5.49	6.83	7.82	5.40		6.78	5.35	6.80
20 亩以下	8.79	1.23	1.11	1.16	1.50	0.51	0.36	0.59	1.00	0.19			1.14
20～100 亩	32.51	5.81	1.76	2.68	3.77	1.39	0.94	2.83	3.06	0.48	2.86	—	6.93
100～300 亩	47.03	2.50	4.95	25.83	5.89	2.21	1.64	4.01					
300 亩以上	98.17	18.23	7.23	16.95	6.58	5.91	10.84	7.78	5.86		7.83	4.78	6.18
全部样本	52.01	6.99	3.29	10.62	3.91	2.42	2.10	4.63	2.88	0.29	4.10	4.78	6.00

2011—2013 年养殖户年均种苗费用在 50 万元附近波动,养殖户户均种苗投入分别为 54.29 万元、45.08 万元和 52.01 万元。

表 3.5.2　2011—2013 年样本户大宗淡水鱼户均种苗费用时间分布

(单位: 万元/年、万元/月)

年份	种苗费	1 月	2 月	3 月	4 月	5 月	6 月	7 月	8 月	9 月	10 月	11 月	12 月
2011	54.29	10.85	9.74	9.18	5.22	1.56	1.22	1.38	5.02	2.86	2.02	1.22	4.02
2012	45.08	3.95	5.95	7.91	2.96	4.04	1.27	3.91	2.80	3.58	3.31	1.38	4.02
2013	52.01	6.99	3.29	10.62	3.91	2.42	2.10	4.63	2.88	0.29	4.10	4.78	6.00

2. 亩均情况

从亩均角度分析,12 月、1 月和 2 月亩均种苗投入最大。全部样本养殖户亩均种苗投入 6 504.0 元,1—12 月种苗投入分别为 888.6 元、470.8 元、760.8元、890.0 元、521.5 元、292.2 元、337.8 元、631.2 元、337.9 元、318.1 元、45.6元和 1 009.6 元。

不同地区淡水鱼亩均种苗投入差异较大。中部加西南、华东和华南地区淡水鱼亩均种苗投入较高,而河南加西北地区相对较低(京津加东北地区因东北样本户中有网箱养殖户,因此数值较高)。具体的,华东地区养殖户亩均种苗投入 5 591.2 元,1—12 月种苗投入分别为 1 031.9 元、254.0 元、1 239.2 元、1 480.4 元、103.6 元、95.0 元、69.1 元、35.4 元、71.6 元、192.1 元、41.7 元和977.1 元;中部加西南地区养殖户亩均种苗投入 5 979.5 元,1—12 月种苗投入分别为 234.0 元、534.6 元、451.2 元、175.4 元、1 141.6 元、844.0 元、349.2元、748.8 元、471 元、116.2 元、0 元和 913.5 元;京津加东北、河南加西北和华南地区养殖户亩均种苗投入分别为 12 479.1 元、1 448.9 元和 6 692.8 元。

分不同规模看,亩均种苗费用随规模的扩大快速下降。20 亩以下养殖户亩均种苗投入 9 661.6 元,1—12 月种苗投入分别为 679.8 元、841.7 元、1 057.5 元、1 392.4 元、1996.2 元、854.2 元、475.6 元、979.6 元、471 元、0 元、0 元和 913.5 元;20~100 亩养殖户亩均种苗投入 6 300.2 元,1—12 月种苗投入分别为 1 028.5 元、470.5 元、574.3 元、976.7 元、330.1 元、143.5 元、586.6 元、549.9 元、71.6 元、373.9 元、0 元和 1 194.6 元;100~300 亩养殖户亩均种苗投入 2 916.8 元,1—7 月种苗投入分别为 173.2 元、330.8 元、1 553.7 元、380.0 元、143.5 元、114.2 元和 221.2 元;300 亩以上养殖户亩均种苗投入 2 116.9 元,1—12 月种苗投入分别为 566.7 元、184.6 元、258.9 元、158.8 元、116.7 元、172.3 元、118.9 元、163.6 元、0 元、150.9 元、45.6 元和180.3 元。(见表 3.5.3)

表 3.5.3 2013 年样本户大宗淡水鱼亩均种苗费用时间分布情况

(单位:元/年,元/月)

项目类别	种苗费用	1月	2月	3月	4月	5月	6月	7月	8月	9月	10月	11月	12月
华东地区	5 591.2	1 031.9	254.0	1 239.2	1 480.4	103.6	95.0	69.1	35.4	71.6	192.1	41.7	977.1
中部加西南地区	5 979.5	234.0	534.6	451.2	175.4	1 141.6	844.0	349.18	748.8	471.0	116.2	.	913.5
京津加东北地区	12 479.1	—	—	—	12 112.0	—	367.1	464.70	—	—	—	—	—
河南加西北地区	1 448.9	—	—	—	649.3	179.3	155.5	—	—	—	—	—	—
华南地区	6 692.8	1 048.5	—	447.5	684.9	722.8	854.1	370.2	633.7	.	847.7	53.5	1 029.8
20 亩以下	9 661.6	679.8	841.7	1 057.5	1 392.4	1 996.2	854.2	475.6	979.6	471.0	—	—	913.5
20~100 亩	6 300.2	1 028.5	470.5	574.3	976.7	330.06	143.5	586.6	549.9	71.6	373.9	—	1 194.6
100~300 亩	2 916.8	173.2	330.8	1 553.7	380.0	143.5	114.2	221.2	—	—	—	—	—
300 亩以上	2 116.9	566.7	184.6	258.9	158.8	116.7	172.3	118.9	163.6	—	150.9	45.6	180.3
全部样本	6 504.0	888.6	470.8	760.8	890.0	521.5	292.2	337.8	631.2	337.9	318.1	45.6	1 009.6

表 3.5.4 2011—2013 年连续监测户大宗淡水鱼亩均种苗费用时间分布

(单位:元/年,元/月)

年份	1月	2月	3月	4月	5月	6月	7月	8月	9月	10月	11月	12月
2011	1 544.29	856.96	686.13	788.7	372.23	139.57	179.88	534.66	1 405.25	159.88	1 317.97	619.68
2012	704.72	548.57	1 098.12	532.69	611.36	719.96	253.04	1 253.43	347.9	867.08	33.06	631.52
2013	953.42	399.57	577.67	759.04	634.91	355.1	332.33	475.16	46.93	141.52	33.33	—

连续监测户亩均种苗投入在月度分布上呈现较大的差异,总体来看也是上半年亩均种苗费用较高。2011 年,连续监测户亩均种苗投入 8 605.2 元,1—12 月种苗投入分别为 1 544.29 元、856.96 元、686.13 元、788.7 元、372.23 元、139.57 元、179.88 元、534.66 元、1 405.25 元、159.88 元、1 317.97 元、619.68 元;2012 年,连续监测户亩均种苗投入 7 601.45 元,1—12 月种苗投入分别为 704.72 元、548.57 元、1 098.12 元、532.69 元、611.36 元、719.96 元、253.04 元、1 253.43 元、347.9 元、867.08 元、33.06 元、631.52 元;2013 年 1—11 月,连续监测户亩均种苗投入 4 708.98 元,1—11 月种苗投入分别为 953.42 元、399.57 元、577.67 元、759.04 元、634.91 元、355.1 元、332.33 元、475.16 元、46.93 元、141.52 元和 33.33 元(见表 3.5.4)。

(二) 饲料使用情况

1. 户均情况

总体来看,户均饲料费用 2—8 月呈上升趋势,9 月至次年 1 月呈递减趋势。与此同时,投苗成本则随着时间表现出递减的趋势,说明投苗主要集中在上半年。同时也应该注意到,养殖成本的变化与淡水鱼价格的变化呈现较高的一致性。全部样本养殖户户均饲料投入 26.49 万元,1—12 月种苗投入分别为 0.61 万元、1.43 万元、1.59 万元、2.77 万元、3.1 万元、2.82 万元、2.92 万元、3.38 万元、3.02 万元、2.31 万元、1.77 万元和 0.77 万元。分地区看,中部加西南地区和华南地区户均饲料费用较高,而京津加东北地区饲料费用较低。华东、中部加西南、京津加东北、河南加西北和华南地区养殖户户均饲料投入分别为 19.84 万元、38.20 万元、11.99 万元、17.81 万元和 26.94 万元。分不同规模看,户均饲料费用随规模的扩大而不断增加。20 亩以下、20~100 亩、100~300 亩和 300 亩以上养殖户户均饲料投入分别为 4.56 万元、14.37 万元、29.04 万元和 65.12 万元。

表 3.5.5　2013 年样本户大宗淡水鱼类户均饲料费用时间分布情况

(单位: 万元/年、万元/月)

项目类别	饲料费用	1 月	2 月	3 月	4 月	5 月	6 月	7 月	8 月	9 月	10 月	11 月	12 月
华东地区	19.84	0.79	0.61	0.54	1.24	1.43	1.28	1.93	3.05	3.33	2.88	1.58	1.18
中部加西南地区	38.20	0.76	3.22	1.60	6.28	5.85	3.51	4.69	3.14	2.75	3.38	2.49	0.53

项目类别	饲料费用	1月	2月	3月	4月	5月	6月	7月	8月	9月	10月	11月	12月
京津加东北地区	11.99	—	—	—	1.91	—	5.72	1.00	1.99	1.37	—	—	—
河南加西北地区	17.81	0.46	0.46	0.37	0.90	1.54	2.41	3.23	3.26	3.00	1.18	0.67	0.33
华南地区	26.94	0.43	0.46	2.82	2.33	3.42	3.41	2.60	4.24	3.28	2.01	1.40	0.54
20亩以下	4.56	0.08	0.09	0.09	0.17	0.33	0.50	0.64	0.91	0.98	0.45	0.21	0.11
20~100亩	14.37	0.50	0.45	0.60	0.69	1.11	1.69	2.13	2.04	1.88	1.41	1.24	0.63
100~300亩	29.04	0.71	0.71	1.31	1.71	2.46	2.95	3.13	4.45	4.54	2.93	2.06	2.08
300亩以上	65.12	1.29	6.34	4.77	9.44	9.29	6.61	5.25	6.68	5.44	4.34	4.75	0.92
全部样本	26.49	0.61	1.43	1.59	2.77	3.10	2.82	2.92	3.38	3.02	2.31	1.77	0.77

2011—2013年户均饲料费用有逐年变大的趋势,5—10月饲料费用所占比重维持在2/3左右。

表3.5.6　2011—2013年样本户大宗淡水鱼类户均饲料费用时间分布

(单位:万元/年、万元/月)

年份	饲料费用	1月	2月	3月	4月	5月	6月	7月	8月	9月	10月	11月	12月
2011	23.86	0.40	0.62	0.64	1.96	1.57	2.29	4.58	3.26	3.06	2.11	2.17	1.20
2012	23.80	1.27	1.39	1.11	1.45	2.19	2.69	2.96	3.06	2.71	1.70	2.07	1.20
2013	26.49	0.61	1.43	1.59	2.77	3.10	2.82	2.92	3.38	3.02	2.31	1.77	0.77

连续监测户在年度户均饲料费用变动方面与普通户表现出相似的特征,即2—8月呈上升趋势,9月至次年1月呈递减趋势。2011年养殖户户均饲料投入25.29万元,6—11月份户均饲料费用之和约为19.1万元,占比75.5%;2012年养殖户户均饲料投入25.82万元,饲料投入集中于5—11月,占比72%;2013年养殖户户均饲料投入29.28万元,饲料投入月份主要集中在4—11月,占比83.61%(见表3.5.7)。

表 3.5.7　2011—2013 年连续监测户大宗淡水鱼月度户均饲料费情况

（单位：万元/年、万元/月）

年份	饲料费用	1月	2月	3月	4月	5月	6月	7月	8月	9月	10月	11月	12月
2011	25.29	0.35	0.56	0.62	1.89	1.58	2.49	5.43	3.57	3.37	2.07	2.17	1.19
2012	25.82	1.54	1.66	1.34	1.50	2.34	3.19	3.31	3.01	2.76	1.74	2.24	1.19
2013	29.28	0.64	1.64	1.70	3.48	3.31	3.04	3.29	3.59	3.17	2.38	2.22	0.82

2. 亩均情况

从亩均角度分析,饲料投入主要集中在下半年。全部样本养殖户亩均饲料投入 3 418.25 元,8、9 月份投入最高。

从不同地区来看,中部加西南地区亩均饲料投入较高,而河南加西北和华南地区则相对较低。中部加西南地区养殖户亩均饲料投入 6 196.01 元,1—12 月饲料投入分别为 101.11 元、161.69 元、138.50 元、330.63 元、531.21 元、732.22 元、819.23 元、1 232.39 元、975.47 元、514.62 元、369.35 元、289.59 元;华南地区养殖户亩均饲料投入 1 250.68 元,1—12 月饲料投入分别为 54.75 元、60.56 元、110.10 元、83.21 元、104.75 元、112.04 元、106.08 元、140.14 元、133.32 元、99.27 元、180.91 元、65.55 元;华东地区、河南加西北、京津加东北地区养殖户亩均饲料投入分别为 2 900.33 元、2 693.85 元和 3 619.97 元。

从不同规模来看,随着养殖规模的不断扩大,亩均饲料费用有逐渐变小的趋势。20 亩以下养殖户亩均饲料投入 9 257.34 元,1—12 月饲料投入分别为 117.46 元、198.51 元、176.64 元、358.42 元、700.79 元、1 138.4 元、1 055.73 元、1 957.71 元、1 847.2 元、904.74 元、590.99 元、210.75 元;20～100 亩养殖户亩均饲料投入 3 367.57 元,1—12 月饲料投入分别为 89.37 元、80.84 元、113.08 元、154.49 元、260.65 元、371.36 元、579.32 元、529.41 元、478.03 元、329.26 元、249.98 元、131.78 元;100～300 亩养殖户亩均饲料投入 2 138.02 元,1—12 月饲料投入分别为 56.1 元、55.92 元、85.6 元、118.03 元、166.07 元、209.94 元、233.59 元、315.79 元、318.91 元、223.73 元、173.24 元、181.1 元;300 亩以上养殖户亩均饲料投入 883 元,1—12 月饲料投入分别为 25.80 元、41.75 元、57.52 元、157.47 元、135.73 元、93.07 元、74.34 元、94.21 元、73.77 元、55.8 元、51.91 元和 21.63 元(见表 3.5.8)。

表 3.5.8　2013 年样本户大宗淡水鱼亩均饲料费时间分布情况

（单位：元/年,元/月）

项目	饲料费	1月	2月	3月	4月	5月	6月	7月	8月	9月	10月	11月	12月
华东地区	2 900.33	98.8	76.3	73.3	124.3	193.6	166.06	269.58	491.88	539.94	479.84	231.95	154.78
中部加西南地区	6 196.0	101.11	161.69	138.50	330.63	531.21	732.22	819.23	1 232.39	975.47	514.62	369.35	289.59
京津加东北地区	3 619.97	—	—	—	127.2	—	676.26	712.7	1 011.36	1 092.42	—	—	—
河南加西北地区	2 693.85	30.7	30.7	65.7	142.9	235.5	339.75	592.45	508.5	474.69	194.24	55.68	22.99
华南地区	1 250.68	54.75	60.656	110.10	83.21	104.75	112.04	106.08	140.14	133.32	99.27	180.91	65.55
20 亩以下	9 257.34	117.46	198.51	176.64	358.42	700.79	1 138.40	1 055.73	1 957.71	1 847.20	904.74	590.99	210.75
20~100 亩	3 367.57	89.37	80.84	113.08	154.49	260.65	371.36	579.32	529.41	478.03	329.26	249.98	131.78
100~300 亩	2 138.02	56.10	55.92	85.60	118.03	166.07	209.94	233.59	315.79	318.91	223.73	173.24	181.10
300 亩以上	883.00	25.80	41.75	57.52	157.47	135.73	93.07	74.34	94.21	73.77	55.80	51.91	21.63
全部样本	3 418.25	75.67	94.53	106.26	176.79	274.15	374.18	432.34	608.05	566.09	315.32	253.90	140.97

表 3.5.9　2011—2013 年样本户大宗淡水鱼亩均饲料费时间分布

（单位：元/年,元/月）

年份	饲料费	1月	2月	3月	4月	5月	6月	7月	8月	9月	10月	11月	12月
2011	4 360.32	74.97	69.22	61.52	265.22	386.38	556.83	723.00	824.13	560.79	472.05	250.21	116.00
2012	3 070.21	56.49	55.91	109.01	163.06	251.02	358.98	440.63	510.04	511.93	289.38	207.68	116.08
2013	3 418.25	75.67	94.53	106.26	176.79	274.15	374.18	432.34	608.05	566.09	315.32	253.90	140.97

表 3.5.10　2011—2013 年连续监测户大宗淡水鱼亩均饲料费时间分布

（单位：元/年,元/月）

年份	饲料费	1月	2月	3月	4月	5月	6月	7月	8月	9月	10月	11月	12月
2011	3 778.00	71.05	59.28	58.43	275.27	347.67	498.44	676.71	771.84	337.12	314.51	259.27	108.41
2012	2 690.36	59.06	58.94	83.44	149.51	219.57	357.74	456.59	402.87	373.35	232.91	187.83	108.55
2013	3 341.40	60.30	74.02	106.52	200.12	278.09	365.82	478.17	568.78	473.60	344.26	299.54	92.18

2011—2013 年总体样本户亩均饲料费用变动幅度有限,月度分布存在着一定的差异。2011—2013 年养殖户亩均饲料投入分别为 4 360.32 元、3 070.21 元和 3 418.25 元(见表 3.5.9)。

从连续监测户角度分析,2011 年养殖户亩均饲料投入 3 778 元,1—12 月种苗投入分别为 71.05 元、59.28 元、58.43 元、275.27 元、347.67 元、498.44 元、676.71 元、771.84 元、337.12 元、314.51 元、259.27 元、108.41 元;2012 年养殖户亩均饲料投入 2 690.36 元,1—12 月种苗投入分别为 59.06 元、58.94 元、83.44 元、149.51 元、219.57 元、357.74 元、456.59 元、402.87 元、373.35 元、232.91 元、187.83 元、108.55 元;2013 年养殖户亩均饲料投入 3 341.4 元,1—12 月种苗投入分别为 60.3 元、74.02 元、106.52 元、200.12 元、278.09 元、365.82 元、478.17 元、568.78 元、473.6 元、344.26 元、299.54 元、92.18 元(见表 3.5.10)。

3. 饲料使用量明细

在淡水鱼养殖过程中,全价配合饲料是最重要的饲料来源。2013 年全部养殖户亩均使用菜籽饼 30.83 千克,麦麸 80.39 千克,花生饼 40.42 千克,豆饼 60.21 千克,其他 1 489.46 千克,鱼粉 47.95 千克,全价配合饲料 2 455.83 千克,肥料 278.49 千克,总计 4 483.58 千克。

分不同地区看,中部加西南地区养殖户亩均使用饲料较多,但全配饲料使用量占比相对较小,其余地区全配饲料使用量占比均在 80%以上。华东地区养殖户亩均使用全价配合饲料 2 547.84 千克,肥料 15 千克,总计 2 832.42 千克;中部加西南地区养殖户亩均使用菜籽饼 30.83 千克,麦麸 80.39 千克,花生饼 40.42 千克,豆饼 60.21 千克,其他 2 757.95 千克,鱼粉 43.71 千克,全价配合饲料 4 217.67 千克,肥料 526.31 千克,总计 7 757.49 千克;京津加东北地区养殖户亩均使用全价配合饲料 1 357.4 千克,肥料 1.2 千克,总计 1 358.6 千克;河南加西北地区养殖户亩均使用鱼粉 14.13 千克,其他 26.53 千克,全价配合饲料 2 031.62 千克,肥料 3.64 千克,总计 2 075.92 千克;华南地区养殖户亩均使用鱼粉 86 千克,全价配合饲料 852.77 千克,肥料 147.94 千克,总计 1 086.71 千克。

分不同养殖规模看,亩均饲料使用量随规模的不断扩大呈明显下降趋势。20 亩以下养殖户亩均使用豆饼 62.52 千克,其他 423.33 千克,全价配合饲料 8 372.19 千克,肥料 2 400.95 千克,总计 11 258.99 千克;20~100 亩养殖户亩均使用麦麸 83.33 千克,豆饼 51 千克,其他 1 268.12 千克,鱼粉 112.78 千克,全价配合饲料 2 193.4 千克,肥料 399.23 千克,总计 4 107.86 千克;100~300 亩养殖户亩均使用菜籽饼 61.67 千克,麦麸 153.64 千克,其他 444.44 千克,鱼粉 11.11 千克,全价配合饲料 1 535.66 千克,肥料 172.55 千克,总计 2 379.07 千克;300 亩以上养殖户亩均使用麦麸 4.21 千克,花生饼 40.42 千克,其他 5 150 千克,鱼粉

17.01 千克,全价配合饲料 526.16 千克,肥料 64.26 千克,总计 5 802.06 千克。

表 3.5.11　2013 年不同地区、不同规模样本户大宗淡水鱼亩均饲料使用情况

（单位：千克）

项目类别	菜籽饼	糠饼	麦麸	花生饼	豆饼	其他	鱼粉	全价配合饲料	肥料	总计
华东地区	—	—	—	—	—	269.58	—	2 547.84	15.00	2 832.42
中部加西南地区	30.83	.	80.39	40.42	60.21	2 757.95	43.71	4 217.67	526.31	7 757.49
京津加东北地区								1 357.40	1.20	1 358.60
河南加西北地区						26.53	14.13	2 031.62	3.64	2 075.92
华南地区						—	86.00	852.77	147.94	1 086.71
20 亩以下	—	—	—	—	62.52	423.33	—	8 372.19	2 400.95	11 258.99
20～100 亩	—	—	83.33		51.00	1 268.12	112.78	2 193.40	399.23	4 107.86
100～300 亩	61.67	—	153.64			444.44	11.11	1 535.66	172.55	2 379.07
300 亩以上	0.00	—	4.21	40.42	—	5 150.00	17.01	526.16	64.26	5 802.06
全部样本	30.83	—	80.39	40.42	60.21	1 489.46	47.95	2 455.83	278.49	4 483.58

注：该表计算时样本缺失较多,使用时需注意,该表可能无法真实反映总体特征。

2011—2013 年大宗淡水鱼养殖户亩均饲料使用量呈现一定的波动,但全价配合饲料仍是最主要的构成部分。2011 年养殖户亩均使用全价配合饲料 2 697.35 千克,肥料 154.08 千克,总计 4 865.49 千克;2012 年养殖户亩均使用全价配合饲料 2 015.66 千克,肥料 144.48 千克,总计 3 044.4 千克;2013 年养殖户亩均使用全价配合饲料 2 455.83 千克,总计 4 483.58 千克。

表 3.5.12　2011—2013 年全部样本户大宗淡水鱼亩均饲料使用情况

（单位：千克）

年份	菜籽饼	糠饼	麦麸	花生饼	豆饼	其他	鱼粉	全价配合饲料	肥料	总计
2011	192.20	1.05	41.65	13.03	23.83	1 392.13	350.17	2 697.35	154.08	4 865.49
2012	45.63	—	36.89	32.22	12.31	593.10	164.11	2 015.66	144.48	3 044.40
2013	30.83	—	80.39	40.42	60.21	1 489.46	47.95	2 455.83	278.49	4 483.58

与普通养殖户相比,连续监测户亩均饲料使用量相对较小。2011年养殖户亩均使用菜籽饼125.36千克,糠饼0.53千克,麦麸53.31千克,花生饼13.33千克,豆饼28.56千克,其他1 264.39千克,鱼粉27.15千克,全价配合饲料2 414.31千克,肥料164.41千克,总计4 091.35千克;2012年养殖户亩均使用菜籽饼60.66千克,麦麸36.89千克,花生饼61.11千克,豆饼27.59千克,其他953.69千克,鱼粉213.57千克,全价配合饲料1 939.58千克,肥料73.31千克,总计3 366.40千克;2013年养殖户亩均使用菜籽饼30.83千克,麦麸78.92千克,花生饼40.42千克,豆饼60.21千克,其他2 091.20千克,鱼粉53.01千克,全价配合饲料2 481.14千克,肥料142.71千克,总计4 978.44千克。

表3.5.13　2011—2013年连续观测户大宗淡水鱼类亩均饲料使用情况

(单位:千克)

年份	菜籽饼	糠饼	麦麸	花生饼	豆饼	其他	鱼粉	全价配合饲料	肥料	总计
2011	125.36	0.53	53.31	13.33	28.56	1 264.39	27.15	2 414.31	164.41	4 091.35
2012	60.66	—	36.89	61.11	27.59	953.69	213.57	1 939.58	73.31	3 366.40
2013	30.83	—	78.92	40.42	60.21	2 091.20	53.01	2 481.14	142.71	4 978.44

(三) 药物使用情况

受气候影响,养殖户药物投喂主要集中于3—10月气温相对较高时期。全部样本养殖户户均药物投入57.9次,其中5月药物投喂次数最多,为7.59次。分不同地区看,华南、京津加东北和华东地区养殖户户均药物投喂次数相对多,而中部加西南和河南加西北地区则相对较少。2013年华东、中部加西南、京津加东北、河南加西北地区和华南地区养殖户户均药物投入分别为62.84次、34.94次、79.25次、20.09次和80.57次;分不同养殖规模看,养殖规模越大,户均药物投喂次数有变多的趋势。20亩以下、20～100亩、100～300亩和300亩以上养殖户户均药物投喂次数分别为55.21次、50.51次、53.23次和70.78次。

2011—2013年淡水鱼养殖户户均药物投喂次数呈减少趋势。2011和2012年养殖户户均药物投喂分别为76.05次和69.26次,养殖户亩均药物投喂;2013年养殖户户均药物投喂57.90次,1—12月药物投喂次数分别为1次、1次、6.8次、5.7次、7.58次、7.51次、5.57次、5.26次、6.04次、6.08次、

3.5 次、1.86 次。

表 3.5.14　2013 年样本户大宗淡水鱼户均药物投喂时间分布情况

(单位：次/年、次/月)

项目类别	药物投喂	1月	2月	3月	4月	5月	6月	7月	8月	9月	10月	11月	12月
华东地区	62.84	—	1.00	5.57	4.69	9.20	9.95	6.45	7.62	7.03	6.00	4.33	1.00
中部加西南地区	34.94	1.00	1.00	2.75	1.88	3.32	4.27	3.54	3.18	4.50	2.70	2.80	4.00
京津加东北地区	79.25	—	—	30.00	—	24.00	9.00	5.75	10.50				
河南加西北地区	20.09	—	—	—	2.25	2.43	2.83	2.18	2.71	2.69	2.50	2.50	
华南地区	80.57	—	—	10.90	10.05	12.05	11.10	10.57	8.63	8.67	8.60		—
20 亩以下	55.21	—	1.00	5.33	4.67	5.75	6.43	4.54	4.21	5.95	5.33	8.00	4.00
20～100 亩	50.51	—	1.00	2.00	4.95	7.19	7.38	5.80	5.09	5.60	5.62	4.88	1.00
100～300 亩	53.23	—	—	11.00	4.67	6.63	7.94	4.35	5.59	5.62	4.80	1.63	1.00
300 亩以上	70.78	1.00	1.00	9.88	8.20	10.11	8.04	7.52	6.22	7.50	8.31	3.00	—
全部样本	57.90	1.00	1.00	6.80	5.70	7.58	7.51	5.57	5.26	6.04	6.08	3.50	1.86

表 3.5.15　2011—2013 年样本户大宗淡水鱼户均药物投喂时间分布

(单位：次/年、次/月)

年份	药物投喂	1月	2月	3月	4月	5月	6月	7月	8月	9月	10月	11月	12月
2011	76.05	—	8.67	8.59	8.97	7.03	6.16	7.30	6.74	7.48	5.69	7.09	2.33
2012	69.26	5.00	3.80	7.44	6.63	8.26	6.67	7.25	7.15	7.59	5.97	1.17	2.33
2013	57.90	1.00	1.00	6.80	5.70	7.58	7.51	5.57	5.26	6.04	6.08	3.50	1.86

对于连续监测户,2011—2013 年户均药物投喂次数有减少的趋势。2011 年和 2012 年养殖户户均药物分别投喂 77 次和 58.82 次;2013 年养殖户户均药物投喂 57.39 次,1—12 月药物投喂分别为 1 次、1 次、6.94 次、6.78 次、6.92 次、6.65 次、5.92 次、4.94 次、5.93 次、5.85 次、4.21 次、1.25 次(见表 3.5.16)。

表 3.5.16　2011—2013 年连续监测户大宗淡水鱼户均药物投喂时间分布

（单位：次/年、次/月）

年份	药物投喂	1 月	2 月	3 月	4 月	5 月	6 月	7 月	8 月	9 月	10 月	11 月	12 月
2011	77.00	.	9.08	8.50	8.39	8.15	6.18	7.27	6.74	7.67	5.37	6.82	2.83
2012	58.82	2.00	1.00	5.88	6.78	8.22	6.17	6.65	6.19	6.24	5.65	1.21	2.83
2013	57.39	1.00	1.00	6.94	6.78	6.92	6.65	5.92	4.94	5.93	5.85	4.21	1.25

二、养殖成本

大宗淡水鱼养殖开支项目较多。本示范县经济信息采集与监测系统主要将养殖户生产经营开支分成鱼苗费，饲料、饵料和肥料费，卫生消毒费，水电运输费，雇工及税费利息费用等五个部分。其中，种苗投入和饲料投入是大宗淡水鱼养殖成本的最主要组成部分。2013 年，全部样本养殖户户均鱼苗费 8.78 万元，饲料费 19.52 万元，合计 42.79 万元。

分不同地区看，华南地区养殖户户均养殖成本最高，而京津加东北地区最低。华东地区除鱼苗和饲料费用较高外，承包租赁费也处在相对较高位置；中部加西南地区养殖户贷款利息支出相对较高，而卫生防疫费用较低；京津加东北地区户均成本较低，单项支出也处在较低水平；河南加西北地区养殖户水电费用相对较高；华南地区养殖户户均成本最高，其中鱼苗费和饲料费是最重要的组成部分。

分不同规模看，淡水鱼养殖户户均养殖成本随养殖规模扩大有明显变大的趋势。在 20 亩以下样本户中，饲料费、鱼苗费和承包租赁费是最主要的三类费用；20～100 亩养殖户承包租赁费所占比重相对较高；100～300 亩人工费和饲料费所占比重有明显的增加；对于 300 亩以上的养殖大户，肥料费和水电费相对有所下降，而饲料费支出显著扩大（见表 3.5.17）。

与户均养殖费用相似，鱼苗和饲料费用在亩均淡水鱼养殖成本中也是最主要的构成部分。2013 年全部样本养殖户亩均鱼苗费 1 013.16 元，饲料费 2 545.21 元，清塘消毒支出 52.3 元，肥料费 121.82 元，天然饵料费 175.82 元，卫生防疫支出 89.79 元，水电费 147.6 元，人工费 306.52 元，运输费 147.76 元，承包租赁费 460.07 元，贷款利息支出 51.46 元，其他费用 142.91 元，合计 5 254.42 元。

不同地区养殖户亩均养殖成本总量和结构差异较大，京津加东北地区亩均养殖成本最高,接近 10 000 元/亩。华东地区亩均饲料费和贷款利息支出相对较高;中部加西南地区养殖户亩均饲料费较高,鱼苗费总值较高而占比较少;京津加东北地区鱼苗费显著大于其他地区;河南加西北地区亩均成本总额较少;华南地区鱼苗费在亩均成本构成中占比相对较高。

表 3.5.17　2013 年样本户大宗淡水鱼户均养殖成本情况

(单位:万元)

项目类别	鱼苗费	饲料费	清塘消毒支出	肥料费	天然饵料费	卫生防疫支出	水电费	人工费	运输费	承包租赁费	贷款利息支出	其他费用	合计
华东地区	12.35	16.88	0.30	2.40	1.88	0.76	0.74	1.78	0.49	2.17	1.00	0.57	41.32
中部加西南地区	3.43	25.57	0.74	2.04	1.17	0.38	0.60	1.95	1.13	4.97	1.89	1.42	45.29
京津加东北地区	11.73	5.64	0.26	0.02	0.23	0.56	0.90	0.23	—	1.91	—	0.02	21.5
河南加西北地区	5.30	14.10	0.45	0.58	0.10	0.52	1.61	3.04	0.44	2.15	0.11	0.14	28.54
华南地区	21.11	22.69	0.65	0.94	0.86	0.55	1.07	2.97	2.26	1.47	—	2.95	57.52
20 亩以下	1.15	3.26	0.12	0.18	0.26	0.16	0.24	0.47	0.26	0.83	0.12	0.18	7.23
20~100 亩	5.18	9.84	0.29	0.85	1.22	0.37	0.72	0.97	0.38	2.25	0.55	0.50	23.12
100~300 亩	13.54	22.39	0.70	3.19	1.29	1.04	1.60	3.47	0.74	5.19	0.50	1.07	54.72
300 亩以上	20.17	50.33	1.21	2.45	1.19	0.81	1.55	5.17	2.48	11.31	2.45	3.53	102.65
全部样本	8.78	19.52	0.56	1.71	1.11	0.52	0.93	2.31	1.14	3.61	1.35	1.25	42.79

分不同规模看,淡水鱼养殖户亩均养殖总成本和各单项成本均随养殖规模的扩大显著变小。20 亩以下、20~100 亩、100~300 亩和 300 亩以上养殖户亩均成本分别是 13 451.69 元、5 146.39 元、3 598.32 元和 1 525.52 元。具体看,20 亩以下养殖户最主要的成本是鱼苗费饲料费和人工费;20~100 亩鱼苗费和饲料费是最主要的养殖成本;100~300 亩鱼苗费、饲料费和承包租赁费是重要组成部分;300 亩以上养殖户饲料费和鱼苗费占比较高,两项合计占到 72.75%(见表 3.5.18)。

2011—2013 年,淡水鱼养殖户户均养殖成本基本保持稳定,而饲料费用呈上涨趋势。2011 年养殖户户均鱼苗费用 9.63 万元,饲料费用 14.39 万元,合计 43.96 万元;2012 年养殖户户均鱼苗费用 8.44 万元,饲料费用 15.71 万元,合计 42.98 万元;2013 年养殖户户均鱼苗费用 8.78 万元,饲料费用 19.52 万元,合计 42.79 万元(见表 3.5.23)。

2011—2013 年样本户亩均淡水鱼养殖成本呈下降趋势,鱼苗费用和饲料

表 3.5.18　2013 年样本户大宗淡水鱼亩均养殖成本情况

（单位：元）

项目类别	鱼苗费	饲料费	清塘消毒支出	肥料费	天然饵料费	卫生防疫支出	水电费	人工费用	运输费	承包租赁费	贷款利息支出	其他费用	合计
华东地区	1 288.13	2 583.11	48.93	61.41	232.95	93.39	107.87	178.24	40.97	373.64	91.07	73.77	5 173.48
中部加西南地区	932.76	4 255.56	68.18	200.72	338.94	83.59	98.45	533.73	268.40	540.83	54.64	242.76	7 618.56
京津加东北地区	5 471.97	1 358.00	132.00	2.10	236.36	490.91	655.36	24.38	—	1 500.00	—	2.10	9 873.18
河南加西北地区	449.63	2 032.77	50.35	45.34	27.03	111.42	264.66	225.40	14.09	220.09	2.31	19.53	3 462.62
华南地区	1 163.17	950.67	25.21	26.59	49.51	17.08	54.24	173.75	59.62	243.18	—	75.45	2 838.47
20 亩以下	1 527.57	7 204.96	87.75	114.95	569.77	165.00	216.92	1 150.03	795.60	742.84	320.86	555.44	13 451.69
20~100 亩	1 137.02	2 338.61	63.79	162.27	238.90	98.26	179.94	192.67	66.45	474.48	96.89	97.11	5 146.39
100~300 亩	818.11	1 594.18	41.18	196.26	98.88	63.68	97.83	213.37	49.51	317.93	37.04	70.35	3 598.32
300 亩以上	382.70	727.24	21.18	31.86	22.36	14.76	28.55	92.98	30.27	97.08	11.36	65.18	1 525.52
全部样本	1 013.16	2 545.21	52.30	121.82	175.82	89.79	147.60	306.52	147.76	460.07	51.46	142.91	5 254.42

表 3.5.19　2012 年样本户大宗淡水鱼户均养殖成本情况

（单位：万元）

项目类别	鱼苗费	饲料费	清塘消毒支出	肥料费	天然饵料费	卫生防疫支出	水电费	人工费	运输费	承包租赁费	贷款利息支出	其他费	合计
华东地区	7.66	10.78	0.69	0.96	4.66	0.90	1.39	3.50	0.92	5.22	1.17	1.87	39.72
中部加西南地区	4.20	15.64	0.48	1.50	0.83	0.29	0.42	1.70	1.00	4.93	2.03	1.12	34.14
京津加东北地区	4.80	13.23	0.15	0.08	0.20	0.21	1.38	0.60	—	—	—	0.04	20.69
河南加西北地区	7.85	13.58	0.62	2.15	3.40	0.54	1.81	2.88	0.55	1.64	0.15	0.56	35.73
华南地区	22.99	25.40	1.86	2.41	0.83	0.79	1.37	4.44	3.54	15.45	0.03	4.17	83.28
20 亩以下	2.06	3.31	0.21	0.44	0.34	0.12	0.30	0.48	0.19	0.52	0.25	0.12	8.34
20~100 亩	5.75	7.57	0.29	1.38	1.67	0.37	0.67	0.96	0.22	2.46	0.14	0.46	21.94
100~300 亩	8.08	15.49	0.99	0.87	1.35	0.90	1.88	4.16	1.32	6.31	0.66	1.65	43.66
300 亩以上	20.66	43.13	1.95	3.12	1.75	1.08	1.95	6.21	3.15	19.26	2.88	4.56	109.7
全部样本	8.44	15.71	0.76	1.55	1.48	0.56	1.08	2.81	1.39	6.20	1.36	1.64	42.98

表 3.5.20　2012 年样本户大宗淡水鱼亩均养殖成本情况

(单位：元)

项目类别	鱼苗费	饲料费	清塘消毒支出	肥料费	天然饵料费	卫生防疫支出	水电费	人工费	运输费	承包租赁费	贷款利息支出	其他费用	合计
华东地区	990.86	1 521.97	69.08	68.31	245.53	81.13	126.48	240.63	57.24	487.88	75.08	107.59	4 071.78
中部加西南地区	1 528.17	3 452.10	100.87	199.77	234.12	68.42	86.59	380.78	227.40	452.66	35.87	131.62	6 898.37
京津加东北地区	3 476.17	3 247.56	114.28	8.53	250.00	175.85	870.75	65.25	—	—	—	4.10	8 212.49
河南加西北地区	729.75	1 539.96	54.34	243.01	840.39	120.15	279.63	224.09	26.60	168.04	8.95	40.34	4 275.25
华南地区	1 238.84	883.64	48.82	69.84	29.18	20.59	43.23	174.15	84.47	412.81	4.55	96.68	3 106.80
20 亩以下	2 955.63	6 057.71	145.84	292.09	198.39	102.07	260.36	892.36	613.00	489.89	138.89	228.69	12 374.92
20~100 亩	1 262.73	1 728.56	75.83	228.95	463.82	91.47	161.27	195.94	41.57	487.50	39.14	89.24	4 866.02
100~300 亩	514.10	1 044.41	60.69	53.87	100.65	58.64	122.96	258.80	86.31	383.09	52.40	102.43	2 838.35
300 亩以上	357.44	595.95	32.26	52.92	33.49	17.69	37.52	110.02	40.04	239.30	16.82	76.52	1 609.97
全部样本	1 224.60	2 036.09	74.15	153.91	177.48	73.69	150.02	277.95	118.12	415.65	38.68	108.42	4 848.76

表 3.5.21　2011 年样本户大宗淡水鱼户均养殖成本情况

(单位：万元)

项目类别	鱼苗费	饲料费	清塘消毒支出	肥料费	天然饵料费	卫生防疫支出	水电费	人工费	运输费	承包租赁费	贷款利息支出	其他费用	合计
华东地区	10.79	8.65	1.01	0.29	3.76	0.61	2.42	4.27	0.92	10.13	—	1.72	44.57
中部加西南地区	5.79	17.09	0.33	3.62	0.12	0.45	0.74	1.58	0.73	4.47	0.21	1.83	36.96
京津加东北地区	10.06	20.11	0.28	0.14	0.51	0.15	2.94	3.64	1.21	0.56	—	0.90	40.50
河南加西北地区	6.43	12.85	0.68	0.47	0.95	0.22	1.80	2.23	0.36	2.74	0.13	2.21	31.07
华南地区	25.92	17.49	2.41	2.47	0.90	0.87	1.47	4.71	3.21	18.21	—	4.05	81.71
20 亩以下	3.20	4.74	0.11	1.08	0.14	0.15	0.37	0.59	0.50	0.47	—	0.14	11.49
20~100 亩	6.47	8.10	0.35	0.30	0.53	0.28	0.81	0.97	0.29	1.67	0.24	0.48	20.49
100~300 亩	12.99	18.30	1.27	0.80	1.63	0.78	3.52	4.78	1.11	10.02	0.17	4.19	59.56
300 亩以上	20.77	37.31	2.17	6.76	2.44	1.39	2.53	6.29	2.77	24.38	0.11	4.20	111.12
全部样本	9.63	14.39	0.86	1.92	1.18	0.49	1.55	2.78	1.19	7.68	0.17	2.12	43.96

表 3.5.22　2011 年样本户大宗淡水鱼亩均养殖成本情况

(单位：元)

项目类别	鱼苗费	饲料费	清塘消毒支出	肥料费	天然饵料费	卫生防疫支出	水电费	人工费	运输费	承包租赁费	贷款利息支出	其他费用	合计
华东地区	1218.08	971.05	74.39	19.02	328.11	81.67	199.33	288.67	47.93	608.90	—	113.37	3950.52
中部加西南地区	3505.59	5499.11	48.34	369.80	21.90	139.66	160.15	592.00	344.75	578.59	27.12	190.23	11477.24
京津加东北地区	2294.23	4558.68	163.99	42.71	463.64	112.23	1162.34	428.31	128.68	278.79	—	87.06	9720.66
河南加西北地区	1231.80	1632.43	105.74	90.22	104.77	64.37	303.23	240.97	66.25	252.36	12.35	196.06	4300.55
华南地区	1044.57	638.78	68.44	72.31	27.30	26.08	48.68	168.33	89.34	469.55	—	108.25	2761.63
20 亩以下	5559.93	8277.35	110.62	733.48	111.95	208.03	382.24	1222.95	1162.68	490.21	—	255.48	18514.92
20～100 亩	1475.07	1873.00	79.15	81.50	123.11	77.35	218.58	196.35	52.11	471.74	45.29	96.67	4789.92
100～300 亩	875.65	1245.64	84.09	48.95	115.73	52.84	243.07	315.38	75.40	656.66	15.24	273.95	4002.60
300 亩以上	366.03	519.46	40.32	104.74	49.67	24.55	51.84	114.46	42.49	333.56	2.53	67.15	1716.80
全部样本	1995.85	2851.84	78.68	176.08	98.62	99.25	231.85	380.97	166.62	499.84	20.66	155.48	6755.74

表 3.5.23　2011—2013 年样本户养殖大宗淡水鱼户均养殖成本情况

(单位：万元)

年份	鱼苗费	饲料费	清塘消毒支出	肥料费	天然饵料费	卫生防疫支出	水电费	人工费	运输费	承包租赁费	贷款利息支出	其他费用	合计
2011	9.63	14.39	0.86	1.92	1.18	0.49	1.55	2.78	1.19	7.68	0.17	2.12	43.96
2012	8.44	15.71	0.76	1.55	1.48	0.56	1.08	2.81	1.39	6.20	1.36	1.64	42.98
2013	8.78	19.52	0.56	1.71	1.11	0.52	0.93	2.31	1.14	3.61	1.35	1.25	42.79

表 3.5.24　2011—2013 年样本户养大宗淡水鱼亩均养殖成本情况

（单位：元）

年份	鱼苗费	饲料费	清塘消毒支出	肥料费	天然饵料费	卫生防疫支出	水电费	人工费	运输费	承包租赁费	贷款利息支出	其他费用	合计
2011	1 995.85	2 851.84	78.68	176.08	98.62	99.25	231.85	380.97	166.62	499.84	20.66	155.48	6 755.74
2012	1 224.60	2 036.09	74.15	153.91	177.48	73.69	150.02	277.95	118.12	415.65	38.68	108.42	4 848.76
2013	1 013.16	2 545.21	52.30	121.82	175.82	89.79	147.60	306.52	147.76	460.07	51.46	142.91	5 254.42

表 3.5.25　2011—2013 年连续监测户大宗淡水鱼户均养殖成本情况

（单位：万元）

年份	鱼苗费	饲料费	清塘消毒支出	肥料费	天然饵料费	卫生防疫支出	水电费	人工费	运输费	承包租赁费	贷款利息支出	其他费用	合计
2011	8.86	16.11	0.94	1.99	1.65	0.58	1.48	2.76	1.21	6.47	0.19	2.41	44.64
2012	9.53	17.88	0.76	1.37	1.68	0.62	1.11	2.96	1.49	5.97	1.45	1.95	46.76
2013	9.24	21.18	0.55	1.10	0.92	0.53	1.03	2.64	1.42	3.87	1.53	1.59	45.62

表 3.5.26　2011—2013 年连续监测户大宗淡水鱼亩均养殖成本情况

（单位：元）

年份	鱼苗费	饲料费	清塘消毒支出	肥料费	天然饵料费	卫生防疫支出	水电费	人工费	运输费	承包租赁费	贷款利息支出	其他费用	合计
2011	1 147.58	2 519.64	75.63	254.57	110.26	83.48	214.44	319.95	205.45	388.02	23.32	176.62	5 518.96
2012	1 191.29	1 979.54	65.83	131.16	191.68	90.11	162.71	312.25	144.86	382.99	37.04	133.80	4 823.26
2013	1 036.76	2 540.17	46.65	126.31	71.26	90.59	164.97	352.86	174.82	439.24	43.40	176.77	5 263.80

费用是最主要的费用。2011 年养殖户亩均鱼苗费用 1 995. 85 元,饲料费用 2 851. 84 元,合计 6 755. 74 元;2012 年养殖户亩均鱼苗费用 1 224. 6 元,饲料费用 2 036. 09 元,合计 4 848. 76 元;2013 年养殖户亩均鱼苗费用 1 013. 16 元,饲料费用 2 545. 21 元,合计 5 254. 42 元(见表 3. 5. 24)。

2011—2013 年连续监测户大宗淡水鱼户均养殖成本逐年下降,鱼苗费用和饲料费用也是连续监测户最主要的养殖成本(见表 3. 5. 25)。

三、利用主成分分析法分析影响养殖成本的主要因素

(一) 变量相关系数

由于淡水鱼养殖开支项目较多,要找出对总体养殖成本贡献最大的开支,有必要采用多元统计分析中的主成分分析法。主成分分析法是利用降维的思想,在损失较少信息的前提下把多个指标转化为较少的综合指标的一种多元统计分析方法。我们首先运用相关软件将月度数据转化为年度数据,然后将各项费用开支进行有机合并。其中,投苗费为 7 种大宗淡水鱼投苗费的加总,记为 X1;饲料饵料费为肥料、饲料和天然饵料费的总和,是支出的核心组成部分,记为 X2;卫生消毒费包括清塘消毒费和卫生防疫费,记为 X3;水电运输费包括水电费和运输费两部分,记为 X4;雇工及税费利息费包括人工费、承包租赁费、贷款利息及其他费用,记为 X5。由于这 5 个指标单位一致,不存在量纲影响,故可以不进行数据的标准化。

表 3. 5. 27 变量相关系数

	投苗费	饲料饵料费	卫生消毒费	水电运输费	雇工及税费利息费
投苗费	1. 00				
饲料饵料费	0. 60	1. 00			
卫生消毒费	0. 41	0. 42	1. 00		
水电运输费	0. 28	0. 69	0. 45	1. 00	
雇工及税费利息费	0. 48	0. 72	0. 33	0. 60	1. 00

(二) 参数估计

用主成分法估计参数,得到未旋转时的特征值、方差贡献率和每个主成分

的成分载荷等数值。按照贡献率大于 85％的原则,确定选取三个主成分,前三个主成分已经包含了原数据约 89.59％的信息。

表 3.5.28　主成分估计情况

成分	特征值	差异	方差贡献率	累计方差贡献率
成分 1	3.03	2.28	0.61	0.60
成分 2	0.74	0.49	0.15	0.76
成分 3	0.70	0.37	0.14	0.89
成分 4	0.33	0.13	0.07	0.96
成分 5	0.19	.	0.04	1.00

表 3.5.29　各主成分成分载荷

变量	成分 1	成分 2	成分 3	成分 4	成分 5	未解释
投苗费用(X1)	0.40	0.57	-0.55	-0.27	0.36	0
饲料饵料费用(X2)	0.52	-0.16	-0.17	-0.27	-0.77	0
卫生消毒费用(X3)	0.37	0.58	0.66	0.27	-0.11	0
水电运输费用(X4)	0.45	-0.44	0.41	-0.46	0.47	0
雇工及税费利息费用(X5)	0.47	-0.33	-0.25	0.76	0.18	0

根据各主成分的成分载荷,得到如下主成分表达式:

第一主成分:$Z_1 = 0.40X_1 + 0.52X_2 + 0.37X_3 + 0.45X_4 + 0.47X_5$

第二主成分:$Z_2 = 0.57X_1 - 0.16X_2 + 0.58X_3 - 0.44X_4 - 0.33X_5$

第三主成分:$Z_3 = -0.55X_1 - 0.17X_2 + 0.66X_3 + 0.40X_4 - 0.24X_5$

第一主成分中 X2 的载荷较大,说明第一个主成分的主要代表是饲料饵料费;第二个主成分 X1 和 X3 的载荷较大,说明第二个主成分主要代表投苗费和卫生消毒费;第三个主成分中 X3 的载荷较大,说明第三个主成分主要代表的是卫生消毒费。

(三) 适用检验

主成分的恰当性主要关注 KMO 指标(Kaiser-Meyer-Olkin 抽样充分性),它是用于比较变量间简单相关系数和偏相关系数的指标。主要应用于多元统计的因子分析。KMO 值介于 0 到 1 之间。KMO 越高,表明变量之间的共性越强,主成分分析越有效。若相对于相关系数来说,偏相关系数比较高,则 KMO 值将比较低,利用主成分方法进行分析的数据约化效果将大打折扣。一般的判断标准如下：0.00—0.49,不能接受;0.50—0.59,非常差;0.60—0.69,勉强接受;0.70—0.79,可以接受;0.80—0.89,比较好;0.90—1.00,非常好。我们的均值为0.74,则可以采用主成分分析。

表 3.5.30　Kaiser-Meyer-Olkin 抽样充分性测度

变量	KMO 值	变量	KMO 值
投苗费用	0.67	水电运输费用	0.69
饲料饲料费用	0.71	雇工及税费利息费用	0.84
卫生消毒费用	0.79	合 计	0.74

(四) 确定主成分

根据碎石图,同时结合第一步方差贡献率等指标判断需保留的主成分个数,结果为保留 3 个主成分即可,也佐证了上文的判断。

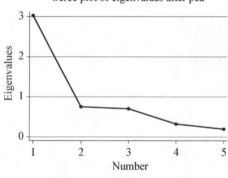

图 3.5.1　碎石图

(五) 旋转得分

旋转后计算各主成分的得分,得到养殖户层面的得分数据,再进一步计算各省平均得分情况,根据各省平均得分情况,利用聚类分析对省份进行归类。根据结果,四川、北京、广西三个省份分别独立成组,浙江和重庆为一组,其余省份为一组。

表 3.5.31　旋转后得分情况

省份	得分 1	得分 2	得分 3	类别
四川省	0.62	0.16	0.57	1
北京市	0.65	0.46	−0.17	2

省份	得分 1	得分 2	得分 3	类别
广西壮族自治区	− 0.22	0.62	0.00	3
安徽省	− 0.24	− 0.04	− 0.11	4
福建省	0.03	− 0.15	− 0.08	4
甘肃省	− 0.28	− 0.17	− 0.32	4
广东省	− 0.17	0.05	0.14	4
贵州省	− 0.16	− 0.23	− 0.25	4
河南省	0.09	− 0.10	− 0.13	4
湖北省	0.14	0.34		4
湖南省	0.15	0.00	− 0.20	4
江苏省	0.00	− 0.08	− 0.19	4
江西省	− 0.16	− 0.17	− 0.03	4
辽宁省	0.05	− 0.06	− 0.25	4
内蒙古自治区	− 0.16	− 0.01	− 0.21	4
宁夏	− 0.11	− 0.15	− 0.12	4
山东省	− 0.16	− 0.17	− 0.19	4
陕西省	− 0.33	− 0.28	− 0.27	4
上海市	− 0.05	0.29	0.13	4
天津市	− 0.33	− 0.17	0.00	4
云南省	− 0.19	− 0.20	− 0.20	4
浙江省	− 0.21	− 0.19	0.50	5
重庆市	− 0.07	− 0.22	0.29	5

　　研究结果表明,饲料饵料费、卫生消毒费和投苗费是最主要的三类费用。这三类费用指标的变动反映了成本项目中超过 90% 以上的信息,进而决定着成本变动的总体趋势。今后大宗淡水鱼养殖户在生产过程中应注意加强饲料饵料的购买、储存周期和投苗周期的管理,更加注重生产过程的科学化。

第六节　示范养殖户养殖利润

　　2013 年养殖户的户均净利润和亩均净利润较 2011 年和 2012 年均有所下降。全部样本户的户均净利润为−52.53 万元,大幅低于 2012 年的 507.40 万元和 2011 年的 174.74 万元。2013 年全部样本户的平均亩均净利润为 317.09 元,低于 2012 年的 1 173.12 元和 2011 年的 1 264.48 元。连续监测户的养殖利润情况与全部样本户类似,2013 年户均净利润为－74.31 万元,亩均净利润为 231.69 元,低于 2012 和 2011 年的户均净利润和亩均净利润(表 3.6.1和表 3.6.2)。

按地区分析,华南地区和华东地区的养殖户户均净利润最高,中部加西南地区亏损严重。2013 年华东、中部加西南、京津加东北、河南加西北以及华南等五个地区的户均净利润分别为 83.93 万元、－162.17 万元、－5.50 万元、－11.57 万元和 71.90 万元。2013 年样本户的亩均净利润则呈现不同的形势,京津加东北地区的亩均净利润最高,为 1 225.41 元,华东、中部加西南、河南加西北以及华南等其他四个地区的亩均净利润分别为 475.06 元、27.31 元、179.91 元和 939.01 元。

各地区 2011—2013 年连续监测户的户均净利润和亩均净利润的变化趋势也不同。华东地区的户均净利润逐年增加,但亩均净利润先增加后减少;中部加西南地区户均净利润先增加后减少,亩均净利润持续减少;京津加东北地区的户均净利润和亩均净利润先减少后增加;河南加西北以及华南地区的户均及亩均净利润呈现先增加后减少的趋势。

户均和亩均净利润与养殖户的养殖规模也密切相关。2013 年,户均净利润与养殖户的养殖规模呈反向关系——随着养殖规模的扩大,养殖户的户均净利润不断减少。亩均净利润与养殖规模呈"U"型关系——随着养殖规模的扩大,养殖户的亩均净利润先减少后增加,300 亩以上养殖规模的亩均净利润要高于 20~300 亩的养殖规模,但低于 20 亩以下的养殖规模。

2011 年和 2012 年主观养殖大户的户均净利润均高于主观非养殖大户,但2013 年要低于主观非养殖大户;同时,2012 年和 2013 年主观养殖大户的亩均净利润也低于主观非养殖大户。这说明养殖大户在淡水鱼生产过程中并非具有绝对优势。

表 3.6.1 2011—2013 年样本户大宗淡水鱼养殖利润情况

(单位:万元、元、%)

项目类别	户均净利润			亩均净利润			成本利润率		
	2011 年	2012 年	2013 年	2011 年	2012 年	2013 年	2011 年	2012 年	2013 年
华东	14.69	37.50	83.93	427.73	927.26	475.06	232.96	106.16	44.36
中部加西南	301.82	963.85	-162.17	1 203.51	769.41	27.31	132.92	235.07	9.41
京津加东北	60.66	-21.62	-5.50	6 841.95	-479.52	1 225.41	69.63	-38.37	-34.79
河南加西北	12.47	12.90	-11.57	798.49	1 023.22	179.91	160.16	281.12	81.46
华南	164.35	184.46	71.90	2 338.42	2 485.60	939.01	127.26	122.70	104.82

项目类别	户均净利润			亩均净利润			成本利润率		
	2011 年	2012 年	2013 年	2011 年	2012 年	2013 年	2011 年	2012 年	2013 年
20 亩以下	8.39	6.43	2.23	6 440.39	5 140.21	2 198.25	462.59	362.00	406.72
20～100 亩	12.04	8.50	-0.34	2 301.14	1 555.93	72.51	314.81	142.37	28.52
100～300 亩	18.47	21.00	-4.43	1 180.18	1 321.68	-60.95	256.19	254.83	57.50
300 亩以上	228.02	665.83	-67.43	1 087.00	1 050.93	386.85	108.71	190.20	42.42
主观非养殖大户	-3.24	12.30	4.77	711.24	1 366.54	600.97	420.57	64.99	86.45
主观养殖大户	185.84	532.74	-55.28	1 263.18	1 163.79	303.64	132.11	203.39	44.51
全部样本	174.74	507.40	-52.53	1 264.48	1 173.12	317.09	153.06	196.61	46.41

注：该表和下表使用加权平均计算，权重为养殖户的养殖面积。

表 3.6.2　2011—2013 年连续监测户大宗淡水鱼养殖利润情况

（单位：万元、元、％）

项目类别	户均净利润			亩均净利润			成本利润率		
	2011 年	2012 年	2013 年	2011 年	2012 年	2013 年	2011 年	2012 年	2013 年
华东	7.51	38.29	100.63	175.55	435.40	384.67	350.50	48.60	31.16
中部加西南	327.99	1 147.52	-177.94	1 343.60	788.45	-0.17	140.52	276.56	-4.17
京津加东北	71.74	-23.28	-8.28	10 167.32	-402.08	-19.88	104.17	-40.55	-58.24
河南加西北	13.88	13.92	-12.77	803.00	1 126.02	147.51	127.04	295.30	80.47
华南	139.81	178.70	60.04	2 775.62	3 152.92	1 010.94	131.46	131.15	65.65
20 亩以下	9.93	7.30	1.07	6 454.90	5 037.76	667.86	670.27	212.26	58.98
20～100 亩	13.78	6.30	-0.96	3 004.40	1 356.90	-29.67	300.24	96.50	31.70
100～300 亩	26.78	20.74	-5.31	1 666.88	1 240.56	-144.85	349.98	313.02	62.68
300 亩以上	248.16	818.99	-93.84	1 073.04	1 085.32	315.84	114.26	225.58	19.59
主观非养殖大户	4.67	13.29	5.11	1 282.65	1 577.73	343.47	603.01	75.20	36.92
主观养殖大户	208.63	672.46	-78.13	1 307.21	1 137.31	226.45	143.21	234.08	25.94
全部样本	198.95	642.23	-74.31	1 346.27	1 157.91	231.69	163.99	226.79	26.44

2013 年全部样本户的平均成本利润率为 46.41％，大幅低于 2012 年的 196.61％和 2011 年的 153.06％。连续监测户的平均成本利润率情况与全部样本户类似，2013 年成本利润率为 26.44％，同样低于 2012 和 2011 年的数值。

按地区分析,样本户中华南地区的成本利润率最高,为104.82%,京津加东北地区的最低,为-34.79%。华东、中部加西南以及河南加西北等其他地区的2013年户均成本利润率分别为44.36%、9.41%和81.46%。各地区2011—2013年连续监测户的成本利润率基本呈现逐年降低的趋势。

2013年,样本户成本利润率与养殖户的养殖规模基本呈现"W"型相关关系。随着养殖规模的扩大,养殖户的成本利润率先减少后增加再减少。其中,20～100亩的成本利润率最低,为28.52%。

主观养殖大户的成本利润率在2013年为44.51%,低于主观非养殖大户的86.45%。

附录

2010年各省(直辖市、自治区)大宗淡水鱼年均塘边价格分布

(单位:元/千克)

省份	青鱼	草鱼	鲢鱼	鳙鱼	鲤鱼	鲫鱼	鳊鱼
安徽省	21.84	12	5.62	8.78	10.26	11.38	11.78
北京市	16.86	11.32	4.56	7.96	9.84	11.1	11.38
甘肃省	16.6	17.16	7.56	8.88	13.72	11.92	16.62
广东省	11.54	10	5.24	6.82	4.52	6.56	6.96
广西壮族自治区	16.1	12.56	4.36	8.28	6.38	8.68	10.94
贵州省	17.78	14.1	8.7	11.24	13.18	15.78	11.36
河南省	16.38	11.18	3.7	7.66	9.72	11.48	10.66
湖北省	14.44	9.7	4.14	7.9	6.06	9.16	9.12
湖南省	13.04	9.92	4.5	8.86	6	9.74	10.08
吉林省	16	12.5	6.36	8.1	10.24	11.6	11.68
江苏省	16.62	11.22	4.98	10.18	6.92	11.32	10.22
江西省	14.12	10.12	4.36	5.94	5.6	10.42	10.3
辽宁省	15.64	12.14	6.24	9.88	9.92	11.28	12.68
内蒙古自治区	25.2	24.72	11.76	13.22	20.48	19.36	10.96
宁夏	16.22	12.6	3.9	6.22	10.64	8.76	11.4
山东省	14.58	10.7	6.12	9.1	10.42	9.46	11.26
陕西省	16.36	12	4.06	7.34	9.54	9	12
上海市	16.38	12.34	4.98	9.28	6.38	11.52	11.9
四川省	14.36	10.86	7.02	11.36	9.66	10.86	10.86
天津市	16.08	10.4	4.02	8.6	9	10.06	11.94
云南省	24.5	16.76	10	10.26	15	15.26	10.58
重庆市	18.84	12.78	7.64	12.14	11.62	13.1	14.14
合计	16.48	12.44	5.78	9.18	9.34	11.18	10.94

2011 年各省(直辖市、自治区)大宗淡水鱼年均塘边价格分布

(单位：元/千克)

省份	青鱼	草鱼	鲢鱼	鳙鱼	鲤鱼	鲫鱼	鳊鱼
安徽省	22.08	12.96	6.64	10.48	10.86	12.78	12.68
北京市	18.92	11.96	5.32	7.62	12.66	12.06	13.56
福建省	16.98	10.72	5.16	9.82	9.7	11.86	12.46
甘肃省	16.56	16.84	8.04	10.26	14.8	11.48	18.22
广东省	14.26	12.22	6.12	8.24	4.28	6.8	11.08
广西壮族自治区	17.48	14.48	5.34	9.64	12	10.28	12.74
贵州省	16.62	13.96	9.06	12.74	13.26	17.48	12.2
河南省	21.34	10.78	3.24	6.02	11.5	11.44	11.68
湖北省	16.48	9.94	4.62	9.8	8.4	10.48	10.72
湖南省	15.64	10.18	4.68	10.02	7.3	9.68	10.24
吉林省	18	15.16	6.82	9.06	14.22	14.14	13.8
江苏省	20.08	11.86	5.96	10.48	8.22	13.22	12.22
江西省	16.12	11.26	4.66	10.12	5.66	12.5	12.72
辽宁省	17.06	12.6	6.22	12.5	12	12.68	12.04
内蒙古自治区	19.18	30.84	13.8	14.98	23.42	23.94	12.14
宁夏	16.12	12.64	4.56	7.64	12.4	8.56	12.7
山东省	16.16	12.66	6.66	10.92	12.56	12.4	13.38
陕西省	16.6	14.6	8.12	10.24	13.64	10.8	11.96
上海市	18.54	11.72	4.84	10.52	4.9	11.78	11.42
四川省	12	11.48	7.2	11.9	11.56	13.04	13.26
天津市	16.62	10.92	4.52	10.14	11.2	12.52	13.06
新疆维吾尔自治区	16	13.18	5.9	7.88	9.62	13.24	12.5
云南省	28.16	20.18	15.32	14.3	17.52	17.26	14.52
浙江省	16.6	10.26	5.6	9.44	9.8	11.08	11.14
重庆市	16.6	11.7	6.04	10.68	10.68	11.88	11.64
合计	17.18	12.92	6.3	10.16	10.72	12.34	12.36

2012 年各省(直辖市、自治区)大宗淡水鱼年均塘边价格分布

(单位：元/千克)

省份	青鱼	草鱼	鲢鱼	鳙鱼	鲤鱼	鲫鱼	鳊鱼
安徽省	24.3	13.56	6.92	12.66	10.82	14.7	13.66
北京市	17.86	13.56	5.56	9.4	13.36	13.68	15.52
福建省	17.56	11.18	5.28	11.04	10.1	12.88	13.6
甘肃省	16.72	17.44	8.26	9.76	15.06	11.84	20.48
广东省	14.36	12.78	7.98	11.32	6.6	9.6	13.94

省份	青鱼	草鱼	鲢鱼	鳙鱼	鲤鱼	鲫鱼	鳊鱼
广西壮族自治区	23.06	21.18	5.78	10.36	9.2	11.14	12.18
贵州省	17.56	14.8	10.52	14.28	14.4	20.28	13.3
河南省	16.34	11.54	3.6	6.16	11.18	11.74	12.46
湖北省	16.14	10.62	5.12	10.8	8.6	11.66	11.28
湖南省	17.12	11.08	5.2	10.86	8.4	11.12	12.22
吉林省	13.54	13.3	6.26	8.72	11.72	12.3	12.32
江苏省	21.28	12.04	6.96	10.86	7.94	14.86	14.62
江西省	18.88	12.16	5.64	11.16	9	13.8	12.98
辽宁省	18.04	14.24	7.86	12.5	11.66	13.04	13.92
内蒙古自治区	16.74	33.82	14.42	17.34	25.52	25.6	13.64
宁夏	16.76	13.34	4.86	7.88	12.4	8.58	13.62
山东省	18.46	13.62	7.14	11.86	13.34	13.66	14.04
上海市	17.18	13.08	5.58	11.66	9.88	12.26	12.22
四川省	12.6	12	7.44	12.8	11.04	13.32	12.14
天津市	16.78	10.84	4.78	10.62	9.88	11.04	14.02
新疆维吾尔自治区	16.84	28	13	16	17	36	12.6
云南省	35.22	21.32	13.96	14.9	20.04	18.54	31.42
浙江省	20.24	12.34	7.48	12.02	10.48	16.12	15.06
重庆市	18.44	12.94	7.62	12.9	11.76	13.94	16.96
合计	17.58	13.3	6.86	11.22	10.82	13.28	13.92

2013 年各省(直辖市、自治区)大宗淡水鱼年均塘边价格分布

(单位：元/千克)

省份	青鱼	草鱼	鲢鱼	鳙鱼	鲤鱼	鲫鱼	鳊鱼
安徽省	29.12	15.78	7.7	12.32	13.18	13.74	13.66
北京市	17.98	13.96	5.92	8.42	9.76	12.66	14.7
福建省	16.86	11.68	5.42	11.2	10.26	13.54	13.98
甘肃省	17.04	17.58	7.52	9.42	14.08	12.12	17.7
广东省	14.6	12.4	9.16	12.42	8.16	12.4	13.42
广西壮族自治区	23.84	15.76	17.36	10	11.26	12	12.1
贵州省	17.52	16	9.6	14.08	14.78	19.72	13.46
河南省	14.08	12.28	3.6	6.16	9.08	12.66	12.98
湖北省	16.74	11.84	5.16	11.06	8.2	12.38	11.8
湖南省	18.98	11.02	5.02	10.68	8.3	11.14	11.82
吉林省	15.88	15.14	5.96	8.28	9.1	15.56	13.28
江苏省	21.32	13.46	5.92	10.62	7.32	15.22	12.86
江西省	15.92	13.1	5.66	10.72	9.38	14.96	15.16

省份	青鱼	草鱼	鲢鱼	鳙鱼	鲤鱼	鲫鱼	鳊鱼
辽宁省	15.66	12	6.6	8.4	7.94	10.26	12.98
内蒙古自治区	16.48	26	16.12	17.3	21.36	23.82	13.66
宁夏	16.9	14.26	4.48	7.8	10.26	9.04	13.48
山东省	17.28	12.54	6.96	11.56	11.14	11.66	13.38
上海市	21.8	14.56	5.46	11.46	9.88	14.42	12.54
四川省	15.42	12.18	6.98	12.24	10.2	14.12	13.42
云南省	25.08	17.48	11.28	13.46	15.66	16.34	23.42
浙江省	22.14	12.08	6.36	13.36	6.72	16.74	15.78
重庆市	16.78	12.58	7.32	12.72	10.1	13.12	13.84
合计	17.82	13.36	6.68	11.02	9.96	13.54	13.7

2013年各省(直辖市、自治区)青鱼年均鱼苗价格分布

省份	水花 (元/万尾)	夏花 3公分 (元/万尾)	夏花5— 6公分 (元/万尾)	夏花2寸 左右 (元/千克)	冬片 (元/千克)	春片 (元/千克)
安徽省	27.84	356.92	1 070.3	63.32	27.82	33.72
北京市	23.66	359.63	775.61	71.64	28.5	35.12
福建省	22.09	363.79	868.08	157	29.42	34.08
甘肃省	23.38	344.97	804.86	67.22	31.06	39.7
广东省	8.03	316.18	497.45	43.5	27.16	35.56
广西壮族自治区	37.09	395.74	827.3	118.54	32.32	38.6
贵州省	36.78	362.21	793.78	55	35.6	46.28
河南省	20.04	352.19	806.97	47.94	28.2	35.6
湖北省	16.28	310.47	616.08	69.92	30.88	29.66
湖南省	31.44	402.33	1 187.63	71.9	25.76	25.66
吉林省	23.98	344.68	698.11	74.08	26.12	16.5
江苏省	23.02	359.27	728.99	77.54	27.54	31.8
江西省	21.25	362.1	736.21	48.04	22.3	48.56
辽宁省	35.73	315.73	762.87	77.58	29.14	33.3
内蒙古自治区	22.63	332.32	730.38	64.8	23.94	31.9
宁夏	22.05	356.92	806.97	67.04	28.88	36.26
山东省	23.57	357.99	789.65	69.8	29.2	35.74
上海市	25.95	439.44	758.01	78.2	30.46	36.92
四川省	21.77	357.71	768.17	66.04	27.7	33.14
云南省	19.38	319.87	795.03	66.34	24.54	40.8
浙江省	32.02	363.69	772.3	82.32	31.2	37.54
重庆市	33.49	362.78	920.75	68.6	42	62.94
合计	22.87	354.88	789.76	69.66	28.74	35.96

2013 年各省(直辖市、自治区)草鱼年均鱼苗价格分布

省份	水花 (元/万尾)	夏花 3公分 (元/万尾)	夏花5— 6公分 (元/万尾)	夏花2寸 左右 (元/千克)	冬片 (元/千克)	春片 (元/千克)
安徽省	11.82	244.55	527.99	42.06	17.02	17.84
北京市	13.26	276.31	461.18	48.14	17.76	17.88
福建省	12.5	261.17	540.97	87.98	18.18	18.98
甘肃省	13.66	222.65	448.39	44.18	17.74	17.68
广东省	5.68	214.78	455.77	22.22	17.22	16.78
广西壮族自治区	16.03	253.28	462.38	27.38	19.72	20.62
贵州省	20.15	233.89	476.7	44.8	21.84	23.2
河南省	12.61	233.23	475.96	26.28	16.68	17.82
湖北省	10.92	212.68	449.98	41.94	16.52	15.92
湖南省	11.75	195.77	475.21	40.92	14.98	13.9
吉林省	10.08	264.89	517.91	50.24	17.14	15.94
江苏省	13.12	271.17	399.53	54.74	17.38	17.98
江西省	11.87	244.19	472.14	27.18	15.9	17.22
辽宁省	14.4	261.31	339.64	71.1	20.3	18.84
内蒙古自治区	10.94	249.16	500.34	42.92	16.7	18.76
宁夏	12.18	250.31	473.54	29.6	16.94	17.32
山东省	12.49	248.25	469.52	45.78	17.58	17.94
上海市	15.87	264.93	434.79	51.6	17.88	18.02
四川省	10.35	313.34	550.33	25.68	16.9	16.52
云南省	38.33	215.87	424.27	42.02	15.4	17.8
浙江省	12.62	248.84	381.18	55.9	17.4	17.86
重庆市	10.91	274.57	501.26	104.46	18	19.78
合计	12.52	244.59	474.36	44.12	17.1	17.46

2013 年各省(直辖市、自治区)鲢鱼年均鱼苗价格分布

省份	水花 (元/万尾)	夏花 3公分 (元/万尾)	夏花5— 6公分 (元/万尾)	夏花2寸 左右 (元/千克)	冬片 (元/千克)	春片 (元/千克)
安徽省	10.81	165.01	359.46	27.18	8.7	8.88
北京市	12.27	166.32	324	34.1	9.7	9.52
福建省	11.49	179.04	368.69	60.94	9.84	9.9
甘肃省	12.78	160.89	325.32	30.34	9.68	9.16
广东省	4.53	130.81	273.9	14.3	9.92	10.34
广西壮族自治区	9.11	177.13	327.06	17.66	9.84	11.78
贵州省	17.86	167.79	344.97	27.62	13.94	15.22
河南省	11.54	160.25	337.15	29.4	9.02	8.44

省份	水花 （元/万尾）	夏花 3公分 （元/万尾）	夏花5— 6公分 （元/万尾）	夏花2寸 左右 （元/千克）	冬片 （元/千克）	春片 （元/千克）
湖北省	10.13	150.55	334.12	30.16	8.84	8.08
湖南省	11.08	118.15	286.67	29.48	7.08	6.02
吉林省	8.87	186.46	365.1	36.7	9.72	6.18
江苏省	11.62	174.96	287.82	39.84	9.44	9.74
江西省	10.95	167.04	345.63	19.42	9.4	8.96
辽宁省	12.69	168.65	200.45	52.12	10.96	10.68
内蒙古自治区	10.07	202.93	355.65	30.22	8.98	9.26
宁夏	11.28	183.21	337.15	29.3	9.28	8.92
山东省	11.45	167.49	330.38	32.5	9.7	9.44
上海市	15.7	177.32	300.27	38	9.74	9.86
四川省	11.27	202.51	501.47	19.56	9.46	8.56
云南省	34.6	191.39	297.78	35.26	8.96	10.52
浙江省	10.88	181.47	274.41	41.64	9.56	9.4
重庆市	11.77	178.21	352.69	56.7	9.42	9.18
合计	11.57	165.45	334.85	31.6	9.38	9.16

2013年各省（直辖市、自治区）鳊鱼年均鱼苗价格分布

省份	水花 （元/万尾）	夏花 3公分 （元/万尾）	夏花5— 6公分 （元/万尾）	夏花2寸 左右 （元/千克）	冬片 （元/千克）	春片 （元/千克）
安徽省	9.25	224.27	541.54	40.88	14.64	13.66
北京市	10.6	227.95	473.7	50.4	15.54	14.18
福建省	9.6	238.04	540.03	80.66	15.22	13.7
甘肃省	10.73	203.93	460.73	46.32	15.44	13.44
广东省	5.57	171.21	458.44	21.52	16.1	15
广西壮族自治区	12.4	226.85	460.05	27.42	14.08	15.82
贵州省	16.91	214.17	494.64	35.2	19.44	19.26
河南省	9.63	215.65	501.74	42.44	14.64	12.94
湖北省	7.33	189.74	465.99	43.28	14.38	11.5
湖南省	11.54	208.27	504.59	43.74	14.4	11.66
吉林省	10.74	229.86	570.28	52.04	15.38	9.22
江苏省	11.39	241.77	422.98	58.36	15.12	14.54
江西省	9.61	224.26	499.18	26.68	14.56	13.32
辽宁省	15.13	246.52	319.52	79.54	17.3	14.36
内蒙古自治区	9.96	260.04	518.38	43.92	15.24	12.9
宁夏	9.65	214.38	501.74	42.62	14.92	13.34

省份	水花 (元/万尾)	夏花 3公分 (元/万尾)	夏花5— 6公分 (元/万尾)	夏花2寸 左右 (元/千克)	冬片 (元/千克)	春片 (元/千克)
山东省	10.36	227.96	489.42	48.16	15.3	14
上海市	12.28	231.69	448.26	55.22	15.42	14.46
四川省	10.1	307.33	626.44	24.52	14.74	13.06
云南省	14.32	231.04	450.46	41.68	9.68	12.36
浙江省	13.29	233.57	364.65	60.78	14.64	13.4
重庆市	9.61	251.86	563.9	101.3	15.02	16.34
合计	10.11	224.09	498.78	45.76	15.02	13.64

2013 年各省(直辖市、自治区)鲤鱼年均鱼苗价格分布

省份	水花 (元/万尾)	夏花 3公分 (元/万尾)	夏花5— 6公分 (元/万尾)	夏花2寸 左右 (元/千克)	冬片 (元/千克)	春片 (元/千克)
安徽省	12.66	191.07	457.99	44.62	10.58	12.7
北京市	15.51	222.61	458.72	58.34	10.84	12.4
福建省	19.95	248.26	645.92	143.4	12.02	16.42
甘肃省	15.02	188.52	400.19	50.78	10.86	13.7
广东省	3.26	95.59	318.6	11.94	9.74	11.38
广西壮族自治区	13	181.49	416.6	22.9	13.26	16.2
贵州省	20.3	199.1	543.92	40	16.52	19.12
河南省	14.14	182.76	500.11	18.12	10.5	12.26
湖北省	12.87	184.54	482.87	45.72	10.86	11.94
湖南省	20.7	187.93	593.93	19.38	7.86	8.42
吉林省	12.89	194.8	597.77	61.94	10.7	8.58
江苏省	13.92	196.19	463.29	69.88	10.88	12.14
江西省	13.94	189.47	481.63	49.3	10.64	12.56
辽宁省	23.09	220.13	298.67	101.98	11.2	12.64
内蒙古自治区	14.05	232.59	568.87	49.08	9.42	12.28
宁夏	14.14	191.43	488.75	21.84	10.58	12.5
山东省	14.95	192.15	479.25	54.44	11.12	12.6
上海市	16.53	190.81	383.29	63.82	11.26	12.66
四川省	14.01	243.07	570.1	18.08	10.9	11.8
云南省	26.25	220.03	393.82	34.38	11.5	13.9
浙江省	16.4	195.42	348.13	69.32	12.26	13.98
重庆市	15.16	204.42	530.01	169.04	10.72	14.74
合计	14.61	190.98	486.4	50.04	10.74	12.54

2013 年各省（直辖市、自治区）鲫鱼年均鱼苗价格分布

省份	水花（元/万尾）	夏花3公分（元/万尾）	夏花5—6公分（元/万尾）	夏花2寸左右（元/千克）	冬片（元/千克）	春片（元/千克）
安徽省	29.57	316.16	702.96	48.82	14.02	14.72
北京市	36.49	314.15	621.48	64.58	14.82	15.32
福建省	42.2	398.18	808.3	163.1	15.72	18.86
甘肃省	35.94	316.8	590.72	56.8	15.04	16.12
广东省	9.61	204.82	532.68	16.9	13.64	13.74
广西壮族自治区	34.53	345.2	655.39	29.76	15.28	18.8
贵州省	34.04	289.23	743.88	42.42	20.36	20.64
河南省	32.12	299.99	694.82	25.32	14.78	15.22
湖北省	32.86	276.91	668.54	55.48	14.74	14.74
湖南省	52.99	396.49	789.68	27.54	14.02	12.1
吉林省	31.65	300.24	774.11	69.88	15.04	13.54
江苏省	57.64	304.69	537.5	78.28	14.66	15.06
江西省	35.18	296.77	705.95	30.04	16.42	15.84
辽宁省	45.76	260.97	312.62	103.84	15.32	16.76
内蒙古自治区	33.56	324.02	732.41	56.28	13.6	13.86
宁夏	34.82	309.05	694.82	53.88	14.88	15.24
山东省	35.93	316.55	657.8	61.54	15.24	15.54
上海市	31.12	295.94	532.2	73.66	15.16	15.94
四川省	26.7	345.71	749.33	23.56	14.5	14.32
云南省	38.96	286.42	632.28	39.2	14.22	15.76
浙江省	45.11	342.33	529.46	88.24	15.44	16.54
重庆市	46.21	430.3	908.66	204.16	14.84	18.5
合计	35.35	315.25	681.8	59.14	14.92	15.36

2013 年各省（直辖市、自治区）鳊鱼年均鱼苗价格分布

省份	水花（元/万尾）	夏花3公分（元/万尾）	夏花5—6公分（元/万尾）	夏花2寸左右（元/千克）	冬片（元/千克）	春片（元/千克）
安徽省	13.93	233.22	673.32	107	13.88	11.18
北京市	19.54	250.01	630.51	136.26	13.72	11.86
福建省	27.06	294.89	746.19	112.94	16.56	13.48
甘肃省	15.34	188.34	541.28	141.3	14.18	11.46
广东省	10.68	153.05	639.12	25.12	13.32	11.32
广西壮族自治区	18.75	228.56	589.56	40.14	13.98	9.36
贵州省	15.18	233.22	797.56	107.9	14.7	11.36

省份	水花 （元/万尾）	夏花 3公分 （元/万尾）	夏花5— 6公分 （元/万尾）	夏花2寸 左右 （元/千克）	冬片 （元/千克）	春片 （元/千克）
河南省	17.3	240.03	683.04	112.54	14.32	11.56
湖北省	11.7	182.48	650.33	126.6	14.2	11.08
湖南省	15.72	206	769.53	115.86	14.84	10.88
吉林省	19.3	205.98	750.72	144.9	14.18	13.6
江苏省	35.74	280.92	535.34	162.44	13.46	11.92
江西省	17.16	232.46	671.85	110.38	14.36	11.16
辽宁省	28.26	236.84	414.85	288.88	12.64	13.44
内蒙古自治区	20.17	223.88	755.47	119.04	13.54	13.22
宁夏	16.87	223.45	683.04	116.72	14.42	11.32
山东省	18.49	243.33	651.43	128.48	14.32	11.58
上海市	16.12	272.48	558.75	186.96	13.98	12.6
四川省	18.58	313.75	646.29	62.38	14.26	11.56
云南省	15.52	209.7	659.36	77.92	14.86	10.4
浙江省	21.93	211.99	429.22	220.98	14.28	10
重庆市	15.57	232.17	917.85	460.86	14.42	11.76
合计	17.76	229.5	674.18	126.6	14.3	11.54

2010 年各省（直辖市、自治区）年均鱼苗价格分布

（单位：元/千克）

省份	青鱼	草鱼	鲢鱼	鳙鱼	鲤鱼	鲫鱼	鳊鱼
安徽省	21.56	13	5.38	8.12	9.26	10.94	13.16
北京市	20.64	14.26	5.42	8.32	9.76	11.6	12.36
甘肃省	24.38	20.94	8.3	9.8	13.52	12.96	16.9
广东省	25.04	19.88	10.04	16.82	9.66	13.36	13.32
广西壮族自治区	23.18	19.08	11.36	13.94	19.58	20.74	13.62
贵州省	38.84	32.98	14.74	17.22	24.88	18.64	21.02
河南省	24.42	17.8	9.32	12.48	11.48	13.9	14.68
湖北省	18.18	14.22	6.54	9.82	8.14	9.88	10.66
湖南省	23.46	14.78	6.32	9.56	9.86	11.26	13.54
吉林省	23.98	14.32	7.8	9.84	11.7	12.88	14.98
江苏省	22.24	15.68	8.16	10.68	11.54	13.06	12.94
江西省	17.66	12.16	4.28	7.1	6.54	10.08	11.62
辽宁省	21.98	16.68	9.14	11.92	12.58	13.64	15.24
内蒙古自治区	23.94	19.08	9.66	11.94	13.64	13.9	14.32
宁夏	24.9	14.86	6.56	9.4	11.28	12.7	14.96

省份	青鱼	草鱼	鲢鱼	鳙鱼	鲤鱼	鲫鱼	鳊鱼
山东省	19.08	12.88	8.08	10	10.06	9.62	12.12
陕西省	17.22	10.4	4.4	4.8	7.46	8.26	12
上海市	24.96	16.88	8.44	11.5	11.88	13.6	15.2
四川省	22.36	18.74	15.24	18.74	16.34	15.54	13.34
天津市	24.34	12.56	5.98	9.1	11.8	13.48	14.96
云南省	17.8	15.78	7.22	10.34	10.92	11.98	11.26
重庆市	32.8	23.34	11.86	16.84	14.36	19.1	20.9
合计	23.16	16.74	8.52	11.58	12.04	13.2	13.9

2011 年各省(直辖市、自治区)年均鱼苗价格分布

(单位：元/千克)

省份	青鱼	草鱼	鲢鱼	鳙鱼	鲤鱼	鲫鱼	鳊鱼
安徽省	21.4	13.34	6.98	10.52	13.18	13.24	14.74
北京市	24.08	12.42	5.58	6.46	15.34	12.98	14.4
福建省	25.56	17.16	10.36	12.08	17.04	16.3	19.6
甘肃省	22.34	18.44	9.96	11.1	13.82	13.94	16.98
广东省	28.56	21.2	11.48	18.76	9.58	13.44	13.82
广西壮族自治区	19.48	15.18	9.22	11.74	10.38	12.28	13.84
贵州省	24.56	32.84	24.98	27.82	29.94	33.02	14.04
河南省	16.26	10.92	4.2	5.7	16	12.2	11.58
湖北省	20.28	14.84	8.08	11.64	13.58	12.98	12.28
湖南省	17.46	13.3	6.6	12.34	7.52	12.82	12.24
吉林省	18.66	15.9	9.54	11.48	12.92	14.22	13.8
江苏省	19.42	9.94	6.2	8.36	7.36	10.48	10.44
江西省	17.48	13.58	7.4	10.96	12.58	14.34	15.04
辽宁省	27.4	20	12.62	16.14	20.38	21.58	14.18
内蒙古自治区	23.38	23.12	11.98	13.16	17.16	16.28	14.08
宁夏	23.24	14.24	7.4	9.3	11.6	12.32	14.06
山东省	23.58	16.24	9.08	11.54	12.34	13.38	15.72
陕西省	22.02	18.44	10.98	14.2	14.18	15.4	14.96
上海市	27.74	15.98	8.3	11.46	10.52	12.32	14.66
四川省	28.6	18.08	12.9	16.56	16.8	17.82	23.02
天津市	27.62	11.6	5.94	8.96	12.88	12.12	15.8
新疆维吾尔自治区	19.76	16.26	9.56	10.1	11.02	13.28	13.06
云南省	29.4	20.58	13.16	12.2	18.42	14.52	18.12
浙江省	16.98	9.16	6	9.04	7.5	9.4	10.82
重庆市	61.9	15.92	9.1	12.78	12.48	13.84	11.98
合计	23.08	15.94	9.34	12.26	13.5	14.44	14.6

2012 年各省(直辖市、自治区)年均鱼苗价格分布

（单位：元/斤）

省份	青鱼	草鱼	鲢鱼	鳙鱼	鲤鱼	鲫鱼	鳊鱼
安徽省	24.8	15.06	8.08	12.62	12.9	16.82	16.62
北京市	21.62	16.4	7.92	10.38	13	13.46	14.3
福建省	27.34	18	10.16	13.38	19.38	19.7	21.5
甘肃省	21.74	22.06	10.08	10.6	15.5	12.42	18.64
广东省	17.3	15.86	9.94	15.58	9.08	12.32	12.78
广西壮族自治区	19.22	15.5	6.74	8.06	9.72	11.82	11.2
贵州省	30.78	31.08	26.72	29.5	31.24	36.44	13.66
河南省	16.2	12.04	4.26	6.34	12.12	12.28	12.5
湖北省	21.76	15.04	7.64	11.1	11.4	12.86	12.98
湖南省	19.98	15.06	6.78	13.26	7.72	13.06	13.32
吉林省	17.9	14.94	7.58	10.78	12.02	13	13.46
江苏省	22.9	14.5	8.9	11.16	10.2	15.08	15.1
江西省	22.54	17.1	13.32	15.62	12.94	25.16	16.42
辽宁省	19.96	15.52	7.6	10.56	10.82	12	12.44
内蒙古自治区	22.52	19.24	10.3	12.72	13.68	14.68	13.62
宁夏	23.02	15.1	6.7	10.66	11.8	10.78	13.78
山东省	23.64	16.08	8.72	12.02	13.48	14.42	14.7
上海市	21.38	16.62	8.76	12.06	11.94	13.56	14.08
四川省	27	15.1	10.56	13.82	13.82	16.04	21.52
天津市	21.36	14.62	7.5	12.28	12.4	12.96	14.32
新疆维吾尔自治区	16.92	14.94	5.5	8.74	11.62	10.42	12.54
云南省	30.84	21.72	13.64	12.8	18.62	18.62	25.32
浙江省	22.58	16.3	11.44	14.06	12.14	16.56	16.44
重庆市	28.2	21.92	13.5	17.08	14.36	24.64	32.56
合计	22.64	16.72	9.84	13.32	13.06	16.06	16.04

2013 年各省(直辖市、自治区)年均鱼苗价格分布

（单位：元/千克）

省份	青鱼	草鱼	鲢鱼	鳙鱼	鲤鱼	鲫鱼	鳊鱼
安徽省	28.74	16.02	7.56	13	14.58	15.58	15.88
北京市	22.5	14.44	5.38	8.66	7.66	12.38	13.96
福建省	31.86	22.8	13.42	16.66	20.96	22.84	21.62
甘肃省	21.28	18.96	9.06	11.62	13.1	14.36	18.4
广东省	25.82	14.68	9.84	14.86	8.52	12.18	13.3
广西壮族自治区	34.42	24	10.26	12.76	18	19	13.78

省份	青鱼	草鱼	鲢鱼	鳙鱼	鲤鱼	鲫鱼	鳊鱼
贵州省	24.32	34.42	20.52	23.42	30.54	34.04	13.36
河南省	17.2	13.66	4.12	6.44	9.04	12.16	12.92
湖北省	22.58	15.66	7.7	11.22	11.38	13.04	13.3
湖南省	21.44	14.16	6.46	12.12	8.16	12.32	12.76
吉林省	25.66	17.18	7.54	10.26	10.78	15.06	15.82
江苏省	22.94	16.86	8.76	12.14	12.12	14.52	14.46
江西省	21.36	16.62	11	14.64	12.08	17.8	16.48
辽宁省	18.26	18.62	10.42	13.42	13.6	14.94	13.54
内蒙古自治区	22.42	19.4	12.16	14	14.38	16.46	14.2
宁夏	23.02	16.64	5.86	8.44	9.76	9.74	13.78
山东省	23.96	16.76	7.96	11.6	11.8	14.06	14.44
上海市	23.48	17.56	9.48	12.92	12.32	14.86	14.12
四川省	26.1	14.82	10.1	14.12	12.22	15.64	19.98
云南省	24.04	17.62	10.46	11.24	13.96	14.82	17.74
浙江省	19.84	16.78	8.6	12.12	11.64	14.34	14.2
重庆市	35.38	24.34	13	18.52	16.24	36.76	15.98
合计	24.36	17.36	9.2	12.96	12.44	16.14	15.16

2010年各省（直辖市、自治区）饲料、肥料平均价格分布

（单位：元/吨）

省份	豆粕	花生饼	麦麸	菜籽饼	糠饼	鱼粉	配合饲料	氮肥	磷肥	钾肥	钙肥	有机肥
安徽省	3 550.08	2 916.61	1 733.09	2 304.13	1 683.01	9 867.25	2 928.13	1 789.59	895.63	3 077.42	1 861.12	385.19
北京市	3 285.59	2 586.34	1 693.67	2 366.47	2 318.45	7 829.55	3 697.83	1 641.40	1 051.24	3 238.38	1 531.40	246.90
甘肃省	3 354.87	2 836.88	1 846.32	2 085.29	1 363.04	12 389.65	3 542.64	1 675.23	694.70	2 580.41	1 490.86	328.02
广东省	2 403.45	1 931.38	1 948.28	1 954.83	1 769.79	7 298.97	3 276.55	3 384.48	1 015.86	4 383.79	1 630.04	92.76
广西壮族自治区	3 182.50	3 506.25	1 821.88	2 000.00	1 996.50	9 375.00	3 412.50	1 960.00	600.00	2 550.00	670.00	1 250.00
贵州省	3 403.82	2 825.35	1 827.78	2 251.46	1 781.28	10 516.46	4 812.63	1 828.11	1 075.20	3 247.92	1 595.75	479.47
河南省	3 172.19	2 790.50	1 707.63	2 273.94	1 920.83	11 027.88	4 269.44	1 824.57	1 011.40	3 417.51	1 377.01	628.33
湖北省	3 479.13	2 835.16	1 906.47	2 050.12	1 912.56	10 758.83	3 124.78	1 256.30	527.79	2 955.92	1 547.34	485.20
湖南省	3 787.49	2 919.43	2 111.45	2 471.26	1 834.83	8 948.82	3 179.47	711.10	594.69	4 182.98	1 955.40	1 596.28
吉林省	3 395.94	2 813.75	1 526.48	2 238.54	1 789.07	12 453.88	4 250.00	1 773.23	1 566.47	3 621.40	1 351.18	591.80
江苏省	4 475.84	2 884.45	1 452.02	2 314.65	1 680.57	11 252.25	3 697.99	1 682.66	1 272.23	2 648.67	1 318.15	366.73
江西省	3 180.00	3 310.00	1 625.54	2 438.38	2 369.89	13 727.50	2 788.00	1 492.46	2 132.83	2 843.12	712.50	418.55
辽宁省	3 159.65	3 093.71	1 376.57	2 366.16	1 588.71	11 610.90	3 650.70	1 677.29	868.78	3 326.90	1 528.35	607.91
内蒙古自治区	3 457.91	2 765.95	1 701.83	2 231.73	1 861.18	11 007.92	4 016.58	1 691.12	1 430.32	3 273.43	1 516.23	468.96
宁夏	3 359.64	2 844.66	1 614.12	2 277.03	1 714.47	11 486.80	4 028.64	1 774.17	751.78	3 553.68	2 026.47	107.87
山东省	3 255.34	2 757.88	1 645.58	2 376.86	1 881.06	23 367.50	3 589.38	1 719.68	1 119.45	3 038.66	1 448.40	117.89
陕西省	3 150.00	2 545.69	1 800.00	2 150.00	1 300.00	14 000.00	3 916.67	750.00	600.00	700.00	1 761.33	90.00
上海市	3 512.80	2 973.14	1 718.67	2 199.77	1 712.60	9 970.08	3 056.00	1 840.65	925.75	3 220.64	1 647.08	472.64
四川省	3 431.87	3 014.27	1 624.94	2 102.11	1 678.35	10 293.37	5 127.84	1 874.42	2 125.40	3 237.92	1 935.25	403.92
天津市	3 232.59	2 721.57	1 520.42	2 413.61	1 912.24	12 358.29	3 815.05	2 050.73	893.89	3 833.98	1 385.26	1 108.41
云南省	3 212.57	2 861.66	1 783.13	2 262.31	1 816.94	10 772.86	3 875.00	1 326.86	846.32	3 410.72	992.39	458.36
重庆市	3 246.71	2 744.17	1 795.15	2 447.37	1 843.49	12 374.54	7 989.58	1 176.23	621.81	4 006.13	1 133.26	342.56
合计	3 450.87	2 815.83	1 706.33	2 231.24	1 822.30	10 822.80	3 817.54	1 744.79	1 065.19	3 261.46	1 519.02	509.30

2011 年各省（直辖市、自治区）饲料、肥料平均价格分布

（单位：元/吨）

省份	豆粕	花生饼	麦麸	菜籽饼	糠饼	鱼粉	配合饲料	氮肥	磷肥	钾肥	钙肥	有机肥
安徽省	3 464.44	2 814.59	1 696.45	2 255.75	1 827.94	10 980.96	3 137.17	1 796.79	1 077.19	3 418.04	1 693.57	408.82
北京市	3 299.03	2 804.28	1 580.59	2 402.14	1 855.43	9 398.38	4 084.84	1 734.42	1 073.83	3 376.48	1 560.99	289.22
福建省	3 395.36	2 807.63	1 797.54	2 344.11	1 985.39	9 942.63	3 569.73	1 972.07	1 382.10	3 383.39	1 182.29	586.75
甘肃省	3 556.38	2 861.18	1 680.35	2 165.52	1 004.74	12 122.71	4 086.90	2 108.28	955.01	2 881.34	3 048.74	193.31
广东省	3 306.44	3 044.41	2 107.93	2 616.95	1 821.06	8 883.39	3 493.90	3 494.92	1 515.80	4 492.20	1 612.13	145.69
广西壮族自治区	3 251.57	3 800.00	1 625.35	1 523.78	1 687.88	9 291.40	3 564.14	2 174.46	758.96	3 332.14	780.86	457.93
贵州省	3 402.65	2 216.99	1 769.81	2 450.83	1 406.17	10 058.37	4 640.62	2 101.68	782.87	3 773.97	1 604.76	210.24
河南省	3 248.58	2 910.34	1 417.23	2 511.44	2 355.53	9 853.63	4 486.33	1 697.97	864.79	3 146.31	1 439.73	482.66
湖北省	3 555.65	2 682.31	1 517.20	2 123.72	2 017.02	12 779.31	3 602.13	1 940.83	543.04	3 573.40	1 610.60	1 154.77
湖南省	3 615.37	3 061.30	2 005.00	2 366.58	2 056.76	9 114.94	3 232.80	818.19	704.85	3 635.42	1 764.84	886.73
吉林省	3 482.96	2 785.91	2 432.84	2 233.90	1 775.60	11 797.17	4 665.14	1 487.62	1 503.39	3 422.01	1 437.22	504.64
江苏省	3 194.12	2 889.37	1 516.41	2 266.36	1 495.27	10 710.07	3 883.07	2 274.91	1 828.91	3 233.76	1 128.47	896.54
江西省	3 346.97	2 700.53	1 612.78	1 961.84	1 576.29	11 174.63	3 253.88	1 836.75	1 518.63	2 944.11	781.52	145.46
辽宁省	3 214.84	3 266.98	1 595.88	2 477.17	1 903.98	13 629.47	3 813.94	1 778.92	834.86	3 347.97	1 548.14	642.40
内蒙古自治区	3 494.32	2 781.96	1 677.76	2 270.26	1 842.39	10 559.84	4 055.78	1 803.17	1 826.76	3 443.72	1 253.28	332.83
宁夏	3 547.56	2 794.94	1 579.57	2 200.41	1 786.08	10 837.29	4 008.48	1 864.28	686.41	3 975.18	1 293.21	118.08
山东省	2 873.07	2 857.40	3 565.62	2 271.31	1 733.99	10 142.26	3 858.69	2 396.15	1 780.42	3 353.29	1 783.59	218.06
陕西省	3 354.75	2 849.71	1 762.33	2 097.80	1 699.44	9 773.00	3 907.00	1 967.06	925.65	3 360.93	1 534.51	187.46
上海市	3 376.16	2 774.24	1 703.09	2 227.34	1 865.47	11 069.58	3 113.28	2 116.69	1 115.83	3 369.66	1 572.87	440.50
四川省	3 270.43	3 643.98	1 584.02	1 810.31	1 407.74	9 442.44	4 848.09	2 269.98	3 523.24	2 819.36	3 138.64	15.13
天津市	3 192.93	3 166.03	1 569.72	2 001.33	2 023.83	10 026.99	4 256.09	1 994.14	1 435.59	3 505.51	1 384.41	515.42
新疆维吾尔自治区	3 350.51	3 137.31	1 521.49	2 344.15	1 747.22	11 764.19	4 435.66	2 861.23	2 487.00	3 079.25	1 601.16	223.89
云南省	3 341.47	2 825.83	1 768.19	2 173.94	1 679.11	9 420.33	3 930.00	2 419.13	936.88	3 665.50	1 196.57	658.68

（单位：元/吨）

省份	豆粕	花生饼	麦麸	菜籽饼	糠饼	鱼粉	配合饲料	氮肥	磷肥	钾肥	钙肥	有机肥
浙江省	3 276.89	2 797.30	1 361.33	2 364.12	1 454.68	9 386.67	4 540.00	2 135.56	707.56	3 159.11	703.33	625.33
重庆市	3 557.93	2 913.91	1 447.18	2 312.83	1 813.26	8 866.41	4 599.15	1 096.55	611.38	4 380.25	1 088.08	361.34
合计	3 363.45	2 953.94	1 698.51	2 221.09	1 742.94	10 471.51	3 981.12	2 035.01	1 384.82	3 412.44	1 594.70	469.89

2012年各省(直辖市、自治区)饲料、肥料平均价格分布

（单位：元/吨）

省份	豆粕	花生饼	麦麸	菜籽饼	糠饼	鱼粉	配合饲料	氮肥	磷肥	钾肥	钙肥	有机肥
安徽省	3 205.37	2 966.24	1 814.94	3 314.20	1 644.66	10 809.60	3 396.19	1 989.61	1 001.25	3 119.98	1 295.40	460.79
北京市	3 226.50	2 899.10	1 629.48	2 128.47	2 102.02	9 809.75	4 293.82	1 738.22	1 092.65	3 412.27	1 433.41	324.03
福建省	4 314.13	2 806.22	1 884.91	2 363.95	1 908.20	9 350.30	3 471.31	1 984.47	1 121.97	3 418.91	1 043.18	612.86
甘肃省	3 517.03	2 788.06	1 778.68	2 129.46	1 482.20	11 536.85	4 169.61	1 867.30	2 286.43	2 915.64	1 368.67	235.44
广东省	3 288.71	2 893.71	1 915.63	2 402.24	1 646.50	8 424.05	3 123.33	2 739.51	1 164.43	3 453.67	1 756.76	205.68
广西壮族自治区	3 505.99	3 338.77	1 839.52	2 268.21	2 096.58	12 124.52	3 911.02	1 411.82	1 056.41	4 065.39	1 379.85	423.36
贵州省	3 679.96	2 517.04	1 859.51	2 755.67	1 536.69	10 501.55	4 779.46	2 342.83	842.02	3 971.38	1 462.81	137.88
河南省	3 766.10	2 825.69	1 713.18	2 388.56	2 402.12	10 800.85	4 392.29	1 769.19	1 078.54	3 434.43	1 452.92	647.46
湖北省	3 661.98	2 642.79	1 611.73	2 159.03	1 626.17	13 063.94	3 297.32	2 055.65	549.07	3 790.23	1 458.22	946.69
湖南省	3 764.13	2 967.23	1 847.48	2 347.16	2 056.79	7 978.20	3 366.20	1 004.10	1 036.39	3 143.86	2 117.69	1 283.10
吉林省	3 482.96	2 785.91	1 680.95	2 233.90	1 775.60	11 278.20	5 040.71	1 752.00	1 706.36	3 153.53	1 397.93	717.35
江苏省	3 711.30	3 098.16	1 948.92	2 496.14	1 639.86	11 847.51	4 014.09	2 090.93	2 020.35	2 701.66	1 263.96	1 979.25
江西省	3 430.15	2 775.81	1 864.37	2 296.80	1 470.56	13 481.58	3 388.29	1 944.60	866.87	3 351.85	925.88	220.06
辽宁省	3 358.01	3 096.10	1 728.25	2 391.62	2 377.19	11 438.61	4 002.59	1 741.87	1 044.25	3 422.81	1 378.01	744.46
内蒙古自治区	3 734.82	2 806.64	1 745.19	2 362.23	1 812.58	9 753.68	4 197.61	1 809.73	1 742.96	3 558.01	1 008.67	479.31

（单位：元/吨）

省份	豆粕	花生饼	麦麸	菜籽饼	糠饼	鱼粉	配合饲料	氮肥	磷肥	钾肥	钙肥	有机肥
宁夏	3 798.82	2 832.20	1 765.00	2 254.96	2 009.47	11 104.13	4 129.71	1 964.96	2 698.27	3 776.61	1 456.10	97.04
山东省	3 202.27	2 776.76	1 457.15	2 230.08	1 895.76	10 445.44	3 622.68	2 414.86	1 825.11	3 278.88	1 441.32	173.57
上海市	3 611.47	2 771.46	1 697.66	2 325.42	1 863.24	11 105.99	3 065.22	1 982.24	1 048.69	3 416.53	1 471.96	710.20
四川省	3 558.03	3 262.94	1 647.39	1 987.63	1 503.20	9 873.30	4 795.80	1 997.50	2 130.23	3 124.03	2 174.87	324.29
天津市	3 309.76	2 666.37	1 587.23	2 254.15	1 817.44	12 118.44	3 973.86	1 856.52	856.99	3 686.59	1 444.29	1 388.65
新疆维吾尔自治区	4 300.00	2 800.00	800.00	2 310.19	1 681.81	12 500.00	4 900.00	1 990.75	1 156.75	3 147.90	1 516.53	543.72
云南省	3 474.79	2 821.07	2 358.96	2 190.97	1 855.70	10 668.02	3 965.46	2 560.80	755.94	3 800.32	892.35	617.58
浙江省	3 484.50	3 009.72	3 699.72	2 445.91	1 670.77	11 317.50	5 256.25	2 193.75	733.50	3 206.25	702.75	679.00
重庆市	3 584.44	2 769.74	1 811.51	2 290.34	1 950.88	12 852.12	4 594.10	1 487.78	694.79	4 237.00	941.18	466.75
合计	3 594.27	2 878.17	1 862.76	2 351.96	1 793.75	10 680.07	3 953.88	1 987.70	1 317.12	3 402.35	1 445.82	660.71

2013 年各省（直辖市、自治区）饲料、肥料平均价格分布

（单位：元/吨）

省份	豆粕	花生饼	麦麸	菜籽饼	糠饼	鱼粉	配合饲料	氮肥	磷肥	钾肥	钙肥	有机肥
安徽省	3 639.47	2 856.53	2 244.44	2 097.71	1 780.67	15 132.81	3 858.77	1 767.72	1 099.20	3 202.80	1 947.69	528.93
北京市	3 519.91	1 723.56	1 703.53	1 632.98	2 341.20	10 789.62	4 979.42	1 710.41	1 054.44	3 258.51	2 065.86	212.10
福建省	3 867.95	2 842.33	1 894.36	2 351.34	1 891.89	9 371.64	3 789.65	2 019.26	871.70	3 325.29	1 419.18	484.42
甘肃省	3 507.99	2 853.29	1 735.54	2 232.16	1 891.38	11 034.60	4 530.29	1 722.26	1 440.37	3 251.24	1 978.40	343.08
广东省	3 394.42	3 084.16	1 848.52	2 404.36	1 741.19	9 175.15	3 269.31	2 772.28	1 251.49	2 769.41	3 210.20	263.82
广西壮族自治区	3 900.00	3 712.50	2 007.60	2 245.42	1 859.30	10 131.25	3 475.00	1 506.15	934.58	4 283.29	1 947.29	285.85
贵州省	3 302.15	2 514.65	1 656.83	1 958.89	1 655.79	9 928.63	4 993.64	2 229.54	850.42	3 141.68	1 984.81	135.99
河南省	4 021.01	2 837.72	1 712.49	2 850.32	2 485.64	12 155.42	4 796.07	1 765.52	1 081.59	3 200.44	1 954.19	507.36

省份	豆粕	花生饼	麦麸	菜籽饼	糠饼	鱼粉	配合饲料	氮肥	磷肥	钾肥	钙肥	有机肥
湖北省	4 132.50	2 985.83	1 857.50	2 473.00	1 636.25	12 973.06	3 627.50	2 141.10	567.65	3 656.39	2 547.15	694.11
湖南省	4 128.86	3 126.09	1 982.00	2 552.31	2 234.27	9 051.37	3 605.14	1 110.98	1 118.07	3 028.79	2 079.81	1 166.36
吉林省	3 524.51	2 782.00	1 671.64	2 215.33	1 758.35	11 218.66	6 054.67	1 666.88	979.00	3 233.67	2 050.13	405.19
江苏省	4 191.47	3 224.81	2 036.07	2 899.67	1 910.08	11 952.49	4 580.09	2 501.12	1 769.18	3 359.84	1 741.37	794.34
江西省	3 654.06	3 142.85	1 997.83	2 422.59	1 866.23	16 528.69	3 758.79	1 851.42	1 017.00	3 150.44	1 062.84	239.25
辽宁省	3 331.94	3 344.25	1 625.92	2 514.10	1 912.05	11 810.51	3 896.75	1 701.94	977.35	3 369.81	2 151.19	661.19
内蒙古自治区	3 701.72	2 749.76	1 760.28	2 427.34	1 840.58	10 040.42	4 389.12	1 758.94	1 280.03	3 298.50	1 800.14	306.60
宁夏	4 052.66	2 832.20	1 926.43	2 754.58	1 972.77	12 437.52	4 627.57	1 930.82	1 178.78	3 185.76	2 024.68	253.15
山东省	3 496.90	2 824.46	1 709.18	2 229.39	1 834.73	10 849.60	3 900.81	2 253.07	1 702.82	3 222.16	2 008.84	348.46
上海市	3 570.64	2 826.24	1 699.42	2 269.63	1 872.89	10 952.39	3 286.79	1 778.50	1 100.29	3 254.19	2 003.61	495.64
四川省	3 769.05	3 188.38	1 712.54	2 005.54	1 477.75	10 575.83	5 025.31	1 878.14	1 234.05	3 119.81	2 377.91	335.09
云南省	4 193.63	3 901.92	2 162.00	2 379.78	1 679.67	11 932.93	4 212.50	2 442.20	1 041.73	2 302.59	982.56	413.38
浙江省	3 592.59	3 037.57	1 833.43	2 491.14	1 699.07	12 637.04	6 233.33	2 355.56	803.70	3 246.30	762.96	781.48
重庆市	4 264.96	2 797.42	1 955.27	2 345.06	2 064.50	13 332.55	4 912.34	1 214.24	755.27	4 324.48	975.00	331.04
合计	3 821.35	2 959.97	1 870.21	2 399.40	1 890.59	11 422.42	4 266.30	1 957.69	1 095.39	3 217.63	1 987.78	489.20

第四章
科技发展对大宗淡水鱼产业发展的支撑作用

改革开放以来,我国渔业科技体制改革不断深化,并取得了显著成就,科技进步提高了水产品的利用率和经济效益,对渔业发展的支撑能力越来越强。1990—2007 年,我国淡水养殖业的科技进步贡献率平均为 60.87%,表明我国淡水养殖科技进步贡献率较高。20 世纪 90 年代池塘大面积综合高产养鱼理论体系和技术体系、大水面"三网"(网箱、网围、网拦)养鱼和资源增殖、施肥综合配套养鱼技术、集约化养殖技术等的确立,以及暴发性流行病防治技术的突破,推动了我国淡水养殖业进入新的发展阶段。目前,我国池塘养殖、大水面"三网"养殖、大水面增殖放养已成为我国大宗淡水鱼的主要生产方式。2014年,我国池塘养殖面积达到 266.19 万公顷,占淡水养殖总面积的 43.77%,池塘养殖产量 2 090.26 万吨,占淡水养殖总量的 71.20%,产出效率远高于其他生产方式。一大批水产名优品种的育苗和养殖技术成功应用,对发展优质高效渔业起到重要促进作用,推动了淡水养殖业的繁荣,为丰富城乡居民"菜篮子"做出了重要贡献。以叶轮式增氧机为代表的养殖装备科技成果的应用则大幅度提高了单位面积池塘养殖密度;颗粒饲料机、膨化饲料机、投饲机的研发成功保证了全价配合颗粒饲料的大量使用,提高了养殖集约化程度与经济效益。20 世纪 90 年代后,我国水产养殖机械化发展速度加快,目前大部分池塘养殖生产主要作业环节基本实现机械化。冰温和微冻保鲜、速冻加工、鱼糜生物加工、低温快速腌制、糟醉、低强度杀菌和鱼肉蛋白的生物利用等加工技术的推进应用使得大宗淡水鱼加工利用程度进一步提高。手机、网络等新媒体技术的传播应用也在一定程度上促进了信息不对称问题的解决,助推产业发展。

2008 年,国家大宗淡水鱼产业技术体系成立。经过 8 年的建设,体系在科技支撑产业发展方面作用巨大。本章主要分析我国大宗淡水鱼科技体系发展现状、国家大宗淡水鱼产业技术体系运行情况及效果、目前水产科技体系存在的问题及改革难点等,并提出有关建议。

第一节 大宗淡水鱼科技体系发展现状

一、我国渔业科研和推广机构体系比较完整

目前,我国有 1 个国家级水产科学研究院、9 个国家级水产科研所、38 个省级渔业科学研究所、60 个市级渔业科研所,还有中科院、教育部以及地方科技、教育部门所的十多个从事渔业科研的研究所和大学,共同构成我国渔业科研体系。这个体系为我国渔业培养了涉渔院士 10 余名、国家级院所和省级研究所渔业科技人员 4 000 多人,其中高级职称人员占 1/3 以上。此外,全国各级水产技术推广机构有 14 000 多个,实有人员 4 万多人,技术人员占实有人数的72%①。2008 年,现代农业产业技术体系设置大宗淡水鱼、罗非鱼、虾、贝类、鲆鲽类 5 个水产体系,聚集了农业部系统涉渔科研机构、中国科学院水生生物研究所、高等院校水产院系的一批科学家,体系内设遗传育种、养殖工程与设施、饲料营养、病害防控、加工、产业经济 6 个功能研究室,并在研究室基础上设立研发中心,在主要水产大省设立综合试验站(大部分站以地方水产科学研究所和水产技术推广站为依托单位)承接各岗位科学家的研发推广任务。其中,大宗淡水鱼产业技术体系规模最大。现代农业产业技术体系为渔业科技体系构架探索了新的运行模式和新经验。

二、渔业科技投入和成果逐年增加,职能得到强化

"十二五"期间,我国渔业科技投入力度不断加大。全国涉渔科技与推广经费达 50 多亿元。其中,国家级科研项目近 1 000 项,经费 20 亿元,省级科研项目 4 500 余项,经费 16 亿元②。现代农业产业技术体系、公益性行业科研专项、支撑计划和高技术船舶科研计划等项目累计投入 15.25 亿元,其中,5 个现代农业产业技术体系投入经费 5.9 亿元。渔业科研条件建设累计投入近 15 亿元。地方政府也加大了对农业科技的投入力度,很多省根据国家级产业技术体

---

① 农业部渔业渔政管理局,"十二五"渔业科技工作成效显著,www.agri.gov.cn.
② 农业部渔业渔政管理局,"十二五"渔业科技工作成效显著,www.agri.gov.cn.

系框架设计建立了省级农业产业技术体系,其中也包括水产。

科技与推广成果不断涌现。"十二五"期间,11项渔业科技成果获得国家科技奖励,23项成果获得中华农业科技奖,8项成果获得范蠡科学技术奖;20个项目获得全国农牧渔业丰收奖农业技术推广成果奖,30名个人获得农业技术推广贡献奖,1项成果获得农业技术推广合作奖。全国共培育68个水产新品种。全国水产技术推广系统累计取得各类技术成果86项,获得实用新型和发明专利127项。到"十二五"期末,渔业科技贡献率达到58%,水产原良种覆盖率均达到60%,水产遗传改良率达到35%。

渔业科研和推广机构公益性职能不断强化。科技投入的增加,提高和增强了我国渔业科研与技术推广体系的经费保障水平和实力,使科技机构和人员趋于稳定,实验室、仪器设备、图书资料、实习工厂和基地等设施条件得到改善,强化了公益性职能。在渔业科研方面,应用基础理论、应用研究和技术开发等不同层次的科研体系已经形成;在渔业技术推广方面,通过全国范围的科技下乡、科技入户、科技培训、科技咨询等科技服务活动,有60多个渔业主导品种和36项渔业主推技术在全国推广,建立了一大批示范基地,培育了一批科技示范户和实用人才,促进了产业升级、节本增效和健康养殖。

三、大宗淡水鱼产业技术体系科技成果突出

"十二五"期间,大宗淡水鱼产业技术体系围绕大宗淡水鱼主导品种,针对产业发展关键技术和瓶颈问题,加快开展重点科技研发与攻关,加快技术成果和产品的集成创新和中试熟化,突破了一批重大技术难题,形成了具有技术创新性和实践意义的科技成果,有效促进了我国大宗淡水鱼产业向着现代化方向发展。

(一)新品种选育取得突破性进展

"以养为主"的渔业发展道路决定了水产苗种繁育的关键性作用。随着大宗淡水鱼产量的增长,产业发展对水产优良品种的需求越来越大。1996—2000年,我国加快了优良新品种的培育和产业化进程。建立了一批国家级水产原良种场,组织开展全国现代渔业种业示范场创建活动,评审通过全国现代渔业种业示范场66家,引导种业企业向"育繁推"一体化方向发展,现代种业建设得到加强。1996—2015年,国家水产原良种审定委员会共审定168个新品种。到2013年,全国建立了65家国家级的原种场、良种场,575家省级水产原良种场,

在建水产种业示范场超过 60 个。"十二五"期间,通过国家原良种审定委员会审定的大宗淡水鱼新品种有 8 个(由国家大宗淡水鱼产业技术体系岗位科学家及团队培育的新品种 3 个)。

1996—2000 年,淡水产品新品种在水产品新品种中的比例为 87.5%,海水只有 12.5%;2001—2010 年,淡水产品新品种比例 62%,海水只有 38%;2011—2015 年,淡水产品新品种比例为 38%,海水产品新品种比例为 62%。可以看出,进入 21 世纪以来,我国水产养殖发展较快,前十年淡水新品种培育较多,近 5 年,海水新品种培育迅速超过淡水产品。

"十二五"期间,大宗淡水鱼产业技术体系开展了新品种扩繁与养殖技术研究示范,在优良新品种研发和扩繁上取得显著成绩。育种岗位科学家采用微卫星、SNP 及线粒体 DNA 等分子标记和叠代保种法等技术,建立异育银鲫"中科 3 号"、松浦镜鲤、长丰鲢、福瑞鲤等新品种亲本提纯复壮和保种技术体系 5 套。建设新品种良种扩繁基地 42 处,构建了完善配套的新品种苗种大规模人工扩繁技术体系,形成了成熟的良种扩繁与大规模人工育苗技术 12 套,制定相关技术操作规程 15 个,规模化生产时的催产率、孵化率和出苗率平均达到 80% 以上。2015 年,体系共繁育长丰鲢、异育银鲫"中科 3 号"和福瑞鲤等新品种水花鱼苗 58 亿尾以上,夏花鱼种 8 000 多万尾,推广养殖面积达 140 多万亩。5 个新品种共建立良种健康养殖模式 13 个,构建了"中科 3 号"养殖过程中随环境因子变化的整套精确投喂体系,形成适宜的新品种饲料配方 7 个。基于分子标记的亲鱼繁殖配组技术,避免近亲繁殖和种质退化,完成了草鱼、鲢鱼、鳙鱼、鲤鱼、团头鲂等大宗鱼类优质苗种生产推广,获得良好经济社会效益。大宗淡水鱼类亲缘关系鉴定软件已推广到苗种生产企业,在指导苗种繁育中发挥作用。

(二) 高效健康养殖技术模式成果显著

1. 大宗淡水鱼高效健康养殖模式

我国养殖池塘环境封闭,自我调控能力差,存在水质劣化、用水量多、换水量大、富营养物排放严重、生产效率低下等问题,强化池塘水调控能力是个重要课题。"十二五"期间,大宗淡水鱼产业技术体系以养殖设施规范化建设技术为基础,集成应用池塘生态工程化调控技术,构建了 9 种大宗淡水鱼高效健康养殖模式,并在全国进行了推广示范研究。**一是三级净化池塘循环水养殖模式**。在江苏武进构建三级净化循环水养殖模式,以养殖草鱼、鳊鱼为主,三年连续监测结果显示,该模式对养殖排放尾水有显著净化效果。参照国家地表水环境质量标准(GB3838—2002),池塘的水质为 V 类,经过处理后,水质为 III-IV 类,符合养殖用水标准。**二是人工湿地-池塘循环水养殖模式**。该模式实现节水

50%以上,减排 50%以上,经复合湿地净化后可达到Ⅲ类水。**三是高效循环水池塘养殖模式**。循环水池塘养殖模式是一种设施装备技术程度较高的池塘养殖模式系统。它是采用池塘生态工程化养殖技术,具有标准化的设施设备条件,通过人工湿地、高效生物净化塘、水处理设施设备等对养殖排放水进行处理后循环使用,实现"节水、安全、高效"的目标。一般由池塘、渠道、水处理系统、动力设备等组成。处理养殖排放水时,一般采取潜流湿地和表面流湿地相结合方法,湿地面积要占到养殖水面的 10%～20% 左右。根据不同地区特点,体系在新疆建立了"节水型池塘循环水养殖模式系统"、在宁夏建立了"池塘循环水养殖模式",并在上海、河南、扬州等地推广示范。**四是北方池塘节水减排养殖模式**。该模式主要利用生物絮团调水技术,主养松浦镜鲤,在零交换水的条件下,通过人为添加有机碳物质,调节水体的 C/N 比,提高水环境中异养细菌数量,利用微生物同化无机氮,将水体中氨氮等养殖代谢产物转化成细菌自身成分,并通过细菌絮凝成颗粒物质被养殖生物所摄食,起到调控水质、促进营养物质循环、降低饲料系数、提高养殖生物成活率的作用。**五是以池塘生态工程化控制技术为核心构建池塘养殖节水减排模式**。根据池塘养殖鱼类的特性,将工厂化水系统的废水处理技术与养殖过程的生态调控技术结合,建立了一套"田字法"池塘工程化的节水减排模式,工程化池塘可减少换水 50% 以上,硝酸盐氮去除率为 5%～16%,氨氮去除率为 12%～40%,亚硝酸盐氮去除率为3%～15%,溶解氧保持在 4.5 毫克/升以上。**六是生态基节水减排新模式**。从改良微生物栖息环境、平衡微生态的角度出发,探讨了利用生物附着面较大的聚丙烯材料作为生态基载体材料,为营固着生活的细菌、藻类、原生动物等生物提供良好栖息环境。将生态基技术应用于大宗淡水鱼养殖中,检测养殖水体的水质、藻类和原生动物等变化情况,并通过提取生物膜和水体中微生物基因组DNA,利用变性梯度凝胶电泳比较生物膜和水体中微生物种群的差异,同时测量药物使用和养殖产量,结果发现生态基在改善池塘水质、维护生态平衡以及减少药物使用等方面具有较好效果。**七是生态滤池高效净化的复合池塘养殖模式**。通过建立一组四级串联的强化组合湿地与养殖池塘串联,形成生态滤池高效净化的复合池塘养殖模式,在主养鲫鱼、混养草鱼的情况下,鱼的生长速度、产量、成活率等都高于对照塘。**八是稻田生态工程化调控技术和稻田异位修复的复合池塘养殖模式**。将稻田种植系统和池塘养殖系统进行结合,构建稻田-鱼塘复合循环水养殖系统,系统由稻田、鱼塘和生态沟渠三部分组成。该模式示范主养草鱼,成活率、饵料转化系数、总产量等都优于对照塘。稻田在利用养殖池塘肥水灌溉的情况下,可节省常规施肥量 20%,亩节省肥料成本 41.8元。**九是以"池塘生物浮床＋生态沟渠"为核心构件,构建循环水调控的养殖小**

区水质生物修复技术模式。以"池塘生物浮床＋生态沟渠"为核心构件,构建了"四个一"工程化水质修复技术:"一点",总支渠之间的节制闸,以控制水体流动;"一线",生态沟渠,为养殖废水主要净化场所;"一面",生物浮床,沟渠中架设生物浮床,强化净水功能;"一控",水流调控,控制沟渠流速为缓流态(流速＜10厘米/秒)以利于提高生物对水体净化作用,运行效果良好,节水40％以上,减排80％以上。

2. 精准化饲喂技术

以大宗淡水鱼池塘生态物质与能量转换机制、饲料营养及投喂策略研究为基础,构建基于环境因子变化与摄食规律的投喂模型,应用自动化投喂设备及控制软件,实现精准投喂。体系在鲫鱼上开展了投喂技术研究和生产性示范研究;开发了无线控制系统和管理软件,建立了数字化精准投喂系统,实现了投饲机的远程、异地遥控,研发了基于投喂模型的饲料投喂软件,建立大宗淡水鱼精准投喂控制系统规程,并在银川、北京、内蒙、郑州、上海指导建设6个示范基地和建立精准投喂示范区。精准投喂示范区节约劳动力50％以上,节约饲料15％以上。

3. 池塘养殖生产机械化装备技术

为提高大宗淡水鱼池塘养殖工效、减少人工成本及劳动强度,体系研发了一批新型装备,构建了数字化监控系统,初步形成养殖生产机械化与信息化技术体系。具体内容包括:一是围绕精准投喂、高效调控和机械化生产、信息化管理,开展新装备、软件研发和系统构建。应用远程通讯与多点控制技术,研发投饲机远程管理平台;应用多管分配与气力输送技术,开发仓储式多点集中投喂装备;结合投喂策略,建立投喂模型,实现精准投喂。把握光照-底泥搅动、上下水层交换肥水机制,研制光控式太阳能底质改良剂、协助企业研制推广涌浪机。运用拖网捕捞作业原理,研制机械化池塘拉网设备。研发多种新型高效养殖设备并进行示范,在全国建立机械化示范点10余个,其中涌浪机年产量3万台,年产值过亿,其他产品也进行了前期实验和小规模推广。

4. 养殖生产数字化管理技术

基于计算机技术、数据通信技术和传感器技术构建了池塘养殖生产数字化管理系统,该系统主要有水质、气象监测设备和中心控制平台,构建了由定点在线监测和移动巡视监测相结合的养殖小区水质与环境监控系统,并通过水质、气象监测设备将全场范围内的水质、环境等信息及时发送到中心控制平台的数据处理系统,经过数据处理后传递给管理部门和生产管理人员,并提供"水质预警、智能增氧、精准投喂"等控制功能,能够进一步减轻工人的劳动强度,提高水产养殖自动化预警能力。

5. 建立池塘生态工程化调控模式规范 10 项,系统性操作规程 11 项

截至 2015 年,体系已经建立池塘生态工程化调控模式规范 10 项,系统性操作规程 11 项。10 项规范包括:《生物絮团节水减排健康养殖技术规范》《大宗淡水鱼养殖水体水质调控技术规范》《云南山区稻田养鱼技术规范》《云南省水产养殖池塘标准化建设技术规范》《"田字法"工程化池塘养殖技术规范》《蚕豆加盐养殖脆肉鲩技术操作规范》《瘦身草鱼养殖操作规范》《池塘生态工程化调控养殖模式技术规范》《池塘鱼菜共生综合种养技术规范》《池塘 80∶20 养殖技术规范》。11 项操作规程包括:《异育银鲫"中科三号"山塘混养技术操作规程》《养殖池塘修复用浮床空心菜栽培技术规程》《池塘养殖信息管理技术规程》《淡水池塘水质管理规程》《数字化水质监测操作规程》《养殖水质机械调控规程》《标准化池塘改造和规模繁殖场改扩建的设计定型手册》《鲤鱼、团头鲂精准投喂技术规范》《养池塘生物浮床原位调控技术操作规范》《生态沟渠构建技术规范》《精准投喂控制系统规程》《稻田-池塘复合养殖控制点与符合性规范》。

(三) 开展大宗淡水鱼出血性疾病综合防治技术集成示范

针对大宗淡水鱼出血性疾病多发频发,有效控制技术缺乏的问题,体系病害防控岗位科学家在"十二五"期间系统调查了我国主要淡水养殖鱼类出血性疾病流行规律和病原分型分布,进行病原分离、病原特性分析;开展了病原快速检测技术和诊断规程研究。制备出鲫疱疹病毒病灭活疫苗;熟化了疫苗制备、生态防控、免疫制剂创制、药物安全使用、风险因子分析等技术;制订出以病害预警、免疫预防、健康养殖技术为主及抗病药物防治为辅的综合防治技术规程,并在全国淡水养殖鱼主养区域进行示范。

目前体系已经完成烂鳃病、肠炎、赤皮、败血症的 PCR 诊断技术;编写《大宗淡水鱼细菌病防控技术手册》,推广示范 1 万亩;完善了 20 种重要寄生虫病的形态诊断和临床诊断技术规范;制定了 6 种三代虫病的诊断技术规程;寄生虫病诊断技术在 10 多个试验站进行了示范应用,面积在 1 万亩以上。总结了草鱼 2 种指环虫和鲫鱼 4 种粘孢子虫的流行病学规律;总结了坏鳃指环虫和粘孢子虫的生活史,制定 1 套相应的生态防控技术;收集水霉菌株 10 株,根据有性繁殖及无性繁殖特性进行了分类鉴定,利用 ITS 区序列测序进行了验证;根据该真菌通用引物设计 PCR 诊断反应,开发一套广谱鱼类真菌病原鉴定技术流程。系统研究了盐酸多西环素、甲砜霉素、硫酸新霉素和磺胺嘧啶的药代及药效动力学结合参数,确定了这四种药物在大宗淡水鱼中的 4 套防耐药用药方案。

制备鲤疱疹病毒Ⅱ型、鲤疱疹病毒Ⅲ型和草鱼呼肠孤病毒检测试剂盒,已经开展应用示范试验,面积已达 2 000 亩。草鱼出血病活疫苗、草鱼烂鳃-肠炎-赤皮三联灭活疫苗、淡水鱼气单胞菌二联灭活疫苗共免疫草鱼种 80 万尾,免疫鱼的平均成活率达 90%以上,与对照组相比平均提高成活率 20%,免疫防病效果明显。在江苏大丰地区联合通威公司开展异育银鲫疾病防控技术推广示范 1 万亩,通过免疫增强剂、增氧、疾病诊断、药物等技术综合应用使用,显著降低鲫鱼鳃出血病、粘孢子虫病、细菌败血病疾病发生。

(四) 精准投喂和品质改善技术稳健发展

体系研究了大宗淡水鱼生产变化和投喂规律。针对鲤鱼、团头鲂生理特点,研究了周期间隔投喂对鲤鱼和团头鲂的影响,通过生长、摄食、血液生化指标变化,发现建鲤在饥饿:饱食为 1:4 的比例下具有可获得完全补偿生长的摄食和利用特点。这一发现对生产的意义在于:在环境不良(如高温、低氧、水质恶化等)、应激前后(如运输前后、拉网锻炼前后等)、及鱼体状况不佳(如疾病初愈等)等情况下,应当减少或者避免喂食,这种少喂或者不喂不会影响鱼类整个养殖期的生长。

在进行营养物质与投喂模式的交互试验后发现,鱼类采食高能、高蛋白饲料更易获得补偿生长,而采食仅满足营养需要量的饲料,则不容易发生补偿生长。这一发现对生产的意义在于:适当提高饲料营养标准,可以减少投喂量或投喂次数,达到减少饲料浪费和水体污染的目的。

在进行免疫增强剂和投喂模式的交互试验后发现:短期间隔高剂量免疫和长期低剂量免疫,可以获得相似的免疫结果,为免疫增强剂使用提供了新的思路和方法。

完善了鲫鱼、青鱼、团头鲂投喂体系,优化了饲料投喂技术。相关技术在综合试验站示范推广。

大宗淡水鱼品质改善营养学调控的研究与示范。初步建立鲫鱼、青鱼、团头鲂品质评价体系。研发出 2 种可调节鲫鱼品质的配方,开发出 3 套可改善青鱼品质的膨化颗粒饲料配方技术,建立了青鱼微囊藻毒素检测方法,开发出青鱼免疫促进剂 2 种,形成改善团头鲂肌肉品质的技术 1 套,为提高大宗淡水鱼养殖产品的品质、口味、口感提供研究基础。研究通过饲料配方和投喂模式影响到水产品品质的机制,在使用优良品种、合理的养殖模式、科学的病害防治模式等基础上,通过营养与饲料调控技术,改善产品品质。

（五）大宗淡水鱼加工技术取得新进展

近年来,我国在冰温和微冻保鲜、速冻加工、鱼糜生物加工、低温快速腌制、糟醉、低强度杀菌和鱼肉蛋白的生物利用等方面取得了系列进展,研发了一批新产品,建立了一批科技创新基地和产业化示范生产线,储备了一批具有前瞻性和产业需求的关键技术,我国淡水鱼加工关键技术和装备水平取得了明显提升。

针对我国大宗淡水鱼加工和贮藏保鲜技术落后,加工企业规模小、品种单一、机械化程度低、加工深度不够、质量安全水平不高等问题,体系开展了大宗淡水鱼系列方便即食产品研发与集成示范。

一是阐明了草鱼、鲤鱼、鲢鱼在4℃冷藏过程中菌相的变化规律,确定了引起鱼肉冷藏过程中品质变化的主要腐败菌,并应用大蒜精油、肉桂精油及壳聚糖建立主要腐败菌的控制技术;明确了壳聚糖涂膜、茶多酚、减菌处理以及包装方式对草鱼片冷藏过程中理化特性、菌群、生物胺及脂肪氧化和这些因素最终对风味及感官品质的影响,建立了基于壳聚糖涂膜的草鱼片保鲜技术;探明了草鱼片冰藏过程中蛋白降解规律以及组织蛋白酶 B 和 L 对肌原纤维蛋白降解的影响,研究了可食性添加剂、天然提取物以及超高压处理对草鱼片冰藏过程中内源性组织蛋白酶、钙激活蛋白酶和胶原蛋白酶活性、蛋白降解和质构品质的影响,建立基于内源蛋白酶控制的鱼片保鲜技术;明确了不同部位鲤鱼肉在冷藏过程中主要风味物质(IMP)和品质的变化规律以及宰杀方式对草鱼主要风味物质和肌肉品质的影响,建立了鲤鱼宰杀后鱼体中 IMP 的调控技术;探明了鳙鱼、鲤鱼冻藏过程中蛋白质理化特性和结构变化,建立了鳙鱼、鲤鱼冻藏过程中蛋白质理化指标变化的预测和调控技术。

二是采用生物发酵技术对鱼进行综合加工利用,开发休闲风味发酵鱼、复合发酵香肠、发酵鱼露产品,初步探明了鱼肉内源酶及微生物发酵产酶对鱼肉蛋白质降解、脂肪水解的作用及与鱼肉质构及风味间的关系;开发了鱼糜节水漂洗新工艺,明确了臭氧处理、溶剂环境因素、外源蛋白、多糖、盐类对鲢鱼肌动球蛋白构象、流变特性、体外自组装行为以及鱼糜凝胶特性的影响,探明了热处理对纳米化鱼骨破碎动力学和钙释放度的影响以及纳米鱼骨对鱼肉蛋白凝胶影响机制,开发了低盐鱼糜制品和耐热鱼糜凝胶制品生产技术;通过对淀粉、蛋白质种类及添加量、面淀比、油炸工艺条件对油炸裹糊鱼块吸油率、感官等品质指标的影响,开发较低含油率的即食裹糊油炸鱼生产技术;通过预干燥、油煎适度脱水、卤制和真空包装开发了冷藏卤味鳙鱼产品;研究开发了低盐半干松浦镜鲤、团头鲂生产技术、重组织化风味休闲鱼制品生产技术;确定了酶解产物的功能特性与酶解产物分子量大小的关系,开发了以鱼肉为原料的鱼肉蛋白肽产品 2 个。为企业提供技术咨询指导和服务,与滨州万嘉生物科技有限公司合作建立鱼肉蛋白多肽生产线 1 条,参与制定企业标准 2 项,水产品综合利用形成良好的生产体系。

四、技术示范推广进程和公共服务能力建设加快

大宗淡水鱼产业技术体系形成了一套联系密切、健全实用、反应迅速的试验示范、应用推广的工作机制,可以实现资源、信息、技术的互联互通,随着研发水平不断发展,技术的试验示范、应用推广工作机制逐步健全,队伍建设进一步强化,公共服务能力加快提升,为产业的可持续发展提供了强大的科技支撑和有力的组织保证。

围绕产业发展需求,大宗淡水鱼产业技术体系进行共性技术和关键技术研究、集成和示范,将技术研发推广任务明确细化、重心下沉、密切联系,建立一套"功能研究室-综合试验站-示范基地-示范户"工作机制,科学家与养殖户、企业、技术推广部门等建立直接联系,研发成果可以直达产业部门,扩大了科研力量的辐射作用,针对基层开展技术示范和技术服务,有效推进了产学研结合,为产业发展提供全面、系统的技术支撑。通过示范县经济信息采集与监测系统,及时分析大宗淡水鱼产销信息,为政府决策提供咨询和信息服务。依托试验站和示范基地平台,加大主导品种和主推技术的示范推广。在应急性任务方面作用明显,指导渔民开展科技抗灾、救灾和灾后复产。

五、科技长入经济取得积极进展,打通"最后一公里"取得明显成效

近年来体制基本理顺以后,科技对水产业科学发展的支撑作用越来越明显。

1. 大宗淡水鱼良种化程度不断提高

科技是第一生产力。科技水平从根本上决定了大宗淡水鱼产业的长期发展潜力和水平。我国淡水鱼类全人工繁殖技术及其理论一直处于国际领先地位。截止 2008 年底,全国通过审定的淡水养殖鱼类新品种共 34 个,其中杂交种 14 个、选育种 20 个;具体品种中,鲤鱼品种 18 个、鲫鱼品种 10 个、团头鲂品

种 1 个、罗非鱼品种 4 个、虹鳟鱼品种 1 个,其中鲤鱼、鲫鱼占了 82％以上,罗非鱼占 11％。目前,我国淡水养殖鱼类苗种 90％来自人工繁殖,可人工繁殖的淡水鱼类有几十个品种,大宗淡水鱼均能进行人工繁殖。2012 年,我国淡水鱼苗产量已经达到 11 181 亿尾。人工繁殖种苗问题的解决,有效促进了淡水鱼类养殖业发展。

大宗淡水鱼新品种研发周期长,从研发到品种商业化推广需要更长周期。异育银鲫"中科 3 号"是 2008 年水产新品种,目前,"中科 3 号"在全国鲫鱼主养区的养殖比例占鲫鱼养殖总量的七成以上,而前二代异育银鲫通过 20 多年的推广也未取得如此大的影响力。这和产业技术体系的推广力度大不无关系①。

2. 节本减损

大宗淡水鱼产业技术体系新品种、新模式、新技术的示范和推广,有效节约了养殖户的养殖成本和降低了损失。体系研发推广的池塘鱼菜共生综合种养技术实现亩利润 4 675.7 元,蔬菜新增纯收入达到 1 028.1 元,节约水电、药等成本一半以上。据宁夏试验站试验基地测算,使用物联网智能监控、微孔增氧、涌浪机水体循环等新装备养鱼,可节本增效 20％左右,亩均增收 1 000 元以上。

3. 农民增收和企业增效

体系推广的异育银鲫"中科三号"、长丰鲢、福瑞鲤、松浦镜鲤等新品种在渔民增收、病害防控等方面效果突出。中科三号生长速度快、体型好,市场价格比常规鲫鱼每千克高 0.5～1 元,湘阴县试点推广的基地渔场实现每亩新增平均效益 1 100 元,户平均增收 2 万元以上。南宁站开展的对比试验显示,福瑞鲤在生长性能和抗病能力方面都较本地鲤鱼有较大优势;长丰鲢个体增重平均比本地鲢鱼高 13.6％,平均每亩增产 78 千克,按单价 5.2 元/千克计算,每亩可增收 405 元。

4. 促进产业升级

随着新品种推广、病害防控技术应用、先进渔业机械示范以及加工技术进步,大宗淡水鱼养殖生产管理水平和渔业现代化水平不断提升,为渔业增效、渔民增收起到积极促进作用。以二龄草鱼注射"草鱼出血病活疫苗""草鱼细菌病三联灭活疫苗"示范与应用为例,2014 年长春站示范结果表明,草鱼注射疫苗对于提高草鱼成活率效果明显,可使草鱼苗成活率达 95％以上,养殖户亩均增收 500 元,同时减少了鱼药使用量,提高了鱼的品质。

---

① 桂建芳院士:抗病新品种最难培育,中国农业新闻网-中国渔业报,2016 年 4 月 18 日,http://www.farmer.com.cn/kjpd/dtxw/201604/t20160418_1199317.htm。

5. 节能减排

通过开展池塘生态工程化循环水养殖模式、工湿地-池塘循环水养殖模式、北方池塘节水高效型养殖模式以及以"池塘生物浮床＋生态沟渠"为核心构件、循环水调控的养殖小区水质生物修复技术模式等,促进了大宗淡水鱼产业节能减排。据沈阳试验站数据,节水型养殖模式可以降低水体中的氨氮、亚硝酸盐氮、COD 等,亩均可减少排水量 10%,节约用电量 1 元,节省劳动力成本约30 元。

6. 促进合理利用资源与保护环境

现代渔业设备和技术的使用,有效提高大宗淡水鱼养殖生产管理和渔业安全管理水平,有效减少水产养殖污染,改善养殖水域生态环境质量。以池塘无线集中智能控制精准投喂系统为例,银川站试验示范表明,运用精准投喂比传统人工投喂省工,并能解决因人为投喂不足或过量造成的经济损失和对养殖环境的破坏。

"十二五"期间,国家大宗淡水鱼产业技术体系依托 30 个综合试验站以及182 个示范基地,充分发挥研发岗位的创新作用与试验站、示范基地的技术引领作用,加快推进新品种扩繁、池塘生态高效养殖、病害防控与规范用药、饲料营养与精准投喂、微生态制剂与生物絮团调控水质等关键技术的技术研发进程,并在全国范围内进行试验示范和应用。在体系的组织带动下,科技创新与实践需求有效对接,岗位专家与基层从业人员互动良好,科技研发与应用对产业发展支撑作用日益增强。

第二节 大宗淡水鱼产业可持续发展面临的科技瓶颈

我国大宗淡水鱼产业已经进入增长方式转型的关键时期,从而越来越依赖以育种、养殖、饲料营养、渔机、病害防控、加工技术、信息化建设等为主要内容的科技进步。目前,大宗淡水鱼产业的科技基础仍然薄弱,产业发展的关键环节存在着一些重大的技术瓶颈,影响整个产业持续稳定发展。解决了这些技术瓶颈,会使我国大宗淡水鱼产业发展步入一个新的发展阶段。

就规模而言,我国水产科技体系当属世界最大。但我国近几十年来的科技进步主要是改造和利用传统技术、引进发达国家的部分装备和技术,原创能力不足,育种、病害防控和鱼药、饲料与营养、加工技术等均存在科技成果储备大大落后于发达国家的现象。20 世纪 90 年代以来,我国大宗淡水鱼产业进入增长方式转型的关键时期,未来其高效健康发展将有赖于科技进步的有力支持。但目前,在产业发展的关键环节仍存在一些重大的技术瓶颈问题,与产业发展的要求相比基础研究仍显得十分薄弱。

一、高效、定向、多性状的现代良种选育技术体系尚未形成

种业发展程度直接影响大宗淡水鱼产业的良种化水平和养殖业健康发展。目前,我国在鱼类细胞核移植技术的建立、理论和实际应用方面都居世界领先地位,但在基因工程育种、分子标记辅助育种和 BLUP 法育种方面仍存在滞后。由于育种理论及方法上的研究不足,我国在水生生物繁殖和发育机理方面缺乏系统研究,高效、定向、多性状的现代良种选育技术体系尚未建立。体现在:基因育种进展较慢,在新的基因启动子、基因表达调控研究方面相对落后;基因功能分析研究滞后,难与国外大规模的模式生物鱼类的研究相比;在鱼类胚胎干细胞培养和基因打靶实现转基因定点整合方面研究尚不成熟;DNA 分子标记辅助育种技术在大宗淡水鱼类良种培育中尚属起步;过去受计算工具限制,在育种上有很大实用价值的 BLUP 法的应用较之国外晚了 20 年。

总体上,我国缺乏人工选育的优良养殖品种。我国的水产育种工作取得了长足进展,为增加水产品供给做出了积极贡献,但我国水产新品种选育的技术水平与发达国家相比还有很大差距,特别是在种质资源高效利用和新品种选育效率等方面差距较大,与大农业和畜牧业相比也有较大差距,主导品种的产量、抗性和品质尚不能满足渔业生产和市场的需求。我国人工选育的良种偏少,占水产养殖总产量 70% 以上的青鱼、草鱼、鲢鱼、鳙鱼等主要养殖种类目前仍依赖未经选育和改良的野生种,水产养殖业的良种覆盖率还比较低。因此,开展水产养殖主导品种的良种培育是保障国家食物安全、解决"三农"问题和参与国际竞争的重要组成部分,具有重要的经济、社会和生态意义。

二、养殖设施工程化水平落后,不符合现代水产养殖生态、精准、高效的发展要求

在各类养殖模式中,池塘养殖的集约化、工程化水平相对较高。但是,我国小规模、大分散的池塘养殖特点决定了现有养殖条件与养殖设施向着工程化方

向发展在实践中还有一段不小的距离。

首先,我国养殖池塘多兴建于20世纪80年代初期,经过几十年的利用,大部分池塘老化淤积问题普遍,造成池塘生产力下降。加之养殖密度越来越高,饲料、鱼药等通过多种形式进入水体,水污染问题突出。养殖户目前主要靠换水、机械增氧和生态制剂来调节水质。好水才能养好鱼。在水质状况不佳的状态下,养殖鱼类会出现应激状态,造成病害多发,药残控制和品质管理困难,也难以应对气候变化的多重影响。

其次,传统养殖池塘规模小,池塘布局仅有提供鱼类生长的空间和基本的进排水功能,不具备废水处理、循环利用、水质检测等功能。在夏秋季节和捕鱼时,养殖废水大量排放,污染周边水域,造成富营养化问题。特别是水库发展网箱养殖,在带来巨大经济效益的同时,也给后续治理带来了难题。总体上看,我国养殖池塘现代化、工程化、设施化水平较低,养殖环境生态化调控手段不足。

第三,养殖机械的精准化水平不高,环境友好型技术支撑体系不完善。在从业人员老龄化、劳动力成本日益增高的情况下,我国大宗淡水鱼养殖逐步向着机械化方向发展。目前,养殖户普遍使用投饲机、增氧机、水泵、清塘机、网箱、温室等,但在饲喂、摄食等环节的精准化程度低,在机械化、电子化、自动化装置方面与国外先进国家还有很大差距。此外,随着工业化、城市化发展,水产养殖用水与工业和生活用水的冲突日益加重,水产养殖水质性缺水局面逐渐加重,目前水体处理技术缺乏实用性,针对养殖水域污染的研究和改进技术还基本处于空白,针对池塘底质污染的生态修复技术还有待进一步完善。

三、病害防控技术体系面临巨大挑战,疫苗、高效绿色鱼药等不能满足实践需要

我国大宗淡水鱼产量及产值近年来一直处于高位平稳运行的状态,现有病害防控技术体系为保障其稳定供应起到了重要的支撑作用。然而大宗淡水鱼产业的可持续发展对我国病害防控技术提出了更高的要求,从而为进一步提高产量和水产品质量提供保障。从更高的高度和长远的角度看,现有病害防控技术体系中存在的重大关键性技术瓶颈问题主要表现在以下方面。

(一)新生疫病防控缺乏前期工作基础

大宗淡水鱼的病害问题由来已久,病毒、细菌、真菌和寄生虫等仍然不同程度持续困扰着广大基层养殖户,由于有限种类药物的长期、大量使用,导致了这

些病原不同程度地产生了抗药性,因此防治难度越来越大。然而,更为严重的是一些以前未曾报道过的病原近几年来在我国也大范围流行,给一些鱼类主养区的养殖户造成了巨额损失。如锦鲤疱疹病毒以前只危害观赏鱼锦鲤,最近几年在我国北方鲤鱼主养区暴发疾病;同样,以前只危害金鱼的鲤疱疹病毒Ⅱ型近几年来在我国中东部鲫鱼主养区肆虐。这些新生疾病的前期研究基础薄弱,防控技术研究基本上是空白,因此,目前我国对这些新生疾病的防控措施制定基本是一个试错过程。新生疾病的防控技术需要产、学、研各界集中优势资源,协力攻关,只有有了扎实的前期工作基础,才可能掌握有效的疾病防控技术。协同攻关就需要行政主管部门对大宗淡水鱼类新生疾病高度重视,在资金划拨、单位协调、人员整合等方面发挥领导和引导作用。新生疾病的出现往往意味着产业发展的巨大风险正在酝酿,没有针对新生疫病的有效前期研究就不可能提出解决问题的针对性的科学防控措施。

(二) 疫苗的基础研究和应用技术不能满足生产实践需要

大宗淡水鱼目前适用的商品化疫苗极其有限,且集中在草鱼一个品种上,主要包括细菌、烂鳃和肠炎三联灭活疫苗及草鱼出血病减毒疫苗,而且这些为数不多的疫苗在广大草鱼养殖区的应用范围还很有限。一方面,由于疫苗研制需要强大的基础研究作为支撑,因此难度较大、耗时漫长;另一方面,由于免疫途径的限制,疫苗免疫过程费时费力、免疫效果因受多种因素的影响经常不稳定也在客观上影响了疫苗在我国的大面积应用和推广。尽管开发更多的适用疫苗来预防疾病而不是过度依赖化学药物治病是大宗淡水鱼健康养殖的长远要求,但是在可预见的将来很长一段时间内都没有办法实现这个目标。影响疫苗产品供给的主要制约瓶颈在于基础与应用研究还比较薄弱,其中包括基础理论、研究手段、研制技术、应用技术等等都需要突破,如主要致病病原的甄别、宿主的免疫应答模式研究、免疫原的寻找及免疫效果评价、免疫途径的深入研究和使用等方面都需要长期不断地探索和改进。到目前为止,有关草鱼疫苗的基础相对来讲稍好一些,但即使如此,很多基础性数据也非常欠缺;其他大宗淡水鱼品种可以说更是空白。目前亟需解决的问题是什么样的免疫途径最符合大宗淡水鱼的生活习性及养殖特点,使用什么样的免疫原才能达到最佳免疫效果,如何通过有效的产学研结合加速疫苗的研发进程,等等。这些问题的解决既要依赖我国鱼病科学工作者的共同努力,更要依赖国家有关主管部门的高度重视和全面部署。然而,不管怎样,这都将是一个漫长的过程。

(三) 水产专用高效绿色鱼药研制缺乏发展空间

我国是一个养殖大国,也是一个鱼药生产和使用大国,目前,药物防治仍然是鱼类疾病防控的主要手段;我国鱼药厂家众多,生产的药品种类近 200 种。然而,可以预见的是,为了保证我国水环境的可持续利用、养殖渔业的可持续发展和水产品质量安全,未来的鱼类养殖必将逐步减少化学投入品的生产和使用,而对高效绿色鱼药的需求会逐步增加。但是,迄今为止我国高效绿色鱼药的研制进展缓慢,有害鱼药甚至禁用药物的替代品尚无一例成功获得产品批文与生产许可。究其原因,主要是我国进行鱼药研发的科研队伍太少,而鱼药企业普遍生产规模小且不具备研发能力。国内鱼药的种类及使用方法基本沿袭兽药的既有模式,没有顾及水生动物的特点和品种差异。现有鱼药种类繁多,但属于水产专用的源头创新产品屈指可数。国内针对一些鱼药的使用技术及休药期研究逐步系统化,但在药效与新药研发上进展缓慢。这个现状与鱼药的研究和使用长期得不到政府和企业重视有关。新鱼药的研发需要较多的人力、物力和财力投入,而且绿色环保药物的药效相比较目前的化学药物而言普遍会差一点,渔民用药习惯的转变也会是一个较长的过程,这决定了鱼药企业通常缺少这方面的创新动力。

(四) 水产品的质量安全隐患缺乏技术手段完全消除

水产品的质量安全问题是全社会关注的焦点,也是大宗淡水鱼产业技术体系关注的一个重要领域。药物残留问题目前来说是水产品质量安全诸多影响因素中最重要的一个影响因子。目前我国实行重点养殖场和水产品交易市场的抽检制度,能有效监管和保障极小一部分水产品的质量安全问题。但是国内绝大多数省份都有养殖水域,多数地方的水产品生产与供应并没有有效的检验检疫技术保证质量安全。药物残留的快速检测技术和物联网技术的应用尚不普及,水产品的产地检疫制度尚无有效实施,这些都不可避免地留下影响水产品质量安全的隐患。就世界范围而言,要全面实施药物残留的检验也耗时费力、花费巨大,不容易执行。我国国情决定了未来相当长一段时间必须注重渔民的质量安全教育和用药知识培训,开发更多快速筛查技术,在生产和消费环节防范药物超标影响人民身体健康。

四、营养学基础研究滞后,低成本、高效和替代性强的饲料研发不足

水生动物营养研究与饲料技术的开发是水产饲料工业的基础。20 世纪 80

年代以来,我国水生动物营养与饲料的科研队伍不断壮大,对我国主要水产养殖品种的营养需求与饲料已开展了较为广泛的研究与开发。目前,我国对鲤鱼、草鱼、鲫鱼、斑点叉尾鮰、罗非鱼等营养与饲料研究具备了一定基础,但由于起步晚、投入少、基础研究薄弱,缺乏系统的科学研究,大多数养殖品种营养研究不够深入,制约了水产饲料工业的发展。与国外相比,我国在水生动物营养研究与饲料开发方面还存在较大的差距,主要表现在研究的深度和广度不够。据产业经济研究室调查,饲料业对提高饲料中蛋白含量、减少原料污染、有效资源的开发利用、饲料配方的优化技术和成本控制技术、设备升级改造等需求强烈。具体而言,存在以下问题。

(一) 饲料配方技术研究开发不足

配方技术是水产饲料发展的重要基础,是提高饲料利用效率,解决饲料成本高和废物排放问题的关键性技术。日本、挪威、美国等国的养殖鲑、鳟、鲆鲽鱼和鲤鱼饲料系数在 1.0~1.3 之间,其他鱼类及甲壳类的饲料系数在 1.5~1.8 之间。我国目前只有部分品种的饲料系数总体水平达到 1.8。由于我国对水产品营养需求的研究不够,基本数据空白或残缺,技术盲点多,使水产饲料业配方粗糙。

(二) 研究缺乏系统性

目前,多数大宗养殖鱼类不同生长阶段的营养参数没有建立,饲料配方无法精准设计,饲料效率不高。已有研究主要集中于蛋白质、脂肪与碳水化合物等大量营养素指标的研究与配方的筛选,对微量营养元素的营养作用及其需要量缺乏深入、系统的研究,影响饲料配方的进一步优化、完善和饲料利用率的提高。由于鱼粉等优质蛋白源日益短缺,价格上升,要加快新蛋白源的开发。开发营养拮抗因子去除、平衡必需氨基酸、平衡无机盐、改善饲料适口性、提高消化利用率等一系列技术,使我国水产饲料的鱼粉平均含量降低到 8% 以下。

(三) 应用基础研究不足

目前在研究方法上主要采取广撒网式的筛选配方方式,对消化生理、营养生理等饲料生产的应用基础研究不重视。对养殖产品安全的营养调控机理研究明显不足,尚未全面构建与实施饲料生产良好操作规范和可追溯技术体系,养殖产品的质量形成机理和营养调控技术研究几乎是空白。营养与消化、营养与环境、营养与免疫、繁殖营养生理、分子营养、营养代谢调控等诸多方面的研究亟待加强。

(四) 基础数据库建设有待完善

从鱼类基本的需求角度提高配方水平，需要对主要养殖动物的不同阶段、不同环境下的营养需求、主要原料消化率、饲料加工工艺等基础数据库的逐步完善。目前的水生动物营养需求和饲料利用率等数据库，远远满足不了精准饲料配方设计的要求，这是造成渔用配合饲料"同质化"的根本原因。

(五) 添加剂的开发不力

我国的饲料添加剂绝大多数是矿物盐和氯化胆碱，而技术含量较高的氨基酸、维生素等产品生产能力较低，与发达国家的差距非常大。添加剂的开发研究热衷于开发"促长剂"之类急功近利、舍本求末的产品，而对真正营养性添加剂、非营养性添加剂的研究不够重视，水产专用饲料添加剂研发不能满足产业发展需求，绿色无害的促生长、增强抗病力、提高饲料利用率和水产品品质的饲料添加剂研究不足。

(六) 水产饲料成套加工设备开发不足

我国渔用配合饲料加工的成套设备制造的工业体系，与发达国家仍然存在显著差距；对水产饲料成套加工设备的研究与生产未给予足够重视，主要依赖进口主机的被动局面未能改变。要加快开发出低值原料的前处理技术和设备、异型制粒和干燥设备、输送系统等，使我国水产饲料加工成套设备制造工业体系更加完善。基本实现水产饲料 GMP 生产操作规范，建立饲料业生产条码管理溯源体系，保证我国水产饲料安全生产。

(七) 对饲料原料的开发与质量控制不够重视

我国优质蛋白质原料如鱼粉、豆粕等绝大部分依赖进口，高比例替代鱼粉鱼油的关键科学问题和技术问题仍未解决。饲料原料的数量和质量难以满足我国水产饲料工业高速发展的需要。此外，生产中出现的鱼体变色(特别是无鳞鱼类)问题尚未找到其发生的生理生化机制；因摄食渔用配合饲料而产生的氮磷排放问题依然十分严峻等。目前，降低饲料成本、确保饲料质量和开发低污染环保饲料是水产饲料企业和养殖户的客观要求，也是水产科技的一个重大研究课题。

五、能实现加工增值、资源综合利用的加工技术仍显薄弱

近年来,我国已经在冰温和微冻保鲜、速冻加工、鱼糜生物加工、低温快速腌制、糟醉、低强度杀菌和鱼肉蛋白的生物利用等方面取得了系列进展,研发了一批新产品,建立了一批科技创新基地和产业化示范生产线,储备了一批具有前瞻性和产业需求的关键技术,我国淡水鱼加工关键技术和装备水平取得了明显提升。但总体来看,我国大宗淡水鱼加工业才刚刚起步,产业规模还比较小。在淡水鱼加工业方面,目前最大的技术瓶颈是淡水鱼加工增值和成本控制问题,每年因加工而产生的副产品数量巨大,如何提高水产品加工副产物的利用效率,已成为淡水鱼加工业的关注重点。

(一) 传统淡水鱼食品的工业化生产技术

一些符合我国消费者饮食习惯和深受欢迎的腌熏制品、糟制品、发酵制品以及干制品等特色水产品还多处于小规模作坊式生产,缺乏工业化生产技术,加工产品品种单一,不能满足人们对营养、方便、健康、安全的加工水产品日益增长的消费需求,加工工艺和技术需要更新和升级;亟需解决传统淡水鱼食品工业化生产过程中的生物成熟增香技术、现代发酵技术、低盐快速腌制技术、真空油炸技术、节能干燥技术、低强度杀菌技术、肌间刺工艺化处理技术等及其在淡水鱼加工中的集成应用和工程化放大技术,实现传统特色淡水鱼产品的工业化、标准化、规模化生产。

(二) 新型鱼糜加工技术和调理加工产品

淡水鱼糜生产中,存在耗水量大、废水处理量大,鱼糜凝胶强度低、土腥味重,蛋白易冷冻变性、易凝胶劣化、保质期短等问题,如何以淡水鱼糜为原料,开发食用方便、营养和具有较好风味的高凝胶强度鱼糜系列产品;亟需研究解决骨肉高效分离技术、节水技术、淡水鱼糜抗冷冻变性技术、脱腥技术、胶凝技术(酶交联、生物发酵、多糖对蛋白质凝胶的增强效应)、重组技术等加工技术,开发适合耐煮、耐加热与耐保藏的方便鱼糜制品。

(三) 淡水鱼保鲜、贮藏和质量控制技术

大宗淡水鱼鱼肉柔软细嫩、含水量高、微生物多,捕获后鱼体易死亡,死后极易腐败变质,生鲜制品在贮藏过程中品质下降快,大宗淡水鱼原料特性及其

与水产食品品质间关系、贮藏方式和条件对生鲜鱼制品品质和菌群变化的影响、加工方式和条件对风味休闲水产品品质的影响、淡水鱼肌原纤维蛋白特性与凝胶质构调控等是集成和开发水产品原料保障、加工与保鲜、冷链物流、安全控制和溯源等技术的基础。需要能有效控制淡水鱼流通、贮藏和加工过程中鱼肉品质,保证产品质量安全的贮运保鲜和质量控制技术,全程掌控生鲜或冷冻调理淡水鱼片贮运加工过程中主要物质的理化特性变化规律,一些不良物质(腥味物质等)的形成和调控机理、微生物菌群及其代谢产物的变化规律,建立完善的生鲜或冷冻调理淡水鱼产品的质量控制与追溯体系以及淡水鱼及其生鲜制品的快速检测和评价方法。

(四)下脚料综合利用技术

目前,大多数企业的加工下脚料以低价提供给鱼粉和鱼油生产企业,其中大量的蛋白质、脂肪、灰分等营养物质未被充分开发利用,企业亟需开发具有高附加值和市场前景的副产物深加工产品。以白鲢等淡水鱼为例,其采肉率仅25%～30%,而占鱼体70%～75%的加工下脚料或副产物(内脏、鱼鳞、鱼头、鱼皮等)没有得到有效的利用,这些副产品含有大量的蛋白质、脂肪、灰分等营养物质,目前主要用于加工饲用鱼粉和鱼油,但存在价值低、效益差等问题。研究高值化利用过程中所需的低温微粒化技术、生物酶解技术、发酵技术、提取分离技术、蛋白改性与重组技术等关键技术,开发具有高附加值的动物蛋白、胶原蛋白、生物多肽、纳米化的鱼骨浆等深加工产品,使淡水鱼资源得到充分利用和最大限度的增值。

(五)鲜活淡水鱼的贮运保活技术

2011年我国淡水鱼总产量2 343.7万吨,淡水加工产品产量305.14万吨,折合原料457.27万吨,加工比例19.51%,有80%以上的淡水鱼(1 900万吨)仍以鲜活形式上市销售。鲜活淡水鱼在起捕、转移和运输中,因环境条件的急剧改变,会导致鱼体产生强烈的应激反应,从而降低存活率和鱼体肌肉品质。目前对养殖过程中鱼体应激反应研究较多,而对捕捞和运输胁迫下的应激机制与调控及其对淡水鱼肌肉品质影响的研究较少,需要研究淡水鱼运输胁迫条件下的应激机制和调控技术。开发运输、贮藏中的常温保存和品质控制技术,减少存储费用,延长货架期,是加工企业比较迫切的技术需求之一。

(六)劳动力节约型加工机械

目前我国水产加工企业的劳动力成本逐年增加,加工企业希望通过开发鱼体分割设备和干燥效率高、成本低的干燥技术和装备,解决鱼的剖杀、去鳞去腮去内脏、风干等工序的耗劳多、人工费用高的问题。

第三节 科技体制机制迫切需要进一步理顺

科技是第一生产力,从根本上决定了一个行业的长期发展潜力和发展水平。而科技之所以如此重要,是因为科技发展具有创新性,在改进装备、创新产品、保证安全、节约成本、提高质量等方面具有不可替代的作用,可以不断提高产业主体的竞争能力。因此,对提高水产业科技创新能力的重要性要有充分认识。农业科学研究属于溢出效应明显的需要政府支持的领域。我国水产科技的核心力量一直是国家级科研院所。改革开放以来,水产科技体制经历多轮改革,根据市场经济的要求转轨,但体制不顺、激励偏差、投入不足、效率不高的问题仍比较明显,在很大程度上制约了科技作用的发挥。目前的科技体系改革并没有撼动原有体制,更多的是在机制上做文章,而理顺科技体制是回避不了的基本问题。本节主要对科技体制中存在的体制分割、激励偏差、投入不足、效率不高的问题进行分析。

一、体制分割

我国渔业科技体制构架庞大,从中央、省级、地市级(甚至区县级)都有渔业研究、教学和推广机构。此外,综合性研究院和大学有涉渔研究,实力较强的涉渔企业研发力量也在壮大。

科技不是一个独立起作用的要素,水产科技的作用要通过产业主体、良种、水面、基础设施、产业装备等要素体现。科技发展要经过研究、开发、推广、应用等各个环节,需要贯通相关部门、相关区域的网络来实现。建立一个合理分工而又紧密协作的体系,是科技进步的基础。改革开放以来,我国水产科技体制已经开始根据市场经济的要求转轨,但体制不顺的问题仍然非常明显,在很大程度上制约了科技作用的发挥。

1. 科技体系与经济分割

从运行机制来看,我国科技体系仍然明显地具有非常强的计划经济遗留下来的特征,由政府组织开展工作。由于政府的层次结构导致其所附属的推广组织也具有相应的层次结构。在层次结构中,指令及信息传递具有从上到下、逐级传递的特点,而情况汇报及信息反馈则具有从下到上、逐级反馈的特点。同时,在财政分灶吃饭的制度下,每一级组织又隶属于其所在的政府组织,围绕同级政府的工作开展有关业务活动。在这种体制下,农业科技机构的创新活动能否与农业和农民的需求相适应,基本上取决于政府能否把握好农业和农民的需求。但是,由于市场需求千变万化,市场信息的收集和加工工作的滞后,政府实际上很难把握技术使用者的需求,政府采取的行动往往落后于需求的变化。由于科技机构的业务活动是依据政府指令进行的,其提供的技术往往与农户的实时需求相脱节。

邓小平同志早在 1985 年在全国科技工作会议上明确指出:"经济体制,科技体制,这两方面的改革都是为了解放生产力。新的经济体制,应该是有利于技术进步的体制。新的科技体制,应该是有利于经济发展的体制。双管齐下,长期存在的科技与经济脱节的问题,有可能得到比较好的解决。"针对传统农业科技体制的弊端,从 20 世纪 80 年代开始,科技体制改革也被提上了日程。1986 年 7 月农业部制定了《关于农业科技体制改革的若干意见》。此后,秉着"经济建设依靠科学技术,科学技术面向经济建设"的指导方针,早期的农业科技体制改革将重点主要放在放活科技机构与科技人员、加强农业技术开发和培育农业技术市场等方面。二十几年来,水产科技体系经历了多轮改革,在解决这一问题方面已经取得了非常明显的进展,但并没有触动机构体系行政化的组织构架,从根本上消除上述科技体制的弊端。尤其是技术推广机构,具有较为严重的行政依附性,没有按照渔业资源的区域布局特点和社会主义市场经济体制去开展技术推广服务工作。

2. 教育、科研、推广体制分割

教育、科研、推广三者有各自的基本功能。教育的基本功能是培养合格科研、技术开发、技术推广、技术应用的人才。科研的基本功能是探索未知领域,拿出创新性的成果,开发出生产过程需要的技术。技术推广的基本功能是将成熟的技术应用到生产过程之中。这三者也是相互紧密联系、相互作用、相互促进的环节。不具备科研能力,不掌握生产技术,教育环节难以实现将最前沿科学技术知识传授给学生。没有高素质的人才,不了解生产需要,科研很难占领前沿阵地,研究方向和重点就会发生偏差。缺乏专门技术和知识,技术推广就缺乏基础。

发达国家除了将一部分特殊职能分离专门成立机构,一般尽可能着力建立三者紧密联系的机制,美国、日本等国家通过建立上下一体化机构体系、将科研教学活动下沉的方式,将不同职能统一到一个体系之中。美国、日本、法国、荷兰和新西兰等发达国家的农业推广体系的推广作用极为明显,他们不是把推广工作列为简单的推广,而是把培养和提高农民发现和解决问题的能力,同推广对象紧密结合,深受农民欢迎。同时采取农业教育、科研和推广三位一体的推广方法,加强教育、科研、推广和合作经济组织的联系,加速科技成果的转化。组织的联系,加速科技成果的转化。美国农业科技成果推广率已达到80%,农业科技对农业总产值的贡献率达到75%以上。

我国的教育、科研、推广机构体系的基本构架是在计划经济体制时代建立起来的,一个基本的特征是在各个层次将三者分开设立。在计划经济体制下,通过行政力量可将三者在一定程度上进行联接,这一体制确实曾经发挥了重要作用。但要看到,分割的体制毕竟不合市场经济的要求。目前,除了部分大学具有较强科研能力、能掌握先进技术外,基层的教育机构很难掌握前沿科学技术,培养合格学生的能力不尽如人意。科研机构的工作主要根据政府部门布置工作、下达课题的情况来确定,很少与生产直接发生联系,研究方向和重点难免发生偏差,也必然产生"僧多粥少"的问题。水产大专院校和科研单位在研究价值取向上,重学术、轻应用,并且由于没有建立起服务对象评价制度,大部分科研项目变成了以获奖为研究目的,没有立足于农村实践、立足于科研成果的转化应用,科技成果多,但有效供给少,成果转化效率不高。水产技术推广机构,尤其是基层水产技术推广机构,行政化特征明显、专业化水平低,满足不了渔业发展要求。

3. 机构之间分割

新中国成立以来,我国所取得的重大技术进步,基本上都是依靠建立协作机制取得。对水产业这样一个具体行业来说,科技进步创新能力的强弱,也主要取决于科技分工协作能力。但总体来看,我国科研机构体系整体呈现出小而散的局面。水产业科研机构体系是比较典型的。我国共有地市级以上渔业科研机构127个(其中中央级10个、省级42个、地市级75个),涉及水产学科的院校10多个。由于这些机构分属不同条块,缺乏统一的规划和指导管理,难以形成合力攻克渔业生产中的关键技术难题,加上行业调控手段有限,省级科研力量和渔业相关院校的作用未能得到充分发挥和体现。

二、投入机制不完善

科研工作具有很强的公共性。科技体制改革要以促进科技与经济的结合为取向,不能简单地推向市场,这是科技发展的规律所决定的。对基础性研究、高新技术研究、公共性技术推广服务,仍然需要国家的稳定支持。对应用性研究,政府也要加大支持力度。美国将科学研究写进法律条文来保证科研的进行,并对科研方向加以规定,不仅增加了科研的权威性,大大促进了科研,而且保证了科研主流方向的正确性。"十五"时期以后,我国水产科研院所经费状况有所好转,但总体上仍然不足。一是缺乏稳定持续的支持计划。国家级项目只能支持个别院所的专家和团队,大部分水产科技工作者的科研活动仍缺乏稳定的经费支持。实现科技与经济的融合,必须针对基础性、重要问题建立长期稳定投入机制,为解决长期性、基础性、重大问题等提供条件。近二十年来,科技对我国水产业发展的支撑作用明显加强,但与发达国家相比,与行业发展的要求相比,任务还非常艰巨。二是基础研究薄弱,自主创新能力不高。创新能力的高低,根本上取决于基础性研究水平和原始创新能力。就规模而言,我国的水产科技体系乃至整个农业科技体系当属世界上最大。但我国近几十年来的科技进步主要是改造和利用传统技术、引进发达国家的部分装备和技术,原始创新能力严重不足。在基础研究方面,我国大大落后于发达国家,后劲不足。应用基础研究发展较快,但与发达国家差距仍然不小,科技成果储备不足。三是科技成果转化不够。渔业科技向现实生产力转化能力弱、技术成果产业化程度低。尽管每年都有为数众多的渔业科技成果问世,但成果转化率只有30%~40%,不能转化成为现实生产力。我国在水产养殖、捕捞、加工、渔船渔机修造、渔业科教、信息等领域新技术、新设备的应用水平仍然不高,与科技转化不够有密切关系。四是渔业科技投入存在多头管理,存在重复投入问题,科研经费使用效率不高。而科研"项目化"则带来了科研行为短期化,一些好的研究方向得不到连续稳定的经费支持,科技人员预期差,只得跟着经费和项目转,甚至导致科研积累的丧失。整体上看,科研投入是增加了,但投入效率不高。五是经费保障不足。我国对农业推广事业的投入资金主要来自国家财政拨款和农业技术推广机构创收收入。一直以来,我国农业技术推广经费支出任务落在基层政府。由于县乡财政困难,基层水产技术推广经费保障严重不足是个普遍现象。公益性职能所需经费应由公共财政承担。但基层农业技术推广部门的自收自支和差额机构性质造成了它不可能有精力去服务于基层。低下的收入水平和脆弱的保障水平严重影响了推广人员的积极性,也难以吸引大专院校毕业学生投身基层渔技推广事业。目前,多数水产技术推广机构除工资由财政负担以外,其办公、培训、试验示范、病害测报与环境监测、检疫与防控、实验室建设及运行等经费严重缺乏,影响了其职能功能发挥,"有钱养兵,无钱打仗"甚至是"无钱养兵"的状况还相当普遍。从产业经济研究室的调查来看,跟技术推广有关的省、市、县水产品质量安全检测机构和病害防治机构建设、良种建设、品种结构调整、品种改良、品牌建设、水产品检验检测、适用技术培训等都是地方最亟需投入的项目。目前,推广机构基础条件差、设备配套严重不足、经费短缺,已经阻碍了技术推广工作的开展。

三、基层水产技术推广机构处境艰难

基层水产技术推广体系直接面对产业主体,其力量强弱直接决定了科技能否有效促进生产发展和进入生产过程;其水平高低决定了能否找准生产过程存在的症结;其沟通状况决定了能否充分了解产业主体的真实需求。在我国水产经营主体规模小且非常分散的情况下,基层技术推广机构的桥梁作用更为突出。然而,受发展阶段、财政实力、体制不顺、激励不足等因素的影响,基层水产技术推广机构处于举步维艰的境地。

我国现有国家水产技术推广专业技术人员 27 000 余人,加上教育、科研、水产企业、群众组织和渔民技术员等,全国水产技术推广人员不足 11 万人,占全国渔业人口 1 942.2 万人的 0.57%,而美国的农业技术推广人员占农业人口 17%,是我国的 30 倍,日本的农业技术推广人员占农业人口的比例也比我国高几十倍。因此,随着推广体系的职能的增加,水产技术推广队伍不仅不应该削减,而应该加强。

各地乡(镇)机构改革对技术推广机构实行断奶、脱钩、抽血,农口七站(农技、农机、农经、畜牧、水产、水利、林业)被合并成为一个综合站,人财物三权下放,技术人员实行买断工龄、置换身份、下岗分流,技术推广行政化,人员完全听命于乡(镇)安排,有的非专业人员占岗占编;水产技术推广人员参与行政中心工作,精力分散,业务工作无保障。个别乡(镇)水产站由过去的"五有"(有机构、有编制、有专干、有办公场所、有示范基地)变成"三无"(无机构、无经费、无设备设施)。例如某些地区的水产技术推广中心成立多年,一直是水产局生产科代行职能,没有独立。2002 年的乡镇机构改革和农村税费改革对湖北省乡镇水产站影响较大,基层农业技术推广事业单位大量精简,推广人员大量减少,且人员变动频繁,造成了基层水产站"人散、网破"的状况。

但政事不分的结果是,有利的职能部门争着干,无利的职能由技术推广部门承办。由于技术推广主体和资源分散后,相应的财政投入不足,政府水产技术推广体系公益性职能得不到保障,管理、服务功能萎缩,社会地位下降,技术人员没有安全感。

四、激励不足

在技术创新的发展过程中,科技机构作为新技术成果的供给方,其产权和分配制度特征决定了科技人员向社会提供其科技成果为其带来的利益预期,并由此影响到他们参与农业技术创新活动的动力与活力。目前,农业科技机构的产权制度安排仍按行政方式设置,农业科技人员的农业技术创新成果与其切身利益紧密相连的产权关系条件还没有建立,导致农业科技人员和科技机构缺乏为推动农业技术创新而努力进取的动力机制。由于没有建立起由服务对象作出评价的制度,科技机构很容易忽视生产的需求,很少考察解决渔业生产实际问题的能力,科技人员缺乏足够深入生产第一线的动力,科技人员的作用难以发挥,也造成评估困难。

五、专业人员匮乏

由于水产技术推广队伍没有建立起公开、公平、公正的竞争制度,加之推广人员的待遇偏低,有能力的技术人员转产转业,人才流失严重。市级以上的水产技术推广机构的队伍状况相对较好,而县级和县级以下的队伍状况令人担忧。技术人员文化素质较低,尤其是乡(镇)级水产站的人员问题更为突出,推广人员知识老化,更新慢,降低了推广工作的质量,而新知识、新技术、新操作培训严重滞后,很难适应新的公益性职能和技术性工作对水产技术推广人员的要求。特别是乡镇机构改革后,技术推广人员流动性大,调换频繁,非专业人员充塞到技术推广部门,使基层推广队伍中人员素质参差不齐,从而降低了推广工作的质量,降低了服务水平,严重影响了我国水产技术推广工作的水平和质量。

第四节 大宗淡水鱼产业技术体系重点
任务推进问题

针对产业存在的重大技术性瓶颈问题,2008年以来,大宗淡水鱼产业技术体系聘用岗位科学家25人,设立30个综合试验站、150个示范县,以点带面,重点解决大宗淡水鱼类优质高产、模式升级、提高养殖效率、延长产业链等技术问题。体系运行期间,针对我国面临的资源、环境及食品安全等问题,开展大宗淡水鱼产业发展的储备性、跟踪性和前沿性研究,已经在新品种培育、新养殖模式构建和养殖设备研发、新鱼药研发、鱼病研究和快速检测技术、营养需求研究和投喂模型建立、开发加工系列产品和产业化、数字化平台建设及产业经济研究方面取得长足进步。"十二五"期间,大宗淡水鱼产业技术体系的 3 项重点任务是:大宗淡水鱼类新品种扩繁与养殖技术研究示范、大宗淡水鱼高效池塘养殖模式技术构建与示范、大宗淡水鱼类出血性疾病综合防治技术集成示范。2012 年,产业经济研究室通过 30 个综合试验站对体系重点任务推进情况进行了跟踪和梳理分析。

一、大宗淡水鱼新品种示范推广情况

据填写了有效信息的 20 个站的情况来看,中科三号、长丰鲢、松浦镜鲤、福瑞鲤和芙蓉鲤鲫的推广面积分别为 43 671 亩、38 684 亩、566 亩、3 001.5 亩和 300 770 亩,其中,中科三号推广面积最少的是郑州站,为 5 亩,最多的是常德站,为 20 000 亩(大湖养殖),绝大多数站推广面积在 100~500 亩或几千亩;推广长丰鲢面积最少的昆明站是 150 亩,最多的站仍是常德站,为 28 000 亩,大多数站为 100~500 亩或几千亩;推广松浦镜鲤最少的是沈阳站,为 6 亩,最多的是济南站,为 500 亩,其他站均为 30 亩;推广福瑞鲤最少的站是郑州站,为 50 亩,最多的站是济南站,为 500 亩;推广芙蓉鲤鲫最少的是天津站,为 50 亩,最多的站是长沙站,为 30 万亩。

从引进尾数来看,中科三号、长丰鲢、松浦镜鲤、福瑞鲤和芙蓉鲤鲫 5 个新品种的引进尾数分别为 39 475 000 尾,25 210 000 尾,737 000 尾,6 180 000 尾和 1 755 000 尾,相应的建良种扩繁基地的情况分别是:783 亩,410 亩,276 亩,500 亩和 10 000 亩。进行单池养殖并做对照试验的情况是:中科三号 15 个站、长丰鲢 10 个站、松浦镜鲤 5 个站、福瑞鲤 7 个站、芙蓉鲤鲫 4 个站(见下表)。

表 4. 4. 1　是否单池养殖并做对照试验

	中科三号	长丰鲢	松浦镜鲤	福瑞鲤	芙蓉鲤鲫
单池养殖并做对照试验	15	10	5	7	4
没有进行	7	5	1	1	1
未回答	8	15	24	22	25

在购买苗种的花费方面,一些新品种由岗位赠送,一些则由综合试验站进行购买,购买费用根据示范面积、购买数量的不同而不同。其中,中科三号购买花费最多的站花了 90 000 元,最少的花了 1 500 元;长丰鲢购买花费最多的站花了 36 000 元,最少的花了 2 000 元;松浦镜鲤购买花费最多的站花了 13 000 元,最少的花 2 000 元;福瑞鲤购买花费最多的站花了 40 000 元,最少的花了 3 600 元;芙蓉鲤鲫购买花费最多的站花了 40 000 元,最少的花了 8 000 元。在运输费方面,各站花费在 1 万多元和几百元不等。

从综合试验站反馈情况来看,在试验示范的新品种苗种的投放方面,目前各站还没有一个统一的投放标准,各站是根据各自的情况来进行鱼苗投放的。

在对示范推广品种的评价方面,从养殖角度来看,大部分站对于 5 个新品种都给予较高的评价,认为好养和中等的比例都是在 95% 以上;从各站的新品种上市率来看,中科三号、长丰鲢、松浦镜鲤、福瑞鲤和芙蓉鲤鲫的上市率分别为 58.3%、35.3%、66.7%、40% 和 62.5%。对这些新品种的市场认可度情况良好,中科三号达到 70%,长丰鲢是 75%,松浦镜鲤 77%,福瑞鲤 60%,芙蓉鲤鲫 71%。

表 4.4.2　从养殖角度对示范推广新品种的评价

	中科三号	长丰鲢	松浦镜鲤	福瑞鲤	芙蓉鲤鲫
好养	19	14	8	7	7
中等	6	3	1	2	1
差	1	0	0	0	0

表 4.4.3　新品种上市率

	中科三号	长丰鲢	松浦镜鲤	福瑞鲤	芙蓉鲤鲫
上市销售	14	6	6	4	5
未上市	10	11	3	6	3
上市率	58.3%	35.3%	66.7%	40%	62.5%

表 4.4.4　从销售角度对示范推广新品种的评价

	中科三号	长丰鲢	松浦镜鲤	福瑞鲤	芙蓉鲤鲫
好卖	14	9	7	6	5
一般	5	3	2	4	2
差	1	0	0	0	0

从各站反馈情况来看,在引进5个新品种的过程中,各站引进品种的鱼苗、鱼种成活率还是有很大的差别,有的站成活率很高,有的则很低,个别站甚至无一成活(见表4.4.5、表4.4.6)。

表4.4.5　新品种的鱼苗成活率

	中科三号	长丰鲢	松浦镜鲤	福瑞鲤	芙蓉鲤鲫
90%(含90%)以上	5	3	2	6	2
80%～90%	3	2	0	1	0
70%～80%	3	1	0	1	0
60%～70%	3	2	0	0	0
低于60%	5	5	3	1	2

表4.4.6　新品种的鱼种成活率

	中科三号	长丰鲢	松浦镜鲤	福瑞鲤	芙蓉鲤鲫
90%(含90%)以上	6	4	3	5	0
80%～90%	4	1	2	2	2
70%～80%	1	1	0	0	0
60%～70%	1	0	0	0	0
低于60%	0	1	0	0	1

一些站引进新品种苗种的成活率低背后的原因是多方面的。分析发现,鱼苗、鱼种成活率低基本上与运输时间长、不适应本地水土和病害有关。首要原因是运输时间长,其次是不适应当地水土,第三位的原因是病害(见表4.4.7)。

表4.4.7　成活率低的原因

	中科三号	长丰鲢	松浦镜鲤	福瑞鲤	芙蓉鲤鲫
运输时间长	6	8	2	2	3
不适应本地水土	3	2	1	1	1
病害	2	1	0	0	0
其他原因	4	0	1(生态工程建设影响)	0	0

目前,各站已发现的新品种病害主要为:中科三号主要有粘孢子虫病、出血病、肠炎、烂鳃病、出血性败血症,其中发现最多的是粘孢子虫病;长丰鲢主要

是肠炎、烂鳃病和出血性败血症;松浦镜鲤发现的病害有肠炎、烂鳃病;福瑞鲤发现的有肠炎、烂鳃病和鲤春病毒;芙蓉鲤鲫发现的也主要为肠炎、烂鳃病。

二、病害防控任务情况

从填写情况来看,目前有 19 个省有水产养殖的药物安全使用规范,而制定以免疫和生态防治为主及药物防治为辅的防控技术规程的只有北京市。

在体系示范推广的新药和疫苗中,使用过美婷的有 18 个站,使用过草鱼出血病灭活疫苗的有 14 个站,使用过嗜水气单胞菌灭活疫苗的有 12 个站,使用过草鱼细菌性疾病三联灭活疫苗的有 14 个站,没用过体系研发的药品的有 2 个站,主推过其他药品和微生态制剂的有 6 个站(这些药品和微生态制剂的名称为芽孢杆菌、光合细菌、微生态制剂、EM 菌、肥水素、硝化细菌、嗜弧菌)。有 23 站表示有相关岗位进行了新技术、新药使用的培训,有 7 个站说没有过培训。30 个站一致都认为,有必要对体系推广的新技术、新药进行培训。

在目前示范户使用鱼药的用药记录方面,只有 8 个站回答记录很详细,其他做简单记录的有 19 个站,而全凭养殖经验,没有做记录的有 1 个站,不知道要记录的有 1 个站。

目前,有 17 个站使用了体系岗位示范推广的疫苗或免疫促进剂,有 12 个还没有使用过。有 14 个站使用过草鱼出血病活疫苗,有 7 个站使用过嗜水气单胞菌灭活疫苗,有 12 个站使用过草鱼细菌性疾病三联灭活疫苗。在使用效果方面,有 13 个站反映使用效果很好,有 4 个站反映个别疫苗效果一般,还有 1 个站刚开始使用,目前还看不出效果。对疫苗的价格,有 1 站反映太贵,有 2 站属于是岗位赠送,有 8 站认为疫苗价格略高,但可接受,有 3 站表示疫苗价格还比较合理。

在没有使用体系推广的疫苗或免疫促进剂的原因方面,1 站反映不知道有这种疫苗,1 站反映是听说效果不好,4 站反映没发生此类鱼病,因此不需要,有 2 站是因为岗位还未推广,有 4 站则是因为条件不成熟、不会操作、使用麻烦(需要放养提前)和示范片没确定下来的原因,另有 2 站给出的原因为主要使用本地疫苗,还有 2 站打算 2012 年使用。有 8 站认为,如果给示范户推广,示范户是愿意使用的;有 1 站表示还没有考虑过,有 9 站则认为示范户会看别人使用的效果再说。

目前,有 25 站使用体系推广的微生态制剂,有 3 站表示没有使用过。这些微生态制剂主要为:芽孢杆菌、硝化细菌、亚硝化细菌、EM 菌、高效生物肥水素、光合细菌、嗜菌蛭弧菌、生物复合肥、水质改良剂、硝酸菌、CBM 菌。有 19 个站使用后认为效果很好,有 4 个站使用后感觉效果一般。从价格接受程度来看,有 1 站认为太贵,有 10 站认为价格略高,但还可接受,有 4 站认为价格比较合理,还有 3 站属于赠送情况。问及没有使用体系岗位示范推广的微生态制剂的原因,有 2 站表示不知道有这种制剂,1 站表示没有被推广,2 站感觉价格太高,还有的则不敢尝试,认为试验可以,但是让养殖户自己购买会比较困难。

在使用新疫苗或微生态制剂方面,遇到的问题主要是:缺乏相关培训,选此选项的有 19 个站;有 10 站反映自己掌握不好用量;1 站反映不知何时使用;4 站反映价格太高,增加了成本;1 站反映使用效果不好;另有 1 站反映效果持续性不强,如果停用则净化效果消失;有 1 站反映个别塘使用效果不好;1 站反映注射疫苗的操作技术要求较高,耗费人力;1 站反映推广比较难;还有 1 站反映疫苗到达时间和鱼种下塘时间脱节。从中可以看出,30 个站基本上都对缺乏相关培训反映比较集中;而对效果问题都比较关注,提出的持续性问题、费工的问题、与生产时间脱节等都属于此类问题。在以后是否愿意使用方面,有 5 站表示愿意,有 1 站表示要看别人的使用效果。

对目前示范户周边的非示范户对体系推广的这些品种和技术有没有使用意愿这一问题,有 16 站表示非示范户也都想使用,有 1 站则表示他们对此不感兴趣,有 12 站反映非示范户会等着看体系试验站的示范使用效果再说。

在使用的病害防控技术方面,有 15 站使用了大宗淡水鱼类出血病免疫防治技术;有 16 站使用了生态调控技术;有 4 站使用了营养调控技术;有 9 站使用了药物安全使用技术;未使用相关技术的站主要是认为技术尚不成熟或技术尚未推广。

三、各地典型养殖模式与池塘高效生态健康养殖模式构建问题

我国地域辽阔,各地情况不一,在长期的生产和实践中形成了各具特色的养殖模式。根据不同的分类方式,可以将各地主要的养殖模式归纳为以下几类。

第一类是以不同的品种搭配结构来划分的养殖模式,主要包括两种:1. 大宗淡水鱼类主养、搭配大宗淡水鱼的混养模式;2. 大宗淡水鱼类主养、搭配其他经济鱼类或龟鳖虾类的混养模式。其中,根据不同的大宗淡水鱼品种主养及

搭配方式,各地又细分了很多类型(见下表)。

第二类是根据水面类型来划分的养殖模式,可以分为:池塘养殖模式、网箱养殖模式、大湖养殖模式、稻田养殖模式、山平塘养殖模式、塌陷地养殖模式等。

第三类是根据养殖鱼类的用途而划分的养殖模式,可以分为亲本培育与繁育技术,原种选育、培育与保种技术,大宗淡水鱼鱼种培育和高效养殖模式,商品鱼养殖模式等。

第四类是根据大宗淡水鱼生产与其他农业的关系而划分的养殖模式,即渔农复合养殖模式,可以分为鱼菜共生池塘生态养殖模式、稻田生态养殖模式等。

第五类是根据养殖鱼类的去向而划分的养殖模式,可以分为内销鱼类养殖模式和出口鱼类养殖模式。

以下为各站填报的各地主要养殖模式。

表 4.4.8   各地养殖模式列表

	养 殖 模 式
北京站	草鱼苗种池塘高效生态养殖
天津站	鲤鱼与南美白对虾池塘混养养殖模式
呼和浩特站	80∶20 主养鲤鱼
长春站	主养鲤鱼搭养花白鲢,主养草鱼搭养花白鲢,主养鲫鱼搭养花白鲢
沈阳站	鲤鱼池塘生态健康养殖模式;草鱼池塘健康高效养殖模式;网箱养殖鲤鱼高产技术
银川站	鲤鱼主养、混养模式;草鱼主养、混养模式;鲫鱼主养、混养模式
西安站	鲤鱼夏花一次养成商品鱼;鱼连作塘
白银站	池塘循环水养殖;福瑞鲤周年养成
乌鲁木齐站	80∶20 模式;高密度单养松浦镜鲤
武汉站	草鱼主养;青鱼主养(池塘生态);鲫鱼主养(中科三号、湘云鲫);鳊鱼主养(试验两年)
石首站	草鱼80∶20 高产模式;18221 模式
长沙站	鱼鳖、鱼龟混养;大宗淡水鱼池塘主养
常德站	大湖生态渔业养殖模式;池塘草鱼健康养殖模式;水库网箱养殖模式
福州站	平山塘养殖模式;猪沼萍鱼养殖模式
成都站	稻渔养殖;水库生态增殖;鲫标准化养殖
济南站	渔农复合养殖;池塘轮养混养;塌陷地鲢鳙鱼高效生态养殖
杭州站	鱼鳖混养;鱼蚌混养;鱼类套养;黑鱼专养;鳖类共水域养殖
郑州站	大宗鱼类(鲤、鲂等)主养周年养成模式
郫县站	池塘主养鲫鱼、套养鲢鳙鱼;池塘主养鲤鱼、套养鲢鳙鱼;水库养殖鲢鳙鱼(不投饵、不施肥);山平塘施肥养殖鲢鳙鱼;池塘主养草鱼套养鲢鳙鱼

204

养殖模式	
上海站	主养草鱼、搭养鳊鱼等；主养鳊鱼
重庆站	鱼菜共生池塘生态养殖模式；80∶20池塘养殖模式；"一改五代"池塘养殖技术；稻田生态养殖模式
广州站	草鱼健康生态养殖模式；大宗淡水鱼与黄颡鱼混养模式；大宗淡水鱼与鳜鱼混养模式
扬州站	种草养殖草鱼模式；草鲫鱼主养，其他大宗水产品混养
合肥站	以草鱼为主池塘混养模式；以鲫鱼为主池塘混养模式
昆明站	大宗淡水鱼混养模式；大宗淡水鱼与其他经济鱼类混养模式
南宁站	池塘混养模式；山区坑塘流水养殖模式
贵阳站	网箱养殖；池塘养殖；山塘水库放养；稻田养鱼
南京站	草鱼生态健康养殖模式；80∶20池塘养殖技术模式；"浦江1号"团头鲂池塘高效养殖模式
中山站	草鱼瘦身养殖模式；草鱼、鳙鱼混养模式
南昌站	草鱼苗种培育养殖模式；出口供港淡水鱼养殖模式；亲本培育与繁育技术；原种选育、培育与保种技术

资料来源：根据30个综合试验站提供材料汇总。

在体系岗位研发、示范的池塘循环水养殖模式、源水调控与废水再利用养殖模式和渔-农复合养殖模式这3个模式中，采用池塘循环水养殖模式的有11个站，分别为天津、长春、银川、白银、乌鲁木齐、武汉、长沙、上海、昆明、贵阳和南京站，并已就该模式进行了相应的池塘改造和其他准备工作；而采用源水调控与废水再利用养殖模式的则有天津、长春、济南和广州4站，其中济南和广州两站进行了改造；采用渔农复合养殖模式的有天津、呼和浩特、长春、西安、白银、武汉、济南、上海、重庆、广州、昆明、南京和中山等13个站，进行了池塘改造的有白银、武汉、济南、上海、重庆、广州、昆明、南京和中山9个站。从各站信息反馈情况来看，根据各类模式进行改造，对预计的每亩投入资金情况各站看法不一，大致的范围是：池塘循环水改造投入最低的1 000元/亩，最多的12 000元/亩；在源水调控和废水再利用模式方面，投入在0.3～0.8万元/亩之间；在渔农复合养殖模式方面，投入会在0.2～0.8万元/亩之间。

在对各类养殖新模式在本地推广应用的前景的估计方面，有6站认为池塘循环水模式有推广前景，有5站认为其技术繁复，投资大，实际采用有困难。在不采用循环水模式的原因方面，有1站认为没必要改造；有3站认为是池塘面积有限；有11站是缺乏改造资金；有3站认为是缺乏必要的技术指导。

在源水调控和废水再利用模式的采用方面，有3站认为技术繁复，投资大，实际采用有困难,南京站情况比较特殊,它在政府补贴1 000元/亩的情况下开展了这一模式。在不采用源水调控和废水再利用模式的原因方面,有1站认为池塘面积有限,有9站是缺乏改造资金,有3站认为是缺乏必要的技术指导,还有2站认为本地有更经济有效的养殖模式。

在渔农复合养殖模式方面,有9站认为有前景,有4站认为投入大,2站认为本地有更好更适用的模式,有1站认为不好说。在不采用渔农复合养殖模式的原因方面,有2站认为是池塘面积有限,有8站是缺乏改造资金,有1站认为是缺乏必要的技术指导。

总体上看,资金缺乏、技术繁复、缺乏指导和面积有限有可能是影响先进的养殖模式进一步推广的重要原因,争取各级政府必要的经费支持和多方面融资有可能对于解决这一问题起到积极的推动作用。

第五章
大宗淡水鱼消费与质量安全、公众认知

　　随着我国城乡居民恩格尔系数的不断降低,居民消费逐渐由温饱型向营养型转变,水产品在食物消费中的地位逐渐提升,淡水产品消费比例逐渐扩大。目前,大宗淡水鱼养殖占我国淡水养殖业的 2/3,在居民饮食结构中占有重要地位。大宗淡水鱼作为不可或缺的食品,消费者比较偏好,消费有一定的刚性。作为"菜篮子"农产品,大宗淡水鱼消费状况、消费特点、消费新趋向都是需要关注和研究的问题。为掌握了解情况,产业经济研究室分别于 2012 年和 2013 年组织了两次消费者调查活动,并通过 30 个综合试验站了解不同区域大宗淡水鱼的消费习惯。本章基于统计数据、问卷调查和访谈等情况分析我国城乡居民大宗淡水鱼消费情况,并以质量安全为切入点,剖析消费者消费行为和认知水平。

第一节　我国居民大宗淡水鱼消费概况

　　目前,我国是世界上淡水养殖规模最大、水产消费市场容量最大的国家。随着城乡居民收入水平不断提高,消费结构改善,我国人均粮食消费量不断下降,消费由温饱型向营养型转变,水产品消费在居民食物消费中的地位逐渐提高。本节主要依据《中国统计年鉴》1990—2014 年数据开展分析,其中 2012 年及以前数据来源于国家统计局的城乡住户调查,2013、2014 年数据来源于国家统计局开展的城乡一体化住户收支与生活状况调查。

一、我国城乡居民水产品消费逐年增加,水产品在居民动物性食品消费中的地位上升

　　我国城镇居民人均粮食消费量从 1990 年的 130.72 千克下降到 2014 年的

117.2千克,下降了10.34%;而城镇居民水产品人均消费量从7.69千克增加到14.4千克,增长87.25%;农村居民粮食消费量从1990年的人均262.08千克下降至2014年的167.6千克,下降了36.05%;农民人均水产品消费则从1990年的2.13千克提高到2014年的6.8千克,提高了约2.2倍。城乡居民的水产品消费呈现增加趋势,且农村居民的水产品消费增长速度明显快于城镇居民。

近年来,我国沿海地区城市居民动物性产品消费由传统的以水产品为主,逐渐向以猪牛羊肉为主、辅以家禽调剂的结构发展;内陆居民消费则由以猪肉为主,向以猪牛羊肉为主、辅以家禽、海鲜及野味食品的结构发展。在消费习惯和结构的变化中,与城镇居民相比,农村居民的变化尤其明显。与1990年相比,2014年城乡居民水产品、肉禽、蛋、奶的消费都有一定幅度增长,且水产品消费量的增长仅次于奶及奶制品、家禽,高于猪牛羊肉、蛋及蛋制品。2014年,城市居民奶及奶制品、禽类、水产品、蛋及蛋制品、猪牛羊肉的增幅依次分别为293.48%、166.08%、87.26%、35.17%、30.63%,而农村居民的增幅依次分别为481.82%、436%、219.25%、198.76%、82.54%。农村居民在所有动物性农产品的消费方面的增幅都大幅度高于城镇居民增幅。

2014年,城镇居民、农村居民猪牛羊肉消费占主要动物性食品消费的比例分别为35.59%和43.31%,与1990年相比这两个比例分别下降了13.05和18.9个百分点;而城镇居民、农村居民水产品消费占主要动物性食品消费的比重分别由1990年的17.2%和11.68%提高至2014年的18.05%和14.23%,分别提高了0.85和2.55个百分点。在我国居民消费由温饱型向营养型逐渐转变的过程中,水产品在主要动物性食品消费中的地位逐步提升,并日益演变为居民生活中的必需品。不过,受传统消费习惯的影响,在动物性食品消费中,人均水产品消费量与人均猪牛羊肉消费量仍存在较大差距。

二、我国淡水产品消费比例逐步扩大,大宗淡水鱼消费总量持续扩大、消费呈刚性特征

在农村改革开放之初,我国淡水产品的消费比例只有20%,其余80%是海水产品,其中尤以海水捕捞产品为主。随着我国渔业"以养为主"发展道路的确定,淡水养殖产品发展开始加速,在1980—1988年和1992—1996年这两个时间段,我国淡水产品的增长率都保持在两位数上,这期间,海水产品的增长率基本上都低于淡水产品。二者增长速度不同,使得淡水产品在水产品消费中所占比例越来越大,由1976年的占21%提高到目前的占近一半,而海水产品所占

比例 2013 年和 2014 年都低于淡水产品所占比例。

大宗淡水鱼是我国居民水产品消费的主体,其在居民饮食结构中占有重要地位。从消费品种上看,我国水产品消费中,鱼类占一半以上,其中,淡水鱼占到 54.82%。在消费的淡水鱼中,超过 100 万吨的大宗淡水鱼,主要是草鱼、鲢鱼、鳙鱼、鲤鱼和鲫鱼,这五大类占淡水鱼消费量的 72%。近年来,淡水鱼在整个水产品消费中的比例呈逐步扩大趋势,这与国家大力发展淡水养殖业,促进渔业可持续健康发展密不可分。

根据产业经济研究室 2013 年开展的消费者随机调查[①],鱼类在我国消费者膳食结构中占有重要地位。调查显示,经常吃以及每天都吃的消费者比例达到 45.33%,比较喜欢和非常喜欢吃鱼的比例高达 60.63%,鱼类产品在居民饮食结构中的地位十分重要。

对鱼的喜好程度上,选择最为集中的是"比较喜欢"的选项,比例为 43%;其次是"一般喜欢",比例为 36.47%;还有 17.63%的受访者选择"非常喜欢";不喜欢的只占 2.9%。可见,消费者对鱼类产品比较偏好。

表 5.1.1　被调查者的吃鱼喜好程度

(单位:人数、%)

喜欢吃鱼	频数	比例	喜欢吃鱼	频数	比例
非常喜欢	73	17.63	不喜欢	12	2.9
比较喜欢	178	43	总计	414	100
一般喜欢	151	36.47			

平均来讲,受访者平均每隔 16.75 天买一次淡水鱼,其中 15 天买一次及以上淡水鱼的比例为 74.42%,30 天买一次以上淡水鱼的比例为 92.07%。购买的品种最多的是草鱼,其次是鲤鱼、鲫鱼、鲢鱼。受访者每次买淡水鱼,平均大概买 1.29 千克,平均支出 26 元。

调查还表明,55.9%的受访者常买淡水鱼,比常买海水鱼(13.98%)的高出42 个百分点,有 20%的人海水鱼、淡水鱼都常买。可见,淡水鱼是消费者鱼类消费的主要选择。

此外,50.48%的消费者常购买养殖鱼,7.21%的消费者常购买野生鱼,两

---

① 调查共获得 417 份消费者调查问卷。受访者籍贯分布以东部为主,来自东部地区的比例为59.94%;中部的比例为 48.13%,西部的比例为 20.75%,东北地区的比例为 13.26%。按南北方来划分,南方人的比例为 36.60%,北方人比例为 63.69%。

种都常买的比例是 29.57%。养殖鱼是消费者购买的主要种类。

表 5.1.2 被调查者的常买鱼种类

(单位:人数、%)

以海水和淡水来区分	频数	比例	以海水和淡水来区分	频数	比例
淡水鱼	232	55.9	不知道	42	10.12
海水鱼	58	13.98	总计	415	100
都买	83	20			

消费者肯定鱼的营养价值,比较认同吃鱼能够带来营养和健康。消费者对淡水鱼质量安全有一定的担忧,但整体上对鱼类产品有一定的消费刚性,特别是大宗淡水鱼。由于消费刚性特征,2009 年金融危机、2012 年中央出台的"八项规定"对常规大宗淡水鱼消费均影响不大。

三、约七成水产品和大宗淡水鱼为鲜销,加工利用率较低

目前,我国城乡居民消费的水产品主要有鲜活水产品和冷冻品、半成品、熟制干制品等加工水产品,其中鲜活水产品和冷冻水产品是家庭消费的主体。受消费习惯制约,我国水产品鲜销比例高,水产品加工利用率低,特别是大宗淡水鱼 70% 以上为鲜销。据世界粮农组织统计,世界水产品产量的 75% 左右是经过加工后销售的,鲜销部分占总产量的比例不到 25%。然而,2014 年我国水产品总产量 5 907.67 万吨,用于加工的水产品为 2 192.37 万吨,只占水产品总产量的 33.93%,其余的 66.07% 为鲜销,其中淡水产品的加工比例更低,仅有 17.33%,鲜销比例高达 82.67%。我国大宗淡水鱼以鲜销为主带来诸多问题,突出的有:活鱼必须进行活水运输,一定程度上消耗了水资源,增加了运输成本;宰杀后的大宗淡水鱼废弃物利用率不高,对环境造成一定污染,据水产品加工专家统计,鲜活大宗淡水鱼约产生 20% 的废弃物,以每年 1 500 万吨鲜销量计算,就会产生 300 万吨的废弃物。

四、西部地区的大宗淡水鱼消费有增加之势

我国水产品消费呈现明显的地域差异。分地区来看,我国东部沿海地区、

沿江沿河和环湖地区的水产品产量丰富,当地居民对水产品的消费更多;内陆水资源短缺地区过去主要从畜产品中获取动物蛋白。从整体消费水平上看,中西部地区的水产品消费水平远远低于东部地区。以 2012 年各地区农村居民家庭人均水产消费量为例,由高到低依次为东部地区、中部地区、东北地区和西部地区,其中,东部地区人均消费量为西部地区的 7 倍多[①]。由于区域之间大宗淡水鱼的丰度存在差异,使得主产区和北方、西北内陆地区的消费频度存在明显差别。在大宗淡水鱼第一主产省的湖北,城镇里遍布活鱼馆,一般家庭每周消费 1～2 次大宗淡水鱼。我国北方的黑龙江和辽宁水系相对丰富,城镇居民对鲤鱼的消费比较多。但在其他北方地区和西北内陆地区,大宗淡水鱼的消费频度则不高。根据产业经济研究室在北京地区的调查,消费者平均每隔 16.8 天买一次淡水鱼,其中 15 天买一次及以上淡水鱼的比例为 74.4%,30 天买一次以上淡水鱼的比例为 92.07%,购买品种最多的是草鱼,其次是鲤鱼、鲫鱼、鲢鱼。

五、大宗淡水鱼销售月份集中,淡旺季有规律可循,因此消费也具有一定的季节性

根据产业经济研究室连续 7 年的月度监测发现,大宗淡水鱼中的青鱼、草鱼、鲢鱼、鳙鱼、鲫鱼的销售月份集中在每年的 1 月份。按全国样本的销售月份来看,青鱼的销售主要集中在 8 月、1 月、4 月和 10 月,销售淡季为 7 月、5 月和 3 月;草鱼的销售季节分布比较平均,销售旺季为 7 月、1 月和 10 月,销售淡季为 4 月;鲢鱼的销售旺季为 1 月和 11 月,销售淡季为 3 月;鳙鱼的销售旺季为 1 月和 5 月,销售淡季为 3 月;鲤鱼的销售旺季为 4 月,销售淡季为 12 月和 1 月;鲫鱼的销售旺季为 1 月和 8 月,销售淡季为 3、4 月;鳊鱼的销售旺季为 8 月,销售淡季为 2 月和 7 月。相应的,大宗淡水鱼价格也存在季节性的涨跌。在每年的 6—8 月和春节前后(1—2 月和 12 月)大宗淡水鱼价格相对较高,而一般年后价格较低。在我国四川、湖南等劳动力输出大省,每年的春节前到正月十五之间,大宗淡水鱼价格涨幅很大,而平时大宗淡水鱼价格较为平稳。一般,元旦、春节前老百姓腌鱼需求大,大规格的青鱼和草鱼价格高,而节后大规格鱼少了,价格普遍回落。

---

① 注：2012 年以后年份统计年鉴中不再对分地区水产品消费量进行统计。

表 5.1.3　大宗淡水鱼销售淡旺季情况

	1月	2月	3月	4月	5月	6月	7月	8月	9月	10月	11月	12月
青鱼	√	*	√		*		*	√		√		
草鱼	√				*		√					
鲢鱼	√		*							√		
鳙鱼	√		*		√							
鲤鱼	*			√								*
鲫鱼	√		*					√				
鳊鱼		*					*	√				

注:√为旺季月份,*为淡季月份。本表根据产业经济研究室月度监测数据汇总得来。

不同地区的大宗淡水鱼销售呈现明显的季节性差异。在华东地区,销售主要集中在 12 月和 1 月;在河南和西北地区,8 月是销售旺季;在中部加西南地区,销售主要集中在 4 月。

青鱼的销售特征因地区而异,均呈现明显的季节性差异。在销售量最大的华东地区,青鱼的主要销售月份为 1 月、4 月和 3 月;在河南和西北地区,青鱼销售主要集中在 2 月和 4 月;在中部地区和西南地区,8 月份是青鱼的销售旺季。

在销售量最大的华南地区,草鱼的主要销售月份为 6—8 月及 12 月、1 月和 3 月,淡季为 9—11 月;在华东地区,草鱼的销售主要集中在 10 月、11 月和 1 月,淡季为 5 月;在中部地区和西南地区,9 月、10 月和 1 月是销售旺季;在河南和西北地区,销售主要集中在 3 月和 10 月。

在销售量最大的华东地区,鲢鱼的主要销售月份为 1 月、10 月和 11 月,淡季为 7、8 月;在中部地区和西南地区,鲢鱼的销售主要集中在冬季的 11 月—1 月,其他月份销售量比较接近;在华南地区,7—10 月是销售旺季;在河南和西北地区,销售主要集中在 4—6 月。

在销售量最大的华东地区,鳙鱼的主要销售月份为 9—11 月,淡季为 3 月、7 月和 8 月;在华南地区,8 月是销售旺季;在中部加西南地区,鳙鱼的销售主要集中在 1 月;在河南加西北地区,销售主要集中在 5—7 月。

在销售量最大的河南和西北地区,鲤鱼的主要销售月份为 3—4 月、6 月及 11—12 月,其他月份销售量比较接近;在华南地区,7—8 月是销售旺季;在中部地区和西南地区,鲤鱼的销售主要集中在 1、2 月;在华东地区,销售主要集中在 9 月。

在销售量最大的华南地区,鲫鱼的主要销售月份为 7—10 月;在河南和西北地区,4—6 月是销售旺季;在中部加西南地区,鲫鱼的销售比较平均,但 3—5 月和 12 月较少;在华东地区,销售主要集中在 1 月。

由于大宗淡水鱼销售存在季节性差异,使得大宗淡水鱼消费也存在季节性特点。据产业经济研究室调查和监测,我国大宗淡水鱼消费集中在传统节假日和农忙时节,居民喜好的品种有鲫鱼、鲢鱼、鳙鱼、草鱼和鳊鱼等。

六、家庭消费稳定,外出就餐消费增大,农贸市场和大型连锁超市是普通家庭主要购买场所

我国淡水养殖面积较大,养殖条件好,养殖技术比较成熟,所以大宗淡水鱼产量较高,在水产品消费中所占的比重也比较大。大宗淡水鱼的多数品种价格低廉,烹饪方式简单,消费群体以广大家庭为主。

消费者淡水鱼购买地点比较分散。其中,经常到水产品专卖店和农贸市场购买的为 25.43%,到大型连锁超市购买的比例为 24.69%,中型超市占9.14%,社区小超市及便利店、批发市场、早市、养殖场和其他场所的各为6.17%、3.95%、0.49%、1.23%和28.89%。经常去超市购买淡水鱼的消费者平均收入普遍高于经常去农贸市场购买淡水鱼的消费者。

表 5.1.4　被调查者购买淡水鱼地点

(单位:人数、%)

购买淡水鱼地点	频数	比例	购买淡水鱼地点	频数	比例
大型连锁超市	100	24.69	早市	2	0.49
中型超市	37	9.14	养殖场订购	5	1.23
社区小超市、便利店	25	6.17	其他	117	28.89
批发市场	16	3.95	总计	405	100
水产品专卖店/农贸市场	103	25.43			

总体上,随着城乡居民家庭收入水平的提高,在外饮食支出在家庭消费总支出中所占的比例越来越大。餐饮消费的兴旺在一定程度上拉动了大宗淡水鱼消费;生活习惯的改变和生活节奏加快,带动了淡水鱼消费需求的增长。目前,我国居民对水产品的消费层次开始逐渐拉开,中等收入家庭已经不满足于普通的家庭消费,他们更喜欢去餐厅或垂钓地让专业的厨师进行烹饪,来满足自己对水产品色、香、味等多层次消费需求。在淡水鱼主产地湖北、湖南、江苏等各地城市,淡水鱼餐馆遍地,在西北地区的一些中等城市,吃淡水鱼也蔚然成风。饮食加工技术水平的提高,使得草鱼、鳙鱼等成为倍受餐馆青睐的淡水鱼品种,水煮鱼、火锅鱼等做法使得草鱼、鳙鱼的消费量大增。烤鱼、沸腾鱼、炝锅

鱼、冷锅鱼、麻辣鱼、香辣鱼、鲫鱼火锅、仔姜鱼、鲜椒鱼头等在市场上各领风骚,已经成为大众耳熟能详的消费菜品。休闲产业的发展,使得垂钓餐饮一体化消费增加。小包装、方便携带的大宗淡水鱼加工产品的消费也受到了一部分青少年消费者的青睐。

七、优良品种消费需求持续扩大,但品牌意识不强,需要知识普及和消费引导

在蛋白质食品中,大宗淡水鱼是消费价格相对较为低廉的一种食品,因此消费者购买大宗淡水鱼时不像其他蛋白源食品或工业食品那样具有较强的品牌消费意识。据调查,知道消费水产品品牌的消费者比例只有10%左右。而一般消费者在进行水产品消费选择时,往往优先考虑新鲜程度和价格因素,80.34%的受访者在购买鱼产品的时候先考虑新鲜程度,34.29%的人选择价格因素,28.06%的人选择营养因素,其他的选择因素还有特定品种和卖家推荐。

表5.1.5 被调查者买鱼考虑因素

(单位:人数、%)

买鱼考虑因素	频数	比例	买鱼考虑因素	频数	比例
新鲜程度	335	80.34	特定品种	35	8.39
价格	143	34.29	鱼贩推荐	31	7.43
营养	117	28.06	其他	9	2.16

调查显示,对于有绿色食品认证的淡水鱼产品,消费者的购买意愿比较强烈,愿意购买的比例高达71.46%。但消费者的相关知识不足,甚至存在一定的盲区。首先,消费者对产品的安全认知比较模糊。例如,有36.32%的受访者认为野生鱼安全,有21.79%的人认为养殖鱼安全,有6.78%的人认为都安全。值得注意的是,35.11%的受访者不知道哪个安全。这说明对鱼品的安全程度,消费者的认知比较模糊。其次,消费者对鱼品的营养价值的了解程度不高。有21.73%的人不清楚鱼类的营养价值,了解和比较了解的比例加总为32.6%。可以看出,新鲜程度和价格仍对消费者购买行为起着重要影响,消费者虽然关心鱼类产品的质量安全问题,但缺乏营养知识和安全认识(见表5.1.6)。

表 5.1.6   被调查者对鱼的营养价值的了解

(单位：人数、%)

了解营养价值	频数	比例	了解营养价值	频数	比例
了解	27	6.67	不太清楚	88	21.73
比较了解	105	25.93	总计	405	100
一般	185	45.68			

第二节   我国居民大宗淡水鱼消费习惯特征分析

我国既是大宗淡水鱼生产大国，又是大宗淡水鱼消费大国。深入研究居民大宗淡水鱼户内、户外及礼品消费，对比分析大宗淡水鱼产品的区域消费特点，可为养殖场(户)科学合理养殖提供参考，为国家制定科学合理的渔业发展政策提供依据，进而为促进淡水渔业良性发展提供政策建议。本章基于2012年产业经济研究室组织的消费者调查样本，运用结构比较与交叉比较相结合的分析方法对我国居民淡水鱼户内消费、户外消费及礼品消费进行了分析，对比研究了南北方居民、沿海内陆居民淡水鱼消费习惯。研究发现居民对淡水鱼具有较强的消费偏好，淡水鱼消费地区差异较为明显，居民对淡水鱼消费认识有待提高，并在此基础上提出了相关政策建议。

一、样本特征分析

本次调研共获取有效问卷558份，问卷有效率93%。被访者来自北方、南方、沿海地区和内陆地区的比例分别为62.90%、37.10%、40.14%和59.86%。调查样本的人口统计特征是：男性占比高于女性；青中年占比较大；已婚比例远高于未婚；学历方面呈现正态分布特点，低学历和研究生学历所占比例较低，大学、高中及初中所占比例较高，其中大学学历占比最高；各职业分布比例较均匀；样本健康状况总体较好，健康状况差和非常差的比例较低；样本家庭收入在2 000~3 000元、3 000~4 000元、4 000~6 000元的比例相对较高，收入水平在2 000元以下和6 000元以上所占比例较低；样本家庭规模以3、4口之家居多，5口之家、多于5人、2人及以下所占比例均较低；家庭结构方面，没有小于

12 岁小孩的家庭比例较高,有 65 岁以上老人家庭所占比例略低,有孕妇的家庭所占比例为 5.9%;家庭月食品支出 1 000～2 000 元的比例最高,其次为 2 000～3 000 元,低于 1 000 元和高于 4 000 元所占的比例相对较低;家人有从事与医疗卫生或食品相关职业经历的比例为 24.4%。总体上,调查样本人口特征统计分布较为合理,有较好的代表性,可以为本研究提供基础数据支持。详见下表。

表 5.2.1　居民样本调查人口统计特征

分类特征		样本数	比例	分类特征		样本数	比例
性别	男	311	55.70%	其他		200	35.80%
	女	247	44.30%	健康状况	非常好	129	23.10%
年龄	20～29 岁	222	39.80%		好	265	47.50%
	30～39 岁	112	20.10%		一般	156	28.00%
	40～49 岁	165	29.60%		差	7	1.30%
	50～59 岁	46	8.20%		非常差	1	0.20%
	60 岁以上	13	2.30%	家庭月总收入	1 000 元以下	22	3.90%
婚姻状况	已婚	350	62.70%		1 000～2 000 元	72	12.90%
	未婚	208	37.30%		2 000～3 000 元	124	22.20%
受教育程度	小学以下	9	1.60%		3 000～4 000 元	124	22.20%
	小学	24	4.30%		4 000～6 000 元	115	20.60%
	初中	89	15.90%		6 000～8 000 元	51	9.10%
	高中(中专)	114	20.40%		8 000 元以上	50	9.00%
	大学(大专)	288	51.60%	家庭结构	12 岁以下小孩 有	198	35.50%
	硕士及以上	34	6.10%		无	360	64.50%
职业	公务员	52	9.30%		孕妇 有	33	5.90%
	研究人员	27	4.80%		无	525	94.10%
	教师	66	11.80%		65 岁以上老人 有	253	45.30%
	公司管理人员	53	9.50%		无	305	54.70%
	私营业主	33	5.90%	家庭规模	2 人及以下	30	5.40%
	退休	50	9.00%		3 人	225	40.30%
	无业或待业	77	13.80%		4 人	161	28.90%

分类特征		样本数	比例	分类特征		样本数	比例
	5 人	72	12.90%		6 000~8 000 元	6	1.10%
	5 人以上	70	12.50%		8 000 元以上	1	0.20%
家庭月食品支出	1 000 元以下	89	15.90%	家人是否有从事与医疗卫生或食品相关职业的经历	有	136	24.4%
	1 000~2 000 元	244	43.70%				
	2 000~3 000 元	135	24.20%				
	3 000~4 000 元	60	10.80%		无	422	75.6%
	4 000~6 000 元	23	4.10%				

数据来源：调研数据汇总(以下同)。

二、居民淡水鱼户内、户外及礼品消费分析

居民淡水鱼消费主要包括户内消费、户外消费以及作为礼品用来赠送亲友或者看望朋友,通过以上三大部分研究可以看出居民淡水鱼消费的总体情况。

(一) 淡水鱼户内消费情况

1. 居民对淡水鱼具有较强的消费偏好,这种偏好已转化为实际消费行为

淡水鱼户内消费情况主要包括居民对淡水鱼的偏好程度、消费的种类及原因、购买的场所、购买的频率及节假日消费情况等。具体来看,27.42%的被调查居民表示非常喜欢吃鱼,44.4%的居民比较喜欢吃鱼,仅1.9%的居民表示不喜欢吃鱼。在获知居民偏好的情况下,询问了居民鱼肉的实际消费情况,3.9%的居民表示每天都吃鱼,经常和偶尔吃鱼的居民所占比例分别为47.49%和43.9%,仅4.48%的居民表示自己家庭基本不吃鱼肉。这61位表示自己家庭不吃鱼肉的居民中,因为素食主义者、对鱼肉过敏、没有吃鱼习惯、鱼肉价格高、不喜欢吃等原因而不消费鱼肉所占比例分别为3.27%、3.26%、16.34%、42.62%、14.75%,因价格原因没有选择消费鱼肉的比例较高。

2. 草鱼是居民最主要的户内消费淡水鱼品种,居民多因饮食习惯形成对淡水鱼消费惯性

在鱼类选择方面,淡水鱼仍然是鱼类消费主要选择。65.60%的居民家庭

以消费淡水鱼为主,以消费海水鱼为主的居民比例仅 12.18%。没有选择淡水鱼的原因主要集中在不喜欢吃,有土腥味(45.87%);习惯吃海鱼(28.44%);很少自己买,亲戚朋友送的礼品鱼大部分是海水鱼没有淡水鱼(15.59%);因感觉海鱼受污染少且安全、淡水鱼鱼刺较多没有选择消费淡水鱼的比例为10.09%。

淡水鱼消费种类主要集中在草鱼(43.55%)、鲤鱼(18.99%)、青鱼(14.34%)、鲢鱼(8.24%)鲫鱼(7.7%)、鳊鱼(团头鲂、武昌鱼)(1.61%)、鳙鱼(0.89%)。调查样本选择以上淡水鱼作为其家庭主要消费类别的原因分别为:因为好吃而选择购买的占 33.52%,因为长期的饮食习惯对某类鱼产生消费惯性所占比例为 30.15%,认为主要食用的淡水鱼相比其他类别更有营养的比例占 26.07%,因倒刺、小刺少而忠实于某类鱼消费的比例为 5.58%。

3. 农贸市场、大型批发超市是居民最主要的购买场所,农村居民多认为购买淡水鱼不方便

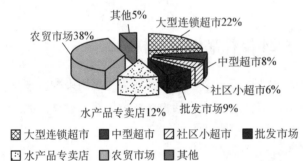

被调查居民选择农贸市场作为主要购买场所的比例最高,其次是大型连锁超市、水产品专卖店、批发市场、中型超市、社区便利店,最后是其他(主要包括养殖场订购和早市)。详见图 5.2.1。

居民普遍认为购买淡水鱼比较便利。有67.69%

图 5.2.1 居民淡水鱼购买场比例

的居民认为购买方便,17.4%的居民认为非常方便,10.3%的居民认为购买淡水鱼不方便,4.5%的居民认为非常不方便。认为购买方便的居民多数分布在中东部城市地区,而认为购买不方便的居民多半居住在农村,说明相应的零售终端还未完全延伸到农村地区。

4. 居民淡水鱼购买频率相对较高而每次购买量较少,消费额呈倒"U"型分布

居民购买淡水鱼的频率相对较高。具体的,居民每周至少购买一次的比例为 30.99%,两周一次的比例为 25.23%,三周一次的比例为 30.21%,一月一次的比例为 10.74%,一年一次的比例为 2.8%。调查表明,淡水鱼是多数家庭经常消费的农产品。在每次购买中,居民购买 0.5~1 千克的比例居多,其次是1~2 千克,2 千克以上及 0.5 千克以下的比例较低。详见表 5.2.2。

表 5.2.2　居民淡水鱼每次平均购买量

购买区间	所占比重(%)	购买区间	所占比重(%)
0.5千克以下	6.96	2～3千克	7.16
0.5～1千克	47	3千克以上	1.93
1～2千克	36.94		

　　在每次购买淡水鱼的花费方面,消费额比例随着消费区间递增呈现倒"U"型分布,11～20元区间的消费比例最高,其次是 21～30 元区间、31～50 元区间,10 元以下和 51～100 元区间消费均较低,详见图 5.2.2。

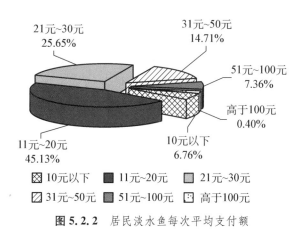

图 5.2.2　居民淡水鱼每次平均支付额

(二) 淡水鱼礼品消费情况

1. 多数居民会选择淡水鱼作为礼品馈赠亲朋或看望病人、老人

　　淡水鱼除作为户内消费重要食品来源,也是馈赠亲朋好友、看望老人病人的重要礼品。调研发现,81.18％被调查者曾选择淡水鱼作为礼品探访亲朋或看望病人。具体来看,在走访亲友时,捎带淡水鱼比例最高的是草鱼,比例为 19.89％,主要是在朋友生病、看望老人时携带,选择鲤鱼作为礼品的比例为 18.64％,有 10.75％的居民选择青鱼作为礼品,选择淡水小龙虾和螃蟹作为礼品馈赠好友的比例分别为 5.73％和 5.56％,选择鲢鱼和鲫鱼的比例分别为 5.56％和 4.48％。在选择淡水鱼作为礼品的原因中,因为所送的淡水鱼是家家经常都吃而作为礼品的比例最高,占 44.41％,其次因为该种鱼营养美味而选购其馈赠亲朋的比例占 34.92％,因为这种鱼个头大,送人看着有面子作为

礼品馈赠亲友的比例占 14.25%,因当地此类鱼比较少见,送人算是稀罕物的原因占比为 3.91%。

2. 居民选择购买市场鲜活鱼比例最高,种类主要为鲤鱼、鲫鱼

送人的淡水鱼的种类主要有市场上购买的鲜活鱼、自家腌制的腊鱼、市场上购买的腊鱼三类,调研发现选择购买市场鲜活鱼的比例最高,以上三种所占的比例分别为 90.16%、2.92% 和 6.80%。在看望老人病人时,选择鲤鱼的比例最高,占 27.66%;其次是鲫鱼,占 26.37%;草鱼的比例为 16.48%;最后是青鱼、鲢鱼、鳊鱼和鳙鱼,所占比例分别为 9.16%、9.15%、5.49% 和 2.38%。

3. 选择以上鱼类作为礼品的主要原因是"营养滋补"及"爱面子"

选择以上鱼类作为看望老人病人的原因主要有"这种鱼营养又滋补""这种鱼较少见,送人算个稀罕物""这种鱼个头大,送人有面子",其中因营养滋补的原因选购该类鱼用来看望病人和老人的比例最高,占 85.35%;其次是因为面子原因选购的比例为 6.49%;最后是因为该类鱼少见选购的比例为 2.09%。

(三) 淡水鱼户外消费情况

1. 随着消费区间增加,户外消费频数和比例呈现倒"U"型分布

被调查居民每顿在外就餐的消费额度随着消费区间的增加呈现倒"U"型分布。在外用餐每顿饭消费额度以 200～500 元区间的比例最高,其次是100～200 元区间、500～1 000 元区间,最后是 100 元以下和 1 000～2 000 元区间。被调查居民每顿饭鱼品菜消费则集中于 100 元以下,其中 50～100 元区间的比例最高,占一半,50 元以下的占 33.69%,100～200 元区间、200～500 元及 500～1 000 元区间的消费比重较小。详见表 5.2.3。

表 5.2.3 居民在外就餐消费额

消费区间		100 元以下	100～200 元	200～500 元	500～1 000 元	1 000～2 000 元	总计
每顿饭花费	频数	43	152	265	87	11	558
	比例	7.71%	27.24%	47.49%	15.59%	1.97%	100%
鱼品菜价格	频数	188	280	73	16	1	558
	比例	33.69%	50.18%	13.08%	2.87%	0.18%	10%

2. 居民在外就餐频率不高,多数居民感觉鱼品菜的价格相对以前更贵了

居民在外就餐频率不高,每年在外就餐主要集中在 10~20 次和 10 次以下、51~80 次、81~120 次及 120 次区间的比例较低;每月在外就餐次数主要集中在 1~2 次和 3~5 次两个区间,6 次以上所占的比例较低;每周来看,居民在外就餐的次数主要集中在 1~2 次和 3~5 次,6 次以上的比例较低。见表5.2.4。

表 5.2.4　居民在外就餐频率

每年	频数	比例	每月	频数	比例	每周	频数	比例
10 次以下	113	39.24%	0 次	3	0.5%	0	12	2.15%
10~20 次	119	41.32%	1~2 次	191	37.97%	1~2 次	127	22.75%
21~30 次	21	7.29%	3~5 次	190	37.77%	3~5 次	332	59.49%
31~50 次	22	7.64%	6~8 次	31	6.16%	6~8 次	65	11.65%
51~80 次	8	2.78%	9~10 次	45	8.95%	9~10 次	19	3.40%
80~120 次	3	1.04%	11 次以上	43	8.55%	11 次以上	3	0.5%
120 次以上	2	0.69%						

多数居民感觉在外用餐鱼品菜价格相比以前变贵了。其中,37.27%的居民认为在外用餐的鱼品菜价格比以前有点贵了,35.48%的居民感觉在外用餐鱼品菜的价格贵多了,感觉不明显的比例为 19.71%,只有 6.98%的居民认为在外用餐鱼品价格没有变贵,还有 0.5%的被调查者感觉在外用餐鱼品

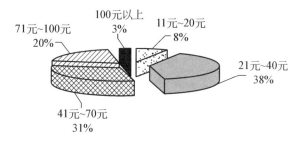

图 5.2.3　居民接受单道鱼品菜价格区间情况

价格变便宜了。居民接受单道鱼品菜的价格主要集中在 20~100 元,低于 20元和高于 100 元区间的比例较低,见图 5.2.3。

3. 居民户外就餐以家庭聚餐为主,对鱼品的消费以水煮鱼为最多

在外就餐主要分为家庭聚餐和社交商务就餐两大类。统计发现,被调查者在外饮食消费以家庭聚餐为主,家庭聚餐和社交商务聚餐的比例平均为 2:1。

居民在外就餐对淡水鱼消费较多,消费"很多""较多""一般""不多""很少"的比例依次为 15.95%、32.01%、34.77%、12.01% 和 5.19%。居民在外就餐消费最多的鱼是鲤鱼,其次是草鱼、鳊鱼(团头鲂、武昌鱼)、鲢鱼、鲫鱼、青鱼,最后是鲶鱼、鳙鱼、罗非鱼、黄颡鱼,比例依次是 29.8%、25.19%、8.85%、8.08%、7.50%、6.73%、6.54%、2.12%、2.11% 和 1.92%。居民因"好吃不贵"而选择的比重最高,其次是因"适合请客""属于名贵鱼",最后是因"其他请客",比例依次为 64.55%、24.28%、6.78% 和 4.37%。调研数据显示,水煮鱼是朋友聚会点得最多的鱼品,其次是麻辣或香辣火锅鱼、酸菜鱼、剁椒鱼头,最后是其他类别(烤鱼、清蒸鱼、红烧、糖醋鱼)、醋溜鱼片、酸汤鱼和臭鳜鱼。见表 5.2.5。

表 5.2.5　户外消费主要鱼品统计情况

鱼品	水煮鱼	香辣火锅鱼	酸菜鱼	剁椒鱼头	其他	醋溜鱼片	酸汤鱼	臭鳜鱼
频数	294	96	64	45	21	19	15	4
比例	52.69%	17.20%	11.47%	8.06%	3.76%	3.41%	2.69%	0.7%

4. 家庭聚餐和社交商务聚会选择名特优淡水鱼的主要原因分别是"大家一起尝鲜"和"价格贵点,显得有档次"

家庭聚会时选择名特优淡水鱼以"大家一起尝个鲜"为原因的比例最高,其次是"营养口味更好",因"价格贵点,显得有档次"和"听服务员推荐"选择名特优淡水鱼的比例不高。见表 5.2.6。

表 5.2.6　家庭聚会选择名特优淡水鱼原因

原因	"大家一起尝鲜"	"营养口味好"	"价格贵显排场"	"服务员推荐"
频数	267	171	61	59
比例	47.85%	30.64%	10.93%	10.57%

排除 21 位被调查者没有社交或商务聚餐外,其余 537 位经常参加社交或商务聚餐的居民选择名特优淡水鱼的主要原因是"价格贵点,显得有档次",其次是因为"淡水鱼营养口味更好",再次是因为"听服务员推荐",最后是因为"请人一般在包间,餐馆有最低消费"。见表 5.2.7。

表 5.2.7　社交商务聚会选择名特优淡水鱼原因

原因	"价格贵显档次"	"营养口味好"	"服务员推荐"	"包间最低消费"
频数	224	197	73	43
比例	41.71%	36.69%	13.59%	8.01%

三、居民淡水鱼消费习惯区域比较分析

为研究居民淡水鱼消费习惯,本部分基于居民行为理论构建理论分析框架,运用结构比较与交叉比较相结合的分析方法,在实地调研的基础上,对居民淡水鱼消费习惯展开研究。

(一)南北方居民淡水鱼消费比较

我国以秦岭淮河为界划定南北地区[①],调研样本涉及到的南方省市区主要有:安徽、福建、广东、广西、贵州、海南、湖北、湖南、江苏、江西、四川、重庆、浙江;北方省市区主要有:北京、天津、山东、山西、河北、河南、黑龙江、山西和陕西。南北样本量共计 558 份,其中南方 209 份,北方 349 份。南北方居民淡水鱼消费呈现出不同的特点。

1. 南方居民对淡水鱼的自述偏好和现实选择均高于北方居民

从自述偏好看,南方居民非常喜欢吃鱼和比较喜欢吃鱼的比例高于北方居民,北方居民不喜欢吃鱼的比例高于南方居民。见表 5.2.8。

表 5.2.8　南北方居民对鱼的偏好

区域	非常喜欢吃		比较喜欢吃		无差异		不喜欢吃	
	频数	比例	频数	比例	频数	比例	频数	比例
南方	65	31.10%	91	44.54%	49	21.44%	4	1.91%
北方	88	25.21%	157	43.98%	97	28.79%	7	2.01%

---

① 中国南北是以秦岭淮河为界,长江流域及其以南地区属于中国南方。南方省区:江苏、安徽、湖北、重庆、四川、西藏、云南、贵州、湖南、江西、广西、广东、福建、浙江、上海、海南及港澳台。北方省区:山东、河南、山西、陕西、甘肃、青海、新疆、河北、天津、北京、内蒙古、辽宁、吉林、黑龙江、宁夏。

从实际消费鱼肉情况来看,南方居民每天都吃及经常吃鱼肉的比例远高于北方居民,南方居民对鱼的偏好转化成了实际购买行为;北方居民偶尔及基本不吃鱼肉的比例高于南方居民,仍有部分北方居民从来不吃鱼肉。见表5.2.9。

表5.2.9 南北方居民鱼肉实际消费情况

区域	每天吃		经常吃		偶尔吃		基本不吃		从来不吃	
	频数	比例	频数	频数	频数	比例	频数	比例	频数	比例
南方	14	6.69%	115	55.02%	74	35.41%	6	2.87%	0	0%
北方	8	2.29%	150	42.98%	171	48.99%	15	5.44%	4	0.29%

从鱼的类别看,被调查的居民无论南北方,对淡水鱼的消费量均多于海水鱼,南方居民消费淡水鱼的比例高于北方居民,北方居民消费海水鱼的比例高于南方居民,北方居民二者兼吃的比例高于南方居民。见表5.2.10。

表5.2.10 南北方居民消费鱼的类别比较

区域	淡水鱼		海水鱼		都经常吃		鱼吃的少	
	频数	比例	频数	比例	频数	比例	频数	比例
南方	165	78.95%	15	7.18%	20	9.57%	9	4.31%
北方	201	57.59%	53	15.19%	69	19.77%	26	7.45%

2. 草鱼是南北方居民消费最多的淡水鱼,其他淡水鱼消费上南北方居民存在差异

南北方居民在淡水鱼消费上有相似之处但也存在差异。具体的,草鱼是南北居民消费最多的淡水鱼,北方居民鲤鱼、鲢鱼、鲫鱼消费比例高于南方居民,南方居民青鱼、鳙鱼、鳊鱼(团头鲂、武昌鱼)消费比例高于北方居民。见图5.2.4及图5.2.5。南北方居民在选择某类鱼作为其经常消费淡水鱼的原因方面的差别不大,因为好吃选择消费的比例最高,其次是因为习惯、有营养,再次是小刺少以及其他原因(当地市场上主要供应这几种鱼、料理简单等)。见表5.2.11。

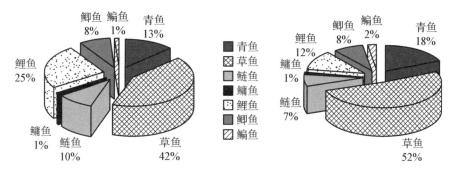

图 5.2.4 北方居民淡水鱼消费种类   图 5.2.5 南方居民淡水鱼消费种类

表 5.2.11 南北方居民选择消费某类淡水鱼的原因

区域	习惯		好吃		有营养		小刺少		其他	
	频数	比例	频数	比例	频数	比例	频数	比例	频数	比例
北方	150	29.30%	175	34.18%	132	25.78%	33	6.41%	22	4.29%
南方	109	31.41%	113	32.56%	92	26.51%	15	4.32%	18	5.18%

注：根据调研数据整理。

3. 南方居民淡水鱼购买频率高于北方居民，北方居民每次购买量多于南方居民

南北方居民购买淡水鱼的频率均较高，比较而言，南方居民淡水鱼购买频率比北方居民高。南方居民、北方居民购买淡水鱼每周至少一次的比例分别为64.25%和31.44%，两周一次的比例分别为11.39%和13.88%，三周一次的比例分别为11.39%和29.75%，一月一次的比例分别为6.74%和15.58%，数月一次的比例分别为6.22%和9.35%。在每次购买中，南方居民购买量少于北方居民购买量，南北居民购买0.5～1千克的比例分别为65.22%和44.87%，购买量在1～2千克区间的比例分别为30.43%和41.35%，购买量在2～3千克区间的比例分别为2.89%和9.62%，购买量0.5千克及以下的比例分别为12.56%和2.24%，购买量在3千克以上的比例分别为0.96%和1.92%。在每次购买淡水鱼的花费方面，南、北方居民支出多集中在11～20元区间，比例分别为49.47%和44.71%；南方居民支出在10元及以下的比例高于北方居民，南、北方居民支出在10元及以下区间的比例分别为13.83%和2.05%；北方居民支出在21～30元的比例高于南方居民，比例分别为21.28%和29.69%；南、北方居民每次购买淡水鱼消费支出在31～50元区间的比例分别为11.70%和

16.04%；南、北方居民每次购买淡水鱼消费支出在51～100元和100元以上的
比例均较低。见图5.2.6。

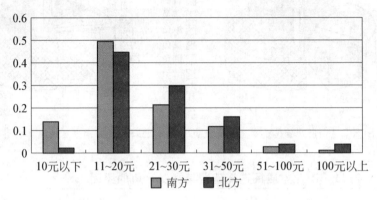

图5.2.6 南北方居民每次购买淡水鱼平均支付

（二）沿海和内陆居民淡水鱼消费比较

以下从沿海和内陆的视角进一步分析居民淡水鱼消费习惯。调查涉及的
沿海地区[①]样本共计241份，占总样本量的43.19%，包括北京、天津、河北、辽
宁、山东、江苏、浙江、福建、海南；内陆地区样本共计317份，占样本量的
56.81%，主要包括黑龙江、吉林、内蒙古、甘肃、陕西、山西、河南、湖南、湖
北、江西、贵州、云南。沿海地区和内陆地区居民淡水鱼消费呈现出不同的
特点。

1. 沿海居民对淡水鱼的自述偏好和现实选择均高于内陆居民

沿海和内陆地区居民均对吃鱼具有较强的偏好，沿海地区居民非常喜欢吃
鱼和比较喜欢吃鱼的比例高于内陆居民，内陆地区居民不喜欢吃鱼的比例高于
沿海地区居民。详见表5.2.12。

[①] 15个省级沿海地区包括："祖国心脏"——北京市，"华北门户"——天津市，"燕赵沃野"——河北省，
"辽海重地"——辽宁省，"齐鲁大地"——山东省，"富饶水乡"——江苏省，"东方明珠"——上海市，
"钱塘江畔"——浙江省，"东南侨乡"——福建省，"祖国宝岛"——台湾省，"岭南热土"——广东省，
"繁华都会"——香港特别行政区，"海上花园"——澳门特别行政区，"锦绣壮乡"——广西壮族自治
区，"天涯海角"——海南省。

表 5.2.12 沿海与内陆地区居民对鱼的偏好

区域	非常喜欢吃		比较喜欢吃		无差异		不喜欢吃	
	频数	比例(%)	频数	比例(%)	频数	比例(%)	频数	比例(%)
沿海	70	27.03	120	46.33	60	23.17	9	3.47
内陆	69	21.76	140	44.16	93	29.34	16	5.04

　　从实际消费鱼肉的情况来看,沿海与内陆地区多数居民对鱼的偏好转化成了实际购买行为,沿海居民每天都吃及经常吃鱼肉的比例远高于内陆居民,内陆居民偶尔吃鱼肉的比例高于沿海居民,内陆仍有少数居民基本或者从来不吃鱼肉。见表 5.2.13。

表 5.2.13 沿海与内陆地区居民鱼肉实际消费情况

区域	每天吃		经常吃		偶尔吃		基本不吃		从来不吃	
	频数	比例(%)	频数	比例(%)	频数	比例(%)	频数	比例(%)	频数	比例(%)
沿海	10	4.15	120	49.79	93	38.59	17	7.05	0	0
内陆	12	3.79	145	45.74	152	47.95	8	2.52	1	0.04

　　2. 内陆居民淡水鱼消费比例高于沿海居民,草鱼是沿海和内地居民消费最多的淡水鱼

　　沿海和内陆居民对淡水鱼的消费量多于海水鱼,内陆居民消费淡水鱼的比例高于沿海地区居民,沿海地区居民消费海水鱼的比例高于内陆居民,沿海地区居民二者兼吃的比例高于内陆地区居民。见表 5.2.14。

表 5.2.14 沿海和内陆居民消费鱼的类别比较

区域	淡水鱼		海水鱼		都经常吃		鱼吃的少	
	频数	比例(%)	频数	比例(%)	频数	比例(%)	频数	比例(%)
沿海	141	47.30	60	24.89	51	21.16	16	6.64
内陆	252	79.50	17	5.36	29	9.15	19	5.99

　　淡水鱼仍是沿海与内陆地区居民消费最多的类型。沿海地区和内陆地区居民消费最多的仍是草鱼,沿海地区居民青鱼、鲢鱼、鲤鱼、鲫鱼及鳊鱼(团头鲂、武昌鱼)消费比例高于内陆地区居民,内陆地区居民对草鱼、鳙鱼的消费比例高于沿海地区。见图 5.2.7。

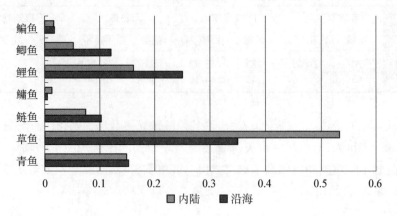

图 5.2.7 沿海与内陆地区居民淡水鱼消费种类

3. 沿海和内陆居民选择淡水鱼消费的原因存在差异

沿海地区和内陆地区居民在选择某类鱼作为其经常消费的淡水鱼的原因方面存有差异。沿海地区居民因为好吃而选择某类鱼作为经常消费的比例最高且高于内陆居民,内陆居民因为吃习惯、有营养、刺少和其他原因(当地市场上主要供应这几种鱼、料理简单等)而消费某类鱼作为经常消费的比例高于沿海地区居民。见表 5.2.15。

表 5.2.15 沿海和内陆地区居民选择消费某类淡水鱼的原因

区域	习惯		好吃		有营养		小刺少		其他	
	频数	比例(%)	频数	比例(%)	频数	比例(%)	频数	比例(%)	频数	比例(%)
沿海	111	28.98	141	36.81	97	25.32	18	4.69	16	4.18
内陆	148	31.09	147	30.88	127	26.68	30	6.30	24	5.04

4. 沿海和内陆地区居民淡水鱼购买频率较高,但每次购买量较少

沿海和内陆地区居民购买淡水鱼的频率均较高,沿海和内陆地区居民购买淡水鱼每周至少一次的比例分别为 46.48% 和 47.39%,两周一次的比例分别为 14.56% 和 13.94%,三周一次的比例分别为 14.56% 和 17.07%,一月一次的比例分别为 14.08% 和 13.59%,数月一次的比例分别为 10.32% 和 8.01%。

在每次购买中,沿海地区居民购买量少于内陆地区居民购买量。沿海与内陆地区居民购买量在 0.5～1 千克区间的比例分别为 51.61% 和 46.62%,购买

量在 1～2 千克区间的比例分别为 32.72% 和 40.57%,购买量在 2～3 千克区间的比例分别为 7.83% 和 6.41%,购买量 0.5 千克及以下的比例分别为 7.37% 和 6.05%,购买量在 3 千克以上的比例分别为 0.46% 和 0.35%。

在每次购买淡水鱼的平均花费方面,沿海和内陆地区居民每次支出多集中在 11～20 元区间,比例分别为 49.28% 和 44.32%;内陆地区居民每次支付在 10 元及以下的比例高于沿海地区居民,沿海和内陆地区居民每次支付在 10 元及以下区间的比例分别为 1.91% 和 10.25%;沿海地区居民每次支付在 21～30 元的比例高于内陆地区居民,沿海和内陆地区居民支出在此区间的比例分别为 27.75% 和 25.27%;沿海和内陆地区居民每次购买淡水鱼消费支出在 31～50 元区间的比例分别为 15.79% 和 13.55%;沿海和内陆地区居民每次购买淡水鱼消费支出在 51～100 元和 100 元以上的比例均较低。见图 5.2.8。

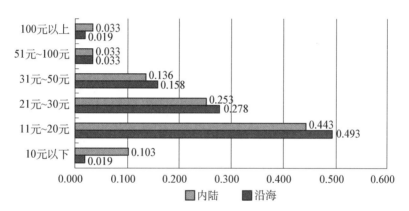

图 5.2.8 南北方居民每次购买淡水鱼平均支付

四、结论和建议

通过分析得出如下结论:

(一) 主要结论

居民对淡水鱼具有较强消费偏好,这种偏好已转化为实际消费行为。淡水鱼消费种类主要集中在草鱼(43.55%)、鲤鱼(18.99%)、青鱼(14.34%)、鲢鱼

(8.24％)、鲫鱼(7.7％)、鳊鱼(团头鲂、武昌鱼)(1.61％)、鳙鱼(0.89％)。农贸市场、大型批发超市是居民淡水鱼最主要的购买场所。中东部地区居民多认为淡水鱼购买较为方便,居住在农村的居民则认为淡水鱼零售终端不完善,购买不很方便。居民淡水鱼购买频率相对较高但每次购买量较少,每次购买淡水鱼的消费额的比例随着消费区间增加呈现倒"U"型分布。

多数居民会选择淡水鱼作为礼品馈赠亲朋或看望病人、老人,在走访亲友时,淡水鱼品种中捎带比例最高的是草鱼,在看望老人、病人时多选择鲤鱼作为礼品。居民礼品购买选择鲜活鱼的比例最高,种类主要是鲤鱼和鲫鱼,选择淡水鱼作为礼品送人主要原因是营养滋补、面子等。

被调查居民每顿在外就餐额度随着消费区间的增加,消费频数和比例呈现倒"U"型分布。居民在外就餐的频率不高,多数居民感觉鱼品菜的价格相对以前变贵了,户外就餐以家庭聚餐为主、商务聚餐为辅,对鱼品的消费以水煮鱼、香辣火锅鱼为主。家庭聚餐和社交商务聚会选择名特优淡水鱼的主要原因分别是"大家一起尝鲜"和"价格贵点,显得有档次"。

南方居民对淡水鱼的自述偏好和现实选择均高于北方居民。草鱼是南北方居民消费最多的淡水鱼,其他淡水鱼消费上南北方居民存在差异。南方居民淡水鱼购买频率高于北方居民,北方居民每次购买量多于南方居民。沿海居民对淡水鱼的自述偏好和现实选择均高于内陆居民,内陆居民淡水鱼消费比例高于沿海居民,草鱼是沿海和内地居民消费最多的淡水鱼。沿海和内陆居民选择淡水鱼消费的原因存在差异,沿海和内陆地区居民淡水鱼购买频率较高,但每次购买量较少。

(二) 相关建议

1. 保障淡水鱼稳定供应

无论是户内消费、户外消费还是礼品消费,居民对淡水鱼均表现出较强的消费偏好。分地域来看,南方、北方、沿海、内陆的居民吃淡水鱼的比例均较高,这表明淡水鱼逐渐成为居民餐桌的必备品,因此,保障淡水鱼稳定供应,满足居民日益增长的需求是淡水鱼产业政策制定首要考虑的问题。

2. 加大淡水鱼营养价值及保健作用的宣传力度

我国淡水鱼种类繁多。淡水鱼脂肪含量低,富含蛋白质、鱼油和鱼肝油,还是维生素 A 和维生素 D 的重要来源。鱼肉中含有的铁、钙、镁等对心脑血管系统有很好的保护作用,有利于预防高血压。鱼肉中的硒具有清除人体自由基、延缓衰老的功效。调研发现,仍有 28.18％的被调查者表示不是很喜欢吃鱼,4.48％的居民表示自己家庭基本不吃鱼肉。公共媒体和政府部门应加大对淡水鱼营养保健作用的宣传力度,幼儿园、小学课外知识读本应增加鱼类食品营养知识内容,让孩子从小认识到鱼类食品对成长的重要性,让"吃鱼有益健康"的观念深入人心。

3. 采用多种形式普及吃鱼知识和烹饪技巧

个案调查也发现,还有居民认为淡水鱼有讨厌的腥味,鱼内脏和骨刺处理起来比较麻烦,年轻一代对烹调方法和知识了解过少等。有关地区和部门应加大对鱼类食品宣传力度,电视媒体应多制作针对鱼类烹调的节目,普及烹饪知识和技巧,以及在主产区组织各种形式的烹饪表演活动和试食会等。

第三节 消费者对安全水产品的认知能力 及购买意愿

为了降低信息不对称,提高水产品质量安全水平,中国政府积极构建水产品质量安全体系。20世纪90年代起农业部开始实施绿色水产品认证,2001年在中央政府提出发展"高产、优质、高效、生态、安全"农业的大背景下,农业部提出"无公害农产品"概念,各地方政府也制订了标准开展当地水产品无公害认证工作(张振,2013)。法律法规层面,中国政府先后颁布实施了《中华人民共和国渔业法》《中华人民共和国农产品质量安全法》《食品安全法》《无公害食品渔用药物使用准则》等法律法规,并参照欧美等规定颁布了《食品动物禁用的兽药及其他化合物清单》等200多项与国际接轨的水产品质量安全国家和行业标准(孙月娥,2009)。总的来看,水产品需求受到法律法规、经济、文化、技术等多方面的影响,而消费者在安全水产品需求方面具有最终的决策权,消费者在安全水产品产业发展方面扮演着至关重要的角色(周洁红等,2004)。学者们对安全农产品认知(马骥,2009)、供给意愿影响因素(李响,2007;张晓凤,2010)、购买行为(童晓丽,2006;李华友,2010)进行了诸多研究。本节从消费者视角研究水产品质量安全,在总结制约中国消费者安全水产品消费原因的基础上,以产地认证淡水鱼为例,探讨消费者对安全水产品认知水平,实证分析消费者对安全水产品购买意愿影响,总结影响消费者认知水平及购买意愿的主要因素,为提高我国安全水产品需求提供政策建议。

本文基于全国范围内558份消费者调研数据,在分析消费者对安全水产品认知能力的基础上,运用二元Logistic回归模型实证研究了影响消费者购买安全水产品意愿的因素,得出如下结论:消费者对安全水产品认知能力普遍较低,消费者普遍认为其掌握的食品安全信息不充分;信息不对称、收入水平、消费者对安全水产品认知能力、性别和年龄对安全水产品的购买意愿产生了显著的影响,其中信息不对称要先于收入约束等变量影响消费者安全水产品的购买意愿,同时,信息不对称也是引起消费者认知能力低的原因之一,消费者对安全水产品认知能力低进一步制约了消费者对安全水产品的购买意愿。

一、影响消费者对安全水产品消费因素分析

消费者购买任何种类商品的背后都经历了一段相当复杂的行为过程。目前在消费者行为研究领域,计划行为理论(Theory of Planned Behavior, TPB)是最为成熟和经典的理论模型。该理论模型认为人的行为是经历了深思熟虑的计划的选择集。该理论框架主要有态度、主观规范、知觉行为控制、行为意向和行为五个要素构成。以上五个要素具体到实际消费行为中可表现为以下四个环节:动机驱使、信息搜集、购买决策和购后评价。消费者对安全水产品的消费也要经历以上四个过程,消费者就是在其收入约束的条件下,通过对安全水产品的选择最大化其效用的。随着水产品安全问题事件的突发,消费者会对水产品安全和营养提出更高的要求,在这种动机的促使下消费者会通过选择无公害、绿色水产品提高选购水产品的质量安全性,消费者会通过各种信息渠道搜集关于购买水产品的信息,在其固有偏好及自身收入约束下作出决策,购买完成后的体验阶段消费者会给予所购水产品以信任或者不信任,这种态度会影响下一次的购买决策,详见图5.3.1。

动机的缺乏、买卖双方不对称的信息、收入约束及消费者偏好均可能造成消费者对安全水产品需求缺乏动力,制约消费者对安全食品需求的主要因素信息不对称和收入约束在学界的研究成果中得到了印证(谢敏,2007;马骥,2009;张振,2013)。

从动机驱使来看,随着质量安全意识的提高,消费者越来越关注食品的质量安全,媒体信息扩大机制进一步刺激了消费者对质量安全水平的关注程度。消费者对安全水产品的消费愿望得以加强,消费者对安全水产品的需求形成了基本的初始动力(Pedersen, 2000)。国内外研究结果表明,消费者对食品安全关注程度越高,越会增加对质量安全信号的支付意愿(王志刚,2007;David L. Ortega, 2010;张振等,2013)。

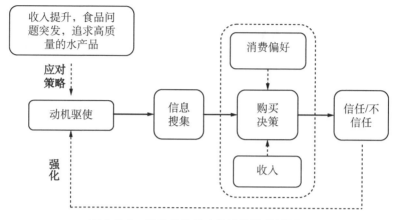

图 5.3.1 消费者购买决策过程模型(CDP)

在动机驱使作用下,理性消费者会搜寻信息提高自身认知水平,做出科学合理的判断。然而在现实世界中,多数情况下买卖双方信息是不对称的。信息不对称产生的原因既有市场本身存在的自身缺陷,也有商品本身特殊性原因,及政府监管不力等方面的因素(马晓丽,2011)。由于信息不对称会造成市场失灵,使得交易一方利益受到侵害,经济资源达不到最优配置(尹志浩,2008)。消费者同安全水产品生产方、销售方之间在安全水产品质量标准方面存在严重的信息不对称,会造成"柠檬市场"现象的出现,不法生产者为了追逐高利润而降低产品质量,消费者会降低对安全水产品的信任度,不愿意为安全水产品支付更高的价格。

在收入约束方面,消费者会在收入约束下,通过理性的选择最大化其效用。安全水产品需要比一般产品投入更多,需要消费者支付更高价格。我国城乡居民收入水平仍不高,在选购水产品时大多数消费者仍以廉价作为最优选择标准。微观个体的安全水产品消费行为仍受到消费者个体性别、年龄、教育程度、健康状况、消费偏好等传统因素的影响(Wandel et al,1997;Boccaletti et al,2000;周应恒,2003;周应恒,2006;王克山,2007;李秉龙,2008;赵荣,2009;吴林海,2010;韩青,2011;王慧敏,2012)。

学者们对安全食品消费行为中信息不对称问题进行了诸多研究,分析了信息不对称对消费者安全食品消费的影响(周应恒,2004;马骥,2009;王慧敏,2012),较少涉及消费者对安全水产品认知能力的客观评价,研究消费者对安全水产品购买意愿的研究仍不多见。

二、理论模型及样本特征

(一) 理论模型

基于以上扩展的消费者购买决策过程模型结合随机效用理论,假设消费者在对安全水产品及普通水产品进行选择时,受到一个效用函数影响。当效用水平高于潜在的效用函数 u 时,具有安全属性的水产品会被消费者选择,反之,不具有安全属性的普通水产品不被消费者选择,消费者的选择行为可以用下面的随机效用概率模型表示:

$$P_{robit}(y=1) = \text{Prob}(V_{ijt} + \varepsilon_{ijt} > u;\ \forall j \in C.\ \forall j \neq k) \tag{1}$$

随机效用函数的主成分 V 的效用大小除受到消费者个人特征、家庭特征等传统变量影响,还受到消费者对安全水产品认知度、信息不对称的影响,假设该效用函数具有线性函数的性质,即:

$$V_j = \beta_0 + \beta_1 x_{j1} + \beta_2 x_{j2} + \cdots + \beta_n x_{jn} \tag{2}$$

分布函数采取逻辑概率分布形式如下:

$$P_j = F(\beta_0 + \beta X + = \nu) = \frac{1}{1 + e^{-(\beta_0 + \beta X + \nu)}} \tag{3}$$

上式可转变为如下二元线性 Logistic 模型:

$$ln\left(\frac{P_j}{1 - P_j}\right) = \beta_0 + \beta X + \nu \tag{4}$$

(4)式左边是因变量,即消费者对安全水产品的选择行为,如果消费者选择购买安全水产品赋值为 1,消费者选择购买普通水产品赋值为 0。β 为自变量系数组合。X 为各自变量。

为了分析各因变量对选择行为的边际影响,对上式进一步推导得出:

$$F(y) = \frac{\omega^y}{1 + \omega^y} = \Lambda(y) \tag{5}$$

$$f(y) = F'(y) = \frac{\omega^y}{(1 + \omega^y)^2} = \Lambda(y)[1 - (y)] \tag{6}$$

$$\frac{\partial p}{\partial x_j} = \frac{dp}{dy}\frac{\partial y}{\partial x_j} = f(y)\beta_j = \Lambda(y)[1 - (y)]\beta_i \tag{7}$$

（二）样本特征

见第五章第二节。

三、消费者对安全水产品认知能力分析

（一）消费者对安全水产品认知能力的主观性评价

在调研问卷中,设计了"您是否关心水产品质量安全问题?",以此来了解消费者对水产品安全的主观关注意愿。通过统计整理发现,消费者对水产品的质量安全问题关注度比较高,有 46.28% 的消费者表示"非常关心",36.21% 的消费者表示"比较关心","不太关心"和"非常不关心"消费者的比例分别为 3.6% 和 0.72%。与此同时,消费者对当前水产品质量安全风险给出了较高的评判,有 42.79% 的消费者认为当前水产品质量安全风险比较严重,10.34% 的消费者认为水产品质量安全风险非常严重,仅有 7.96% 的消费者认为不太严重。对于水产品市场上的质量安全风险,消费者表现出比较低的承受能力,选择风险承受度为"完全不能接受"的比例为 38.61%。以上反映出,消费者对水产品质量安全较为关注,消费者认为当前水产品市场上也存在很大的安全风险,他们对这种风险表现出比较低的承受能力。以上是消费者对水产品安全的一个主观判断,为了进一步了解消费者对安全水产品的认知能力,问卷列出了"无公害水产品""绿色水产品"及"有机水产品"认证标签,让消费者选择哪种是"绿色水产品"的认证标识,正确回答和错误回答所占的比例分别为 47.25% 和 52.75%,这表明消费者对安全水产品主观认知水平不高。

（二）消费者对安全水产品质量安全信息及信任度分析

提高消费者水产品质量安全信息的认知能力的一个重要途径就是降低信息的不对称,信息不对称会导致掌握信息多的一方侵害掌握信息少的一方的利益,消费者掌握足够的水产品质量安全信息至关重要。有 85.85% 的消费者认为其掌握的信息不够充分,仅有 14.15% 的消费者认为水产品质量安全方面的信息够用。消费者认为信息不对称的原因主要是因为政府披露程度不足,比例占 42.11%;其次是行业内部的掩饰,比例占 41%;其余是因为科技和经济发展水平等客观因素。消费者获取水产品信息来源渠道主要有电视、网络、报刊书籍、手机短信、收音机,消费者选择电视和网络的比例较高,分别为65.54%和52.29%。在对已有的信息来源信任度方面,有32.37%的消费者最相信政府,24.4%的消费者把专家排在了第一位,15.7%的消费者最相信环卫组织所发布的信息。整体来讲,信息不对称会对消费者水产品消费行为带来影响,消费者对水产品质量安全信息的信任程度会影响其购买决策。消费者认识到了信息不对称带来的后果,希望通过有效途径增加信息量,政府和行业在信息披露方面存在较大的提升空间。

(三) 消费者安全水产品认知能力的客观性评价

为了进一步掌握消费者对安全水产品的真实认知能力,在问卷设计部分共设计出了 10 个问题,这些问题主要涉及消费者对安全水产品概念的掌握,消费者对不同安全水产品等级的区别以及消费者对质量安全认证 QS 认证、HACCP 认证同安全水产品认证的辨认。在消费者做出判断后,对每一个题目赋予了相同权重,回答正确的为 1,错误的为 0,然后把每位消费者的客观回答汇总,形成消费者对安全水产品认知能力的客观评价。统计发现具备较高认知能力的消费者较少(占 15.41%),较大比例的消费者缺乏(64.87%)对安全水产品正确认知能力。

表 5.3.1　消费者对安全水产品认知能力客观性评价

认知能力水平	分数区间	频数	比例
缺乏认知能力	0~4	362	64.87%
具有一般认知能力	5~7	110	19.71%
具有较高认知能力	8~10	86	15.41%

注:调研数据整理得出。

四、消费者对安全水产品购买意愿的实证分析

(一) 变量的选取

基于购买决策模型及随机效用理论,在第一节分析影响消费者安全水产品购买意愿的基础上对影响因素进行量化,主要包括:①消费者个人特征、家庭特征等传统变量,主要包括消费者年龄(X_1)、性别(X_2)、受教育程度(X_3)、家中是否有小于 16 岁的小孩(X_4)、家中是否有大于 65 岁的老人(X_5)、收入水平

（X₆）；②反映信息不对称水平的变量（X_7），此变量为消费者主观认为其掌握安全水产品信息水平；③消费者对安全水产品客观认知能力水平（X_8），通过消费者对 10 道客观题回答得出其对安全水产品的认知能力。相关变量的含义、赋值、描述性统计分析结果和预期作用方向见表 5.3.2。

表 5.3.2　变量的含义及描述性统计结果

变量	变量含义及赋值	平均值	标准差	预期方向
是否愿意购买认证标识淡水鱼	愿意＝1,不愿意＝0	0.711	0.453 4	—
性别（X_1）	女性＝0,男性＝1	0.582 4	0.493 6	＋
年龄（X_2）	≤25 岁＝0,26～35 岁＝1,36～55 岁＝2,＞56 岁＝3	1.195 3	0.914 4	＋
受教育程度（X_3）	小学以下＝0,小学＝1,初中＝2,高中（中专）＝3,大学（大专）＝4,硕士及以上＝5	3.344	1.058 4	＋
是否有小于 16 岁以下小孩（X_4）	有＝1,没有＝0	0.448 0	0.477 2	＋
是否有大于 65 岁以上老人（X_5）	有＝1,没有＝0	0.349 5	0.497 7	＋
月可支配收入（X_6）	1 000 元以下＝0,1 000～2 000 元＝1,2 000～3 000 元＝2　3 000～4 000 元＝3　4 000～6 000 元＝4　6 000～8 000 元＝5　＞8 000 元＝6	3.154 1	1.575 6	＋
信息对称与否（X_7）	信息充分＝1,信息匮乏＝0	0.475 9	0.417 3	＋
消费者认知水平（X_8）	缺乏认知能力＝0,具有一般认知能力＝1,具有较高认知能力＝2	0.370 9	0.232 5	＋

（二）实证结果

本文运用 STATA12.0 计量软件,在检验自变量不存在多重共线性之后,将以上变量全部引入二元 Logistic 回归模型,采用极大释然估计方法得出估计结果见表 5.3.3。模型的释然比卡方统计值为－312.092 27,对应的 P 值为0.000,说明模型拟合结果较理想,在 1% 的统计水平上整体显著。模型整体预测准确率为 82.76%,回归分析的结果可以作为分析和判断影响因素作用方向和大小的依据。

表 5.3.3　消费者对安全水产品购买意愿影响因素的 Logistic 回归模型估计
结果

变量	标准化回归系数	边际影响	发生比	P 值	平均值
性别(X_1)	0.420 9**	0.084 5	1.523 3	0.034 2	0.582 4
年龄(X_2)	−0.251 6**	−0.498 2	0.777 5	0.039 1	1.195 3
受教育程度(X_3)	0.140 8	0.027 8	1.151 2	0.157 2	3.344
是否有小于 16 岁以下小孩(X_4)	−0.184 5	−0.036 9	1.207 6	0.343 4	0.448 0
是否有大于 65 岁以上老人(X_5)	0.188 7	0.037 1	0.831 5	0.376 1	0.349 5
月可支配收入(X_6)	0.153 8**	0.037 0	1.166 3	0.017 2	3.154 1
信息对称与否(X_7)	0.917 7***	0.199 1	2.503 4	0.000 0	0.475 9
消费者认知水平(X_8)	0.113 3**	0.224 3	1.911 9	0.013 1	0.370 9
常数项	−1.143**		0.318 7	0.030 1	

注：本文借鉴郭志刚(2006)提出的非标准化回归系数转化为标准化回归系数的方法，以此更能真实反映出自变量对因变量影响的主次关系，该公式为 $\beta_i = \dfrac{b_i * s_i}{\pi / \sqrt{3}}$，其中 b_i 为第 i 个变量的非标准化回归系数，s_i 为第 i 个自变量的标准差；$\pi / \sqrt{3}$ 是标准 Logistic 分布的标准差。***、**、*分别表示在 1%、5% 和 10% 的统计水平上显著。

　　信息对称与否变量在 1% 的统计水平上显著正向影响消费者对安全水产品的消费行为，表明在保持其他条件不变的情况下，消费者感觉信息越不对称，就越不愿意购买安全水产品。回归结果显示，消费者由信息匮乏变成信息充分，其愿意购买安全水产品的发生比将比原来提高 1.503 4 倍，从边际影响效果看，消费者信息由匮乏到充分的转变，消费者愿意购买安全水产品的概率就会上升 19.91%。从其标准化回归系数来看，反映信息对称与否的变量对消费者是否愿意购买安全水产品的影响最大，这充分说明了信息的重要性。反映消费者认知水平的变量进一步佐证了信息的重要性，该变量在 5% 的统计水平上显著正向影响消费者对安全水产品的购买意愿，表明在其他条件不变的情况下，消费者对安全水产品的认知能力越高，消费者购买安全水产品的概率越大，越愿意购买安全水产品，消费者认知能力每提高一个档次，其愿意购买安全水产品的发生比将比原来提高 0.911 9 倍。收入水平仍是制约消费者购买安全水产品的一个重要影响因素，该变量在 5% 的统计水平上显著正向影响消费者对安全水产品的购买意愿，在其他条件不变的情况下，消费者的月可支配收入每提高一个档次，其愿意购买安全水产品的发生比将比原来提高 0.166 3 倍，消费者愿意购买安全水产品的概率就会提高 3.7%；消费者性别和年龄在 5% 的统计水平上显著影响其购买意愿，其中在保持其他条件不变的情况下，男性消费者更愿意购买安全水产品，年龄对消费者购买安全水产品带来了负面影响。消费者受教育程度及反应家庭结构的变量在统计上不具显著性,对消费者购买安全水产品的意愿产生的影响不显著。这主要是由于调研样本受教育程度较高(大学占 51.6%),家庭结构相仿,具有较强的同质性造成的。

五、结论与政策建议

本文基于全国范围内 558 份消费者调研数据,分析了消费者对安全水产品认知能力,运用二元 Logistic 回归模型实证研究了影响消费者购买安全水产品意愿的因素,得出如下结论:消费者对安全水产品认知能力较低,消费者普遍认为其掌握的食品安全信息不充分;信息对称与否、收入水平、消费者对安全水产品认知能力、性别和年龄对安全水产品的购买意愿产生了显著的影响,其中信息不对称是最重要的影响因素,信息不对称要先于收入约束而影响消费者安全水产品的购买意愿,与此同时,收入约束也是不容忽视的因素;信息对称也是引起消费者认知能力低的原因之一,消费者对安全水产品认知能力制约了消费者对安全水产品的购买意愿。

基于以上研究结论,需要提高消费者消费安全意识,扩大安全水产品消费市场,改善信息搜集过程中的信息不对称问题,政府相关部门要加大信息披露力度,严惩以次充好等欺骗消费者行为,生产企业积极开展相关活动普及消费者对安全水产品常识。政府相关部门加大对淡水鱼养殖场的监管力度,建立和完善食品安全法律法规,推进淡水鱼质量安全保障体系建设,建立淡水鱼质量安全风险防范预警机制。与此同时,政府要加大力度打击不法商贩投机行为,稳定安全水产品物价水平,提高消费者收入。

第四节　水产品质量监管国际经验

在全球水产品标准与质量控制出现空前发展的背景下,世界主要的水产品生产大国和进口国已将水产品的生产与进口的安全管理纳入法治轨道,相应的法规、标准相继发布并强制实施以保证水产品的质量和安全。相对于一般的国际标准,这些发达国家的标准要更加严格,尤其是欧洲和美国的食品链被认为是世界上最为安全的食品链之一。近年来,他们又围绕食品(包括水产品)安全对管理体制及管理手段进行了重大创新,新的法规、指令不断出台。相比之下,我国水产品安全问题面临着更加严峻的挑战,加入 WTO 以后这个问题变得尤为突出,一些优势水产品出口屡屡受挫。因此,研究国外水产品安全管理法规、标准和保障体系并与我国进行对比分析,对于建立健全我国水产品质量安全保障体系具有十分重要的现实意义。

一、日本水产品质量安全管理体系

日本是世界重要的水产品生产、消费和进口大国,也是我国最大的水产品出口市场,其对水产品质量安全管理有比较健全的机构、法规和标准体系。自 2000 年发生首例疯牛病以来,日本接二连三地发生了食品安全问题,水产品领域也未能幸免。为提高水产品质量安全,自 2002 年开始,日本在保证食品安全、让消费者放心的目标之下,对食品安全行政管理机构和相关法律制度进行了一系列的改革,并于 2003 年 7 月 1 日起开始施行(柯文,2004)。

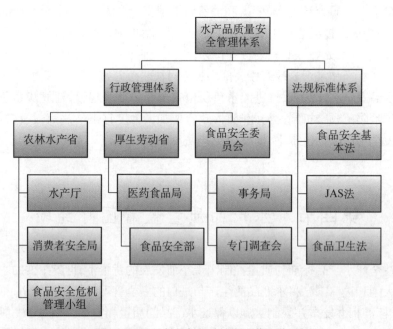

图 5.4.1 日本水产品质量安全管理体系

(一) 行政管理体系

从机构设置来看,日本政府的水产品质量安全管理与我国情况类似,也是一种多头管理的格局,但相比而言,日本的各管理部门分工较为明确,职能各有侧重。目前日本政府已对行政管理部门进行改革,将风险管理行政机关与产业管理部门分离并予以强化,以科学的风险性评估为基础,通过各管理部门之间的协作尽可能地避免了机构间交叉管理、分工不明的问题。另外,在日本的水产品质量安全管理中政府所起的作用更加重大。日本政府不仅参与行业相关立法和产品质量标准的制定,有关职能部门还直接参与水产品质量安全监管(王靖陶,2010)。例如,就贝类产品而言,农林水产省直接面对贝类产品的生产者、加工者、销售者和消费者,负责生产各环节质量管理、饲料药品生产销售和使用管理、产品认证监督管理等。具体来看,日本政府有关水产品质量安全管理的机构有内阁府下属的农林水产省,厚生劳动省和食品安全委员会。

农林水产省主要负责国内生鲜水产品生产环节的质量安全管理;水产品投入品(鱼药、饲料等)产、销、用的监督管理;进口水产品检疫;国内水产品品质和标识认证以及认证产品的监督管理;水产品加工中 HACCP(危害分析与关键控制点)的推广;流通环节中批发市场、屠宰场的设施建设,消费者反映和信息的搜集、沟通等。农林水产省负责水产品质量及安全卫生的有水产厅和消费者安全局。水产厅负责水产品经营、加工与流通,资源保护、管理,渔业生产监督、指导等,着重行业生产管理。消费者安全局侧重于消费者利益保护,主要负责产品规格标识、价格对策、水产食品安全、水产品生产过程风险管理、风险通报等。农林水产省内设立"食品安全危机管理小组",负责应对重大食品安全问题。该小组主要由消费安全局负责食品安全的官员组成,其主要职能是制定并指导实施重大食品安全事件对策。一旦发生重大食品安全问题,危机小组将负责搜集信息、研究和制定应对方针,并指导实施,建立了农林水产省内预防发生重大食品安全问题联络体制。

厚生劳动省主要负责加工和流通环节水产品安全监督管理,包括组织制定水产品中鱼药最高残留限量标准和加工食品卫生安全标准,对进口水产品的安全检查,国内食品加工企业的经营许可,食物中毒事件的调查处理;流通环节水产品的经营许可和依据《食品卫生法》进行监督执法以及水产品安全情况的发布。厚生劳动省设有医药食品局,医药食品局内设食品安全部,该部是食品安全行政部门的风险管理机构。其职责范围是根据食品安全委员会的风险评估,制定食品、食品添加剂和残留农药等的规格和标准,并通过全国的地方自治体或检疫所对食品加工场的卫生、食品(包括进口食品)的质量安全进行监督检查,并广泛收集国民的意见和建议,为进一步完善政策和措施提出合理化建议。农林水产省和厚生劳动省之间分工不同,但又有合作。例如,鱼药残留限量标准的制定工作要两个部门共同完成。

食品安全委员会是日本政府在2003年正式设立的对食品安全工作进行科学评估和对食品安全事务进行管理的机构。在组织机构与人员配置上,委员会由7名委员组成最高决策机构,委员全部为民间专家,经国会批准,由首相任命,任期3年。食品安全委员会在人员组成上除技术专家外还包括有消费者意识和消费活动、信息交流专业方面的专家,能够直接听取消费者意见,建立起由相关政府机构、消费者、生产者等广泛参与的风险信息沟通机制,并对风险信息沟通实行综合管理。委员会设事务局和专门调查会,事务局主要负责日常工作,专门调查会负责专项案件的检查评估,由共计200名专门委员(含兼职)构成,全部为民间专家,任期3年。专门调查会分为三个评估专家组。一是化学物质评估组,负责评估食品添加剂、农药、动物用医药品、器具及容器包装、化学物质、污染物质等。二是生物评估组,负责评估微生物、病毒、霉菌及自然毒素等。三是新食品评估组,负责对转基因食品、饲料肥料、新开发食品等的风险实施检查评估。食品安全委员会有权独立对食品添加剂、农药、肥料、食品容器,以及包括转基因食品和保健食品等在内的所有食品的安全性进行科学分析、检验,并指导农林水产省和厚生劳动省的有关部门采取必要的安全对策。食品安全委员会的主要职能有:第一,实施食品安全风险评估,负责自行组织或接受农林水产省、厚生劳动省等对食品安全风险进行咨询,通过科学分析手法,对食品安全实施检查和风险评估;第二,对风险管理部门进行政策指导与监督,根据风险评估结果,要求风险管理部门采取应对措施,并监督其实施情况;第三,风险信息沟通与公开,以委员会为核心,建立由相关政府机构、消费者、生产者等广泛参与的风险信息沟通机制,并对风险信息沟通实行综合管理。食品安全委员会有权独立对所有食品的安全性进行科学分析、检验,并指导农林水产省和厚生劳动省的有关部门采取必要的安全对策。

(二) 法规体系

在2003年颁布实施《食品安全基本法》的基础上,日本以疯牛病的发生为契机,加强了食品质量安全法律法规的制修订工作,其他相关法律也随之进行了修改,强化了包括水产品在内的食品质量安全的监督管理。目前与水产品质量安全相关的法律法规主要有:《食品安全基本法》《食品卫生法》《药事法》《饲料安全法》《农林物质及质量标识标准化法》(简称JAS法)、《兽医师法》《可持续养殖生产确保法》等。日本法制比较完善,其法律条款的修订非常普遍,一旦发现某些条款与现实相左或不相适应,即以省令和告示的形式对该条款加以修订。

1. 食品安全基本法

食品安全基本法是以保护消费者为根本、确保食品安全为目的的一部法律,为日本的食品安全行政制度提供了基本的原则和要素,该法于 2003 年 5 月 23 日出台。其要点是:一是确保食品安全,以科学方法进行风险评估,实行全程质量监控;二是倡导地方政府和消费者共同参与;三是坚持协调政策原则,在决定政策之前进行风险评估,重点进行必要的危害管理和预防,并实施风险信息交流;四是建立食品安全委员会。具体而言,其明确了在食品安全监管方面,中央政府的职责是"综合制定并实施确保食品安全的政策和措施";地方公共团体的职责是"适当分担政府的任务,制定并实施必要的政策和措施";生产,加工、流通和销售业者的职责是"具有'有责任和义务确保食品质量安全'的意识,并实施必要的措施,同时应向政府提供准确的信息";消费者的职责是"掌握并理解食品质量安全的知识,同时要充分利用政府提供的表明个人意见的机会"。同时,《食品安全基本法》还明确了为确保食品安全,食品质量安全相关政策措施的制定和监督管理应采用"风险分析"手段。

2. 食品卫生法

日本的食品安全监管主要依据《食品卫生法》进行,该法于 2003 年 5 月 30 日修订实施,日本食品安全监管的许多管理规则和程序都是按照《食品卫生法》开展的。这项工作包括:制定食品、添加剂、器具和食品包装、盛放容器的标准和规格;通过检验证明这些标准是否被执行;食品生产和销售的卫生管理;按照屠宰法、家禽宰杀经营管理和禽肉检验法对家畜和家禽肉的检验。《食品卫生法》的特点主要体现在四个方面:一是涉及对象多,监管范围广泛,不仅涉及食物和饮料,而且涉及添加剂、设备和容器(包装),还涉及与食物有关的经营活动的人员;二是《食品卫生法》将权力授予厚生劳动省,直接明确该法律的执行部门,这项授权使厚生劳动省能够平衡而迅速地对上述事项采取法律行动;三是管理与食物有关的企业,该法授权各地方政府在其管辖范围内对当地的企业采取必要的措施,如制定必要的标准、发放或吊销执照、给予指导以及中断或终止营业活动等;四是使用以 HACCP 为基础的食品安全管理控制系统。

3. 药事法

日本现行的《药事法》经过 25 次修改后于 2008 年开始实施。该法规定了动物医药品制造及进口的禁止事项、使用的禁止事项以及农林水产省应制定并实施的"水产养殖药物使用规定"等。2011 年 1 月 31 日日本发布的《鱼药使用规定第 24 号通报》就是日本农林水产省基于该法,并根据鱼药使用的药效和药代动力学实验成果,通过《动物药品使用规定的省令》颁布实施的最新的鱼药使用规定。

4. 饲料安全法

现行的《饲料安全法》经 8 次修改后于 2007 年实施。该法不仅规定了受法律约束的饲料种类,还对一些具体的内容进行了详细的规定。如"生产、进口、销售饲料和饲料添加剂,应做相应的记录并保存 8 年""饲料使用者应记录使用时间、使用场所、施用对象、饲料名称、使用量、购买该饲料的时间及生产厂家的名称和地址"等。

5. 农林物质及质量标识标准化法(简称 JAS 法)

现行的 JAS 法历经 14 次修改于 2007 年 3 月修订实施。该法确定了 JAS 规格(日本农林规格)和食品品质标准。JAS 规格即日本农林规格,是依据 JAS 法制定的食品、林产品等制品标准。经确认满足 JAS 规格的产品,可以标识 JAS 标志,加上 JAS 标志的产品,说明其具有一定的质量水准。食品品质标识标准包括一般食品品质标识标准 3 项;个别鲜活类食品品质标准 2 项(含水产品标识标准 1 项);加工类食品原产地标识标准 8 项(含水产类 6 项);个别加工类食品标识标准(罐头类)3 项;肉食类加工品及鱼糜制品标识标准 11 项(含水产鱼糜制品类 3 项);水产品标识标准 9 项,和其他类的标识标准。

6. 兽医师法

现行《兽医师法》历经 10 次修改于 2007 年 12 月 26 日实施。该法规定兽医师资格由农林水产省认证,即在兽医专业毕业后,只有通过农林水产省组织的兽医师国家考试并取得农林水产省的认证才能取得兽医师资格。

7. 可持续养殖生产确保法

该法从政府的角度对渔业协同组合和养殖业者自主实施的"因高密度养殖带来的养殖场环境恶化问题改善计划"进行规范。该法历经 6 次修改于 2005 年 4 月修订实施。其立法目的"采取促进渔业协同组合等对养殖渔场环境的改善和防止特定的养殖水产动植物传染性疾病蔓延的措施,确保养殖业的可持续发展和水产品的稳定供给"。该法还确定了"鱼类防疫员"和"鱼类防疫协力员"的义务和责任,确保从生产源头抓好水产品质量的监管工作。

总体上看,将"管理程序、规章制度和监管行为"融合在有关法律法规的执行过程中,是日本水产品安全监管的主要特色。依据《食品卫生法》并配合科学的监管体制和有效的监管方法和手段,这构成了目前日本水产品安全监管的完整体系,对我们具有重要的借鉴价值(王兆华,2004)。

(三) 标准体系及相关制度

1. 标识制度

根据JAS法,日本政府要求水产品的标识首先要遵守JAS制度,其内容包括两部分:一是JAS规格,即执行农林水产品的形状、尺寸、重量、包装等的标准;二是品质标识标准。水产品的质量标识标准分"生鲜水产品质量标识标准"和"加工水产品质量标识标准"。在"加工水产品质量标识标准"中,除了一般性水产加工品的标识标准外,还有针对海胆(含酱腌海胆)、干燥裙带菜、腌制裙带菜、削制干鱼片、蒸煮鱼类干制品、烤鳗、鱼肉肠等的专门标识标准。目前JAS商标有4种,即一般JAS商标、特定JAS商标、有机JAS商标和生产信息公开商标。另外,水产品的标识还应遵守基于《食品卫生法》的"消费期限、品味期限"等标识规定和基于《计量法》的容量标识规定等。

日本的标准体系分为国家标准、行业标准和企业标准3个层次。国家标准即JAS标准;行业标准多由行业团体、专业协会和社团组织制定,主要是作为国家标准的补充或技术储备;企业标准是由各株式会社制定的操作规程或技术标准。日本有技术法规15部,农产品规格标准500多个。在农药残留限量方面,日本也制定了200多种农药的最大残留限量值。除此以外,日本在农药(包括鱼药)最大残留限量方面,还根据产品的质量安全状况,临时发布预警通报。

2. 可追溯制度

为保证水产品生产链的透明化,日本政府积极出台相关法律和措施,支持建立水产品可追溯体系。自2003年《食品卫生法》新修改以来,日本的水产品质量安全可追溯制度与GAP、HACCP和ISO22000食品安全管理国际标准等规定的实施有机结合,并得以不断完善。目前,日本已对养殖鱼类、贝类和紫菜制定了不同的质量安全可追溯操作规程。

日本政府积极鼓励建立可追溯体系,但这主要靠生产者与批发零售商的自主积极性,记录信息的内容及传播手段都由各单位自主判断。以养殖鱼类可追溯体系建设为例,一部分大型养殖户和水产品批发公司发挥了主体作用。其中,养殖户工作的重点是养殖过程中各种信息的管理。主要内容有制定养殖基本标准,包括养殖环境、饲养环境、种苗引进、投放饲料、医药品使用等标准。其次,在具体养殖过程中,还对给饲料、换网、捕捞等各项作业有详细的说明介绍。以上工作建立了养殖鱼类生产履历管理制度,这些数据通过电脑管理,并及时提供给水产品批发公司。水产品批发公司的作用则主要体现在要求有交易关系的养殖户或者渔协建立养殖鱼类的生产履历管理系统。如果出现质量问题,由公司向养殖户查询鱼类养殖信息,找出问题根源。公司对养殖户生产履历管理的具体内容也有一定的要求,包括渔场环境信息、鱼苗饲养履历、鱼的养殖履历、投药履历、产品加工履历等。同时还要求提供更详细的信息记录。例如,幼苗培育过程中鱼苗的生产地等;在养殖履历中,要包括投饲料的方法和饲料名;在投药过程中,使用药品的名称、最终投药日期等。这些信息都要汇总成资料库后对外公开,以便让消费者掌握基本产品信息。

3. 肯定列表制度

"肯定列表制度"(Positive list system)是日本为加强食品(包括可食用农产品)中农业化学品(包括农药、兽药和饲料添加剂)残留管理而制定的一项制度。该制度于 2006 年 5 月 29 日起执行,要求食品中农业化学品含量不得超过最大残留限量标准;对于未制订最大残留限量标准的农业化学品,其在食品中的含量不得超过"一律标准",即 0.01 毫克/千克。肯定列表制度的"暂定标准"中涉及水产品的标准有 777 个,涉及药品达 134 种。同时,日本还利用其高端的检测技术,制定了与这些标准配套的分析检测的"多种药物快速分析法",即对多种残留项目进行一起分析,这一制度大大提高了水产品进入日本市场的质量标准。

4. 水产品认证制度

水产品需经过养殖环境、苗种引进、生产记录、药物检测等多方面检验符合规定标准后才能获得认证,包括国家认证和地方认证。目前,应用于日本水产品质量安全领域的全国性认证主要有 5 类,其中有关产品的认证主要是基于 JAS 法的一般农林规格、有机农林规格和生产信息公开规格,有关体系的认证主要是 ISO22000 和 HACCP。为了创立地方品牌,各都道府县政府均有本地水产品质量安全的认证制度。例如,静冈县为该县产鳗鱼制定了包括养殖环境管理、引进苗种管理、饲养管理、生产记录、药残检测、出池上市管理在内的生产管理和养殖场内部检查制度、内部进修制度、信息提供制度及消费者意见收集制度等标准,对符合标准的鳗鱼张贴"安全,安心——静冈县认证"标识。国家和地方水产品认证制度由农林水产省或都道府县政府委托中介机构执行。

5. 水产品质量安全问题报警制度

日本将水产品质量安全监管纳入到"110"报警系统,当消费者遇到与此相关的任何问题时都可以拨打由农林水产省和各都道府县在其内部设立的报警热线,及时而便捷地为管理部门反映情况提供信息。此项制度的实行对流入市场的水产品起到了实时的质量监督作用。

(四) 行业协会组织

日本水产会(Japan Fisheries Association)是日本唯一的渔业综合性团体,

在促进日本渔业发展、维护渔业产业相关人员利益、保护渔业资源和环境、水产品质量安全以及代表协会会员与政府、国际间进行交流等方面都发挥了重大作用。在水产品质量控制方面,作为日本指定的 HACCP 认证机构,JFA 鱼类水产行业保证和控制从渔民到消费者的水产品质量,进行 HACCP 认证的推广和宣传活动,如进行教育和培训课程、咨询,提供对水产品质量和安全性的认证服务并进行国际研究与合作。为了使食品安全信息在消费者中间广泛交流,JFA成立了水产品安全和标签委员会,其事务活动主要包括举行研讨会和专题会议、培训活动、HACCP 程序的认证等。

二、美国水产品质量安全管理体系

美国的食品堪称是世界上最安全的,究其原因主要是长期以来美国建立起了严密的食品安全监管体系,以及商家对产品质量和自己信誉的重视(美国卫生部,2003)。在“21 世纪食品工业发展计划”中,美国将食品安全研究放到了首位,足见其对食品安全问题的重视程度(王兆华,2004)。

美国的食品安全监管体系与其他国家存在较大差异,它将政府的安全监管职能与企业的食品安全保障体系紧密结合,做到了“分工明确、权责并重、疏而不漏”(李应仁,2001)。美国总统 1997 年宣布实施“食品安全行动计划”,并在1998 年成立了多部门参与的总统食品安全委员会,在其组织协调下,各部门在食品安全管理方面分工明确、协同配合、提倡团队精神。联邦政府、州政府、地方政府和食品行政管理部门要对总统、国会、法院、公众负责。美国建有与联邦、州和地方政府既相互独立又相互协作的“食品安全监督管理网络”,联邦政府和地方政府负责食品安全监管的部门构成了一套综合有效的食品安全监管体系,对食品从生产到销售的各个环节实行严格的监管。

(一) 行政管理体系

在美国,主管水产品质量安全的机构主要有四个:食品与药品管理局(FDA)、农业部(USDA)、商业部(USDC)和国家环境保护署(EPA)。美国的水产品质量及其标准的制定和执行职责长期以来都由 FDA 承担,水产品养殖过程中的苗种质量、养殖操作规范等由联邦农业部(USDA)和 FDA 共同执行。国家海洋渔业署(NMFS)和国家环境保护署是辅助管理机构。它们的职责分别是:

美国食品与药品管理局(Food and Drug Administration, FDA)是联邦的

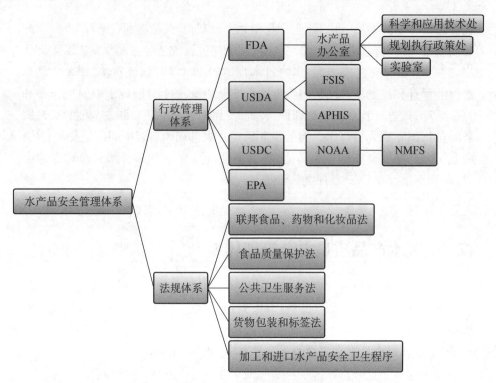

图 5.4.2 美国水产品质量安全管理体系

公共卫生机构,目前内部设有:食品管理中心、药物管理中心、生物管理中心、医用器具管理中心、兽医管理中心等部门。FDA接受和评估人类新药、生物制剂、精密医学装置、食物和彩色添加剂以及动物新药的申报,同时还监控和检测全美食品和药物的加工、进口、储藏及每年大约万亿美元的销售产品。其检测范围包括食品(肉和家禽除外)、人类和动物的药物、医学仪器装置、放射性产品、化妆品以及动物饲料等,受其检测产品的总值几乎占美国总消费额的四分之一。

FDA对大多数食品都拥有管理权,其主要负责除肉类和家禽以外的美国国内和进口的食品安全,制订兽药残留最高限量法规和标准。对于水产品而言,FDA主要保障其安全卫生及加工过程的管理控制(HACCP计划),水产品在分级前要满足FDA对产品的安全卫生要求。FDA主管水产品安全的机构是水产品办公室,该办公室下设两个处——科学和应用技术处、规划和执行政策处,并设有致力于水产品研究的几个实验室。FDA负责对所有的进口水产品检验取样和检测工作,FDA水产品办公室负责重点监管水产品中药物等有毒有害物质及残留,制定和颁布水产品的最大残留限量(MRL)值。

农业部(USDA)作为主要的行政和执法部门,主要负责肉类和家禽食品安全,负责农产品质量安全标准、检测与认证体系的建设和管理工作,并被授权监督执行联邦食用动物产品安全法规。USDA 食品检测的服务范围侧重于肉和家禽类,其他食品和药物质量的检测均由 FDA 承担。对水产品质量监控内容主要在于生产过程,包括养殖环境、操作规程、禁用药物等,而非直接产品质量。USDA 下设食品安全检验局(FSIS)、动植物健康检验局(APHIS)和农业市场局(AMS)三个主要与农产品(包括水产品)质量安全相关的机构。FSIS 负责制定并执行国家残留监测计划,肉类及家禽产品质量安全检验和管理,并被授权监督执行联邦食用动物产品安全法规,还负责向公众发布有关食品安全方面的信息。APHIS 负责对动植物及其产品实施检疫,植物产品出口认证,审批转基因植物和微生物有机体的移动,履行濒危野生动植物国际贸易公约(CITES)等。农业市场局(AMS)的新鲜产品部(FPB)主要负责向全国的承运商、进口商、加工商、销售商、采购商(包括政府采购机构)以及其他相关经济利益团体提供检验和分级服务,并收取服务费用;颁布指导性材料及美国的分级标准,以保持分级的统一性;现场实施对新鲜类农产品分级活动的系统复查;在影响食品质量及分级的官方方法与规定方面,它还作为与 FDA、其他政府机构、科学团体的联络部门;定期监督检查计划的有效性,考察是否遵守公民平等就业机会和公民权利的要求。

国家环境保护署(EPA)主要负责饮用水、杀虫剂、有毒物质及垃圾等方面的安全,负责制订农药、环境化学物的残留限量和有关法规。EPA 虽然也具有检测水产品质量项目功能,但仅检测本土和进口食物的药物残留方面的内容。

商业部(USDC)的国家海洋与大气管理局(NOAA)下属的国家海洋渔业署(NMFS)具有水产品质量检测技术培训和水产品分级、检验的功能。美国水产品分级标准的目的在于帮助渔业维持并改进产品质量,以增加消费者对水产品的信任。但 NMFS 所有服务都是有偿的,并且无管理职能。其检验项目包括色泽、大小、组织、风味、气味、加工缺陷、质地缺陷等。针对国内外的加工厂、零售商等,所有可食用的产品从整鱼到制品等均可进行检验和认证。

为了大幅度提高美国国内水产品的产品质量和食用安全,2009 年 NOAA 和 FDA 宣布签署了一项合作协议,联合进行水产品的检验。通过这一协议的签署,两个机构将通过合作来加强对水产品的检验工作,并且 2 个机构将实现水产品方面的信息共享。由 NOAA 下属的 NMFS 来提出对水产品的检验方案,并由 FDA 负责安排对水产品实施检验,FDA 计划自愿承担对全美国销售水产品检验工作量的 30% 以上(NOAA,2011)。

(二) 法规标准体系

美国国会颁布实施的食品安全法,为食品管理机构提供了充分的权力。法律的制定都针对特定的目标,食品管理机构根据目标来制定具体的条例,当新技术、新产品问世,或对人类健康造成风险时,管理机构可以运用最前沿的科学方法和分析技术,灵活地修正或调整管理条例,一般不需要新的立法。条例的制定与修改过程采用公开、透明的方式,鼓励行业、消费者、其他利益相关者的参与。

1. 与水产品质量安全监管有关的法律法规

目前美国关于水产品质量安全监管的法律法规非常多,主要有:《联邦食品、药物和化妆品法》(FDCA)、美国联邦法规(CFR)、《货物包装和标签法案》《公共卫生服务法》《食品质量保护法》《加工和进口水产品安全卫生程序》等。由美国众议院制定并公布的《美国法典(U. S. Code)》共50卷,与水产品有关的主要是第7卷(农业)和第21卷(食品与药品),其中第21卷第9章为《联邦食品、药物和化妆品法》(FDCA),美国大部分食品法的精髓都来自FDCA。美国联邦法规(CFR)是联邦政府发布的综合的永久性法规,共分50卷,与水产品有关的主要是第7卷(农业)、第9卷(动物与动物产品)和第21卷(食品和药品)。其中,CFR第21卷第110部分规定了食品生产、包装和贮存的良好操作规范(GMP)。

美国的水产品标准有3个层次:第一是国家标准,由联邦农业部、卫生部和环境保护署等政府机构以及经联邦政府授权的特定机构制定;第二是行业标准,由民间团体如美国饲料工业协会等制定,民间组织制定的标准具有很大的权威性,不仅在国内享有良好的声誉,而且在国际上被广为采用,行业标准是美国标准的主体;第三是由公司制定的企业操作规范,相当于我国的企业标准。《联邦法规法典》的农业篇中包含农产品标准(含等级标准)352个。在农药残留限量方面,到1999年8月为止,美国已制定标准8 100多项。水产品安全生产方面较有影响力的标准是美国FDA在1995年12月发布的联邦法规《加工和进口水产品安全卫生程序》(21CFR, Part 123&1240)。

这些法规的主要执行和监督机构是FDA和USDA。在水产品方面,FDA要求水产品加工商和进口商必须服从联邦《食品、药物和化妆品法案》以及《货物包装和标签法案》的有关规定。所有的食品添加剂和药残留最高限量必须符合FDA的规定,农药(杀虫剂)残留最高限量必须符合国家环境保护署(EPA)的规定,否则这些食品被视为非法进入市场。FDA颁布的《加工和进口水产品安全卫生程序》还规定,凡进口美国的水产品,其生产加工企业都必须实施HACCP(危害分析与关键点控制)管理,并经美国官方机构注册。

在水产品质量安全的监管中,药物残留检验是重点。因此从1967年起,农业部食品安全检验局(FSIS)就开始制定并执行国家年度残留监测计划(NRP),该年度监测计划列出了对国内的动物产品和进口畜禽产品的检测数量、检测重点等,并根据动物所接触到的化合物产生的潜在危险对人体健康的影响,进行综合性评价。

此外,美国的食品(水产品)管理人员还定期与食品法典委员会(CAC)、世界卫生组织(WHO)、联合国粮农组织(FAO)、国际动物流行病办公室(OIE)等国际组织进行交流,以了解最前沿的知识及动态。

2. 水产品 HACCP 法规

美国是最早使用 HACCP 系统的国家。20 世纪 90 年代美国发生了一系列的食源性疾病促使美国克林顿政府加强美国的食品安全体系的建设。1992—1993 年,美国食品与药品管理局起草以 HACCP 为基础的《水产品的危害与控制导则》。1995 年 12 月,美国发布联邦法规《水产与水产加工品生产与进口的安全与卫生的规范》,明确规定了自 1997 年 12 月 18 日开始在美国水产品加工业及水产品进口时强制推行 HACCP 体系,以确保水产品的安全加工和进口。这将 HACCP 体系从原来的生产企业自发的安全卫生控制行为演变成官方对食品安全性管理的强制性要求。这一法规的实施对国际 HACCP 体系的发展产生了深远的影响。

HACCP 法规适用于美国所有的水产品加工实体,以及所有对美国出口的外国水产品加工实体和所有的进口商。法规分为三个部分,第一部分为总则,第二部分为烟熏或有烟熏味的水产品,第三部分为未加工的软体贝类。法规第一部分对 GMP(良好操作规范)和 SSOP(卫生标准操作程序)作出了规定,并将 HACCP 原理中的危害分析、关键控制点、纠偏措施、验证和记录等要素规章化。法规还对培训、进口产品的特殊要求作出了规定。在这项法规中明确强调了水产品加工过程中的某些关键性工作。例如,需要由受过 HACCP 体系培训的人来负责制定和修改 HACCP 体系的计划,并负责审查各项记录。

此外,美国对于水产品的养殖和捕捞有明确的规定。美国认为,水产品消费中的许多疾病是由生食软体贝类引起的,这些危害在软体贝类捕捞前即已存在。确保软体贝类来自卫生养殖区域可以降低这些危害发生的危险。通常,养殖区域的卫生质量是由州或国家贝类控制当局予以确定的。法规规定,如生的或冻的贝类产品在加工中未经充分的杀灭致病菌处理,则 HACCP 计划必须列出软体贝类来源的控制方法。此外要注意,如有其他可能发生的危害,也要列在 HACCP 计划内。为了使生软体贝类的微生物污染、化学污染、天然毒素和有关的食品安全危害得到控制,HACCP 计划必须列出加工者是如何控制贝类原料来源的,允许加工者加工的软体贝类只能来源于州贝类管理当局批准捕捞的养殖区域或未被联邦政府机构关闭的联邦水域(郑宗林,2008)。

三、挪威水产品质量安全管理体系

挪威非常重视渔业管理,尤其是水产品质量管理。无论机构的设置,还是政策的制定和实施,都以质量为主线。渔业管理机构的设置不按养殖、捕捞、加工划分,而是由各区域办派驻的检查官负责辖区内渔政及各类水产企业质量管理的所有事务,这样减少了部门间相互协调所产生的内耗,使各环节都围绕质量做文章。挪威水产品质量安全管理体系的构成如图5.4.3所示,可分为行政管理体系(主要是渔业部)、渔业法规标准体系、执法体系和其他质量安全管理制度。

(一) 行政管理体系

挪威渔业产品质量安全管理的职能主要集中于渔业部,另外还涉及到食品安全局、食品监督署、农业部、卫生部、环境保护部、劳动部等部门。渔业部是负责水产品质量安全的最高管理机构。1946年挪威在首都奥斯陆建立了渔业部(Ministry of Fishery),是世界上最早成立独立渔业部的国家。其主要职能是负责全国海洋捕捞、水产养殖、渔业资源保护、海岸安全、海洋科研、鱼品质量、出口贸易、渔业立法以及渔业资金的具体管理(陈思行,2002),保护作为挪威第二大出口产业——渔业的可持续发展。渔业部的主要机构设置及其职责概述如下:

1. 挪威营养与海产品研究所(The National Institute of Nutrition and Seafood Research 简称 NIFES)

是挪威国家水产品安全独立的科研和风险评估机构,是挪威国家渔用药物残留监控的主要实施机关。NIFES原来隶属于渔业局,由于2004年挪威食品领域改革,地位显著上升,位置进行调整,目前与挪威渔业局等一起隶属挪威渔业部。NIFES有非常现代化的实验室,检验设备一流,下设有分子生物学实验室,微生物实验室,生化实验室,毒理实验室,营养实验室等,检验标准与国际接轨。NIFES负责执行整个水产品食物链的全过程的研究和风险评估,研究包括鱼饲料的营养构成,海产品消费对人类健康的益处及海产品中有毒、有害物质的检验检测。在海产品食物链分析上,NIFES担任政府顾问的角色,其风险评估报告直接上报到国家渔业部。NIFES执行官方监控计划,实施水产品的有毒有害物质、生长激素和鱼饲料等检测。检测的参数主要有微生物、重金属(汞、铅、镉、砷)、化学污染物(多氯化联二苯、二噁英)、抗生素残留、农药残留等。检测方法基本与欧盟一致,平均100吨水产品抽测一个样品,且抽样要在不同区域进行。所有的样品的检测和监控数据都储存在NIFES网站数据库中(www. nifes. no),向社会公开发布。

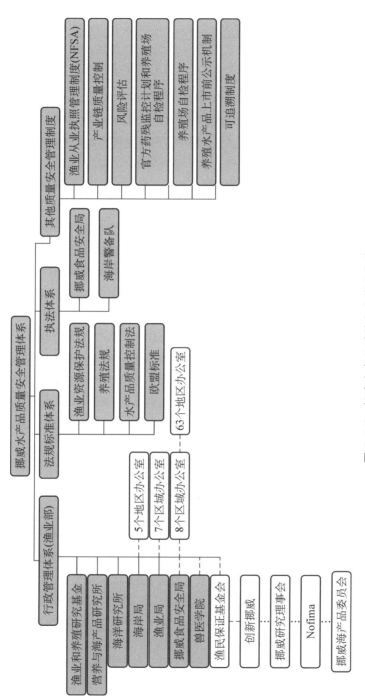

图 5.4.3　挪威水产品质量安全管理体系

2. 海洋研究所(Institue of Marine Research)

是挪威对沿岸和海洋生物及海洋环境的国家研究中心,设有海洋资源、海洋环境和水产养殖三个研究部门。主要负责监控鱼类资源、海洋牧场、水产养殖和海洋环境,研究渔具开发、捕捞技术、海洋与沿岸生态系统等。

3. 海岸局(National Coastal Administration)

是渔业部最大的部门,主要负责挪威沿岸各港口码头、航标设置、导航、航行、助航设施等方面的管理,在5个地区设立分支机构,执行沿岸局的港口、航行及航际等的作业服务。

4. 渔业局(Directorate of Fisheries)

是渔业部渔业政策的主要执行机构,是具体负责渔业管理和制定实施渔业法规的部门。在挪威食品安全局成立之前,挪威渔业局负责水产品质量安全管理和检测工作。改革后渔业局主要负责贯彻和执行渔业及水产养殖的法律、法规,规划和管理海洋资源和水产养殖的发展。渔业局还负责颁发水产养殖许可证和远洋渔船的捕捞证。渔业局内设7个地区管理办公室,还设行政管理部、公共关系部、信息技术部、法律事务部、渔业经济部、质量控制部和养殖部等部门。其中,7个地区管理办公室具体负责水产养殖和海上渔业捕捞许可证的颁发。法律事务部具体负责捕捞许可、渔民登记、渔船登记和法规的起草,内设法律事务处、渔业许可处和渔业实验处。质量控制部主要负责对水产品和渔船质量、数量的监督控制,内设质量与环境处、实业发展与沿岸规划处、资源控制与监督处及系统监控中心。养殖部下设养殖管理处和养殖监督处,负责养殖许可证发放、饲料配额管理和对养殖单位的监督检查。

5. 挪威海产品委员会(Norwegian Seafood Council)

是挪威海产品市场的综合协调组织,它作为一个中间机构不仅服务于渔业部而且广泛与国立和私立的研究机构交流合作,为国内外消费者提供最有效最及时的海产品信息。NSEC是挪威渔业部直属的负责所有挪威海产品在全球推广的机构,其每年的推广经费主要来自于挪威政府对挪威海产品出口所征收的出口税。NSEC利用这笔经费,在全球主要市场设立了常驻的海外代表机构,在各地最优秀的推广公司、公关公司的支持下,不断地将以挪威三文鱼为代表的挪威海产品,融入当地居民的饮食习惯和餐饮文化。它是连接政府研究机构、渔业行业和消费者的桥梁,为消费者提供准确的可信赖海产品信息,赢得国内外消费者的信心,把消费者的需求反馈给政府、渔业行业和研究机构。

6. 其他机构

渔民保证基金会(The Guarantee Fund for Fishermen)负责管理渔民的社

会福利。挪威研究理事会(The Research Council of Norway)为挪威的国家研究策略机构及政府有关一般政策研究事务的中心咨询机构,该理事会设有六个研究委员会,分别对其所属研究领域负责。此外还有渔业和养殖业研究基金(The Fishery and Aquaculture Industry Research Fund)、挪威食品安全局(NFSA)、创新挪威(Innovation Norway)以及 Nofima 研究集团。其中,挪威食品安全局在业务上受渔业部的管理,但同时也是挪威渔业的主要执法机关,具体职能在后面介绍。

(二) 法规、标准体系

挪威有近千年的渔业历史,在长期发展过程中,挪威人认识到以法治渔的重要性,制定了一套规范严格的渔业法规,保证水产品质量管理体系的运行。挪威渔业法规的制定和实施都是基于可持续发展和有效预防的基础上进行。大致可分为以下几类:第一为渔业资源保护法规,有《渔民注册登记法》《专属经济区法》《防止污染和排废条例》《港口和航道条例》《网目法》等;第二是养殖法规,如《有关鱼类孵化养殖场的构造、装备、建立和扩建条例》《鱼贝类养殖法》《鱼病防治法》等,这些法规对鱼类从受精卵、幼鱼培养、放养、屠宰,到加工、运输和销售各个环节都建立了严格的规定;第三是水产品质量控制和销售方面法规,如《水产品质量控制法》《鲜鱼法》《动物食品法》《兽医法》《药品店经营法》《药品使用法》《鱼病防治法》等分别规定了水产品生产质量保证、水产品销售管理和鱼用药物管理的制度。特别是《水产品质量控制法》对水产品运输方式、运输工具、温度、材料以及加工厂的建立、环境要求、加工条件、质量防范措施等作出了详细的规定。

在标准采用上,除了通行的国际标准外,挪威主要采用了欧盟标准。其中影响显著的有欧盟于 1991 年 7 月发布的两个指令《活双壳贝类生产和投放市场的卫生条件规定》(91/492/EEC)和《水产品生产和投放市场的卫生条件的规定》(91/493/EEC)。欧盟的标准体系分为两层:上层为欧盟指令,下层为包含具体技术内容的可自愿选择的技术标准。凡涉及产品安全、工业安全、人体健康、消费者权益保护的标准,通常以指令的形式发布。属于指令范围内的产品必须满足指令的要求才能在市场销售,达不到要求的不许流通。

(三) 执法体系

在制定完善的法规同时,挪威也非常重视法规的执行和监督检查。2004年为适应欧盟的食品安全新战略,建立新的食品风险评估机制,为消费者提供从养殖场到餐桌的安全健康食品,挪威进行了食品安全领域的重大改革。合并了挪威动物健康局(NAHA)、挪威农业检察局(NAIC)、挪威渔产品检查局(DFSI)和挪威食品控制局(NICA),成立了挪威食品安全局(简称 NFSA)。NFSA 的管理领域覆盖整个国家完整的食品链,确保消费者食用安全健康的食品和饮用水。其业务受农业部、渔业部和卫生部管理,是三个部门的执法机关。NFSA 主要按照国际通用的标准来管理食品安全,具体包括执行食品的检查、监督和食物链的监控等工作职能。其主要职责是起草并执行有关食品安全的动植物法律法规,执行基于风险的检查,监控食品安全和动植物健康,执行紧急的预案,促进企业生产出健康、环境友好的动植物产品。NFSA 有三个层次的垂直管理部门,管理总部设在奥斯陆市,下设 8 个区域办公室和 63 个地区办公室。63 个地区办公室负责检测具体工作,水产品质量安全检测分局设在卑尔根市。NFSA 通过实施风险分析来保证水产品的质量安全。风险分析包括风险管理、风险评估和风险通报三个方面。风险管理是区域办公室得到管理总部的指令执行风险管理;风险评估是由挪威营养与海产品研究所和挪威科技委员会来执行;风险通报是指及时发表风险评估信息,通报产品可能的质量风险,并及时采取应急措施。

为了加强海上执法力度及监控外国渔船,挪威于 1977 年建立了海岸警备队(隶属国防部海军部队),对 200 海里专属经济区的海上渔业法规执行情况进行监督。海岸警备队是挪威海洋渔业的执法机构。在海洋的监督检查方面,渔业局只负责上岸的第一手水产品的质量和数量的监督管理,海岸警备队具体负责海上的监督、管理检查。其主要职责有:进行日常巡逻和监控挪威所辖大陆架和海岸线;监视和监控在挪威海域内作业的本国以及外国渔船与渔民的渔业活动;为捕捞作业渔民提供必要的海上服务,并在发生突发事件时给予救援帮助;从事科学调查研究活动;执行挪威军事任务;协助海关、警察等部门从事海上执法工作。在渔业管理方面,海岸警备队负责 200 海里专属经济区的监督管理,并按北纬 62 度线分为南北两个管区。海岸警备队在现场检查时可通过计算机网络查询渔船的有关资料,如许可证的发放情况、渔船的登记注册情况、配额情况,并通过现场检查进行核实。

(四) 其他质量安全管理制度

1. 渔业从业执照管理制度

挪威渔业局对水产育苗、水产养殖、水产捕捞等都实行渔业从业执照管理,并进行严格审核把关、控制渔业从业企业数量。每张渔业从业执照上都标明了从业场所的位置、从业品种和从业规模。此外,挪威食品监督署自 2006 年底开始对出口水产品的质量安全实行了更加严格的管理制度。具体措施包括对出口水产品实行出口许可证管理制度,向具有出口资质的进出口商发放出口许可证;加强运输过程的质量安全监控,从挪威运送出口水产品的卡车上必须经由海关加贴封条,防止污染或者出现掉包现象等。

2. 产业链质量控制

从产业链角度看(图5.4.4),挪威水产品质量安全的控制分为原材料供应、原材料加工、营销等环节,每一环节都严格按照法律规定操作,确保了水产品从原料到成品的质量安全,此外,挪威政府也积极为渔业发展创造良好的外部支撑环境,从政策、技术、资金以及人力资源各方面给予支持。

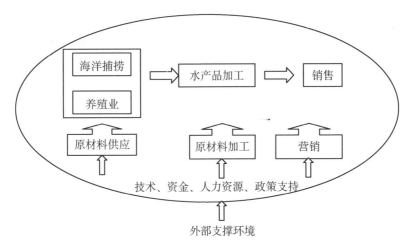

图5.4.4 挪威水产品产业链质量控制

(1) 海洋捕捞业

在海洋捕捞业方面,实行了捕捞配额制和渔业信息管理制度。捕捞配额制即总可捕量制度(TAC)下的配额捕捞,这是挪威渔业管理体系中的一项特色制度。配额分配包括国际捕捞配额分配和国内捕捞配额分配。国际捕捞配额是通过双边或多边渔业谈判完成的,挪威80%的渔获来自国际捕捞配额分配,主要配额的管理鱼种有鳕鱼、鲭鱼、鲑鱼、龙虾等。在国内配额分配方面,由渔业局将某种鱼的限额通知渔业社团,渔业社团确定不同作业方式的分配数额及每条船的配额,再由渔业局上报渔业部批准,最后渔业社团将批准的配额通知每条渔船。

挪威非常重视渔业统计基础数据的收集,有一整套制度保证所获信息的可靠性和准确性。一是实行了注册登记制度。《渔民注册登记法》《渔船登记和标识法》等规定了对渔船、渔民的注册登记制度。法律规定凡从事商业捕鱼的渔船以及以渔业为主要收入来源的渔民均要在渔业局登记,拥有一个唯一的注册号码。二是要求捕捞日志。政府规定,超过 13 米长的渔船必须填写捕捞日志,并在渔船卸货后两周内寄给渔业局。对于超过 21 米的船只,船主必须详细填写捕捞日志,海岸警备队要对其抽查,以便判断渔获物是否与捕捞日志一致,从而有效地控制捕捞量在配额限度内,避免渔民丢弃低于可捕标准的幼鱼和捕捞受保护品种。船长 13~21 米的船只只需填写简单的捕捞日志,由船主寄给渔业局,不需海岸警备队的检查。而 13 米以下的小型渔船不需填写捕捞日志,但要有销售记录。三是实行销售记录。挪威法律规定,所有第一手交易(指海洋捕捞)都必须通过销售组织进行。不同的渔船根据渔获物的种类不同,分别通过不同的销售组织进行销售(陈毅德,1999)。交易成功后,买卖双方要签署销售记录,一式三份,买方、销售组织、渔船各持一份。渔业局可从销售记录上掌握全国的渔获量。

(2) 养殖业

对于水产养殖过程的质量安全监控主要包括 7 项制度和规定(王世表等,2008)。一是病害报告制度。养殖场发生疫病时必须立即、及时地报告渔业局地方办公室,渔业局地方办公室就会立即派遣相关人员和兽医到场诊断水产病害或抽样送质检中心进行检测。重大疫情诊断结果则需要上报渔业局。二是用药监督制度。疫病发生之后。由渔业局派遣经其认可的兽医进行诊断并指导使用药物,养殖场必须详细记录用药过程,以备监督检查。三是产品检测制度。养殖产品上市前,必须对 12 个月内使用过鱼药的产品进行抽样检测药物残留情况,经检测合格后方可上市销售,否则必须延长养殖时间直至药残合格或者进行销毁处理。四是死鱼处理规定。遵照欧盟 EEC90/667 规定执行。每个养殖场均需配备死鱼收集容器。集中后,加 2.2%的甲酸进行预处理,然后送抵特定的场所进行销毁或者送到特定加工厂生产鱼油和鱼粉。五是饲料监管制度。通过水产饲料数量控制来对养殖产量进行总量控制。每个养殖场一年的水产饲料使用量是经渔业局严格核定,每个养殖场不能超量购买饲料,不能自制饲料,法律严格规定饲料厂不能超量给养殖场供应饲料,否则,一经发现就会受到严厉惩处。六是养殖记录规定。养殖场在养殖过程中必须记录各种相关信息,包括水质检测、饲料使用、病害诊断和药物使用等。七是产品标签规定。产品出场前需要贴有标签,挪威渔业主管部门严格规定标签内容,应包括养殖场养殖执照编号、养殖品种、重量、等级和出场日期等。一旦发现产品质量安全问题,消费者和有关部门可以通过这些信息资料追溯到产品的生产源头。

（3）加工与流通环节

加工厂是质量控制的关键环节，也是欧、美等进口国检查的重点，因此从1994年开始，挪威对加工厂强制实施HACCP质量控制，并投入了大量资金对渔民和加工者进行细致的说服、讲解和指导工作。HACCP的实施原则就是根据每个工厂的实际情况，找出关键控制点。不必要的地方不做过高的要求，而关键的地方严格要求。但是，在挪威人的管理理念中，HACCP只是质量管理系统的一个组成部分，仅靠一个HACCP体系并不能保证产品质量的安全。他们认为，养殖环节的质量控制是基础，基本控制的实施如GMP、GHP等等是保证，HACCP体系只是对以前各环节的一个提高(钟志坚，2005)。

对流通环节，挪威也有严格规定。所有鱼类产品运输车辆必须经过审批，封闭且进行清洁和消毒，要按照固定航线运行。运输的水产品不能和其他可能造成污染的产品一起运输。运输患病鱼类的车辆还有特殊规定。此外销售公司派专门的质量控制人员负责流通中的温度控制和定点厂的加工质量，并有记录。

总之，挪威对水产品的质量控制，从原料生产开始贯穿到各个环节，文件体系、记录体系比较完善，真正做到从受精卵到屠宰场、加工厂整个生产链都实行严格控制，确保了水产品的质量安全。

3. 风险评估

在成立食品安全局的同时，挪威又成立了负责食物链风险评估的机构——科技委员会(NSC)，科技委员会的角色与食品安全局平行，负责对食品安全技术问题进行独立风险评估；而食品安全局只负责食物风险管理，风险评估者和风险管理者任务分开，职责分明。科技委员会(NSC)有8个跨学科专家组，专家组负责对水产养殖卫生状况、药物残留、激素、饲料、传染病、杀虫剂、污染物等独立进行风险评估，并给政府部门提出相应建议。

4. 官方药残监控计划

挪威官方药残监控计划通常是由挪威食品安全局制定，并由国家营养与海产品研究所负责实施。抽样范围包括捕捞和养殖水产品、鱼肉、鱼油和饲料。其中养殖水产品是监控重点，基本上平均每100吨水产品就会抽检1个样品。检测参数高达40余项。

5. 养殖场自检程序

除了官方的监控程序外，挪威生产单位也必须建立自检程序。在养殖产品上市前1个月，养殖场需要将产品送检，合格后方可上市销售。另外，所有的官方药残监控检测结果和企业自检结果都会在国家营养与海产品研究所网站上向社会各界公开发布。

6. 养殖水产品上市前公示机制

按照挪威渔业法律法规要求,养殖水产品在上市前必须将标准格式的上市公示表上报给食品安全局。只有在各种信息与食品安全局数据库中信息相匹配时水产品才能准许上市销售。

7. 水产品可追溯制度

挪威是最早将溯源系统应用到食品链的管理的国家之一。挪威渔业主管部门要求,从水域到消费整个供应链的所有环节都必须确保水产品的可追溯性,每个环节以及不同环节交接的所有信息必须纳入可追溯体系中。挪威的育苗场和养殖场一般都建有电子注册系统,加工企业和加工船则建有信息管理系统。在种苗阶段,不同亲鱼均在尾鳍上附有特殊的标志,以便加以区分。幼苗分别放养,当鱼苗批发进入养殖场时,这些亲鱼的有关信息亦会被传递过去,保证可以回溯。在进入加工环节时,加工厂在接受原料的时候会检查相关信息,并将养殖场的有关情况登录在案。屠宰厂在产品出厂时,产品标签的内容非常丰富,主要包括以下内容:①鱼品的有关情况,品种、重量、数量、等级(优级品和常规品)、包装日期、第一次冷冻时间、加工方式等;②发往国家、欧盟协议成员 EFTA、挪威产地 N 和出口港的标志;③养殖场的编号;④挪威 NFSA 给企业的注册编号;⑤外国进口商要求加贴的其他标志。丰富的标签信息是保证产品可追溯性的重要措施(陈洪大,2007)。

四、发达国家对我国水产品质量安全监管模式选择的启示

前面简要分析了日本、美国、挪威等发达国家的水产品质量安全管理体系,从中可以看出,这些国家在水产品质量安全方面都具有体系完备、监管严格、措施到位等共同特征。与上述几个发达国家相比,我国现行水产品质量安全管理采取的是齐抓共管的多头管理模式,其缺陷在于,各部门在专业知识和资源水平上各不相同,造成实施不均衡,行动缺乏一致性等,易产生机构重叠、职能交叉、多头执法的问题。分析上述几个国家的管理模式可以看出,美国采取的是整合型模式,即由一个国家级的部门制定水产品安全管理政策并进行操作方面的协调,有一个起牵头作用的单位以及职责分工明确的行政结构来实施统一的水产品安全管理战略。这样既保证国家水产品安全管理控制体系的一致性,又不会影响各机构的日常职能。但对我国来说,原有机构设置已经过于复杂,要想选择或重设一个统领性机构的成本又过高,因此短期内采取这种模式的可行性不大。而如果像挪威那样实行部门垄断型监管又不切实际,因为与挪威

80%的渔获量都用于出口的情况相比,我国水产品的外贸依存度还很低,单独为水产品建立这种模式,政府成本很高,所以可行性也不大。虽然日本的监管模式与我国类似,但日本有完备的法律法规体系为保障,并将"管理程序、规章制度和监管行为"融合在有关法律法规的执行过程中。因此,从改革的成本及我国实际情况来看,目前最宜推行的还是日本的管理模式,但就管理经验而言,则可从多国借鉴。具体来说,我们要从以下几方面予以改进:

第一,构建水产品质量安全的新理念,组建水产品质量安全管理协调机构,建立完备的监管模式。

日本、美国和挪威都非常重视渔业管理,尤其是水产品质量管理,并成立了专门的负责部门。如挪威设立渔业部,渔业管理机构设置不按养殖、捕捞、加工划分,而是完全以质量为主线。美国在"21世纪食品工业发展计划"中将食品安全研究放到首位,并在总统高度重视下成立多部门参与的总统食品安全委员会。可见发达国家对食品安全问题的重视。为此,要改善水产品安全问题,政府首先要对其予以足够的重视。其次,从上述几国经验来看,他们都有宏观协调性较高的水产品安全管理协调机构,因此我国也要成立专门的类似机构来协调水产品问题。但是这种监管要注意,必须是一种层次较高的宏观监督,既不能替代各部门现在履行的食品安全监管职能,又要着力强化综合监督和组织协调的权威,强化牵头、组织的职能,加大执法力度,在定位上一定要准确。此外,监管中各利益主体要责任明确,谁出问题谁负责。以挪威为例,在产业链中,各项主体的任务都非常明确,饲料生产者、渔民拥有对水产品安全最基本的责任,政府当局通过对国家监督和控制系统的运作来检查和执行其职责,渔业局对政府当局的能力进行评估,运用可利用的最先进的科学来发展水产品安全措施,通过审查和检验促使国家监督和控制系统达到更高的水平。通过这种方式,真正做到了从受精卵到屠宰场、加工厂整个生产链都实行严格控制,确保了水产品的质量安全。

第二,制定和完善我国水产品质量控制的法律法规,加大执法力度。

法律法规是水产品安全的重要保证。随着全球经济一体化进程的进一步加快,发达国家为了保护自身利益,不仅把技术标准的门槛定得很高,而且还将技术标准纳入法律法规的范畴,使之成为强有力的技术贸易壁垒的依据。因此,要针对我国目前水产品质量安全方面的法律、法规较少的实际,加快制定与相关法律、法规相衔接、可操作性强的、能与国际接轨的法律法规。同时,对现有的与水产品有关的法律法规进行调整、修订及全面清理,建立以科学为基础、重在防范的水产品质量安全法律法规体系。

此外,我国水产品质量安全事故频发的原因之一是在执法力度上存在偏差,法律、法规没有起到足够的震慑作用。反观国外,它们对水产品质量安全的监管却非常严格,处罚力度更强。为此我国应吸取它们的经验,加强执法的力度,如可建立企业不良记录档案,建立一次性退出机制,加强执法过程的规范性和连续性等。还应加强对重点地区和重点产品的长期监管,将定期检查和不定期抽查结合起来。

第三,建立健全水产品质量安全标准、认证及检测体系。

首先,要完善相关质量标准,并与国际标准接轨,制定中国的水产品标准。水产品从生产场所到餐桌的所有环节都应有标准可依,生产者应严格按照标准组织生产,但目前我国水产品在生产和加工过程中并不是所有环节都有标准可依,不是所有的生产者都按照标准进行生产,造成检测时无标可依。此外,标准由哪国制定,就必然带有该国明显的地域特征,而这些标准一旦成为 CAC 的标准,就成为国际贸易的准绳,对该国明显有利,对他国则极为不利。发达国家非常重视并基本上垄断了国际标准的制定、修订工作,这对我国的影响不可估量。水产品标准水平还代表着一个国家在水产品质量安全方面的保护水平,也体现着一个国家在国际水产品贸易中的保护水平。因此,应当进一步开展 CAC 工作,以国际标准为基础,制定我国的水产品质量标准,使我国的国家标准尽快与国际标准接轨。同时,要积极参与 CAC 等国际标准的制定、修订工作。

其次,在认证方面,目前我国水产品质量安全主要设立了 3 类认证,即无公害认证、绿色认证和有机认证,其中无公害认证标准最低,是我国水产品认证的基本目标。但企业和个人往往因为成本问题而不愿意申请高水平认证,导致高水平认证实施范围不广。在体系认证方面,HACCP 等体系主要应用在水产品加工领域。在生产环节实施 HACCP 还具有局限性,大多数关于水产养殖HACCP 的应用还处于理论研究阶段。总之,认证体系建设应以产品认证为主、体系认证跟进的发展方式,在认证标准的制定方面,应积极开展国际交流,争取得到国际认可。

再次,由于我国水产养殖规模逐年扩大,养殖方式不断变化,加上国际贸易的需要,所要检测的质量指标大量增加,但我国检测机构建设相对滞后,不能满足品目繁多的检测需要,特别是我国的检测技术主要针对高污染、高毒性的污染物进行检测,且检测能力有限。随着科学技术的发展和生态环境的改变,水产品的生产技术和加工工艺不断改进,影响水产品质量安全的新因素也在不断产生。保障水产品质量安全,不仅涉及到法律、法规的制定实施和市场的监管,更大程度上依靠的是科学技术的发展和应用。因此,国家要加大在水产品安全检测技术、食源性疾病与危害的检测技术和水产品质量安全控制技术上的投入,积极研究有效的、快速的检测、控制技术,确保我国在水产品质量安全上的监督检测能力与国际接轨。另外,还需要展开专项检测,对一些亟需解决的关键性危害物进行技术攻关,开发符合实际生产要求的检验方法。当然,也要加大对水产品质量安全监管基层队伍的投入,保证他们开展工作所必需的经费,还要加大培训和教育的力度,提高队伍的整体素质。对我国现有的水产品检测机构进行统一协调、组织和管理,实现人员、仪器设备等资源的充分共享,全面发挥检测机构为监管体系提供技术支持的功能。

第四,对水产品生产、加工过程实行档案化管理,建立渔业信息管理体系。

档案化管理是从水产品生产源头开始,对水产品生产、加工、销售过程进行详细记录存档,记录和标签标识要可以溯源。档案化管理不仅大大增强了水产品生产、加工、销售企业的责任心和水产品生产、加工、销售过程的透明度,而且大大提高了消费者对水产品卫生安全的信任度(李凯年,2004)。档案化管理有多种形式。如日本实行的优良农产品认证制度,就是对进入日本市场的食用农产品要进行"身份"认证,申请认证的农产品必须明确地标明该产品的生产者、产地、收获和上市日期、使用农药和化肥的名称、数量和日期等,实际上这种认证制度的实质就是要求对农产品的生产、加工、销售过程进行档案化管理,并且通过认证强制执行对国内销售的农产品规定,包装上必须加贴标签,消费者可以根据标签通过上网查到生产的产地、生产单位、生产过程、农药化肥使用情况等信息。档案化管理的手段很多,较为实用的手段是建立水产品可追溯系统。日本已经将食品信息可追踪系统推广到牡蛎等水产养殖产业,使消费者在购买水产品时可以通过商品包装获取品种、产地以及生产加工流通过程的相关履历信息。目前使用频率最高的 HACCP 管理系统,它也是 CAC 采纳和推广的管理系统,已成为目前国际公认的确保食品卫生安全的通用管理系统。作为加强水产品质量安全管理的有效手段和国际通行做法,在我国水产业中广泛推广档案化管理对于提高我国水产品的质量和国际竞争力将会起到重要作用,但具体采用哪种系统或方式要根据具体产品特性来定。

第五,充分发挥协会组织的作用,加快渔业组织化发展。

日本行业协会等组织在国家推进水产品安全管理过程中发挥了重要作用,从政府到行业协会,再由行业协会到企业、生产者个人,有关政策、指导、信息等交流畅通,是日本推行水产品质量安全管理有力的保障。因此,加强我国水产品质量安全管理,应充分发挥协会组织的作用,加快渔业组织化发展。例如,对于小规模水产养殖户来说,其生产组织化程度低,缺乏执行标准的动力和能力,更存在认证困难的问题。对此,政府应鼓励其通过渔业合作组织等形式组织起来,通过组织进行认证,积极发挥渔业专业合作组织在质量安全方面的自律、辐射示范和主导作用。

第五节 我国大宗淡水鱼质量安全过程控制困境

进入 21 世纪以来,我国农业已经进入从传统农业向现代农业转变的关键时期,确保农产品总量平衡、结构平衡和质量安全的任务很重。水产品是我国城乡居民摄取动物蛋白的一个主要来源。改革开放以来,随着收入水平和生活水平的提高,居民食品消费结构和质量得到很大改善,以低脂肪、高蛋白为主要特征的水产品逐渐在居民食品消费中占据重要位置,水产品消费规模不断扩大。作为世界上主要的水产品消费国,我国水产消费结构正在不断完善。解决"吃鱼难"问题以后,水产养殖业正在向"吃得好"的方向转变,提供种类繁多、营养丰富、安全优质的水产品是渔业部门的重要职责。大渔业涉及饲料、生产、流通贸易、加工、餐饮消费等多个环节,在产业环节之间关系不紧密、完整的产业链还没有形成的情况下,是一个容易出现质量安全风险的行业。近年来,消费者越来越关注水产品质量安全问题。进入 21 世纪以来,我国在水产品质量安全控制、提高水产品质量安全方面做出了大量努力,取得了显著进展,但由于存在产业链环节多、质量安全意识淡薄、逐利动机强烈、产业科技基础薄弱、体制机制不完善、科普宣传教育不足等问题,水产品和大宗淡水鱼质量安全控制面临的形势严峻,过程控制的难度不小,分析来看,主要有以下方面:

一、大宗淡水鱼过程安全控制环节多

大宗淡水鱼产业链包括的主体众多:饲料、鱼药生产部门,饲料、鱼药经销商,养殖户、养殖场、渔业公司,水产养殖合作社,水产品经纪人,水产品加工企业,贸易企业等。他们分别在投入品生产、流通、使用,养殖生产和流通、贸易、加工过程等环节出现。要实现有效监管,必须要做到每个关键环节都要实现有效,而这在实际生产中是难以做到的。

我国大宗淡水鱼生产主要由大量小规模、分散的养殖户进行,小型家庭作坊式饲料厂、加工厂和分散于各地的经销商和经纪人大量存在,质量安全监管部门要面对的是千家万户的市场主体,要实现全方位、全产业链监管客观上非常困难。除了养殖环节的质量安全控制以外,在水产品加工、流通过程中,由于技术不过关、设施条件不足、安全意识不强、质量安全控制体系不健全等原因,加工流通过程中的二次污染现象也不容忽视。

危害大宗淡水鱼质量安全的风险因子存在环节多、领域广。如何控制风险于萌芽状态，提前防范农产品质量安全风险，保证我国农产品质量安全，需要农业职能部门从制度上、管理措施上和技术手段上"多管齐下"，对风险要提前预警，及时应对，做到"源头控制、标本兼治"，防患于未然。

二、市场主体质量安全意识淡薄，逐利动机强烈

一是饲料质量安全问题。一些小型饲料厂的生产技术水平低，尚未建立起完善的质量控制体系，缺少对饲料营养及配方的试验研究，质量保障能力不足。为了降低生产成本或牟取利益，一些企业不惜添加违禁物质，甚至生产禁止使用的高毒、高残留鱼药和添加剂。一些饲料营养配方中，铜、砷的添加量已达到或超过水产品的最小中毒剂量。大剂量使用重金属，不但导致环境污染，破坏水体生态系统和微生物结构，而且直接影响水产养殖动物健康和水产品的食用安全，使生产出的产品超过国家食品卫生标准。农业部每年开展的饲料产品监督抽查中，我国饲料行业中的重金属砷、铅、汞和镉等超标的企业和有毒有害物质，如氟、氰化物、亚硝酸盐等超标的企业，几乎占饲料不合格指标的一半以上。而由于饲料成本在养殖成本中占很大比重，随着饲料成本、人工成本抬高，养殖户为了降低养殖总成本，往往以低廉的价格作为选择饲料的唯一标准，从而使得这些不合规的企业和产品有存在的土壤。

二是病害综合防治观念薄弱。目前一些发达国家已普遍采用疫苗和免疫增强剂等生物安全制剂，而逐步摒弃抗生素和化学药物。而我国水产养殖病害控制手段仍以化学药物为主，技术单一，病害控制仍处在病原控制阶段，缺乏对病害风险预判和管理能力。一些养殖户将一半剂量浓度的抗生素用于预防，导致病原菌的耐药性，当使用正常剂量治病时，造成没有疗效或疗效不佳，加倍用量、延长用药时间成为常态。滥用药物致使养殖水体微生态环境破坏严重，耐药菌株大量出现，不仅直接造成暴发性流行病的不断出现，也造成了水产养殖动物的食品安全问题。

三是忽视抗生素、激素等有害物质残留。我国大宗淡水鱼生产仍以一家一户的养殖模式为主，养殖户组织化程度低，从业者文化水平不高。大多数养殖户虽然积累了丰富的养殖经验，但观念落后，重产量、轻品质，质量安全意识淡薄，对有害物质残留的严重后果没有足够的认识。在养殖环节，许多养殖户为了提高单位面积产出能力，追求高产量而滥用鱼药及饲料添加剂，不仅造成水产品体内大量药物残留，而且污染水源环境。绝大多数养殖户对病害的形成、

发展、流行过程整体认识不足，盲目用药、错用滥用药现象普遍，不仅存在多用药、多费工的情况，而且防治效果不理想，导致质量安全风险。

四是逐利动机的驱动。在养殖和流通环节，一些养殖户商贩出于降低成本、抗病和确保存活、保持水产品的体色鲜艳、防止腐败和增强对消费者的吸引力等目的，有意使用违禁药物。在加工环节，有的加工企业出于降低成本、保持产品新鲜度、延长保质期等目的，超标或滥用添加剂、防腐剂、保鲜剂、着色剂、抗生素。在销售环节，一些不法商户在运输过程中滥用药物以保持水产品鲜活和延长流通时间。

三、科技基础薄弱

长期以来，我国的水产业科技体系主要是围绕解决供给问题而建立起来的，对于质量安全问题的关注相对少，相关科技基础薄弱。

一是风险分析基础薄弱。以风险分析为基础，是进行食品安全监管的基本要求。尤其是危险性评估，是最重要的基础研究领域，也是发达国家最为重视的领域之一。目前，我国在风险分析方面才刚刚迈出步伐，这是我国食品安全标准制定难以实现独立化的基本原因，也从根本上制约了我国食品安全保障能力的提高和国际对话能力的提高。

二是检验检测技术比较落后。发达国家检测技术已经实现了速测化、系列化、精确化和标准化，基本能在食品中同时检测300种以上的残留物。我国检测仪器设备整体比较落后，很少有机构能一次进行上百种药物的多残留分析技术，检测方法的标准化程度低。

三是过程控制技术还比较落后。在美国、日本、欧盟国家，HACCP体系已经普遍应用，并成为一种强制性的认证体系。在泰国，也已经实现了强制性认证。但在我国，受多种因素的制约，实施HACCP体系的企业数量还不多。

四是水产病害防治技术基础研究薄弱。我国在水产养殖病害的病原学、流行病学、病理学、药理学、免疫学、实验模型等基础研究领域落后于国外先进水平。高新研究技术和方法的应用较晚，研究结果未能达到高度的科学性和准确性，研究内容缺乏深度和系统性。在病害防治手段上仍以化学药剂、抗生素等药物为主，且大部分是由兽药、农药移植而来，缺乏药效学、药代学、毒理学及其对养殖生态环境影响等基础理论的研究，药物的给药剂量、用药程序、休药期缺乏科学依据，存在药效不确切、药物残留、环境污染等诸多弊端。疫苗等生物安全制剂等的研究和应用水平远远不能满足需要，目前通过国家批准的水生动物疫苗只有3种,推广使用也不够理想。国内广泛流行并产生严重危害的几种病毒性、细菌性、寄生虫性鱼病的高新生物技术预防制剂几乎是空白。商品化的绿色生物制剂或者种类太少,或者保存时间短、施用方法和剂量应用不准确,诸多因素制约了其应用效果,阻碍了生态防治与免疫防治的推广。

五是在有毒有害物质限量标准方面缺乏基础性研究。许多食品安全标准的制定没有以风险评估为基础,标准的科学性和可操作性都亟待提高。如药物残留、重金属等,许多限量标准没有充分利用"风险性评估"原则来考虑总暴露量在各食品中的分配状况。由于监测网络、实验室分析手段缺乏,零星的检测数据并不能反映我国食品安全的现状,标准的制定就缺乏支撑。

四、体系建设滞后

加大对淡水鱼养殖场的监管力度,建立和完善食品安全法律法规,推进淡水鱼质量安全保障体系建设,建立淡水鱼质量安全风险防范预警机制,是提高淡水鱼消费安全水平的必要支撑。目前,我国大宗淡水鱼监管体制不健全、执法力度弱,标准体系、认证体系、检验检测体系、信息交流体系等发展滞后。

(一)监管体制仍有缺陷,执法力度弱

完善的食品安全监管体制的基本要求是政府定位要准确;从农田到餐桌实行全程管理;管理机构要精干和高效;各方职责要明确;有充足的资源;在中央政府层次上有一个权威声音对食品安全负责,并拥有在所有与食品安全有关的国家行动中贯彻中央政策的权力和资源。目前,我国食品安全监管体制以分段监管为主、品种监管为辅,存在职责不清、管理重叠和管理缺位等问题。突出体现为:容易出现监管真空,即"能管的都管,不能管的都不管""有利就争、无力就推"的现象;行业参与不够,消费者的作用没有充分体现。行业参与是保障食品安全的基础。行业组织通过与政府互动、加强行业自律、与消费者沟通等方式,具有政府直接监管不可替代的作用。目前,大宗淡水鱼产业组织化程度不高,行业协会与消费者的沟通比较少,作用没有得到充分发挥。

自《食品安全法》生效后,我国关于食品安全的法律体系已经比较完善。但由于大量可操作的实施条例和细则还没有出台,影响了法律执行。从基层来看,执法能力弱是一个现实问题。县一级农业行政主管部门作为农产品质量安全执法主体,存在执法力量薄弱问题,不能采取强制措施,心有余而力不足。

(二) 标准体系不完善

现行水产品卫生标准的覆盖面不广,还不能满足对水产品供应链进行全程监管的需要。很多重要标准尚未制定出来。相当一部分标准远低于国际标准。不同部门间制定出的标准在技术内容上难以协调和统一,使企业无所适从。例如卫生标准和质量标准是有差异的,但绝大多数食品标准还是质量指标与卫生(安全)指标相混合,造成监督困难,消费者也缺乏判断依据。

(三) 认证体系不健全

从国际管理来看,认证是一个行业对达到共同标准的认可。我国认证认可体系的建设起步较晚,主要采用政府直接组建认证认可机构的形式。由于开展认证认可有一定的利益空间,有关部门各自组建机构,产生了多头管理、多重标准、重复认证、重复收费等问题,认证体系的作用没有得到应有发挥。目前,认证认可机构行政化色彩浓厚,专业人才匮乏、官僚主义作风明显、权威性不够。

(四) 检验检测体系不完善

由于缺乏统一的发展规划,检验检测机构分属不同部门,低水平重复建设情况比较普遍。多头检验、重复检测、浪费投资,加重了企业和农民负担。检验检测方式多为运动式和突击式检查,抽测品种少、范围窄、频率低,检验检测工作不能全程化、日常化。队伍整体素质不高也影响了水产品质量监督检测工作的正常开展。检测体系主要是政府机构的强制性检测检验,从业者自身检验检测意识不足,需求缺乏。目前,通用性强、权威性高的饲料添加剂和违禁药物的检测方法缺乏。

(五) 信息交流体系建设滞后

我国水产养殖主体仍以分散的家庭养殖为主,多数水产品加工企业为中小型企业,这在一定程度上加大了水产品安全信息的搜集难度。在多部门共同监管的体制下,由于部门分割,已有资源的共享不够,缺乏一套完全公开化、透明化的信息披露机制,消费者获取和了解相关信息的渠道缺乏。我国是个水产品生产消费大国和贸易大国,及时发现问题和采取有效行动,建立统一协调的信息体系至关重要。要打破信息的部门分割,建立互通有无、高频次交流和共建共享的信息收集、整理、分析和传输利用机制,实现各部门间在信件处理、风险信息通报和评估、行动决策和重大事故处理方面的共享、共商。

（六）水产疫病防控体系尚未建立

检疫是疫病、重大疾病控制和阻断传染途径最强有力的手段,但水生动物检疫工作目前仍处于筹备阶段。特别是水产养殖苗种检疫与管理落实不到位,大量带病原的亲本用于制种、繁殖,大量带病原的苗种用于养殖生产、放流,造成病原传播。目前,各级水产疫病防控体系尚未建立,导致病害防治技术成果的消化吸收困难,技术规程、技术标准难以产业化推广应用,水产养殖病害防控总体仍处于粗放、低水平状态。县级水生动物防疫站人才队伍和设备配备也不完善,缺乏病害快速诊断技术和能力,基层病害工作者对病害检测往往凭肉眼、凭经验行事,误判误诊现象难免。我国疾病检测试剂盒的种类及推广程度总体上与国外仍有很大差距。

第六节　新媒体时代下的食品安全信息传播与监督预警

随着社会发展和新技术应用,信息媒介形式正在发生演变。凭借独特的数字技术特性,互联网、手机等新媒体兴起并深刻改变了传统媒体的传播方式,广泛渗入并影响着现代人的信息消费行为与社会生活。从传统媒体到网络媒体、移动媒体和自媒体的变化为食品安全信息的传播和安全预警工作带来新的挑战。

近年来食品安全问题日益受到社会各界关注,媒体对食品安全事件的介入也越来越频繁。随着媒介形式的变化,传统媒体的舆论监督有逐渐弱化趋向,而新媒体作为舆论源头的首发优势日益明显,食品安全预警监督工作也不断面临新的问题和挑战。本节通过分析新媒体时代的食品安全信息传播特点和其对食品安全监督工作的挑战,提出了政府监管部门要通过新媒体的舆论监督来积极发现并解决食品安全问题,实现科学、有效的监督与引导,并提出相关政策建议。

一、新媒体渐成舆论主源头

根据 2012 年 7 月 CNNIC 发布的《第 30 次中国互联网络发展状况统计报

告》,截至2012年6月底,中国网民数量达到5.38亿,互联网普及率为39.9%,微博用户数达到2.74亿。2012年上半年,我国通过手机接入互联网的网民数量达到3.88亿,手机成为我国网民的第一大上网终端。伴随着网民数量的增加和微博等新兴信息传播方式的发展,网络媒体正在逐渐颠覆传统的媒体传播方式,这也意味着信息发布与传播的主动权正逐渐由传媒机构转入个人手中。《中国法治发展报告(2011)》显示,在2010年138起社会舆情热点事件中,新媒体首次曝光的有89起,占65%,在舆情传播中的作用举足轻重。在新近发生的食品安全事件中,传统媒体的舆论监督逐渐出现弱化现象,新媒体作为舆论源头的首发优势日益明显。值得关注的是,在我国现行食品安全信息传播体系中,政府监管部门的行动往往滞后于媒体,并且疏于主动向媒体和公众发布信息。随着消费者对食品安全关注度的不断提升,他们要求了解更深层次的食品安全信息,但目前还没有一个畅通的渠道可以提供给消费者对等的信息,媒体的舆论监督职能恰恰在客观上为消费者搭建了一座桥梁,人们可以通过媒体的舆论监督了解事实真相。目前,政府监管部门在为消费者提供畅通的意见和信息表达渠道,以及主动发布食品安全信息方面存在欠缺。当有食品安全问题苗头时,人们对媒体的过分依赖也就不足为奇。相当多的网站在关注食品安全事件,并设有"食品安全事件投诉"栏目。这种受理"投诉"的工作本应是政府部门的职责,现在却有大量的媒体在做类似的工作,并且这种渠道比政府提供的还要畅通、便捷。因此,当遇到食品安全问题时,消费者到这些网站上投诉,很可能会被媒体未经查实而误传,由此"问题"也就真的演变成为"事件"了。

对食品安全监管部门而言,随时关注新媒体上的食品安全信息对预警工作尤为必要。根据互联网资料整理了涉及食品安全信息的网站后发现,这些网站大致可分为三类:一是全国性的食品安全信息网站。这类网站鱼龙混杂,动辄起名为"中国××网",域名后缀却多为com.cn。从主办单位看,既有食品安全职能部门创办的官方网站,又有各类杂志、协会、公司甚至大学主办的网站。如复旦大学研究生吴恒与34名志愿者发起创办的"掷出窗外"网站就引起了社会的广泛关注。二是涉及食品行业的专门性网站,如添加剂、食品安全标准网站等。这类网站以发布购销信息为主,与食品安全的关系并不大。三是地方性网站。这类网站多由地方政府监管部门主办,网站信息与上级部门网站类似,在全国的影响力有限。

以上三类网站虽然汇集了近些年的食品安全事件,但时效性差。各类综合性网站才是食品安全信息传播的主要阵地。其中,新浪、新华网、搜狐和人民网是我国食品安全信息来源较集中的几个网站(见图5.6.1)。新华网和新浪网分别是主流媒体网站和商业门户网站的典型代表,在食品安全事件报道中,其报道主题、消息来源和立场等存有较大差异。新华网在报道过程中往往站在政府立场,其消息来源和报道主角很大程度上体现的是官方观点,在发生食品安全事件后,担当了政府喉舌的作用,发布的信息也多是政府对此事件的回应,报道主题以政府处理事件的作为为中心,其媒体功能主要是传递信息、引导舆论。而新浪网作为门户网站,没有新闻采访权,它自身的独特之处就是新闻评论,更加侧重个人观点和对事件的解读、分析,其媒体功能除了传递信息、引导舆论以外,还有教育大众、引发社会集体思考等功能(李亚男,2010)。

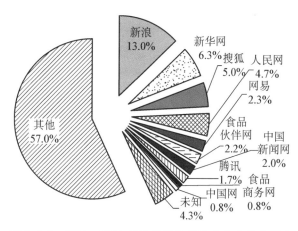

图 5.6.1 *2004—2011 年网络媒体报道或转载的各类食品安全信息来源*

注:根据《易粪相食:中国食品安全状况调查(2004—2011)》相关资料整理

二、新媒体时代的食品安全信息传播利弊互现

从发展趋势上看,新媒体作为舆论监督的重要组成部分,是反映社会舆论、推动社会管理的重要力量,在食品安全信息传播上具有很多传统媒体不具备的优势。

一是新媒体具有互动性并更加尊重个人观点。相对于纸质媒体等传统形式,网络媒体更加注重个人的声音。个人可以在微信、微博、博客、BBS 以及各类即时通讯中充分表达自己的观点,这是其他媒体形式所不具备的。新浪、搜狐等商业门户网站的热点新闻评论专员还会在事件发生后,从各个角度进行解读、分析。这些评论起到了舆论导向的作用,也丰富了媒体报道的态度和口径。

二是新媒体传播的食品安全信息量更大。随着人们对网络媒体的利用率越来越高,受众获得信息的过程呈现一种趋势,即通过传统媒体获得新闻线索后,消费者不再全盘接受从报纸、电视上看到的、听到的,而是喜欢通过互联网搜集信息,最终得出自己的观点。与传统媒体相比,新媒体所带来的食品安全信息量更大。由于"转载"和"链接",网络成为各类新闻的集合地。例如,新浪网上有关"食品安全"的新闻数量由2001年的227条增至2011年的49 509条,特别是2011年这一数量出现成倍增长,可见消费者对食品安全问题的关注度在不断上升(见图5.6.2)。2011年之后,随着我国食品质量安全监管水平的提升,政府、企业对食品安全问题的重视和对相关质量安全事件的积极回应态度,"食品安全"的新闻热度有所下滑。但消费者对"自然""健康"的生活方式追求热度与日俱增,近些年热播的各类养生节目,以及将质量安全作为主要卖点的生鲜电商发展迅速。2012年,淘宝、京东、顺丰及亚马逊同时进入生鲜农产品领域,并开始注重各自生态圈中生鲜产品的发展,一个名不见经传的本来生活网"褚橙进京"营销事件的成功,使得网络生鲜市场霎时间成为热门话题。

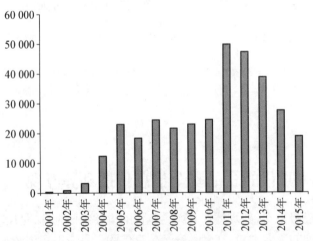

图 5.6.2 2001—2015 年新浪网有关"食品安全"的新闻数量

三是新媒体实现了食品安全信息的快速覆盖,从而形成强大的舆论能力。网络的迅捷与及时性大大方便了受众及时关注热点事件的进展。由于不受出版周期或播报时间的限制,信息可以立即在网页上显示,或者通过 BBS、微博、微信、QQ 消息、手机群发消息等方式实时发布。通过转帖、点击、推荐等,信息得以在更大的范围内流通传播,这种方式实现了信息传播速度与范围几何级数式的增长,并且这种通过家人、好友等进行的信息传播往往很少会有人积极求证。

虽然与传统媒体相比,新媒体在信息传播速度、范围等方面具有不可比拟的优势,但正是这种便捷、迅速、自主的特点使其也存在很大弊端。主要表现在:

一是新闻发布与更改具有随意性,新媒体的把关能力较弱。大多数有条件的受众皆可上传、传递信息,甚至可以自己选择参与到信息生产过程中,充当自己的把关人。网络的开放性使得任何人都可能成为网民,都有机会发出自己的声音(卜丽媛,2011)。一方面,已发布的新闻可以随时更改或删除,这很大程度上造成网络新闻发布的随意性。另一方面,网络管理员可以更改或删除网民发布的信息,这对新闻的真实性、可靠性提出了挑战。

二是新媒体舆论呈现负面、非理性特点。网络舆论虽不乏赞扬真善美、鞭挞假恶丑的声音,但总体而言,网上各种舆论交锋,常常是负面舆论压倒正面舆论。2010 年美国尼尔森发布的亚太各国网民的用户习惯报告称,中国网民最喜欢发布负面产品评论,也只有中国网民发表负面评论的意愿超过正面评论。可见,负面情绪在我国的新媒体用户中体现得尤为明显。网络舆论还具有明显的非理性色彩。网民作判断、下结论,往往仅凭个人好恶和直观感受,缺乏深入的思考,在表达方式上也呈现出偏激、粗俗的倾向。

三是新媒体信息存在真实性与科学性问题。互联网开放、匿名、互动的特征让社会公众轻松拥有话语权,用户可以创建属于自己的信息发布平台,随心所欲地表达观点、探讨话题。这种信息发布形式突破了传统媒体曝光食品安全问题时所需的组织选题、深入调查走访、向有关部门核实信息、审核与编发稿件等规范新闻制作流程,故而在时效性方面经常领先一筹,却往往因为缺乏专业知识背景与系统培训,更多的只是一种个体经历的片段式、碎片化、浅显性的表述(殷绮,2011)。因此,我们不能忽视网络虚拟身份所引发的无责任感,以及由此带来的信息真实性和科学性问题。

三、新媒体对食品安全监督工作提出挑战

新媒体舆论监督虽然不同于食品安全行政法律法规的监督,不能对食品安全监管工作产生直接的法律和行政效力,但凭借网络等传播媒介,其充分发挥

了覆盖面广、迅速及时、震慑力强等特点,正成为食品安全监督体系中一种特殊的监督方式。但任何事情都具有两面性,舆论监督也是一把双刃剑,使用不当也会带来负面效应。

一是科学素养的缺失使新媒体在监督过程中往往夸大问题程度,造成社会不必要的恐慌。民以食为天,有关食品安全的话题总是能够引起受众的广泛注意。但是这种眼球效应却被某些刻意追求轰动、一心只想爆料的媒体所利用(门玉峰,2010)。为了追求点击率,很多网络媒体在不对新闻事实进行深入调查的情况下,会抛出所谓猛料来吸引读者眼球,并刻意夸大问题的严重程度,不仅给消费者带来恐慌,也造成了不同程度的信任危机。如很多网站都喜欢在标题上使用"有毒""致癌"等字眼,并使用醒目的图文处理方式,给人强烈的视觉冲击。但实际上科学研究说某种食品致癌,也只是一种相关性,而非必然性。消费者期待的食品100%安全是一种理想状态,按现有科学检测水平,绝大多数食品都存在有害物质。检测机构通过对食品中有害物质进行健康危害风险评估,根据"剂量决定毒性"的原则,当有害物质达到一个临界区域时,才会对健康造成危害(成功,2006)。但媒体报道时却很少区分这种关系。一方面这受媒体自身职业特征影响,即其以新闻价值为取向;另一方面,食品安全是一个非常专业的知识领域,大多数报道者并不具备食品加工与安全方面的专业知识,科学素养的缺失使部分报道不能做到科学、准确,夸大了食品质量的危害,引起了不必要的恐慌(叶芳,2009)。当事件平息后人们才发现,这些被媒体炒得沸沸扬扬的致癌风波,只是媒体断章取义、夸大其词的炒作,但这种失实报道却对公众的现实生活产生了深刻影响。

二是阵风式报道及转载增加了社会紧张度,各类"红黑榜"的排名方式影响了社会公信力。每当出现食品安全事件时,媒体就会跟风似的一哄而上,公众短时间内不断受到"轰炸"。然而,随着时间推移和公众关注程度的降低,媒体便另觅新的话题去了,等到下次再出现食品安全事件时,又会再次出现狂轰滥炸的情形(郑岩,2012)。如此循环往复使得食品安全报道无形中陷入了一种恶性循环的怪圈,媒介的蜂拥而上,以及在转载时的随意态度,不仅会歪曲新闻事实,而且给公众带来了心理阴影,增加了社会的紧张度。例如最早刊登于2011年5月13日《扬子晚报》的"西瓜爆炸"事件,原本是瓜农刘明锁在"西瓜爆炸"前一天曾喷施过"膨大增甜剂",而怀疑其是爆瓜的主要原因。消息刊出后,各大媒体纷纷转载,认定"膨大剂"就是罪魁祸首,而且这种转载带着某种"激情"进行添油加醋,从而使新闻"失之毫厘,谬之千里"(姚娟,2011)。事实上,"西瓜爆炸"不只与"膨大剂"有关,跟品种、天气、田间管理都有一定的关系。现在很多食品安全信息网站都在进行所谓的"黑红榜""红绿榜"排名。例如,中国食品安全网对全国各地的食品安全事件进行分数累计,排出"红绿榜",其原则很简单,采取加减 3 分制的方式进行累计,1 分为一般性食品安全事件,2 分为较为重大、有全国影响力的事件,3 分为具有年度关注力的事件。目前北京市的得分最高,分数越高意味着食品安全曝光度越大,质量安全状况越值得担忧。但是,这类排榜方式是否科学、合法首先是值得怀疑的,其次这对社会公信力也造成了不利影响。

三是新媒体舆论的扩散性和逆反性易被利益集团利用,加大了政府监管的难度。新媒体舆论强大的扩散性,使得一次偶然的信息发布或者一个普通人的跟帖在网上都有可能被迅速放大,成为数万、数十万人的"追浪",甚至引发一场舆论哗变,成为社会舆论的引爆点。谣言一旦形成规模,群体效应将会显现,即便有人发表质疑的言论,也可能很快被淹没。虽然许多传言事后被证明是彻头彻尾的谎言,但通过网络迅速传播,谣言仍然很快在全国乃至全世界蔓延开来(姜胜洪,2011)。目前我国网民中有 77% 为 35 岁以下的年轻人。年轻人有浓厚的参与热情和强烈的表达意愿,是网络舆论活跃的主体,但他们受学识、阅历所限,往往激情有余、理性不足,认识问题片面,对正统思想观念、主流意识形态容易产生逆反心理。这种极端化的心理状态,在低年龄、低学历、低收入网民身上表现得尤为明显。但这种扩散性和逆反性却可能被某些通晓网络操作规则、谙熟大众接受心理的"网络推手"所利用。他们通过设置议题,制造热点,操控网上舆论,甚至出现了利益集团以"黑金"操控网站言论、影响政府决策、进行恶意商业竞争的现象(柯缇祖,2011)。

四、新媒体时代的食品安全舆论监督与引导应倡导"疏""导"结合

新媒体在改变人们日常生活及政治参与方式的同时,也逐渐承载起了舆论监督与引导的重要职能(殷绮,2011)。因此,政府监管部门要通过新媒体的舆论监督来积极发现并解决食品安全问题,实现科学、有效的监督与引导。具体来说,应做好以下几方面工作:

(一)健全食品安全信息发布制度

首先,在遇到食品安全问题或发生食品安全事件时,政府应主动将食品安全信息通过一定的传播渠道告知公众。相关部门要立即行动,并主动将消息通过官方发言人或交由媒体发布,以保证公众知情。其次,政府要建立一个全国

性的信息披露体系来加强食品安全信息的公开。政府依靠行政权力以及组织能力来鉴别食品质量和搜集食品安全信息,以质量通报、质量认证、安全标志等方式向消费者传递食品安全信息,向企业传递消费者的食品安全要求。如果政府能够及时有效地将食品安全方面的信息披露出去,那么理性的消费者就能够规避风险,从而很大程度上减少食品安全事件的发生(刘琳,2009)。再次,政府要善于利用微博等新媒体创新信息发布方式和发布渠道,帮助公众正确选择食品,避免由于发布信息矛盾而造成的政府威信下降和公众选择困难。透明、及时、全面的信息发布是消除谣言和维护公众身心健康的重要一环。

(二)畅通公众诉求的表达渠道

畅通的公众诉求表达渠道是社会进步的表现。当面临突发性食品安全事件时,"疏"比"堵"能更有效地发现问题与解决问题。首先,政府监管部门要为公众提供多样化、多类型的表达渠道和形式,解决消费者"表达无门"的困扰。虽然政府也提供了一些表达的资源供公众选择,但由于种种原因,当发生食品安全隐患时,公众仍不知"向谁表达""到哪里表达",甚至会担心"表达无用"。故而在发生食品安全事件时,消费者首先想到的可能是媒体,但媒体鉴于自身专业素养的限制,或出于一定的经济利益考虑而夸大事实,反而容易给公众造成误解,并引起恐慌。为避免这种情况出现,政府监管部门应充分利用新媒体技术,通过 BBS、官方微博和短信等多种平台发布食品安全相关信息,让公众真正参与到食品安全舆论监督中来,充分表达自己的意愿,加强公众与政府在食品安全问题上的互动。其次,政府对提供食品安全信息有利线索的群众还应给予一定奖励或激励措施,在全社会形成食品安全监管"人人参与"的氛围,不给不法分子以可乘之机。

(三)开展食品安全舆情监测工作,修复和提振政府公信力

由于我国食品安全信息发布制度尚不完善,媒介基本上成为信息的主要传播渠道。媒介传播迅速、广泛,事件一发生,便家喻户晓。虽然这样可以最大限度保护公众的知情权,但大量的事件却会使公众对食品产生信任危机。因此,除日常的信息发布外,政府还要通过新媒体平台搜集分析舆情并进行舆论引导,这样在突发性食品安全事件发生初期就能及时地了解舆情并予以迅速反应,以尽快修复和提振政府公信力。在此过程中,网络发言人的培养与设立颇为重要。由既懂得新闻传播规律与宣传政策,又熟悉网络特性的网络发言人在突发食品安全事件时,迅速、主动、准确地发布权威信息,回应各种误解、疑虑和传闻,把握新媒体舆论引导的主导权才能增强政府在食品安全管理工作中的主

动权和话语权(殷绮,2011)。

(四) 完善食品安全法律法规,杜绝恶意新闻炒作

媒体在食品安全监管过程中传播的消息是否准确、全面、客观对于消费者具有重大的意义。《最高人民法院〈关于审理名誉侵权案件的若干解释〉》以及《中国新闻工作者职业道德准则》虽对新闻侵权诉讼、新闻从业人员有一定的制约作用,但充其量也仍是司法解释和行业规定,其法律效力同日益崛起的新闻监督权利相比很不相称。它既不能有效保护新闻工作者的合法权益,也不能对新闻从业人员在采访中的权利义务作出明确界定,更无益于对被监督者的保护(刘琳,2009)。因此,开展新闻立法也是规范食品安全舆论监督的客观需要,如一旦发现某记者或媒体以舆论监督之名,行恶意炒作之实,就应从行业规范出发,对相关人或单位进行处理。

(五) 引证专业人士的权威解释,增加食品安全的正面信息

食品安全事件容易引起恐慌的原因之一便是公众缺乏一些基本的食品安全知识。大部分消费者并不知道"安全"是一个相对的概念,不存在零风险的可能。这些问题都需要专家学者勇敢地站出来为公众普及、解释。专家的意见具有科学性和权威性,令受众信服,他们的解释对受害者来说也是很好的心理安慰。但现在存在一种怪象,哪个专家一发言,就说他是某个外国公司的代理人,他是某个外国基金赞助的研究机构。结果食品安全卫生专家集体失声(陈泽民,2011)。因此,政府监管部门要充分利用自己的技术优势,让科技工作者站在食品安全科普工作的第一线,"用老百姓听得懂的语言,表达科学的真实",积极引证专业人士的权威解释,增加食品安全的正面信息。

第六章
信息沟通技术与养鱼户市场参与及福利改善
——以手机为例

增强农民市场参与能力是减少贫困、增加农民收入的一个重要方式 (World Bank，2007)。现代化的信息沟通手段能够有效降低农民市场参与成本，促进小农户生产与大市场的对接；以信息技术改造传统农业，可以促进农业现代化；通过提高信息化水平，可以缩小城乡数字鸿沟。2011 年，我国农村信息技术应用总体水平落后于城市 45％左右，城乡之间仍存在明显的数字鸿沟①。2012 年我国提出了工业化、信息化、城镇化、农业现代化"四化"同步发展的战略，凸显了信息化的突出地位，信息化被提升至国家发展战略的高度。近年来，国家加强了农业信息化建设的力度。在政策引导下，农业农村信息化基础设施建设投入不断加大，"农信通""12316 三农信息服务""村村通工程"等一系列农业信息化建设项目开展，对提高农村信息化水平起到明显促进作用。但我国农业生产经营主体分散，而市场瞬息万变、需求多样，因此需要低成本、便捷、有效的信息沟通技术和信息服务方式，以提高农户市场参与能力。

目前，手机在我国农村地区的拥有率和使用率均远高于固定电话、计算机、电视等其他信息沟通方式。2011 年，我国农村居民固定电话拥有情况为 65 部/百户，计算机 10 台/百户，彩电 115.6 台/百户，移动电话则为 120 部/百户；从变化趋势来看，2002—2011 年，我国城乡数字鸿沟指数已下降了 39％，而差距缩小最快的就是手机，缩小幅度达到 85％，彩电、固定电话、互联网和计算机的缩小幅度分别为 73％、28％、27％和 18％②。手机作为重要的信息沟通手段，无疑在信息沟通上具有其他方式难以比拟的优势。

淡水产品的特点决定了有效信息的获取对水产养殖者收入增加及经营风

---

① 中国数字鸿沟报告 2012. 中国信息年鉴 2012，中国信息年鉴期刊社，2012：500 - 501.
② 数据来源：中国信息年鉴期刊社，《中国信息年鉴 2012》.

险减少具有极其重要的作用。本章主要研究水产养殖户的信息沟通技术使用情况,和以手机为代表的信息沟通技术的使用对养殖户市场参与程度变化及对渔民福利的影响。研究数据来自国家大宗淡水鱼产业技术体系产业经济研究室 2010 年在内蒙古包头市、鄂尔多斯市、呼和浩特市、安徽池州市、芜湖市进行的 300 个养殖户的问卷调查,其中安徽省 194 份,内蒙古自治区 106 份。

第一节　大宗淡水鱼养殖户手机使用情况

随着我国经济的高速增长以及信息技术的迅速发展,我国手机用户数也呈现出指数增长。工业和信息化部的统计数据显示,截至 2015 年 12 月底,我国手机用户数达 13.06 亿户,手机用户普及率达 95.5 部/百人,比上年提高 1 部/百人。根据 CNNIC(中国互联网信息中心)2015 年 5 月发布的《2014 年农村互联网发展状况研究报告》,截至 2014 年 12 月,农村网民中使用手机上网的规模为 1.46 亿,农村网民使用手机上网的比例为 81.9%。很多农村家庭基本都实现了"一人一机"。手机作为一种低廉和便利的信息载体,在水产品市场信息搜寻上的应用对市场参与和渔民福利改善都有着重要的作用。本节主要研究养鱼户的手机使用现状,这是分析手机拥有前后养鱼户的市场参与程度变化以及其他相关情况变化的基础。

一、样本基本特征和手机拥有情况

(一) 性别和年龄分布

被访者性别分布中,男性 274 人,女性 26 人,性别构成上,男性占绝大多数,占总体的 91.33%,女性只占 8.67%。受访者是户主的有 275 人,占91.67%。样本户主要劳动力以中老年人为主,被访者的平均年龄为 48.85 岁。其中,年龄在 31～40 岁之间的有 45 人,占 15%;年龄在 41～50 岁之间的人数最多,为 123 人,占 41%;年龄在 51～60 岁之间的有 85 人,占 28.33%。60 以上的占 14.67%,30 以下的受访者只有 1.33%。总体看来,养殖户主要劳动力以中年为主,年龄集中分布在 40～60 岁区间。可以预见,随着我国工业化、城镇化进程的加快,养殖业青黄不接的趋势会日益明显。

表 6.1.1　受访者年龄及性别构成

年龄	30 以下	31～40	41～50	51～60	60 以上	性别	男	女
数量	3	45	123	85	44	数量	274	26
比例 %	1	15	41	28.33	14.67	比例	91.33	8.67

(二) 受教育程度

由于养鱼需要比较专业的知识,需要较高的学习技能,对劳动力的文化要求较高。300 名被访者中,受教育程度为初中的最多,为 134 人,占 44.67%;其次,受教育程度为小学的有 72 人,占 24%;再次,受教育程度为高中的有61 人,占 20.33%;文盲为 28 人,占 9.33%;大专及以上文化程度的人数很少,仅有5 人,占 1.67%。总体来看,受访者的平均受教育年限为 7.75 年,养鱼户的整体素质比较高,但是文盲的比例同样不容小视。高中及以上文化程度的比例达到 22%,比全国农村劳动力平均文化程度要高。

表 6.1.2　被访者受教育程度分布

（单位: 人）

受教育程度	人数	比重	受教育程度	人数	比重
文盲	28	9.33%	高中	61	20.33%
小学	72	24.00%	大专及以上	5	1.67%
初中	134	44.67%	总计	300	100.00%

从受教育情况来看,养鱼户的受教育程度呈集中化,集中于小学初中教育情况,这要高于该年龄段农村普遍情况,说明养鱼户的受教育程度在农村来讲是偏高的。但整体受教育程度并不是很高,高中以上的受教育水平的受访者很少,只有不到 2%,另外有超过 10% 是从未受过正规教育的,说明高等教育者留乡养鱼的并不多。

(三) 养鱼户养殖模式

300 个样本户中共有 239 位养鱼户养殖了大宗淡水鱼中的一种或几种,共有 78 位养鱼户养殖了其他淡水鱼的一种或几种,共有 124 位养鱼户养殖了虾蟹龟鳖类的一种或几种。在养殖了大宗淡水鱼的 239 户中,平均每户养殖 4 个品种;在养殖了其他淡水鱼的 78 户中,平均每户养殖 1 个品种;在养殖了虾蟹龟鳖类的 124 户中,平均每户养殖 1.5 个品种。总体上,样本户中的大部分是以大宗淡水鱼养殖为主。

表 6.1.3　养殖类型及平均养殖种类

	大宗淡水鱼	其他淡水鱼	虾蟹龟鳖类
养殖户数	239	78	124
每位养殖户的平均养殖种类	4.0	1.0	1.5

(四) 养鱼户手机的拥有情况

在 300 个样本调查户中,拥有手机的有 295 人,手机覆盖率达 98.33%,说明手机对养鱼户来说是必不可少的信息沟通工具之一。

二、养鱼户的手机使用情况

(一) 养鱼户的手机使用时间

从手机的使用时间来看,在 6～10 年前,也就是 2000—2005 年间开始使用手机的受访者最多,占到 43.2%;其次是 1～5 年前,也就是 2005—2009 年间开始使用手机的,占到 26.4%;接着是 11～15 年区间,即 1995 到 1999 年开始使用手机的,占到 24%;使用手机超过 15 年的比较少,占到 5.1%,没

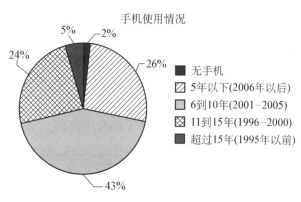

图 6.1.1　受访者手机使用分布图

有手机的农户有 5 户,占样本总量的 1.67%,手机覆盖率达 98.33%。近 99% 的高覆盖率表明,手机对养鱼户来说是必不可少的信息沟通工具之一。数据表明本调研重点研究的对象——手机的开始使用时间主要集中在 2000—2005 年之间。

(二) 养鱼户手机费用普遍较高，手机使用强度大

养鱼户平均每月的手机费用普遍较高，在 295 个样本中，最低每月手机费用 10 元，最高的为 400 元，平均每个受访者的每月手机费用为 82.22 元，相对而言养鱼户的手机使用强度要高于一般农民。

具体来看，养鱼户平均每月手机费用在 0～30 元的有 48 人，占 16.27％；每月手机费用在 31～60 元的有 111 人，占 37.63％，比重最大；平均每月手机费用为 61～90 元的有 30 人，占 10.17％；而平均每月手机费用在 91～120 元的有 68 人，占 23.05％，比例也比较高；平均每月手机费用为 121～150 元的有 11 人，占 3.73％；还有 27 人平均每月手机费用在 151 元及以上，占 9.15％。对于大多数养鱼户来说，平均每月手机费用都在 31～60 元和 91～120 元这两个区间。养鱼户平均每月的手机费用数据侧面上也反映出信息沟通对养鱼户的重要程度。

在农忙季节，养鱼户月手机费用会有较大幅度的上涨。农忙季节养鱼户月平均手机费用最低为 20 元，最高的有 600 元，平均每个受访者的月手机费用高达 129.74 元。月平均手机费用在 0～30 元与 31～60 元区间的人数很大幅度地减少，甚至减少比例超过 50％以上；而平均每月手机费用在 60 元以上的各个区间的人数都有不同程度的增加，特别是月手机费用在 151 元及以上的人数，从 27 人增加到 69 人，增长比例达 156％。可见由于水产品的不易储存的性质以及对市场的敏感，在农忙季节，养鱼户的信息需求量比平时会高出很多。这也充分说明在农忙季节养鱼户的手机是提供信息、沟通信息的重要渠道，手机在养鱼户的养殖和销售活动中起到了重要作用。

表 6.1.4　养鱼户平均每月手机费用分布

(单位：人)

月平均手机费	月平均水平		农忙季节	
	人数	比重	人数	比重
0～30 元	48	16.27%	21	7.12%
31～60 元	111	37.63%	64	21.69%
61～90 元	30	10.17%	39	13.22%
91～120 元	68	23.05%	75	25.42%
120～150 元	11	3.73%	27	9.15%
151 元及以上	27	9.15%	69	23.39%
总计	295	100.00%	295	100.00%

（三）收入越高的养殖户手机花费越大

通过养鱼户月平均手机费用与月平均收入及支出的比较,可以看出从绝对数来说,随着不同养鱼户家庭月平均收入的增加,对应的月平均手机费用会增加,对养鱼户的月平均支出来说也是一样。说明养鱼户的养殖规模越大,其利用手机的频率会越高,会通过手机了解更多的市场和销售方面的信息。

表 6.1.5　养鱼户月均手机费与月均收入及支出的分档比较

（单位：元）

月均手机费类别	月均手机费	平均月收入	占比	平均月支出	占比
0～30 元	25.83	7 257.56	0.36%	6 711.48	0.38%
31～60 元	51.13	13 856.16	0.37%	9 295.67	0.55%
61～90 元	74.67	11 075.44	0.67%	8 800.98	0.85%
91～120 元	104.12	31 278.45	0.33%	18 140.07	0.57%
120～150 元	148.18	29 376.97	0.50%	20 661.82	0.72%
150 元以上	236.67	31 030.49	0.76%	20 702.75	1.14%
总计平均值	82.22	18 666.32	0.44%	12 331.46	0.67%

（四）手机费用仅占养鱼户收支的一小部分,说明手机使用的进入障碍不大

养鱼户的手机费用占养鱼户月均收入和养鱼户月均支出的比例都很低,分别只有 0.44% 和 0.67%,说明手机不仅在养鱼户的市场信息沟通上起了很重要的作用,而且手机在养鱼户中的进入障碍很小,显性"数字鸿沟"已经消除,充分体现了手机对于养鱼户来说,的确是个低廉且便利的信息沟通技术载体。

三、养鱼户利用手机进行沟通的情况

对养鱼户的手机沟通功能使用情况进行调查后发现,养鱼户的手机功能使用仍大多数停留在基本通话功能上,一半以上的养鱼户不使用手机短信功能;过年电话和短信基本上用于亲情、友情沟通,较少用于业务伙伴感情联络;利用手机上网的用户不多。

(一) 养鱼户手机通讯录中联系人普遍较多

对被访者的手机通讯录里的联系人个数进行询问后发现,288 个进行有效作答的被访者中,有 3 人表示通讯录中一个联系人也没有,占 1.02%;手机通讯录里联系人个数在 1～50 个的有 120 人,占 40.68%;联系人个数在 51～100 个之间的有 72 人,占 24.41%;联系人个数分别在 101～150 个、151～200 个、200 个以上的人数分别为 26 人、37 人和 30 人,各占 8.81%、12.54% 和 10.17%。作答的受访者手机通讯录中平均有 110 个联系人。绝大多数被访者的手机通讯录里的联系人个数在 100 个以下。可见,大部分养鱼户的手机中保存的联系人较多。

表 6.1.6 手机常用联系人的个数

手机中联系人个数	人数	比重%	手机中联系人个数	人数	比重%
0 个	3	1.02%	151～200 个	37	12.54%
1～50 个	120	40.68%	200 个以上	30	10.17%
51～100 个	72	24.41%	未作答	7	2.37%
101～150 个	26	8.81%	总计	295	100.00%

(二) 一半以上的养鱼户不会使用手机短信功能

在是否会用手机发送短信上,一半以上的人不会此项功能,多达 157 人,占 53.22%;138 人会短信功能,但其中有 93 人只是偶尔发送短信,占 31.53%;剩下 45 人经常发送短信,占 15.25%。可见由于养鱼户年龄普遍偏大,对新事物的接受程度普遍较低,对手机这一信息沟通媒介的利用程度远远不够。手机的短信功能多数渔民不会使用,这也会影响为养鱼户提供相关信息的短信业务的推行,短信业务对于养鱼户来说可能会有进入障碍。

表 6.1.7 受访者是否会使用手机短信功能的回答分布

(单位:人)

是否会发送短信	人数	比重	是否会发送短信	人数	比重
不会	157	53.22%	会,经常发	45	15.25%
会,偶尔发	93	31.53%	总计	295	100.00%

（三）养鱼户拜年电话较拜年短信普遍，主要都是针对亲戚朋友

我们对138个会使用短信功能的养鱼户继续提出"过年时一般发送多少条拜年短信"这一问题，其中，30人表示不发送拜年短信，占21.74%；在发送拜年短信的108人中，发送1～25条的有52人，占37.68%；发送26～50条的有33人，占23.91%；发送51～75条及76～100条的人数都较少，分别为2人和9人，分别占1.45%和6.52%；发送拜年短信条数在100条以上的有12人，占8.70%。所有发送拜年短信的受访者中，平均每人发送54条，绝大多数被访者发送的拜年短信条数在50条以下。

表6.1.8　受访者拜年短信的发送条数回答分布

（单位：人）

拜年短信发送条数	人数	比重	拜年短信发送条数	人数	比重
0条	30	21.74%	76～100条	9	6.52%
1～25条	52	37.68%	100条以上	12	8.70%
26～50条	33	23.91%	总计	138	100.00%
51～75条	2	1.45%			

在108个发送拜年短信的养鱼户中，发送拜年短信给业务伙伴的有24人，占22.22%；主要发送给亲戚朋友的有73人，占67.59%；剩下11人的选择是一般都群发、通讯录里所有的号码都发，占10.19%。由数据不难看出养鱼户的拜年短信大部分还是发给了亲戚朋友。

表6.1.9　受访者拜年短信的主要发送对象回答分布

（单位：人）

拜年短信的主要发送对象	人数	比重
业务伙伴	24	22.22%
亲戚朋友	73	67.59%
一般是群发，通讯录里所有的号码都发	11	10.19%
总计	108	100.00%

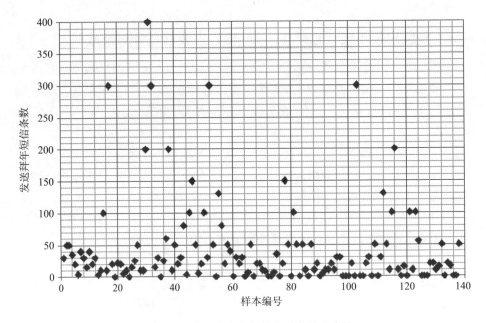

图 6.1.2 受访者拜年短信发送条数分布图

除了发送拜年短信,养鱼户过年时也通过打拜年电话来送祝福。在 295 个受访者中,表示一个拜年电话都没打的有 51 人,占 17.29%;打拜年电话在 1~20 个的有 140 人,占 47.46%;打拜年电话在 21~40 个之间的有 50 人,占 16.95%;打拜年电话在 41~60 个之间的有 31 人,占 10.51%;打拜年电话在 61~80 个之间的有 17 人,占 5.76%;打拜年电话在 81~100 个之间的有 6 人,占 2.03%。平均每个被访者打 23 个拜年电话;绝大多数被访者过年打拜年电话都在 20 个以下。

表 6.1.10　受访者打拜年电话个数的回答分布

(单位:人)

打拜年电话个数	人数	比重	打拜年电话个数	人数	比重
0 个	51	17.29%	61~80 个	17	5.76%
1~20 个	140	47.46%	81~100 个	6	2.03%
21~40 个	50	16.95%	总计	295	100.00%
41~60 个	31	10.51%			

　　在 244 个打过拜年电话的人中,拜年电话主要打给业务伙伴的有 35 人,占 14.34%;主要打给亲戚朋友的有 205 人,占 84.02%;剩下 4 人主要打给其他人,占 1.64%。可以看出,养鱼户的拜年电话大部分还是打给了亲戚朋友。

表 6.1.11　受访者拜年电话主要打给的对象回答分布

（单位：人）

拜年电话打给的对象	人数	比重	拜年电话打给的对象	人数	比重
业务伙伴	35	14.34%	其他	4	1.64%
亲戚朋友	205	84.02%	总计	244	100.00%

在受访者接到的拜年电话（短信）个数中，未作答的有 7 人，占 2.37%；接到拜年电话（短信）个数为 0 的有 12 人，占 4.07%；接到拜年电话（短信）最多的达 400 个，有 2 人。选择接到 1～20 个拜年电话（短信）的人数最多，有 136 人，占 46.10%；接到 21～40 个拜年电话（短信）的有 69 人，占 23.39%；接到 41～60 个拜年电话（短信）的人数是 33 人，占 11.19%；接到 61～80 个以及 81～100 个拜年电话（短信）的人数一样，都为 11 人，各占 3.73%；选择过年接到拜年电话（短信）在 100 个以上的有 16 人，占 5.42%。作答者平均接到 40 个人的拜年电话（短信），绝大多数接到的拜年电话（短信）在 50 个以下。

表 6.1.12　受访者接到拜年电话（短信）的个数回答分布

（单位：人）

接到的拜年电话（短信）的个数	人数	比重	接到的拜年电话（短信）的个数	人数	比重
0 个	12	4.07%	81～100 个	11	3.73%
1～20 个	136	46.10%	100 个以上	16	5.42%
21～40 个	69	23.39%	未作答	7	2.37%
41～60 个	33	11.19%	合计	295	100.00%
61～80 个	11	3.73%			

一些养鱼户对手机的短信功能、用其打拜年电话和保存更多的联系人等应用得很少；而另一些养鱼户，能够熟练掌握短信功能且经常应用，拜年电话和短信也应用非常多且手机通信录中有很多联系人。这些说明养鱼户在手机沟通功能的使用上存在分化态势。

（四）养鱼户手机的深度使用存在障碍，隐性"数字鸿沟"依然存在

当前，随着科技的进步和 3G、4G 手机的普及，手机已经不单单是一个点对

点的通信工具，而是已经发展成为一个由互联网连接的点对面的传播媒体。目前，手机上网在广大农村地区的渗透率高于城镇，但由于农村网民规模远低于城镇，因此农村手机上网的用户规模和城镇依然有一定差距。从城乡之间的手机网络使用情况来看，手机网络的进入障碍依然存在，隐性的"数字鸿沟"仍然不可忽视。

根据 2010 年的这次调查，样本户手机网络使用情况并不乐观。在 295 位有手机的被访者中，仅有 42 位被访者表示自己会使用手机上网，且仅有 5 位表示自己会通过手机网络来了解水产品市场信息，其余均表示自己通过手机上网主要是下载歌曲、登陆手机 QQ 等即时通信工具。这一调查结果与全国农村手机上网用户的主要活动相吻合，即手机聊天和手机下载音乐是农村居民使用手机上网的主要活动。由此可见，手机网络的进入障碍依然在城乡之间存在，并且随着 3G、4G 手机在城镇的迅速扩张，这一差距会逐渐扩大。目前，我国手机 2G 用户正在加速向 4G 迁徙。手机网络的深度使用存在城乡差距，对农村手机网民而言，手机依然仅局限于点对点的信息联通，城乡之间隐性的"数字鸿沟"不容小觑。

四、手机农业信息的利用情况和质量评价

农业信息化是农业现代化的重要内容。对养鱼户来说，有了信息工具还不够，还需要有农业或渔业信息提供者和有效管用的信息。手机农业信息的利用情况如何可以反映目前信息提供者的提供能量和所提供信息的价值。

(一) 手机自引入就成为了养鱼户了解市场信息的主要工具

调查显示，拥有手机之前，养鱼户主要是通过与其他养鱼户交流来获得水产品市场信息。在 295 个有手机的样本户中，通过与其他养鱼户交流来获得水产品市场信息的有 211 人，占 71.53%；其次是与中间商当面交流，有 52 人，占 17.63%；选择看电视、读报纸、听广播来了解信息的分别有 9 人、3 人、3 人，分别占 3.05%、1.02%、1.02%；还有 17 人选择通过其他方式获得水产品市场信息（包括去水产站求助技术人员、通过固定电话与他人交流以及凭个人经验等）。可见养鱼户主要还是通过在熟人社会中寻找帮助，而传统的信息媒介如看电视、读报纸和听广播并没有在养鱼户中得到广泛应用，这与电视、报纸和广播发布的信息时效性、地域性、针对性不够高有关，也与养鱼户本身的劳动时

间、精力和习惯有关。

　　而在拥有手机之后,养鱼户则主要是通过手机与中间商以及其他养鱼户交流,二者占81.02%。而在拥有手机之前的获取市场信息的方式的比例都有不同程度的下降,比例下降最大的分别是与其他养鱼户当面交流和与中间商当面交流。由此可以看出为了减少人力和时间上的付出,养鱼户选择了更为方便及时的沟通方式,即通过手机进行市场信息的了解。而传统的看电视、读报纸、听广播的获取市场信息的方式几乎很少被养鱼户所采纳,特别是听广播,已经没有养鱼户将之作为获取市场信息的最主要的方式。通过手机来了解市场信息,相对于其他传播方式来说有比较明显的比较优势。

表6.1.13　拥有手机前后养鱼户获取水产品市场信息的主要方式

（单位：人）

获取信息主要方式	有手机之前		有手机之后	
	人数	比重	人数	比重
与中间商当面交流	52	17.63%	18	6.10%
与其他养鱼户当面交流	211	71.53%	30	10.17%
看电视	9	3.05%	4	1.36%
读报纸	3	1.02%	1	0.34%
听广播	3	1.02%	0	0.00%
与中间商通过手机沟通	0	0.00%	186	63.05%
与其他养鱼户电话沟通	0	0.00%	53	17.97%
其他	17	5.76%	3	1.02%
总计	295	100.00%	295	100.00%

（二）最受养鱼户认可的仍是手机的基本通话功能

　　养鱼户没有通过"农信通"等手机短信业务了解水产品市场信息,并不代表手机没有在养鱼户市场信息的沟通上发挥作用。恰恰相反,养鱼户通过手机来了解市场信息是频繁的。在了解水产品市场信息的频率上,仅有16人从不使用手机了解水产品市场信息,占5.42%,比例最低;偶尔通过手机了解水产品市场信息的有147人,占49.83%,比例最高;还有110人表示经常通过手机了解水产品市场信息,占37.29%;每天都通过手机了解市场信息的有22人,占7.46%。可见,大部分养鱼户都使用了手机对水产品市场信息进行关注。

表 6.1.14　使用手机了解水产品市场信息的频率分布

（单位：人）

用手机了解 市场信息的频率	人数	比重	用手机了解 市场信息的频率	人数	比重
从不	16	5.42%	每天	22	7.46%
偶尔	147	49.83%	总计	295	100.00%
经常	110	37.29%			

　　养鱼户通过手机了解水产品市场信息主要是使用手机的哪项功能呢？调查显示,89.83%的被访者通过手机的电话功能了解市场信息;使用短信的只有9人,占3.05%;使用手机网络来了解水产品市场信息的有5人,占1.69%;还有16人从未通过手机了解水产品市场信息,故未作答。在被访者中,有5位已经使用手机上网来了解市场信息,说明已经有养鱼户开始使用手机网络,但普及率还不高。这更可以印证,养鱼户大多没有通过"农信通"等手机短信业务了解市场信息,但是他们通过手机的通话功能对市场信息保持着敏感。他们了解市场信息大多通过手机通话功能,其中既包括与中间商交流,也包括与其他养鱼户沟通,手机作为市场信息沟通的主要载体,已经发挥了重要的作用。

表 6.1.15　了解市场信息使用的手机功能分布

（单位：人）

什么功能 了解市场信息	人数	比重	什么功能 了解市场信息	人数	比重
短信	9	3.05%	未作答	16	5.42%
电话	265	89.83%	总计	295	100.00%
上网	5	1.69%			

　　为了进一步了解为什么大部分养鱼户都是通过手机的电话功能了解水产品市场信息,我们对养鱼户"主观上更相信手机的哪种方式提供的水产品市场信息"进行询问,结果显示,选择短信功能和手机网络功能的分别只有4人和9人,各占1.36%和3.05%;而选择电话通信的多达282人,占95.59%。可见,养鱼户从主观上就更加相信通过手机打电话来了解水产品市场信息,所以导致了解市场信息的手机电话通信功能用得最多、最频繁,这从一个侧面解释了为什么养鱼户没有订阅"农信通"等手机短信提供的水产品市场信息。

表 6.1.16　被访者更相信手机的哪种方式提供的水产品市场信息回答分布

表 6.1.16　被访者更相信手机的哪种方式提供的水产品市场信息回答分布

（单位：人）

更相信哪种方式	人数	比重	更相信哪种方式	人数	比重
短信	4	1.36%	网络	9	3.05%
电话通信	282	95.59%	总计	295	100.00%

（三）养鱼户对亲戚朋友最信任

而对于养鱼户来说，更相信谁通过手机来提供水产品市场信息，选择政府的 97 人，占 32.88%；选择通信公司的最少，仅有 6 人，占 2.03%；选择亲戚的有 45 人，占 15.25%；选择中间商的 36 人，占 12.20%；选择朋友的有 100 人，占比最高，33.90%；未作答 11 人，占 3.73%。数据表明，政府还是能取得养鱼户的信任的，反而养鱼户不大相信通信公司通过手机为他们提供水产品市场信息，这从另一侧面给出我们启示：诸如"农信通"业务等手机短信信息服务，政府应承担更多的责任，为短信信息服务的推广取得农民更多的信任。相信亲戚和朋友的一共有 145 人，占到 49.15%，说明虽然有手机等新兴媒体等进入渔民的生活，但是养鱼户这个群体还是一个传统上来说的熟人社会，熟人社会中的社会网络，在渔民的生产生活中，还是起到了很重要的作用。

表 6.1.17　受访者更相信谁通过手机提供水产品市场信息回答分布

（单位：人）

更相信谁提供信息	人数	比重	更相信谁提供信息	人数	比重
政府	97	32.88%	朋友	100	33.90%
通信公司	6	2.03%	未作答	11	3.73%
亲戚	45	15.25%	总计	295	100.00%
中间商	36	12.20%			

（四）养殖户最关注、最需要销售环节的信息

在手机的使用中，养鱼户主要是通过手机了解销售环节相关情况。调查显示，选择联系销售渠道、获得更高卖价的养鱼户多达 241 人，占 42.43%；其次是通过手机了解鱼药鱼病等相关知识，有 122 人，占 21.48%；再次，分别有 92 人和 87 人选择通过手机了解、提升养殖技术和了解品种信息、改善养殖结构的相关情况，分别占 16.20% 和 15.32%；最后是养鱼户通过手机联

系雇工的相关信息,有 26 人,占 4.58%。可见,渔民最关心销售信息,因为只有在恰当的时候、以较高的卖价出售产品,才能为其带来最好的收益。随着水质、品种退化及抗药性等问题出现,鱼药、鱼病信息也越来越受养殖户关注。养殖户也关心品种信息和养殖技术。对养殖户的信息需求调查发现,养殖户需要销售渠道及卖价信息的有 142 人,占 48.14%;需要鱼药鱼病知识和信息的占 23.39%;需要养殖技术信息的占 16.95%;需要品种信息的占 6.44%。数据显示,养鱼户对最需要信息的环节基本与了解最多的环节的关注度差不多,养鱼户使用手机了解销售渠道及与卖价相关的信息最多,这方面也正是他们最需要的信息。对一个地区来说,养殖结构和品种信息是基本固定的,养殖结构调整和品种更新速度相对较慢,因此养鱼户对此关注较少。

表 6.1.18　养殖户使用手机了解养殖各环节信息情况和信息需求

	了解生产环节情况		最需要哪个环节的信息	
	人数(人)	比重	人数(人)	比重
了解品种信息,改善养殖结构	87	15.32%	19	6.44%
了解鱼药鱼病等相关知识	122	21.48%	69	23.39%
提升养殖技术	92	16.20%	50	16.95%
联系雇工	26	4.58%	1	0.34%
联系销售渠道,获得更高的卖价	241	42.43%	142	48.14%
其他	0	0.00%	2	0.68%
未作答	0	0.00%	12	4.07%
总计	568	100.00%	295	100.00%

(五) 手机提供的信息质量有所提高

在养鱼户对手机所提供的水产品信息质量的评价上,认为信息质量在近几年没有变化的有 145 人,占 49.15%;选择变差了的有 4 人,占 1.36%;有 139 人认为手机提供的水产品信息质量在近几年变好了,占 47.12%;未作答的有 7 人,占 2.37%。可见,绝大多数养鱼户觉得近年来手机提供的信息质量没变化或者是变好了,说明信息质量本身在养鱼户的眼中是缓慢地提高。

表 6.1.19　手机提供的水产品信息质量在近几年是否有变化回答分布

（单位：人）

手机信息质量是否变化	人数	比重	手机信息质量是否变化	人数	比重
没有变化	145	49.15%	未作答	7	2.37%
变差了	4	1.36%	总计	295	100.00%
变好了	139	47.12%			

五、小结

农民的现代通信工具的使用情况及其信息获取和利用情况能够较为清晰地反映信息沟通技术(ICTs)对消除我国城乡"数字鸿沟"所起到的作用。养鱼户是一群特殊的农民,他们的受教育程度高于一般农民,他们所承受的风险高于一般农民,他们对信息的渴望程度也高于一般农民。他们理应是信息沟通技术使用的先行者,代表农民群体中信息利用的较高水平。

手机在我国渔民中的普及程度相当高,是其必不可少的信息沟通工具之一。手机在水产品市场上的信息桥梁作用已经日益凸显,并正在影响着养鱼户的生产决策与信息获取方式。寻找最适合、最有效的信息供给模式,找出造成不同地区信息利用程度存在差距的原因,将有利于避免资源浪费,有利于提供最优质、效率最大化的信息供给,为渔民谋福利,为我国渔业进一步发展创造条件。

我国养鱼户的整体文化素质较高,但文盲半文盲的养鱼户同样有不小比例,同时养鱼户的年龄偏大,这都会在一定程度上造成其手机利用多停留在浅层水平,调查中发现,手机的短信功能和上网功能多数养鱼户不会使用,他们使用最多也最相信的是手机的通话功能。大部分养鱼户的手机中保存的联系人较多,平均每月手机费用消费也较高,且渔忙季节手机费用会有较大程度上涨,表明养鱼户的沟通还是较为活跃的。总体上,对于手机这一新兴媒体的利用程度还可以挖掘。如果针对养鱼户进行手机短信及上网功能的使用的普及和培训,会便于养鱼户获得更多的渠道来了解市场,从而做出更好的决策。

养鱼户购买手机主要还是用来联系水产品的销售渠道,且养鱼户最需要了解水产品市场价格信息,以获取更高的卖价来增加福利。在拥有手机之前,养鱼户主要还是通过熟人社会寻找帮助,这也可以从其拜年电话和短信大部分都是与亲戚朋友之间进行得到反映。而传统的信息媒介如看电视、读报纸和听广播并没有在养鱼户中得到广泛应用。拥有手机后,他们也更相信亲戚朋友通过手机为其提供的水产品市场信息。

第二节　信息沟通技术使用与大宗淡水鱼养殖户市场参与

近年来,我国信息沟通技术高速发展。2015 年我国 2G 手机用户减少1.83 亿户,是上年净减数的 1.5 倍,占手机用户的比重降至 39.9%;4G 手机用户新增约 2.89 亿户,总数达 3.86 亿户,在手机用户中的渗透率达到 29.6%。随着信息沟通技术(简称 ICTs)的不断发展,很多研究认为 ICTs 将会带来数字鸿沟,使得发展中国家、不发达国家和发达国家之间的差距越来越大,使得各个国家中低收入人群与高收入人群之间的差距越来越大[1]。随着研究的进一步深入,Hargittai、Attewell 等人认为,"数字鸿沟"不再是之前的"是否使用"的差距,而是"使用能力"的差距。并将这数字鸿沟区分为"一级数字鸿沟"和"二级数字鸿沟"(The second digital divide)。技术接入与基本功能使用属于"一级数字鸿沟",在此之外还存在着因使用者能力和技能差异而产生的"二级鸿沟"。随着信息技术的进一步发展,手机逐渐超越其原有的沟通功能,凸显出手机媒体、手机网络等新型功用,这些功能更进一步地加深了"二级数字鸿沟"(Tichenor, Donohue & Olien, 2005)。本节对手机使用程度的讨论参考以往研究,将手机使用程度区分为"浅层使用"和"深度使用"。手机的浅层使用在本文中主要是指手机纵向的使用时间长短,这在一定程度上体现了手机接入情况,以及手机横向的使用强度,用月平均手机费用来表示。手机费用越高,也在一定程度上表明手机浅层使用强度越强。手机的深度使用在本研究中将其视为主动的市场联系,主动的市场联系(Market Search)通过三个变量进行衡量,即:是否使用手机了解市场信息、是否订阅手机短信服务、是否主动打电话联系购买者。

信息对于水产品市场而言具有特殊的意义,信息沟通技术的使用情况可以反映我国水产品市场发育程度、农产品市场信息化建设程度和农产品市场效率改善程度。本节分析水产养殖户信息沟通技术使用情况;以手机为例,对水产养殖户手机使用的基本情况和特点、手机使用前后销售渠道及市场参与情况的变化进行实证分析。通过对养鱼户手机使用程度的区分和研究,为我国渔业信息化建设提供政策参考。

---

[1] 微软前总裁 Bill Gates 也曾参与到这一次大争论中,对信息沟通技术进行批判(Gates, 2000)。

一、水产养殖户信息沟通技术使用情况

我国水产品市场开放最早,渔民是最早介入市场的一批人,致富也较早。进入 21 世纪以来,我国农业信息化发展迅速,信息沟通技术日益普及。体现在水产养殖户上就是以手机为代表的新型信息沟通工具使用普遍,拥有电脑的人也占一定比例。

(一) 手机覆盖率高,养殖户以方便联系销售渠道和信息沟通为主要购买原因

对养殖户的手机使用情况进行调查发现,养鱼户手机覆盖率达 98.67%。高覆盖率,说明手机对养殖户来说是必不可少的信息沟通工具。被访者的手机拥有时间较长,接近 70% 的被访者的手机使用时间在十几年。

在对购买手机的主要原因进行调查后发现,方便联系销售渠道和联系家人是主要原因。在拥有手机的 295 个样本中,49.83% 的人是为了方便联系水产品销售渠道而购买手机,几乎占一半的比例;其次是为了方便和家人朋友联系,占 29.83%;选择受周围人影响和为找临时工作需要的均为 23 人,各占 7.8%;选择为及时了解品种信息的占 1.69%;选择其他原因的有 9 人。可见,养殖户购买手机主要是用来联系市场。这也从侧面说明,信息畅通特别是销售市场的信息畅通对养殖户来说很重要。

表 6.2.1　被访者购买手机的最主要原因分布

买手机的最主要原因	人数	比重	买手机的最主要原因	人数	比重
周围人都买了	23	7.80%	能及时了解品种信息	5	1.69%
方便联系水产品销售渠道	147	49.83%	其他	9	3.05%
方便和家人朋友联系	88	29.83%	总计	295	100.00%
找临时工作需要	23	7.80%			

(二) 拥有电脑的养殖户也占一定比例,但通过上网了解市场信息的不多

调查的 300 户养殖户中有效回答的为 299 户。其中,有 63 户拥有电脑,占 21.07%;在拥有电脑的 63 户中,有网络接入的有 39 户,占总体的 13.04%,占

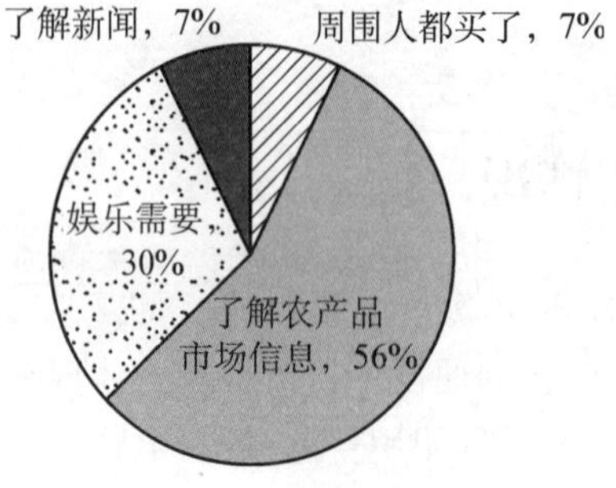

了解新闻, 7%　　周围人都买了, 7%

娱乐需要 30%

了解农产品市场信息, 56%

图 6.2.1　养殖户购买电脑的原因

拥有电脑的养殖户的 61.9%。拥有电脑的养殖户中有 42.1% 主要是户主使用。从购买电脑的原因来看,56% 的养殖户是为了解市场信息而购买电脑;出于娱乐需要的占 30%,比例也不低。

2011 年,我国农村居民家用电脑拥有量达到 17.96 台/百户;全国能上网的乡镇比例达到 100%,其中宽带上网比例达到 99%。电脑购买力增加和网络服务供给的增加促使我国农村网民规模大幅度提高。

2011 年,我国农村网民数量达到 1.36 亿①,占全国网民数量的 27.2%,比 2010 年增加 1 000 多万人。农村网民的主力是年青人,且上网多以娱乐为主②。根据中国人民大学课题组 2011 年农村大样本调研,大部分农户家庭电脑的主要使用者为年轻人和小孩,占总样本的 62.36%。农民上网浏览新闻的占 37.82%,上网供孩子用的有 23.5%,25.21% 的农民主要是上网玩游戏和聊天,仅 3.44% 的农民上网是为了解农产品市场信息。真正通过电脑网络实现了解市场信息获取目的的农民不多。这种情况在水产养殖者上也有体现。从调查来看,有 38.1% 的养殖户虽然有电脑但并未接入网络。在上网的主要用途中,实际给子女使用的占 41.03%,为最主要用途;35.9% 的养殖者用于了解市场信息;28.21% 的养殖者用于看新闻;20.51% 的养殖者主要是玩网络游戏和上网聊天。可见,虽然购买电脑多是出于了解市场信息的目的,但真正通过网络来了解市场信息的不多,这种情况可能与上网存在网络流量费用和网络信息内容与养殖户需求存在差异有关。

(三) 电视主要为文化娱乐功能,通过电视节目来了解农业信息的不多

从实际情况来看,新媒体的出现,对传统信息传播媒介已经产生重大影响。"村村通"工程实施后,农村居民收听收看广播电视节目难的问题基本解决。2011 年,我国广播、电视的农村人口覆盖率达到 96.78% 和 97.62%③。相对于

---

① 数据来源:中国信息年鉴期刊社,《中国信息年鉴 2012》。
② 见中国人民大学 2012 年博士学位论文《信息沟通技术对我国农民的影响研究:销售价格、市场参与及农民的社会网络》。
③ 见中国信息年鉴期刊社,《中国信息年鉴 2012》第 51 页。

电视而言,采用听广播的方式获取信息的农民越来越少。据CSM媒介研究2007年全国性的调查显示,农村调查对象中仅有12%左右的人家里拥有收音机,收听设备的普及率远远低于电视机和影碟机①。而可视的有线电视、数字电视则拥有率和使用率都很高,在丰富农村居民业余文化生活方面发挥着主体作用。

对养殖户通过电视来了解市场信息的情况进行调查发现,电视节目的收看情况类似于网络。有效回答的299户中,298户有电视,占99.67%。从养殖户收看农业电视节目的频率来看,很多养殖户并不是每天都看农业节目,每天收看农业节目的占41%,很少看的占47%。不怎么收看农业电视节目的原因有两个:一是养殖户比较忙,时间上保证不了;另一方面,电视上没有专门的涉及水产品的频道,中央7台"致富经"主要讲述成功案例,并没有专业的技术指导。被访者感觉,农业电视节目对具体水产养殖和销售的帮助不大。

二、水产养殖户价格信息获取渠道和方式

调研中,我们将养殖户销售信息的获取方式分为给鱼贩打电话询问、给其他养殖户打电话询问、通过电视节目了解、上网查询、手机短信、去市场询问、合作社通知等。调查结果是:

(一)养殖户价格信息获取主要通过鱼贩,对鱼贩的依赖度因养殖品种而异

养殖户价格信息获取的主要方式是给鱼贩打电话。综合来看,通过给鱼贩打电话获取信息的可占50.42%。这是因为,鱼贩掌握着最及时准确的市场信息,也拥有广泛的销售渠道,在水产品市场中扮演着不可或缺的角色,是养殖户生产与销售的主要联系人。而且,越是从事经济价值较高的淡水鱼或虾蟹龟鳖类养殖的养殖户,越是依赖于鱼贩。样本户中,通过鱼贩来了解市场价格信息的其他淡水鱼或虾蟹龟鳖类的养殖户分别占到66.67%和73.23%;而大宗淡水鱼养殖户通过鱼贩来了解市场价格信息的只占37.11%。分析原因,大宗淡水鱼的产业规模和市场规模大,价格平稳适中,消费者众多,市场比较均衡,鱼贩不容易形成价格垄断,养殖户也相对容易了解价格信息;而其他名优淡水鱼和虾蟹龟鳖类的市场多为高端市场,面向大中城市的高档酒店、餐厅等的中高收入消费群体,消费市场往往远离产地,鱼贩可以在一定程度上形成价格信息

---

① 左瀚颖:农村广播发展情况概述,《北方传媒》2008年第10期.

垄断,故养殖户对鱼贩依赖很强。

(二)传统的直接市场询价和熟人问询方式也被相当部分养殖户使用

　　根据调查,还有 27.41% 的养殖户采取直接市场询价方式,18.83% 的养殖户会询问其他养殖户。究其原因,一方面,不少养殖户并不完全信任鱼贩和其他养殖户通过手机所提供的价格信息,必须前往市场询问后才能放心;另一方面,长期形成的销售行为在短期内不会改变。调查的养殖户主要劳动力以中老年为主,被访者平均年龄为 48.85 岁,41～50 岁之间的占 41%,51～60 岁之间的占28.33%,大部分人从事水产养殖已超过 20 年时间。这一类养殖户比较依赖多年来形成的价格信息来源渠道,短期内不会轻易接受新的市场价格信息获取方式。此外,养殖不同品种对养殖户的信息获取渠道也有影响。养殖大宗淡水鱼的养殖户通过直接市场询价和询问其他养殖户来获取信息的比例分别为 34.71% 和23.71%,养殖其他名优淡水鱼的养殖户通过直接市场询价和询问其他养殖户来获取信息的比例分别为 16.67% 和 11.67%;养殖虾蟹龟鳖类的养殖户通过直接市场询价和询问其他养殖户来获取信息的比例分别为11.02% 和 15.75%。

(三)电视、网络、手机短信还不是养殖户价格信息获取的主渠道

　　通过看电视、上网、手机短信等新渠道获取价格信息的养殖户寥寥无几。无论养殖常规鱼类还是养殖名特优新鱼类或高价值的虾蟹龟鳖类,都没有通过电视渠道来获得销售信息的情况;只有销售大宗淡水鱼的各有 2 人和 1 人通过上网和手机短信来获取信息。

　　此外,个别养殖户也有通过合作社和协会了解市场价格信息的情况,说明合作组织在市场信息提供方面也有一定的作用。

表 6.2.2　2010 年养殖户销售价格信息来源

(单位:人)

销售价格获取方式	大宗淡水鱼	其他名优淡水鱼	虾蟹龟鳖类	合计	比重(%)			
					大宗淡水鱼	其他名优淡水鱼	虾蟹龟鳖类	合计
给鱼贩子打电话	108	40	93	241	37.11	66.67	73.23	50.42
给其他养殖户打电话	69	7	14	90	23.71	11.67	11.02	18.83
市场询价	101	10	20	131	34.71	16.67	15.75	27.41

销售价格获取方式	大宗淡水鱼	其他名优淡水鱼	虾蟹龟鳖类	合计	比重(%)			
					大宗淡水鱼	其他名优淡水鱼	虾蟹龟鳖类	合计
看电视	0	0	0	0	0.00	0.00	0.00	0.00
上网查询	2	0	0	2	0.69	0.00	0.00	0.42
手机短信	1	0	0	1	0.34	0.00	0.00	0.21
合作社、协会	10	3	0	13	3.44	5.00	0.00	2.72
合计	291	60	127	478	100.00	100.00	100.00	100.00

三、信息沟通技术对水产养殖户市场参与程度的影响——以手机使用为例

农民市场参与程度低的一个最主要原因是获取市场信息进入市场的高成本(Megumi Muto & Takashi Yamano, 2009)。随着信息技术的不断发展,现代化的信息沟通手段能有效降低农民市场参与成本,使其市场搜寻和交通成本大大减少。在现有信息沟通技术中,手机有着便于携带、廉价(相对于电脑)、沟通直接而及时准确的特点,因此相比固定电话、电脑、网络、广播、电视等其他方式,在信息传播方面具有较强的优越性,从而成为我国农民最重要的信息沟通渠道。被访养殖户的日常手机费用在月均收入和月均支出中的比例分别只有0.44%和0.67%。这充分体现了手机是一个低廉且便利的信息沟通技术载体。因此以手机为切入点,研究信息沟通技术使用前后的养殖户市场参与程度变化,具有代表性。下面从价格信息来源、与买家的对接方式、最终售出之前的比较次数、与买家的熟识程度这四个方面来考察信息沟通技术对水产养殖户市场参与程度的影响。

(一)养殖户销售价格信息来源变化

Jensen(2007)指出,手机等信息沟通技术的介入能够显著影响养鱼户获取销售价格的方式,增加养鱼户对销售市场的选择。在没有手机之前,养殖户主要是通过亲自去市场上询价或与其他养殖户交流,来获得价格信息,但是这两种询价的行为都存在时间成本和交通成本高的问题;也有的养殖户"直接去市场,随行就市"销售产品,"随行就市"节约了市场搜寻成本,但无法预知市场价

格变化,只要产品到了市场,即使售价低于市场平均价格,也只得一售了之,福利受损在所难免。从表6.2.3可知,手机使用前一年,养殖户了解信息的渠道只有三个:上门找鱼贩、市场询价、上门询问其他养殖户,这三种情况各占43.36%、25.39%和24.22%。其中,大宗淡水鱼养殖户了解信息的渠道情况分别是:鱼贩,市场询价,其他养殖户,合作社、协会、村委会等组织,各占35.5%、30.18%、25.44%和8.88%;其他淡水鱼养殖户的情况是:鱼贩、市场询价和其他养殖户各占75%、20%和5%;虾蟹龟鳖类养殖户的情况是:鱼贩、市场询价、其他养殖户和合作社、协会、村委会等组织各占53.73%、19.40%、22.39%和4.48%。

使用手机后,养殖户获取价格信息的来源变化不大(见表6.2.4、表6.2.5)。但获取信息的方式变了,无论是找鱼贩、去市场询价、还是询问其他养殖户或合作社等,都可以采用既节约费用又节约时间的手机来直接咨询。

传统的市场询价(随行就市)方式,依然被相当一部分养鱼户所使用。究其原因,一方面不少养鱼户并不能完全信任鱼贩子、其他养鱼户通过在手机电话里所提供的价格信息,必须前往市场自己询问之后才能放心;另一方面,沉淀几十年的传统销售行为在短期之内并不能改变。养鱼户大多为40~50岁的农民,大部分人参与水产养殖已经有超过20年的时间,多年来的传统使得养鱼户难以在短期内接受新型的市场价格信息获取方式。2010年通过看电话、上网、手机短信等新渠道获取价格信息的养鱼户寥寥无几。

表6.2.3　手机使用前一年养殖户销售价格信息来源

销售价格获取方式	大宗淡水鱼	其他淡水鱼	虾蟹龟鳖类	合计	比重(%)			
					大宗淡水鱼	其他淡水鱼	虾蟹龟鳖类	合计
上门找鱼贩询问	60	15	36	111	35.50	75.00	53.73	43.36
上门找其他养殖户询问	43	4	15	62	25.44	20.00	22.39	24.22
市场询价	51	1	13	65	30.18	5.00	19.40	25.39
看电视	0	0	0	0	0.00	0.00	0.00	0.00
听广播	0	0	0	0	0.00	0.00	0.00	0.00
合作社、协会、村委会	15	0	3	18	8.88	0.00	4.48	7.03
合计	169	20	67	256	100.00	100.00	100.00	100.00

表 6.2.4　2010 年养鱼户销售价格信息来源

销售价格获取方式	频数				比重			
	大宗淡水鱼	其他淡水鱼	虾蟹龟鳖类	合计	大宗淡水鱼	其他淡水鱼	虾蟹龟鳖类	合计
给鱼贩子打电话	108	40	93	241	37.11	66.67	73.23	50.42
给其他养鱼户打电话	69	7	14	90	23.71	11.67	11.02	18.83
看电视	0	0	0	0	0.00	0.00	0.00	0.00
上网查询	2	0	0	2	0.69	0.00	0.00	0.42
手机短信	1	0	0	1	0.34	0.00	0.00	0.21
市场询价	101	10	20	131	34.71	16.67	15.75	27.41
合作社、协会	10	3	0	13	3.44	5.00	0.00	2.72
合计	291	60	127	478	100.00	100.00	100.00	100.00

（二）与买家的对接方式变化

随着信息沟通技术的不断进步和发展,被动"坐等"的销售方式有所改变。我们将有手机前一年与买家的对接方式分为等待鱼贩上门收购、自己上门联系买家、购买者上门联系等;将有手机之后,养殖户与买家的对接方式分为等待鱼贩上门收购、自己打电话找买家、自己上门找买家、购买者主动打电话联系、购买者主动上门联系等。调查显示,有手机之前,养殖户等待鱼贩上门收购的占 45.18%;其次为等待其他购买者上门购买,占 27.57%;养殖户主动联系销售渠道的占 19.27%。说明拥有手机之前,养鱼户在销售过程中被动等待较多,主动联系很少。养鱼户主动联系销售渠道的仅有 58 次,占总量的 19.3%。2010 年,有手机的养殖户自己打电话联系买家成为主要的对接方式,占 37.34%;自己上门找卖家的情况下降为 7.26%;而购买者主动打电话的情况也增多了,占 23.65%;购买者主动上门的占 15.56%;等待鱼贩上门收购的情况下降为 15.56%。2010 年自己打电话联系买家是主要的对接方式,共有 180 次交易是养鱼户自己打电话联系;而在所有交易中,购买者主动打电话的也非常多,有 114 次交易是购买者主动电话联系。这说明,养殖户使用手机后,销售过程中被动等待的情况大幅度减少,买卖双方主动联系的情况都大量增加,通过坐等鱼贩上门收购的情况下降很明显。信息渠道的改善,使得养鱼户被动的销售方式逐渐被主动销售方式所取代,越来越多的养鱼户开始自己联系销售渠道,寻找更好的买家。

表 6.2.5 购买手机前一年养殖户与买家的对接方式

与买家的对接方式	大宗淡水鱼	其他淡水鱼	虾蟹龟鳖类	总计	比重(%)			
					大宗淡水鱼	其他淡水鱼	虾蟹龟鳖类	总计
等鱼贩上门收购	77	29	30	136	45.29	45.31	44.78	45.18
自己上门找买家	26	16	16	58	15.29	25.00	23.88	19.27
购买者主动上门	53	14	16	83	31.18	21.88	23.88	27.57
其他	14	5	5	24	8.24	7.81	7.46	7.97
合计	170	64	67	301	100.00	100.00	100.00	100.00

表 6.2.6 2010 年养殖户与买家的对接方式

与买家的对接方式	大宗淡水鱼	其他淡水鱼	虾蟹龟鳖类	总计	比重(%)			
					大宗淡水鱼	其他淡水鱼	虾蟹龟鳖类	总计
等鱼贩上门收购	41	9	25	75	14.14	15.00	18.94	15.56
自己打电话找买家	116	26	38	180	40.00	43.33	28.79	37.34
自己上门找买家	18	4	13	35	6.21	6.67	9.85	7.26
购买者主动打电话	73	12	29	114	25.17	20.00	21.97	23.65
购买者主动上门	39	9	27	75	13.45	15.00	20.45	15.56
其他	3	0	0	3	1.03	0.00	0.00	0.62
合计	290	60	132	482	100.00	100.00	100.00	100.00

(三) 养殖户每次交易前对比的购买者数量和与买家熟识程度的变化

在交易之前,如果销售渠道多,则养殖户所能对比的购买者就多,越有可能获得较高的销售价格,增加养殖户福利。手机介入生产销售过程后,养殖户所搜寻的销售渠道增加了,养殖户在每次交易之前比较的购买者数量上升。从表 6.2.7 可以看出,2010 年养殖户每次交易平均所对比的购买者数量为 2.28 个,而手机使用前一年仅为 0.92 个。在手机使用前一年,绝大部分养殖户在交易过程中并不进行对比而是直接卖出,但到 2010 年,直接卖出而不比较买家的交易量显著减少,减少幅度将近一半。

表 6.2.7　单个养殖户平均每次交易对比的购买者数量

(单位:个)

	0	0~1之间	1~3之间	>3	最大值	最小值	平均值
2010 年	116	8	105	70	20	0	2.28
手机使用前一年	210	10	58	22	15	0	0.92

　　随着信息渠道改善,养殖户被动销售的情况逐渐被主动销售所取代,越来越多的养殖户开始自己联系销售渠道,寻找更好的买家。对手机使用前后养殖户与交易买家的熟识程度进行对比发现:有手机的前一年,三类水产品交易的购买者都主要为初次交易的购买者,大宗淡水鱼的这种情况可占 57%,其他淡水鱼也占到 40%,虾蟹龟鳖类占到 58%;卖给有过 1~10 次交易的购买者的情况,大宗淡水鱼、其他淡水鱼、虾蟹龟鳖类养殖户分别为 38%、40% 和 28%。这是因为,当时的养殖户销售比较被动,主要靠"等待",销售具有较强的随机性,因而每次的购买者可能都不一样。2010 年,三类水产品交易中购买者则主要是已经有过 1~10 次交易的购买者,大宗淡水鱼的这种情况可占 59%,其他淡水鱼也占到 63%,虾蟹龟鳖类占到 60%;而卖给初次交易者的情况均有所下降,大宗淡水鱼、其他淡水鱼、虾蟹龟鳖类分别为 31%、20% 和 20%。这表明,经过多年的交易磨合,买卖双方之间已形成某种固定的销售模式。而养殖户通过电话联系和销售对比,已经筛选出相对有信用的购买者,长期合作逐渐增多;他们将水产品销售给熟识的购买者,在一定程度上减少了销售风险,改善了自身所面临的市场环境。

表 6.2.8　手机使用前后与交易买家的熟识程度

(单位:次)

	2010 年						有手机前一年					
	大宗淡水鱼		其他淡水鱼		虾蟹龟鳖类		大宗淡水鱼		其他淡水鱼		虾蟹龟鳖类	
	次数	占比	次数	占比	次数	占比	次数	占比	次数	占比	次数	占比
初次交易	90	31%	12	20%	25	20%	96	57%	8	40%	39	58%
不太熟悉	170	59%	38	63%	79	60%	64	38%	8	40%	19	28%
比较熟悉	15	5%	3	5%	7	5%	0	0%	1	5%	0	0%
非常熟悉	14	5%	7	12%	21	15%	7	4%	3	15%	9	13%

　　注:初次交易,即交易之前与该买家的交易次数为0;不太熟悉,即之前与该买家的交易次数为1~10次;比较熟悉,即之前与该买家的交易次数为11~50次;非常熟悉,即之前与该买家的交易次数大于50次。

（四）鱼贩仍是主要的销售对象，手机使用后销售对象有多样化趋势，销售渠道增加

生产者与购买者之间的中间商在发展中国家占据着重要地位并获得巨大收入。尽管中间商对农村生产者起着非常重要的作用，但是却很大程度上带有剥削性质，减少中间环节能够使市场更加有效率（Ammar Siamwalla，1978；Timothy Besley & Robin Burgess，2000）。如能避开中间商，减少中间环节，则消费者和生产者的福利都可以得到改善。

鱼贩是专业贩卖水产品的一类人，他们掌握着最及时、最准确的市场信息，也拥有最多、最广泛的销售渠道，鱼贩子在水产品市场中扮演着不可或缺的角色，是养鱼户生产与销售的主要联系人。从现实情况来看，我国养鱼户在销售过程中还是没有摆脱中间商的影响。从表6.2.9来看，手机使用前后，大多数养殖户在销售时仍依赖于中间商，即鱼贩。但是，手机使用前后养殖户的销售对象范围产生较大变化。手机使用前，销售大宗淡水鱼时，仅有24.3%的交易不通过中间商，而2010年有34.7%的交易不通过中间商；手机使用前，销售其他淡水鱼时，100%需要通过中间商来进行，而在2010年却有一些交易是销往饭店食堂、直接卖给消费者或机关单位。手机使用前，只有4%的虾蟹龟鳖类产品的交易不通过中间商，而在2010年则有10%的该类交易不通过中间商，销售对象比手机使用前一年有明显增加。

表6.2.9　手机使用前后销售对象的类别

（单位：个）

销售对象	2010年			有手机前一年		
	大宗淡水鱼	其他淡水鱼	虾蟹龟鳖类	大宗淡水鱼	其他淡水鱼	虾蟹龟鳖类
中间商	192	50	120	128	20	65
加工企业	0	0	1	0	0	0
合作社	1	0	5	1	0	0
饭店食堂	19	1	4	4	0	0
超市	5	0	0	1	0	0
消费者	39	5	2	19	0	3
机关单位	38	3	0	16	0	0

手机的使用扩展了信息的可获得性，使得养鱼户的销售渠道变得更加丰富多样。从单个养殖户的平均销售渠道来看，2010年平均每个养殖户有1.28个渠道，而手机使用前一年平均销售渠道不到1个，有118户在当时没有销售渠

道。相比之下,养殖户销售的对象范围大大拓宽,直接销售给加工企业、合作社、饭店食堂的情况增多。因此,可以判断,手机带来了一定的市场效率改善。

(五) 购买者来源大大增加,由主要来自本县扩展到本省其他地区和外省

我们将购买者来源地按照本村、本乡非本村、本县非本乡、本省非本县以及外省这5个由近及远的层级进行分类。调研结果显示,手机使用前,大宗淡水鱼购买者主要来自本县,占 75.29%,来自本省非本县和外省的比例占 24.71%;而 2010 年大宗淡水鱼的购买者来自本县的比例有降低,为 63.32%,来自本省非本县和外省的比例占 36.68%。其他淡水鱼、虾蟹龟鳖类的购买者的变化情况也类似。使用手机之前,其他淡水鱼、虾蟹龟鳖类购买者来自本县的各占 80.0% 和 83.82%,来自本省非本县和外省的各占 20.0% 和 16.18%;2010 年,其他淡水鱼、虾蟹龟鳖类的购买者来自本县的各占 53.33% 和 76.52%,来自本省非本县和外省的各占 46.67%、23.48%。明显看出,与有手机之前相比,2010 年我国养殖户的销售范围拓宽,外县、甚至外省的购买者开始增多,销售不再局限于产地周边,而是向更远的地区扩散。

表 6.2.10 手机使用前后购买者的来源结构

购买者来源	2010 年(%)			有手机前一年(%)		
	大宗淡水鱼	其他淡水鱼	虾蟹龟鳖类	大宗淡水鱼	其他淡水鱼	虾蟹龟鳖类
本村	13.49	3.33	6.06	16.47	0.00	5.88
本乡非本村	22.84	11.67	37.12	20.59	25.00	32.35
本县非本乡	26.99	38.33	33.33	38.24	55.00	45.59
小计	63.32	53.33	76.52	75.29	80.00	83.82
本省非本县	30.10	36.67	12.88	22.94	10.00	13.24
外省	6.57	10.00	10.61	1.76	10.00	2.94
小计	36.68	46.67	23.48	24.71	20.00	16.18
合计	100.00	100.00	100.00	100.00	100.00	100.00

为了更清楚地看到购买者距离的变化,调查中,我们进一步询问了购买者来源地与产地的距离。有手机前一年,销售各类水产品的养殖户共有 174 户,其购买者离当地的平均距离为 31.67 公里;2010 年,销售各类水产品的养殖户共有 286 户,其购买者距离当地的平均距离为 70.35 公里;购买者所在地与淡水产品产地的平均距离增加了一倍多。

（六）销售地点仍主要为塘边，但有多样化趋向

一般，水产养殖户销售淡水产品的地点主要集中在自家鱼塘边。手机使用后，销售地点的多样性有所增加。有手机前，大宗淡水鱼、其他淡水鱼、虾蟹龟鳖类的销售地点为自家鱼塘的比例分别是 84.52％、80％和 75％；2010 年，这一比例分别为 84.51％、83.33％和 71.32％。有手机后，养殖户各类淡水产品的销售地点仍主要为自家鱼塘。不过，对大宗淡水鱼而言，有手机后，送往对方单位的比重增加了，从之前的仅有 4.1％提高到 7.7％。其他淡水鱼、虾蟹龟鳖类养殖户在有手机前一年，交易只集中在自家鱼塘边或送往批发市场；2010年，也有一些交易是送往农贸市场或对方单位。随着信息渠道的畅通，社会网络的不断扩大，养殖户可以获得更多的市场信息，销售选择面有所增加。但鲜活淡水产品运输需要专门的运输工具，鱼贩在市场上打拼已经形成了固有的合作伙伴和销售渠道，因此，市场销售更多地仍是通过经验丰富的专业鱼贩来进行，养殖户自行销售的情况不多。此外，由于养殖户组织化程度低，养殖户在销售过程中还是没有摆脱中间商影响。

表 6.2.11　手机使用前后销售地点的结构变化

销售地点	2010 年（%）			有手机前一年（%）		
	大宗淡水鱼	其他淡水鱼	虾蟹龟鳖类	大宗淡水鱼	其他淡水鱼	虾蟹龟鳖类
自家鱼塘边	84.51	83.33	71.32	84.52	80	75
批发市场	5.28	10.00	19.38	7.14	20	19.12
农贸市场	2.46	5.00	5.43	4.17	0	4.41
对方单位	7.75	1.67	3.88	4.17	0	1.47
合计	100.00	100.00	100.00	100.00	100.00	100.00

总而言之，随着手机使用，我国养殖户市场参与程度有所加强，体现在：养殖户信息渠道得到一定改善，养殖户销售渠道有所拓宽，销售方式逐渐多样化；销售半径逐渐扩大，购买者来自更远的地区；养殖户市场参与程度提高，被动销售变为主动参与。通过寻求更好的销售机会，水产养殖户正在改善自身福利。

四、水产养殖户手机的使用障碍分析

随着信息技术的进一步发展，手机逐渐超越其原有的沟通功能，凸显出手

机媒体、手机网络等新型功用。根据调研,在手机的市场信息供给的诸多渠道中,短信、手机网络等新功能应用少。

(一) 养殖户手机的浅层次使用频繁

养殖户通过手机来了解市场信息很频繁。有手机的样本户中,偶尔通过手机了解水产品市场信息的有 147 人,占 49.83%;经常通过手机了解水产品市场信息的有 110 人,占 37.29%;每天都通过手机了解市场信息的有 22 人,占7.46%;即有 94.58% 的被访者都使用手机关注水产品市场信息。仅有 16 人从不使用手机了解水产品市场信息,占 5.42%。

养殖户通过手机获取信息,主要利用的是手机的基本通话功能。89.83%的养殖户是通过手机的电话功能了解市场信息,仅有 9 人通过短信了解市场行情,仅有 5 人使用手机网络来了解市场信息。可见,养殖户大多没有通过手机短信、手机网络等新兴功能来了解市场信息,对手机信息功能的使用仍停留在浅层次使用阶段。

表 6.2.12 养殖户了解市场信息所使用的手机功能

功能(渠道)	人数(人)	比重	功能(渠道)	人数(人)	比重
短信	9	3.05%	未作答	16	5.42%
电话	265	89.83%	总计	295	100.00%
上网	5	1.69%			

(二) 养殖户手机的深度使用存在障碍

1. 手机短信服务等业务没有引起养鱼户兴趣

手机短信的使用是手机深度利用的一个表现。订阅相关手机信息服务,能够及时获取所需信息,可以减少信息不对称程度。但 53.22% 的被访者不会此项功能;138 人会短信功能,但偶尔发送短信的有 93 人,占 31.53%;经常发送短信的 45 人,仅占 15.25%。可见,由于养殖户年龄偏大,对新事物的接受程度较低,对手机的利用程度远远不够。手机的短信功能多数养殖户不会使用,会影响为养殖户提供的短信业务的推行。短信业务对养殖户来说可能会有进入障碍。

2. 目前"农信通"等手机信息服务的使用效果不佳

订阅相关手机信息服务,能够及时获取所需信息,减少信息不对称。在手机的农业信息利用方面,我们选择了近些年发展迅速的中国移动推出的手机

"农信通"业务作为考查对象。至 2010 年底,中国移动 12582"农信通"客户超过 5 000 万人。2014 年,我国农村信息化建设力度继续加快,中国移动累计为 11.8 万个偏远村庄开通电话服务,为 2 万个行政村开通宽带服务,"农信通"客户数量已达到 6 029 万个,农村服务网点达到 65 万个,比 2010 年增加了 7 万个。针对渔民的"农信通"业务涵盖天气预报、市场价格、鱼病防治信息等。但调研显示,在被访者中,根本不知道手机"农信通"业务的有 188 人,占63.73%;在知道"农信通"业务的被访者中,有 91 人从来没有订阅此项业务,占30.85%;订阅"农信通"业务的仅有 6 人,占 2.03%;还有 2 人中途退订。说明"农信通"业务当时还没有引起养殖户的太大兴趣。联系到前面所述的一半以上的养鱼户不会使用短信功能,这可能也是"农信通"这一类业务被养鱼户接纳存在障碍的原因。

表 6.2.13　是否订阅"农信通"业务的回答分布

(单位:人)

是否订阅"农信通"	人数	比重	是否订阅"农信通"	人数	比重
现在有	8	2.71%	从来没有	91	30.85%
之前有现在没有	2	0.68%	根本不知道	188	63.73%
一直有	6	2.03%	总计	295	100.00%

除了"农信通"业务,中国联通、中国电信等也都推出了面向农民的信息服务。在调研中,也对其他信息服务的使用情况进行了询问,在是否订阅了提供相关农业信息的手机短信服务的作答中发现,94.92%的养鱼户没有订阅农业信息短信。

表 6.2.14　是否订阅了提供相关农业信息的手机短信服务回答分布

(单位:人)

是否订阅相关农业信息短信	人数	比重	是否订阅相关农业信息短信	人数	比重
是	12	4.07%	未作答	3	1.02%
否	280	94.92%	总计	295	100.00%

在觉得"农信通"提供的信息是否有用的回答分布中,有 233 人未作答,占了整个受访者人数的 78.98%,主要是因为他们都没有接触此项业务。在62 个作答者中,觉得"农信通"提供的信息没有用的比例最高,占作答者的 33.87%;

其次是觉得"农信通"提供的信息一般的有 17 人,占 27.42%;觉得有点用的有 15 人,占 24.19%;只有 1 人觉得"农信通"提供的信息很有用。可见,对诸如"农信通"等这些提供农业信息的手机短信服务,养鱼户的接纳程度并不高。一方面这些业务本身的信息质量有待提高,相关电信部门在信息发布的及时性和实用性上要下功夫;另一方面,政府相关部门或专业合作社等组织应加强主导,通过培训或其他形式普及,让更多的养鱼户接触到这些提供市场信息和技术信息方面相关的业务,有机会去体验"农信通"等相关农业信息服务,这些信息服务才更可能被养鱼户接纳。

表 6.2.15   觉得"农信通"提供的信息是否有用的回答分布

(单位:人)

"农信通"信息是否有用	作答人数	比重	"农信通"信息是否有用	作答人数	比重
很有用	1	1.61%	没用	21	33.87%
有点用	15	24.19%	一点也没用	8	12.90%
一般	17	27.42%	总计	62	100.00%

3. 手机网络使用情况

截至 2012 年底,我国手机上网用户达到 2.33 亿,城镇手机上网用户 1.6 亿人,占城镇网民总体的 58.3%,农村手机上网用户约为 7 189 万人,占农村网民总体的 67.3%。手机上网在农村的渗透率高于城镇,但农村手机上网的用户规模与城镇仍有差距。尽管农村地区网民规模和互联网普及率都在不断增长,但是城乡互联网普及率差异仍有扩大趋势,2014 年城镇地区互联网普及率超过农村地区 34 个百分点。根据调查,养殖户手机网络使用情况并不乐观。调查结果表明,手机聊天和手机下载音乐等是养殖户手机上网的主要活动。随着 3G、4G 手机在城镇的迅速扩张,城乡之间的手机网络进入障碍差距可能会逐步扩大;对农村手机网民而言,手机依然仅局限于点对点的信息联通,手机网络的深度使用不够。

(三) 养殖户认为手机信息质量有所提高,对手机市场信息提供方的信任度依次为亲朋好友、政府部门和中间商

调研中,近一半养殖户认为,近年来手机提供的信息质量有所提高。调查表明,养殖户更看重自己的社会资本即熟人社会的网络资源所带来的信息,政府信息也能取得养殖户信任,养殖户最不相信通信公司提供的信息。(数据见

第六章第一节)

养殖户手机使用时间越长、手机横向使用强度越大,其积累的社会关系越多,则所联系的中间商、销售市场就越多,越能通过沟通协调获得更高的价格。手机的浅层次使用通过扩展社会网络而改善了水产养殖户的市场地位,带来市场参与程度的改善。但目前,我国水产养殖户缺乏深度搜寻和综合利用市场信息的能力,组织化水平低,"讨价还价"能力不足,因此总体上仍处于不利的市场地位。促进手机深层次使用,提高养殖户手机使用能力、信息利用能力是当务之急。建议:一是有针对性地建立农业信息服务系统,加强县乡村信息网络建设,为养殖户提供即时有效的市场信息和周边市场情况。二是继续改善传统信息沟通技术的信息供给能力。三是对养殖户进行信息沟通技术使用方面的培训,提高手机深度使用能力。四是发挥合作社、村委会的信息桥梁作用,帮助养殖户更好地参与市场,增进福利。

第三节　信息沟通技术对养鱼户社会资本与风险态度的影响

信息沟通技术(ICTs),作为信息的载体和传递者,在纠正农村和无组织的市场严重的信息不对称和市场低效率方面扮演着重要角色。手机的介入,一方面可能因为增加了人们的沟通范围,使社会网络内部以及社会网络之间的沟通更加方便快捷,进而有助于社会资本的增加。另一方面,由于手机具有较强的移动性,导致了手机使用者语言的可信性有所下降,或者手机沟通的方便性使人们见面聚会的机会减少,使人们对他人的信任降低,对人们的社会资本可能造成减弱的影响。因而对手机对社会资本造成的影响进行研究十分必要。2011年课题组在安徽和内蒙古自治区开展的实地调研从生产销售、市场参与、家庭收支、信息沟通技术(ICTs)使用情况、社会资本和风险态度六个方面考查了 ICTs 对养鱼户生产生活的影响。本节主要利用调查数据的统计结果,分析手机普及以后给渔民社会资本和风险态度带来的变化。

一、养鱼户社会资本的变化情况

为了考察农户家庭社会资本的基本情况,调研问卷中设置了"家庭人情往来钱物年收支情况""在你遇到困难时,你认为有多少个人可以帮你""家里是否有亲戚朋友在农贸市场/批发市场工作或销售农产品""家里是否有亲戚朋友在水产品加工部门或企业工作""家里是否有亲戚朋友从事水产品贩运""家里是否有亲戚朋友在农资销售部门工作(包括经销鱼种、鱼药、鱼饲料等)""家里是否有亲戚朋友从事水产品技术推广工作""家里是否有亲戚朋友是村干部""家里是否有亲戚朋友是政府干部"以及"父母从事过哪些非务农的职业"等问题,并分别从农户使用手机前一年及 2010 年分别做调查。统计结果体现为:

(一) 使用手机后,家庭人情往来钱物年收支有明显增加

调研发现,在手机使用的前后,家庭人情往来钱物年收支总额的中值从 650 元上升至 4 000 元。按国家统计局公布的当年居民消费水平指数换算(以 1978 年为标杆),得到中值指数指标,结果为本调研中,家庭人情收支总额的中值从手机使用前一年的 1.001 上升到 2010 年的 3.766,有明显的提升,说明排除通货膨胀、物价上涨因素,农户家庭人情往来钱物年收支总额在使用手机前后有明显的增加。

表 6.3.1 社会资本——家庭人情往来的钱物年收支总额

人情往来年总额 (元)	频数(个)		有效百分比		累计百分比	
	2010 年	手机前一年	2010 年	手机前一年	2010 年	手机前一年
0	20	131	6.7%	43.7%	6.7%	43.7%
1~1 000	27	54	9.0%	18.0%	15.7%	61.7%
1 001~2 000	45	31	15.0%	10.3%	30.7%	72.0%
2 001~3 000	34	30	11.3%	10.0%	42.0%	82.0%
3 001~4 000	25	14	8.3%	4.7%	50.3%	86.7%
4 001~5 000	33	15	11.0%	5.0%	61.3%	91.7%
5 001~6 000	15	4	5.0%	1.3%	66.3%	93.0%
6 001~7 000	7	8	2.3%	2.7%	68.7%	95.7%
7 001~8 000	11	4	3.7%	1.3%	72.3%	97.0%
8 001~9 000	1	2	0.3%	0.7%	72.7%	97.7%
9 001~10 000	31	5	10.3%	1.7%	83.0%	99.3%
10 001~20 000	28	1	9.3%	0.3%	92.3%	99.7%
20 001~30 000	7	1	2.3%	0.3%	94.7%	100.0%
30 000 以上	16	0	5.3%	0.0%	100.0%	100.0%
中值	4 000	650	—	—	—	—
中值指数	3.766	1.001	—	—	—	—
总计	300	300	100%	100%	100%	100%

(二) 朋友个数有所增加,农户社会团体有所扩大

朋友的分布数量从手机使用前一年到 2010 年分布的峰值从 6 人上升到 10 人,朋友是 5 人及 5 人以下的比例也从 46% 下降到 21.1%,说明在从手机使用前到 2010 年,受访者的朋友的个数从整体上来看有所增加,农户社会团体有扩大的现象。

表 6.3.2　社会资本——遇到困难会有多少人愿意帮助

朋友人数	频数(个)		有效百分比		累计百分比	
	2010 年	手机前一年	2010 年	手机前一年	2010 年	手机前一年
0	4	6	1.3%	9.5%	1.3%	9.5%
0~5	59	23	19.8%	36.5%	21.1%	46.0%
6~10	110	17	36.9%	27.0%	58.1%	73.0%
11~20	79	11	26.5%	17.5%	84.6%	90.5%
21~30	21	0	7.0%	0.0%	91.6%	90.5%
30 以上	25	6	8.4%	9.5%	100.0%	100.0%
均值	20.44	30.32	—	—	—	—
中值	10	6	—	—	—	—
总计	298	63	100.0%	100.0%	100.0%	100.0%

(三) 手机为农户的亲戚朋友社会资源水平带来扩充

从调研数据的统计分析结果来看,整体上,亲戚朋友为养鱼户生产贩卖产品带来的资源也有所增多。有亲戚朋友从事农产品销售的从手机使用前有 7 户,占总户数的 2.3%,到 2010 年的 46 户,占总户数的 15.4%;有亲戚朋友从事水产品加工行业的从手机使用前的 0% 上升至 2010 年的 3.7%;有亲戚朋友从事水产品贩运的从 22.6% 下降至 22.1%;有亲戚朋友从事农资销售工作的从 17.7% 上升至 20.5%;有亲戚朋友从事水产品技术推广的从 16.1% 上升至 18.5%;有亲戚朋友是村干部的从 23.8% 上升至 24.8%;有亲戚朋友是政府干部的从 23.8% 上升至 26.8%。

除"有亲戚朋友从事水产品贩运"一项影响小于一个百分点以外,各个问题的统计结果均表明,农户生产生活相关的社会资源指数在使用手机前到 2010 年间均有明显的提升,虽可能与我国农产品市场逐步完善有关,但还是存在诸如"有亲戚朋友从事农产品销售"等等在手机使用前后变化较为明显的变量。说明在手机使用前后,农户的社会资本有明显的提升。

表 6.3.3　社会资本——亲戚朋友社会资本情况

社会资本情况		2010 年		使用手机前一年	
		数量	比例%	数量	比例%
家里有亲戚朋友在农贸市场/批发市场工作或销售农产品	是	46	15.4	7	2.3
	否	252	84.6	55	97.7
家里有亲戚朋友在水产品加工部门或企业工作	是	11	3.7	0	0.0
	否	286	96.3	62	100.0
家里有亲戚朋友从事水产品贩运	是	66	22.1	14	22.6
	否	232	77.9	48	77.4
家里有亲戚朋友在农资销售部门工作（包括经销鱼种、鱼药、鱼饲料等）	是	61	20.5	11	17.7
	否	236	79.5	51	82.3
家里有亲戚朋友从事水产品技术推广工作	是	55	18.5	10	16.1
	否	243	81.5	52	83.9
家里有亲戚朋友是村干部	是	74	24.8	15	23.8
	否	224	75.2	48	76.2
家里有亲戚朋友是政府干部	是	80	26.8	15	23.8
	否	219	73.2	48	76.2

　　此次调研访问的农户中,有 79.5% 的养鱼户其父母均为普通农民,其余 9.4% 的农户有父母曾担任村干部,近一成的受访者父母为村干部的比例从我国农村实际来讲是偏高的,这部分人相对有社会资本方面的基础优势。就生产实际来看,同样的人力投入下养鱼较农耕收入更多,养鱼需要比较专业的知识,或者养鱼者善于利用周围的养鱼技术资源,从这个角度来讲,村干部家庭养鱼的优势也较为明显,村干部群体本身具有的社会资本就较一般农户要大很多。此外,占 3.1% 比例的农户有父母担任过村干部以外的其他干部,占 3.8% 的农户填写了除农民、干部、教师、医生、军人以外的其他职业,比如技工等等。

表 6.3.4　社会资本——家庭职业关系

你父母是否从事过以下职业	数量	比例	你父母是否从事过以下职业	数量	比例
无特殊职业	229	79.5%	国家干部	9	3.1%
村干部	27	9.4%	当过兵	6	2.1%
教师	5	1.7%	其他	11	3.8%
医生	1	0.3%	总计	288	100.0%

二、养鱼户手机信息交流情况的变化

为了考察养鱼户手机信息交流情况,本次调研在问卷中设置了"更相信哪种方式提供水产品市场信息?""最初购买手机的原因是什么?""会使用手机了解水产品市场信息吗?"等问题,主要了解养鱼户用手机了解水产品市场信息的频率、购买手机原因、对于手机各方式信任度等问题。对数据分析后发现:

(一) 联系水产销售及联系家人朋友构成养鱼户购买手机的前两位因素

对于最初购买手机的原因,有 144 位受访者回答为了"方便联系水产品销售渠道",占总数的 49.0%,说明近一半的养鱼户使用手机与其从事养鱼密切相关。其他 87 位受访者回答买手机是为了"方便和家人朋友联系",联系家人朋友成为影响养鱼户使用手机的第二大因素。另外有 23 位受访者回答买手机是因为"周围人都买了",占总样本量的 7.8%,这些人受周围社会氛围影响较大。其他 22 位受访者回答买手机是因为"找临时工作需要",占总样本量的7.5%,他们有临时务工的需求,并且认同手机在其中能够起到一定的作用。另外有 5 位受访者回答买手机是为了"及时了解品种信息",占 1.7%。另外有13 位,占总样本量的 4.4% 的受访者选择其他原因。见表。

表 6.3.5 受访者最初购买手机的原因

购买手机的原因	数量	比例%	购买手机的原因	数量	比例%
周围人都买了	23	7.8	找临时工作需要	22	7.5
方便联系水产品销售渠道	144	49.0	能及时了解品种信息	5	1.7
方便和家人朋友联系	87	29.6	其他	13	4.4

(二) 养鱼户对于以电话通信方式传播的水产品市场信息更为信任

当提到更相信哪种方式提供水产品市场信息,有 274 位受访者都选择了电话通信,所占比例高达 95.5%,占绝大多数,说明在短信、电话及网络这三者中,电话通信的信任程度在农户里还是有比较绝对的信任优势的。由于使用手机一般都是通过电话的形式,所以被访者对于手机所获取知识的信任实质上是来源于其对周围社会环境的信任,周围广大的其他养殖者对于该养鱼户来说是巨大的社会资本,其信任程度普遍较高。见表。

表 6.3.6　信任与通信技术

信任与通信技术		数量	比例%
更相信哪种方式提供水产品市场信息?	短信	4	1.4
	电话通信	274	95.5
	网络	9	3.1

(三) 养鱼户仍未充分利用手机了解水产品市场信息

有 112 位受访者使用手机了解水产品市场的频率是"很少",占总体的 39.2%;104 位受访者选择"偶尔",占总体的 36.4%;再次就是选择"从不",有 49 位,占到 17.1%;选择"经常"的更少,共 21 位,占总体的 7.3%;没有人选择"每天"用手机了解水产品信息。说明总体上来讲手机对于养鱼户来讲还未充分将其直接利用于水产品市场信息的获得。养鱼户一般说来会使用手机来了解水产品市场信息,但被访的 300 人中,没有一个人是每天都用手机关注的,猜想这是因为市场价格信息从养鱼户角度来讲变化速度不快。见下表。

表 6.3.7　手机与水产品市场信息情况

手机使用情况		数量	比例%
使用手机了解水产品市场信息吗?	从不	49	17.1
	很少	112	39.2
	偶尔	104	36.4
	经常	21	7.3
	每天	0	0.0

虽然现阶段养鱼户对价格的追随、选择程度并非非常活跃,信息的搜寻主要靠其社会资本来完成,但相信随着信息技术越来越发达,养鱼户对市场信息的积极性会有所提高,即使得缩小这种市场中的价格离散成为可能。

(四) 技术采纳上,面谈及电话信任最高,手机短信信任程度低

调查的 300 个农户中,有 64 户农户这两年养殖品种发生了变化,对于这部分养鱼户,调研组对其信任的品种信息获取途径进行了解。其中,最信任通过当面询问的方式了解到的品种信息的农户有 39 位,占到 60.9%;其次是信任

通过电话联系得到的品种信息,共 14 位,占到 21.9%;再次是信任电视节目的品种信息,有 9 位,占 14.1%;也有信任网页提供的品种信息的,有 2 位,占到3.1%;没有人选择最信任广播节目及手机短信。对当面询问及电话联系这两个途径信任的人数最多,这一现象说明现阶段对于品种的选择、技术采纳方面,养鱼户还是更多的信任周围的人。另外,对手机短信这样一种新兴方式,养鱼户的信任程度也比较浅。见下表。

表 6.3.8   品种信息信任方式

信任方式		数量	比例%
最信任哪种方式提供的品种信息	电视节目	9	14.1
	广播节目	0	0.0
	网页信息	2	3.1
	电话联系	14	21.9
	当面询问	39	60.9
	手机短信	0	0.0
	其他	0	0.0

三、养鱼户风险态度的变化

为了考察养鱼户风险态度及信任的变化情况,问卷中设置了"是否认为周围的亲戚朋友是可以信任的""在与亲戚和朋友做事情的时候,是否觉得可以不必太谨慎""一种新的水产品的养殖风险很大,你有百分之几的可能性敢在你们村里第一个使用这一品种"等问题,主要为了了解在手机介入前后,养鱼户的风险态度以及信任程度等的实际变化情况。

(一) 手机的介入对信任的有无影响不大,与信任程度有一定的同步正向变化

当被问到"您是否觉得周围的亲戚朋友是可信任的"的时候,有高达92.6%(2010 年)、93.8%(手机使用前一年)的受访者回答"是",说明不论是手机使用前还是使用后农户对于其亲戚与朋友总体的信任程度还是很高的,手机的介入对于信任的有无有 1 个百分点左右的影响,影响不是很突出。而对于衡量信任大小的问题"认为在与亲戚和朋友做事情的时候,是否可以不必太谨慎",手机前一年有 60.3%的受访者回答"是",而 2010 年,该比例则升至 76.5%,增加了

16 个百分点,初步说明手机的使用与信任的程度有一定的同步正向变化。农户亲戚朋友从事农业相关职业的情况总结如表。

表 6.3.9　社会资本——信任的直接衡量情况

社会资本情况		2010 年		使用手机前一年	
		数量	比例%	数量	比例%
认为周围的亲戚朋友是可信任的	是	278	92.6	60	93.8
	否	22	7.3	4	6.3
认为在与亲戚和朋友做事情的时候,可以不必太谨慎	是	228	76.5	38	60.3
	否	70	23.5	25	39.7

(二) 养鱼户的风险态度总体水平中等,有增高趋势

从调查结果统计可以看出受访者的风险态度从手机使用前一年到 2010 年分布的变化。最直观的变化是风险态度均值从手机使用前一年的 39.55% 升高至 2010 年的 52.84%,与此同时数据的中值也从前者的 40% 上升到 50%,从而反映了受访者对风险的接受程度有增高趋势。手机的介入,伴随着养鱼户的风险态度也有所增加。

表 6.3.10　风险态度——新品种接受程度

百分之几的可能性接受新品种(%)	频数(个)		有效百分比		累计百分比	
	2010 年	使用手机前一年	2010 年	使用手机前一年	2010 年	使用手机前一年
0	54	20	18.2%	32.3%	18.2%	32.3%
1~10	16	25	5.4%	8.1%	23.6%	40.3%
11~20	24	26	8.1%	1.6%	31.6%	41.9%
21~30	10	27	3.4%	1.6%	35.0%	43.5%
31~40	9	32	3.0%	8.1%	38.0%	51.6%
41~50	37	41	12.5%	14.5%	50.5%	66.1%
51~60	12	43	4.0%	3.2%	54.5%	69.4%
61~70	21	46	7.1%	4.8%	61.6%	74.2%
71~80	40	55	13.5%	14.5%	75.1%	88.7%
81~90	19	57	6.4%	3.2%	81.5%	91.9%
91~99	1	58	0.3%	1.6%	81.8%	93.5%

百分之几的可能性接受新品种(%)	频数(个)		有效百分比		累计百分比	
	2010 年	使用手机前一年	2010 年	使用手机前一年	2010 年	使用手机前一年
100	54	62	18.2%	6.5%	100.0%	100.0%
均值	52.84	39.55	—	—	—	—
中值	50	40	—	—	—	—
总计	297	62	100.0%	100.0%	100.0%	100.0%

四、结论与总结

分析发现,在手机介入的前后,养鱼户社会资本整体水平明显增加。

受各种可能因素影响,养鱼户社会资本整体上有明显的增加现象。首先,即使排除物价因素养鱼户的家庭人情往来钱物年收支总额仍有明显增加,直观上反映了养鱼户的社会资本水平变化。其次,在对其父母职业情况的调查中发现,养鱼户群体本身的社会资本基础就较一般农户要高,较高的基数为其增长奠定基础。最后,在进一步的细化分析中发现,养鱼户的朋友个数水平有所增加,亲戚朋友为养鱼户生产贩卖产品带来的资源也有所增多,说明农户社会团体在一定程度上有所扩大,这与养殖业市场的发展、产业链的形成及更多合作经营模式密切相关。

关于养鱼户对以手机为代表的信息技术的信任情况,不论是联系销售渠道还是技术采纳,养鱼户目前信任最多的形式仍是传统面谈,其次是与面谈最为接近的电话联系方式。与其他手机功能相比,直接电话联系在养鱼户信任度方面有绝对的优势。

另外,大多数养鱼户只是"偶尔"或者"较少"地使用手机来查询市场信息,即使养鱼户对于手机使用的信任程度整体不低,但手机对于养鱼户来说还未充分被利用于水产品市场信息的获得,相信随着信息化的不断发展,针对渔民市场的手机的服务与利用仍有较大的发展空间。

第四节　手机使用对销售价格、养鱼户收入和福利的影响

近年来我国农产品价格涨落不定，"稳定农产品价格"成为一个热点话题。价格信号在调节供求时，最大的弱点就是"时滞性"，容易导致盲目的扩大化生产。此时，如何从"信息不对称"过渡到"信息对称"则是避免价格剧烈波动的关键。水产品不易储存，我国水产品产地与销地距离远，这类商品从"田园到餐桌"将经历一个漫长的运输过程，甚至穿越整个国家。产品捕捞之后容易腐烂，长途运输浪费严重。再加之信息的不对称，不同市场之间价格差距相当大。养鱼户能否获得及时可靠的市场信息，对于其水产养殖收入的增加以及经营风险的减少具有极其重要的作用。本节利用 2011 年在安徽、内蒙古两个省份所获取的 300 份调研数据实证分析手机的使用是否提高了我国水产养殖户的信息获取能力，是否提高了水产品的销售价格，以及是否因此增加了渔民收入和改善了渔民福利。

一、数据及模型

本文实证研究的数据来源于 2011 年 5—6 月农业部农村经济研究中心和中国人民大学农业与农村发展学院联合开展的针对安徽、内蒙两地的养鱼户所进行的实地调研。该调研旨在了解我国养鱼户的信息利用现状和信息需求，以及手机使用前后销售渠道的变动情况。在问卷中，详细询问了 2010 年养鱼户的每一次交易的情形，包括卖给几类购买者，销售价格如何获得，销售地点，付款方式，购买者到本村的距离等等。此次调研使用分层随机抽样的调研方法，覆盖南北两个省份，在每一个省按照水产养殖发展程度选择高、中、低三个县(旗)，在每个县选取 3 个村，每个村随机抽取 20 个养鱼户进行入户调研。此次调研共访谈了 360 户养鱼户，获得有效样本 300 份。由于南方地区水产养殖较为普遍，因此，此次调研所获得的样本在安徽、内蒙两地的比例为 65％和 35％。本文所使用的主要变量其统计性描述如表 6.4.1 所示。

表 6.4.1　主要变量的统计描述

变量	观察值	均值	标准误差	最大值	最小值
手机使用年限	300	8.50	4.52	23	0
月平均手机费	300	81.05	61.07	400	0
收入	300	182 892.70	400 819.10	5 777 500	5 000
性别(男性=1)	300	0.91	0.28	1	0
年龄	300	48.85	9.06	71	25
经验	300	35.42	44.70	65	8
受教育程度	300	7.44	3.59	16	0
朋友数量	300	16.42	19.23	200	0
距离镇政府的距离	296	10.62	9.32	45	0.5
鲤鱼价格	127	7.86	2.98	18	2.45
鱼药费用	300	2 912.86	4 499.26	42 000	0
其他成本	300	91 271.23	157 050.87	1 100 000	1 140
养殖面积	300	58.91	169.36	2 500	1
是否使用手机了解价格信息(是=1)	300	0.51	0.50	1	0
是否订阅农业信息短信服务(是=1)	300	0.42	0.49	1	0
是否主动打电话联系购买者(是=1)	300	0.04	0.20	1	0
手机深度使用程度	300	0.97	1.69	3	0
北方(北方=1)	105	0.35	0.48	1	0

1. 手机使用程度与收入

明瑟方程是收入研究的一般方程,其主要形式如下:

$$\log(\text{Income}) = \alpha_0 + \alpha_1 \text{Education} + \alpha_2 \text{expir} + \alpha_3 \text{expir}^2 + \varepsilon$$

其中,被解释变量 income 是居民收入水平,关键解释变量则是受教育程度(education)和经验(expir)。系数 a_1 为教育回报率,明瑟方程假定各级教育水平的回报率是相同的。残差项 ε 假定服从一个独立的均值为零的分布。

值得说明的是对"经验"变量的衡量。由于个人的经验无法直接观察得到,较为普遍的衡量经验的方法有两种:第一种方法是国内外同类研究中惯常采用的方法,通过公式 max(0,年龄-受教育年限-6)计算得到经验的变量值(Buchinsky,2001);第二种方法是用一个人从事当前工作的时间作为反映他的经验的指标(邓曲恒,2007)。根据刘生龙、周绍杰(2011)研究,如果采用第二种方法来衡量经验,那么,个人由于出生年代不同而导致的受教育程度的差异对收入的影响就不能得到有效控制。因此,本文采用第一种方法来对经验进行衡量。

回归模型如下所示:

$$\log(\text{Income})_j = \beta_0 + \beta_1 \sum_i X_{i,j} + \gamma_1 \text{Area}_j + \gamma_2 \text{Phone}_j + $$
$$\gamma_3 \text{Sick}_j + \gamma_4 \text{Cost}_j + \gamma_5 \text{expir}_j + \gamma \text{expir}_j^2 + \mu_j$$

在上述模型中,被解释变量则为养鱼户的水产养殖收入 Income。在解释变量中,Phone 表示手机使用程度,在此区分为手机的浅层使用程度和深层使用程度,浅层使用程度为手机使用年限和手机月平均话费,手机的深度使用在本研究中将其视为主动的市场联系,通过三个变量进行衡量,是否使用手机了解市场信息、是否订阅手机短信服务、是否主动打电话联系购买者。并将这三个变量求和,得到手机"深度使用程度"变量。

模型中还包括了养殖面积 Area、以及表示观测个体的社会学等特征的一些控制变量,主要包括性别、受教育水平、财富水平、是否户主、是否担任过村干部等。同时由于水产养殖容易遭受鱼病困扰,因此在模型中将鱼药费用 Sick 单独列出以控制鱼病影响,Cost 则为除鱼药费用外的其他成本。

2. 手机使用程度与塘边价格

这一部分的模型由一个简单推导而来。养鱼户的塘边价格是由市场价格和单位成本决定的。如方程(1)所示。

$$P^{RG} = P^M - C \tag{1}$$

而单位成本又是信息获取程度的函数,$C = C(I_t)$ (2)

且根据 Stigler(1961),$\dfrac{\partial C(I_t)}{\partial I_t} < 0$,即信息获取量越大,单位成本越低。

$P^M = P(I_t)$ 且 $\dfrac{\partial P(I_t)}{\partial I_t} > 0$,即搜寻次数越多,信息获取量越大,所能了解到的市场价格越高。

由于,$I = I(\text{phoneuse})$,且 $\dfrac{\partial I}{\partial \text{phoneues}} > 0$。

因此,养鱼户使用手机后,一方面能够降低搜索成本,另一方面也能够迅速地搜寻周围的市场价格获得之前无法了解的其他地区的市场价格信息,使得其所了解到的市场价格信息越多。养鱼户的信息不对称程度大大减少,其塘边价格上升。由此,我们得到以下假设。

假设:手机使用强度越强,其塘边价格越高。

据此,我们将对以下模型进行回归。

$$\text{Log}(\text{Price})_j = \beta_0 + \beta_1 \sum_i X_{i,j} + \gamma_1 \text{Phone}_j + \gamma_2 \text{Dis}_j + \gamma_3 \text{Log}(\text{fee})_j + \mu_j$$

其中,被解释变量为水产品的价格,由于养鱼户养殖品种较为多样,在这一部分,我们选取所获得的样本中 2010 年养殖最普遍、样本量最大的鲤鱼的价格。在解释变量中,我们使用手机使用长度和月平均手机费作为手机浅层使用的代理变量。另外,已有研究表明观测个体的社会学特征也会影响其市场参与的情况,如性别、年龄、受教育水平等等。同时 Aker & Fafchamps(2010)的研究结果表明离市区较远、路况不佳的地区手机对农民出售价格的影响程度更加明显。因此在本文中使用本村距离镇政府的距离作为其地理位置的代理变量。由于本文所采用的数据是一南一北两个地区的数据,两地由于经济环境、气候环境和政策背景的不同可能导致养鱼户在市场参与程度上存在差别。因此,在模型中引入二值变量,以控制南北差异。

3. 有关计量模型的一些考虑

养鱼户属于农村地区"先富起来"的一批人,手机使用时间普遍较长,因此,获取我国手机信号覆盖前后或者手机使用前后的面板数据非常困难。本研究使用的数据是通过实地调查所获得的 300 份 2010 年的横截面数据,而非面板数据,因此,本文无法避免地存在一定的内生性问题,主要是遗漏变量问题。导致估计出现偏误的遗漏变量主要是那些既与养鱼户收入、市场参与和销售价格有关也与养鱼户的手机使用程度有关的变量。本文将根据现有研究成果,努力控制这些变量,比如在现有研究中所强调的影响农户收入的变量主要有受教育水平、经验(刘国恩、William H. Dow, 2004)等,养鱼户塘边价格和市场参与水平的主要影响因素有地理位置、公路质量(Aker & Fafchamps, 2010;Megumi Muto & Takashi Yamano, 2008)等。通过对这些因素以及农户个体特征的控制,能够在一定程度上减少内生性问题。

尽管如此,模型回归中仍可能存在一些无法解决的内生性问题。例如手机使用年限可能与家庭财富有关,越富有的家庭越早使用手机,越贫穷的家庭使用手机越晚,同时家庭财富状况也可能影响到市场参与、销售价格及家庭收入;另外,手机使用也在一定程度上体现出了农户的性格,性格内向的农户一般不乐于与人联系,手机购买时间可能较晚,手机月平均通话费用普遍较低。

二、回归结果及分析

(一) 手机使用对养鱼户收入的影响

低价和便利的 ICTs 能够帮助市场更好地发挥作用,给低收入人群带来福利的增加(Aminuzzaman, 2003；Donner, 2005)。那么我国养鱼户的手机使用能否为其带来福利的改善和养殖收入的增加呢？利用300份养鱼户数据,我们研究了手机使用对养鱼户养殖收入的影响,回归结果如表6.4.2所示。

根据 Ho C. C.' et al. (2006)和 Azari R.' et al. (2009),目前数字鸿沟的形成更存在于信息技术的利用能力上。因此,在这一部分中,我们将区分手机的不同使用情况对其收入的影响。在回归过程中,本文将手机的使用分为"浅层使用"和"深度使用"。其中浅层使用程度在表6.4.3中通过 Phoneuse 和 Fee 两个变量反映,深度使用程度通过 Deepuse 变量反映。从模型中可以看出,表示手机浅层使用强度的变量,手机纵向使用长度对其收入有着显著的影响,手机使用长度每增加一年,大约能够使得其收入增加12%。而且这种影响的大小显示出一种倒 U 型的特点,体现出了随着手机使用时间的推移所带来的影响先增加后减少。在回归结果中也可以看出,手机横向的"浅层使用程度"月平均手机费用对其养殖业收入并没有显著影响。这可能是因为养鱼户手机费用大部分都是用于跟家人联系而不是用于养殖生产过程中。

从模型3和模型4中又可以看出,手机的"深度使用程度"对于其收入的影响也有着显著的作用,相比较而言,手机的"深度使用程度"对其收入的影响更大一些,使用手机了解价格信息、使用手机联系新的销售渠道或者订阅相关的农业信息短信,都能够使得养鱼户的收入显著增加17%。

表6.4.2 手机的使用对养鱼户收入的影响的估计结果

解释变量	被解释变量			
	养殖业收入(OLS)			
	模型 1	模型 2	模型 3	模型 4
Phoneuse	0.11*** (2.64)	0.12*** (2.74)		0.12*** (2.80)
Phoneuse^2	−0.004* (−1.81)	−0.004* (−1.93)		−0.003* (−1.85)
Log(fee)		0.02 (0.27)		
Deepuse			0.13* (1.74)	0.17** (2.26)
Area	0.00 (0.56)	0.00 (0.64)	0.00 (0.26)	0.00 (0.43)
Sick	0.12** (2.02)	0.12* (1.94)	0.15** (2.49)	0.13** (2.18)

解释变量	被解释变量			
	养殖业收入（OLS）			
	模型 1	模型 2	模型 3	模型 4
Cost	0.79***	0.78***	0.83***	0.78***
	(14.96)	(13.80)	(15.82)	(14.74)
Expri	0.06***	0.06***	0.06***	0.05**
	(2.97)	(2.90)	(2.71)	(2.55)
Expri^2	−0.001***	−0.001**	−0.001***	−0.001**
	(−2.61)	(−2.59)	(−2.71)	(−2.16)
Education	0.02	0.02	0.02	0.02
	(0.91)	(1.02)	(1.32)	(1.02)
是否有控制其他变量	有	有	有	有
Adjust-R^2	0.42	0.42	0.48	0.43
Obs	240	238	241	240

明瑟方程中的表示经验的代理变量 Expri 对养鱼户的收入影响也呈现出倒 U 型的特点,而受教育程度则对其收入影响不大。这一结论与李雪松、詹姆斯·郝克曼(2004)等对中国农户教育回报率的研究结果不相符。这可能是因为水产业具有特殊性,对养殖技术方面的要求较高,而关于养殖技术的经验积累一般并不能够从学校教育中学到多少。因此养鱼户的养殖收入并不取决于受教育程度的高低。

显然,从手机使用程度与养鱼户的收入来看,无论是浅层的手机使用还是深度的手机使用均对其收入有着显著的正向影响,即对于养鱼户而言,手机的使用确实为其带来了"信息红利"。但是可以看到浅层的手机使用程度对养鱼户的影响呈倒 U 型,随着时间的推移,这种影响将逐渐减少。

(二) 手机使用程度与塘边价格

手机能否显著影响农民的销售价格,目前仍没有定论,或者说不同地区不同的手机使用方式和手机信息项目,其所产生的作用效果不同(Jakob Svensson, David Yanagizawa, 2008; Jesen, 2007; Aker, 2008; Aker & Fafchamps, 2010; Svensson Jakob & David Yanagizawa, 2008; Goyal, 2010; Monloy, 2008; Michael Futch & Craig McIntosh, 2009)。那么手机是否能够影响我国养鱼户的塘边价格? 通过对手机使用程度与 2010 年鲤鱼塘边价格的

实证分析,可以看出,在控制了地理位置、南北差异以及个体性别、年龄和受教育程度等变量的基础上,浅层次的手机使用,如手机使用的时间长度、月平均手机话费的多少对于养鱼户的塘边价格均没有显著影响。而深层次的手机使用,却对养鱼户的塘边价格影响显著,深层次的手机使用程度每增加1,则养鱼户的塘边价格就会增加7%。

表 6.4.3　手机使用对塘边价格的影响的估计结果

解释变量	被解释变量		
	销售价格(以鲤鱼为例)		
	OLS	OLS	OLS
	模型 8	模型 9	模型 10
Phoneuse	−0.00	−0.00	−0.00
	(−0.23)	(−0.18)	(−0.24)
Phoneuse^2	0.00	0.00	0.00
	(0.57)	(0.42)	(0.35)
Log(fee)	0.01		0.00
	(0.31)		(0.11)
Log(feebusy)		0.01	
		(0.17)	
Deepuse			0.07**
			(2.20)
North	0.87***	0.87***	0.85***
	(14.80)	(14.81)	(14.44)
Distance	0.01***	0.01***	0.01***
	(2.22)	(2.60)	(2.61)
其他控制变量	有	有	有
Adjust R^2	0.69	0.68	0.69
Obs.	125	125	125

由此可以看出,手机横向的初级使用程度对其塘边价格有着显著的正向影响,且这种影响在北方地区相对较小一些(交叉项系数在10%的显著性水平上,且系数为负)。纵向的手机使用时间长短对塘边价格的影响却不大。这就说明手机横向的使用强度越大,养鱼户通过手机联系得越频繁,则其越能够通过沟通协调获得一个更高的塘边价格。这说明,手机的浅层次使用在一定程度上能够改善养鱼户的市场能力。

养鱼户浅层次的手机使用并不能够提高其在市场中的叫价能力,并不能够帮助其卖出更高的价格,而深层次的手机使用,比如,在销售前通过手机了解市场价格、订阅农业信息短信、主动通过手机联系新的销售渠道和市场则均能够使其塘边价格得到提高。这也说明,"一级数字鸿沟"和"二级数字鸿沟"确实存在,那些懂得利用手机开拓新的市场的养鱼户,其销售价格能够得到明显提高,而仅仅拥有手机,或者是随意地打打电话,并不能够使得其销售状况改善多少。

通过这一部分的实证分析,可以看出手机的浅层使用和手机的深度使用都是影响养鱼户收入的重要因素。手机使用时间越长、手机深度使用程度越强,养鱼户收入水平越高。但是,手机的浅层使用呈现出倒 U 型的特点,随着时间的推移这种影响将趋于消失,而手机的深度使用则能够显著提高养鱼户的塘边价格,积极利用手机寻找新价格的养鱼户,能够获得更高的塘边价格,收入也因此得到提高。因此提高手机的深层利用程度,对提高养鱼户收入有着至关重要的作用。

三、手机的使用程度、养鱼户的市场参与及塘边价格

从前述分析来看,手机使用之后,我国养鱼户的销售渠道得到了一定程度的扩展,养鱼户的市场参与程度也有所改善。这种改善是如何通过手机而发生的? 手机影响养鱼户市场参与、塘边价格的作用机制是怎样的?

在现有的研究中,手机对市场的影响的一个重要的作用机制就是手机能够显著的减少搜寻成本。手机使得人们能够获得及时的信息,而不是像传统的信息技术(报纸、电视、广播)那样需要等待。同时,手机也是一个更为主动的获得信息的工具,可以提出问题,也可以从多种渠道来确认信息。很多研究对信息技术在发展中国家市场效率改善,尤其是农产品市场效率改善方面所起到的重要影响进行了研究(Abraham, 2007; Jensen, 2007; Aker, 2008; Aker, 2010; Muto and Yamano, 2009; Goyal, 2010)。这些研究主要关注的是手机的覆盖程度与市场间的价格离散之间的相关关系(Overa, 2006; Jensen, 2007; Aker, 2010),手机的覆盖程度对中间商的行为的影响(Aker, 2008; Muto and Yamano, 2009),以及手机的覆盖程度对生产者和消费者的福利变化的影响(Jensen, 2007; Aker, 2008)。

另一方面,手机也能够促进同一社会网络内的沟通交流,因此可以潜在地改变这些社会网络发挥作用的方式,因此另一个重要机制可能是手机通过对社会网络的影响而发挥作用。Olken(2010), Jensen and Oster(2009)都发现新

的信息沟通技术(这两个研究中均指电视和广播)对发展中国家个人的社会网络和行为有着积极的或者消极的影响。Aker, Klein, and O'Connell(2010)发现手机的使用能够降低不同种族之间的边际影响的大小。手机能否改变人们之间的关系？如果能够改变，是怎样改变的？手机能够使人们之间的交流更加频繁，那么手机能否强化社会网络，扩展其交易范围和增加新的交易机会？但是，手机也可能潜在地降低个人的当地社会资本，因为他们能够从他们原来的社交圈子之外获得贷款和服务。

那么就我国养鱼户的情况而言，手机能否改善其市场参与状况？能否提高养鱼户的出售价格？如果能够起到一定的作用，那么这种作用背后的机制是什么？是搜寻成本的降低还是社会资本的扩大？在这一部分，本文将试图对这一问题进行实证分析。

由于我国电信业发展较为迅速，个人移动通信业务发展较快，获取手机信号覆盖前后的面板数据难度非常大。在本次调研中，我们对2010年的手机使用情况和水产品养殖销售情况进行了调查，并作为对比，对被调查者手机使用前一年的一些基本情况也进行了回顾性询问。然而，由于不同被访者手机使用时间很不相同，因此难以获得一个较好的面板数据。于是，在这一部分研究中，我们仅能够通过横截面数据获得较为粗糙的回归结果，但是正如接下来所看到的那样，这些回归结果，也能够在一定程度上说明一些问题。

(一) 手机"浅层使用"与塘边价格

当前，从微观角度研究手机对农户出售价格的文献并不多。大部分实证研究是从中观的角度来探讨市场之间的价格离散(Jesen, 2007; Aker, 2008; Aker, 2010; Svensson Jakob & David Yanagizawa, 2008; Goyal, 2010)，研究结果表明手机能够减少农产品价格离散，提高中间商的福利水平。当然，从微观层面来看，手机也能够帮助农户及时了解市场价格信息，提高农户的讨价还价的水平。然而，Michael Futch & Craig McIntosh(2009)通过对2006—2007年卢旺达村庄手机项目的跟踪调研发现，手机的使用确实增加了人们之间的信息传递，但是，农民所获得的实际购买价格并没有因此而得到提高，农户的家庭收入也没有因此而得到大的改善。同时，Monloy(2008)的研究也证明，由于交易商往往为农民提供贷款渠道，因此，虽然农民的市场信息获取能力加强了，但是其在出售农产品时依然处于劣势地位，只能够被动地接受交易商给出的价格，而没有议价能力。Aker & Fafchamps(2010)使用微观数据估计了手机覆盖程度对于农户出售价格的影响，研究表明手机覆盖能够显著地改善农民所面对的年度价格波动。

那么手机使用是否能够显著影响到我国养鱼户的塘边价格？在这一点上我们试图用面板数据做一个较为粗糙的回归分析。由于养鱼户养殖品种较为繁杂，既包括了大宗淡水鱼、其他淡水鱼还包括虾蟹龟鳖等(具体分类见第四章分析)。在这一部分，我们选取 2010 年养鱼户养殖最普遍、样本量最大的鲤鱼的价格作为被解释变量，来进一步研究手机使用对我国养鱼户塘边价格的影响。回归模型如下所示：

$$\text{Log(Price)}_j = \beta_{0,j} + \beta_{1,j} \sum_i X_{i,j} + Y_{1,j} \text{Phoneuse}_j + \gamma_{2,j} \text{Friend}_j +$$
$$\gamma_3 \text{Dis}_j + \gamma_4 \text{Log(fee)}_j + \mu_j$$

同样，在模型中，我们使用手机使用长度和月平均手机费作为手机浅层使用的代理变量。同时，社会网络也能够在一定程度上起到减少信息不对称的作用，社会网络越广，其所获得的信息渠道越多，则养鱼户在销售前所能够了解的价格信息越多，其与中间商讨价还价的机会就越多。因此社会网络也能够提高养鱼户的销售价格。因此在本研究中，将社会网络也作为一个重要的解释变量纳入研究范围，本文选择受访者所拥有的"朋友数量"作为社会网络的代理变量。

(二) 手机的"深度使用"与福利改善

手机的深度使用在本研究中将其视为主动的市场联系，主动的市场联系(Market Search)通过三个变量进行衡量：是否使用手机了解市场信息、是否订阅手机短信服务、是否主动打电话联系购买者。另外又将这三个变量求和，得到手机"深度使用"程度变量，也进行了相关回归。回归模型如下所示：

$$\text{Income}_j = \beta_{0,j} + \beta_{1,j} \sum_i X_{i,j} + \gamma_{1,j} \text{Area}_j + \gamma_{2,j} \text{Marketsearch}_j +$$
$$\gamma_3 \text{Sick}_j + \gamma_4 \text{Cost}_j + \gamma_5 \text{SC}_j + \mu_j$$

在上述模型中，社会资本 SC 通过社会网络进行衡量。被解释变量则为养鱼户的水产养殖收入 Income。在解释变量中，还包括了养殖面积 Area、以及表示观测个体的社会学等特征的一些控制变量，主要包括性别、年龄、受教育水平、财富水平、是否户主、是否担任过村干部等。同时由于水产养殖容易遭受鱼病困扰，因此在模型中将鱼药费用 Sick 单独列出以控制鱼病影响，Cost 则为除鱼药费用外的其他成本。

表 6.4.4　手机的深度使用对养鱼户福利影响的估计结果

解释变量	被解释变量			
	养殖业收入（OLS）			
	模型 1	模型 2	模型 3	模型 4
是否打电话了解价格信息	0.10 (0.93)			
是否订阅手机短信		0.35 (1.28)		
是否通过手机联系销售 渠道			0.07 (0.67)	
手机深度使用程度				0.11 (1.54)
人情往来收支总额	−0.01 (0.21)	−0.02 (−0.34)	−0.01 (−0.28)	−0.02 (−0.3)
养殖面积	0.00 (1.47)	0.00 (1.63)	0.00 (1.57)	0.00 (1.46)
鱼药支出	0.14** (2.18)	0.14** (2.21)	0.14** (2.22)	0.15** (2.31)
其他支出	0.68*** (11.04)	0.67*** (10.95)	0.67*** (10.90)	0.67*** (11.07)
是否有控制其他变量	有	有	有	有
Adjust-R^2	0.48	0.48	0.48	0.48
Obs	226	226	226	241

从回归结果可以看出,表示养鱼户手机深度使用情况的变量均没有显著影响其养殖业收入。这就说明,从目前情况来看,我国养鱼户并不能够通过深度的手机使用,联系新的销售渠道来改善自身福利。在寻找新的销售渠道的过程中,与并不熟悉的中间商进行价格博弈,小农户仍旧处于劣势地位(Michael Futch & Craig McIntosh, 2009)。这也从另一个侧面说明,浅层次的手机使用所带来的市场参与的改善和价格的提高其主要的作用机制,则是通过扩展社会网络而改善了其市场地位。由于养鱼户缺乏深度的搜寻市场信息的能力、也缺乏综合利用市场信息的能力以及"讨价还价"的能力,因此,面对新的销售渠道和陌生的中间商,养鱼户总是处于不利的地位。

通过这一部分的实证分析,可以发现,手机的浅层次的使用能够在一定程度上提高养鱼户的市场参与程度,拓宽其销售渠道,这可能是因为手机拥有时间越长,养鱼户所积累的社会资本就越多,其联系的销售渠道就越多,"门路"越广,市场参与程度越高,养鱼户的销售价格也能够在一定程度上得到提高。但是,手机的深度使用,并不能很好地带来福利的改善。因此,如何提高手机的深层次利用,对于目前改善我国养鱼户在市场中的地位,有着至关重要的作用。

第一,有针对性地建立农业信息服务系统,并通过手机为养鱼户提供及时有效的信息服务。当前各级政府已经建立起了一些信息服务系统,通过手机为农民发送及时的市场信息短信。比如中国移动推出的"农信通",农业部与农民日报出版社推出的"农民手机报"等。但是由于这些信息服务不具有针对性,对改善农民市场信息不对称的现状作用不大。因此,亟需有针对性地为农民提供相关服务,比如为养鱼户提供水产品价格信息,每日及时提供邻近市场的水产品参考价格等。

第二,改善传统的信息沟通技术的信息供给能力。传统的信息沟通技术,如电视、广播等,由于没有针对性也不具有及时性,导致农民只是看个热闹,不具有操作性。因此应该进一步规范和改善传统的 ICTs 的信息提供能力,在电视节目中为农民提供较具有针对性的市场信息,而不是单纯地介绍"致富能手"。

第三,加强以俱乐部物品方式提供的信息,如合作社内部信息,村委会信息等等。合作社、村委会本应该是农村信息供给的主要渠道,而在调研中发现,绝大部分合作社并没有搜集有效信息、传播有效信息的能力和动力,使得合作社形同虚设。而村委会其政治职能远大于服务职能,大多数村委会都只是为完成上级政府任务而积极运作,并没有从服务农民的角度来提供有效的生产信息、销售信息,促进农民增收。而实际上,由于村委会和合作社能够更容易地跨越"进入障碍",如每人买台连接互联网的电脑非常不现实,而村委会或合作社买一台电脑则相对容易。因此,如果村委会、合作社能够发挥其主观能动性,切实地为农民提供市场信息、寻找销售渠道,则能够帮助农民更好地参与市场,促进农民福利的增加。

第七章
世界大宗淡水鱼产业发展及政策借鉴

世界大宗淡水鱼产业近半个世纪的增产与转型发展与各主产国的政策演进和管理实践密切相关。其中,发达国家在渔业资源保护和开发、养殖管理和促进、科技研发和推广等方面有比较成熟的经验,而发展中国家在挖掘养殖潜力、保证有效供给、打造优势品种等方面出台了有力的扶持政策,取得了显著成效。梳理主产国在大宗淡水鱼产业发展过程中的管理政策,学习和借鉴各国产业政策的先进经验,把握世界大宗淡水鱼产业政策的规律和趋向,对推动我国大宗淡水鱼产业的科学发展具有重要借鉴意义。

本章首先简要归纳发达国家和发展中国家大宗淡水鱼主产国的渔业政策特点,以比较我国渔业政策与不同发展阶段国家的共性与特性,建立经验借鉴的参考基础;其次,总结各主产国渔业政策的普遍规律和好的做法,为优化我国渔业政策提供参考;最后,介绍主要渔业国家的产业发展的规划和前景,以为我国今后制定渔业政策借鉴之用。

第一节　世界大宗淡水鱼产业发展现状

近半个世纪以来,世界淡水鱼类养殖产业发展迅速,在产量显著增长的同时,生产结构和养殖经营模式也发生了明显的变化,呈现出一系列的新特点和新动向。我国是世界上第一大淡水鱼类生产国和消费国,世界淡水鱼类养殖产业的发展情况需要我们认真研究和把握。本节从生产规模、产品结构、区域分布和产业结构等方面总结世界淡水鱼类养殖产业的发展现状和特点,为我国淡水鱼产业的科学发展提供参考。

一、世界淡水鱼以养为主，产量增长由快转稳

20世纪50年代至今，世界淡水鱼的养殖产量显著增长。联合国粮农组织(FAO)的数据[1]显示，世界淡水鱼养殖产量由1950年的19.91万吨增至2014年的4261.71万吨，年均增长8.75%。淡水鱼的养殖产量中，大宗淡水鱼品种占主导地位。2014年世界大宗淡水鱼养殖产量占淡水鱼总产量的比重为45.19%。养殖大宗淡水鱼是淡水鱼增产的主要来源。

养殖是世界淡水鱼主要的获取方式，世界淡水鱼的增产也主要依靠养殖。世界淡水鱼生产在历史上曾以捕捞为主。1950年，世界淡水鱼的捕捞产量为131.46万吨，占总产量的份额为86.84%。此后，捕捞产量虽然稳中有增，但在世界淡水鱼总产量中的份额不断下降，而养殖产量的份额则大幅上升。到1986年，养殖淡水鱼产量已经超过捕捞产量，淡水鱼主要依靠捕捞来获取的传统格局已经不复存在，以养为主的格局基本确立。至2014年，淡水鱼的捕捞产量达到1059.00万吨，从1950年起年均增长3.31%，份额降至19.90%。随着捕捞淡水鱼的增产空间逐渐受限，世界淡水鱼产业必然地走上了依靠养殖来发展的道路。

表7.1.1　1950—2014世界养殖淡水鱼产量

单位：万吨

产量	淡水鱼总产量	大宗淡水鱼总产量	养殖淡水鱼	养殖大宗淡水鱼	捕捞淡水鱼	捕捞大宗淡水鱼
1950	151.37	13.77	19.91	10.33	131.46	3.44
2014	5320.71	1946.24	4261.71	1926.06	1059.00	20.18
1950—2014年均增长率(%)	5.72	8.04	8.75	8.51	3.31	2.80

世界养殖淡水鱼产量的发展经历了四个发展阶段。第一个发展阶段是1950年至1957年，这个时期的特点是产量连年大幅增加，由19.91万吨增至79.7万吨，年均增长21.92%。第二个发展阶段是1958年到1979年，该时期世界淡水鱼产量变化以调整波动为主，虽然总体保持增长势头，但增速放缓、波动加大，一些年份还出现负增长，在此期间，淡水鱼产量由78.96万吨增至

---

[1] 数据来源：联合国粮农组织渔业和水产养殖部全球水产养殖产量统计，目前数据更新至2014年

175.90 万吨,年均增长率为 3.89%。第三个发展阶段是从 1980 年到 1996 年,该时期淡水鱼产量增长速度再度加快,由 194.07 万吨增至 1 463.27 万吨,年均增长 13.46%。第四个发展阶段是 1997 年至 2014 年,在此期间,淡水鱼产量增速趋稳,由 1 536.94 万吨增至 4 261.71 万吨,年均增长率为 6.18%。世界淡水鱼产量由快速增长逐渐转为稳定增长。

二、鲤科鱼类为主导品种,优势品种发展迅速

在养殖品种结构上,FAO 渔业和水产养殖数据库(按 ISSCAAP 分类)将养殖淡水鱼分为鲤科鱼类、杂项淡水鱼类、罗非鱼和其他慈鲷类三种。其中,鲤科鱼类产量占主导地位,在世界养殖淡水鱼产量中约占七成;其次为杂项淡水鱼类,占世界养殖淡水鱼的比例约占两成;其余为罗非鱼和其他慈鲷类,份额约为一成。1950 年至今,鲤科鱼类、罗非鱼和其他慈鲷类二者的比重提高,杂项淡水鱼的比重降低。产量增长率上,罗非鱼和其他慈鲷类增长最快,年均增速为 11.27%,其次是鲤科鱼类,年均增长 8.89%,而杂项淡水鱼年均增长 7.84%。

表 7.1.2　三类淡水鱼的产量份额和增速

淡水鱼品种	1950	2014	年均增长率
鲤科鱼类	60.77%	66.23%	8.89%
杂项淡水鱼	36.36%	21.31%	7.84%
罗非鱼和其他慈鲷类	2.87%	12.46%	11.27%

(一)鲤科鱼类的发展情况

鲤科鱼类中大宗淡水鱼的产量占主导,份额小幅下降。世界鲤科鱼类的养殖产量由 1950 年的 12.10 万吨增至 2014 年的 2 822.59 万吨,年均增长 8.89%。在鲤科鱼类中,大宗淡水鱼品种的产量由 1950 年的 10.33 万吨增至 2014 年的 1 926.06 万吨,年均增长 8.51%。大宗淡水鱼的养殖产量占鲤科鱼类的比例稳定中有小幅下降,由 1950 年的 85.38% 降至 2014 年的 68.24%。

表 7.1.3　世界大宗淡水鱼产量与增长率

(单位：万吨)

品种	1950 产量	2014 产量	年均增长率	品种	1950 产量	2014 产量	年均增长率
鳙鱼	1.53	325.31	8.73%	草鱼	1.05	553.78	10.29%
青鱼	0.20	55.75	9.20%	鲢鱼	3.00	496.77	8.31%
鲤鱼	9.26	415.91	6.13%	武昌鱼	0.33	78.30	8.92%
鲫鱼	0.30	277.02	11.26%				

世界大宗淡水鱼产业内部的产量结构有明显变化。产量份额最大的品种经历了鲤鱼～鲢鱼～草鱼的转变。目前按产量由多到少排序分别是草鱼、鲢鱼、鲤鱼、鳙鱼、鲫鱼、武昌鱼和青鱼。从年均增长率来看,增长率的排名由高到低分别是鲫鱼、草鱼、青鱼、武昌鱼、鳙鱼、鲢鱼和鲤鱼,其中,鲫鱼产量年均增长11.26%,草鱼年均增长 10.29%,发展较为迅速;而鲤鱼产量的年均增长率为6.13%,在大宗淡水鱼品种中增速最慢。

除了大宗淡水鱼以外,世界上还有几种重要的鲤科鱼类产量增长较快。其一是喀拉鲃,主产国为印度、缅甸等几个南亚国家,属于高档的鲤科鱼类,有较高的市场需求和市场价格,养殖产量由 1950 年的 3 869 吨增至 2014 年的277.00 万吨,年均增长 10.82%。其二是露斯塔野鲮(南亚野鲮),主产国为印度、泰国等国,具有耐肥、耐低氧、抗病力强、食性杂、生长快、群体产量高及外形美观、肉质细嫩、味道鲜美、肌间刺少、营养丰富等特点,是市场前景较好的优良品种,养殖产量由 1950 年的 3 782 吨增至 2014 年的 167.02 万吨,年均增长9.98%。其三是麦瑞加拉鲮,个体大、适应性强、抗病能力较强、繁殖能力好,世界养殖产量由 1950 年的 678 吨增至 2014 年的 41.47 万吨,年均增长 10.55%。

(二) 其他品种的发展情况

杂项淡水鱼的养殖产量由 1950 年的 7.24 万吨增至 2014 年的 908.32 万吨,产量占世界淡水鱼的比重由 1950 年的 36.36% 降至 2014 年的 21.31%。按 2014 年产量由高到低排序,其中比较重要的淡水鱼品种有硬骨鱼类、越南鲶鱼类、胡子鲶类、黑鱼、鲶鱼、斑点叉尾鮰、黄鳝、鳜鱼、黄颡鱼等,发展十分迅速。这些品种中,鲶鱼表现尤为出众。作为较为优质的白肉鱼类,鲶鱼被认为是世界上发展最迅速的养殖鱼类。越南是主要的鲶鱼生产国,以其低廉的价格迅速打开欧洲和美国的市场。此外,中国、泰国和印度也逐渐重视发展鲶鱼养殖和出口。

表 7.1.4　主要杂项淡水鱼品种 2014 产量情况

(单位：万吨)

品种	产量	品种	产量	品种	产量
硬骨鱼类	227.86	斑点叉尾鮰	39.00	鳜鱼	29.39
越南鲶鱼类	161.63	蓝鲨	38.57	胡子鲶	23.71
胡子鲶类	80.92	黄鳝	35.80	淡水鲳	22.21
黑鱼	51.06	大口黑鲈	35.30		
鲶鱼	45.58	黄颡鱼	33.37		

　　罗非鱼和慈鲷类的养殖产量由 1950 年的 5 718 吨增至 2014 年的 530.80 万吨,增长速度快于鲤科鱼类和杂项淡水鱼类。罗非鱼主要品种有尼罗罗非鱼、蓝罗非鱼、莫桑比克罗非鱼等。罗非鱼是世界水产业重点科研培养的淡水养殖鱼类,被誉为未来动物性蛋白质的主要来源之一,罗非鱼的产量增长显著,特别是 1990 年以来快速崛起,产量增速令世界瞩目。以尼罗罗非鱼为例,其产量由 1950 年的 1 590 吨增至 2014 年的 367.03 万吨,年均增长 12.86%,增长势头强劲。快速的增产和旺盛的需求使得罗非鱼类发展前景看好。中国、埃及、越南、印度尼西亚、菲律宾等主产国的罗非鱼生产发展迅速,特别是印度尼西亚和越南政府均大力鼓励发展罗非鱼养殖,积极实施促进产量增长的计划,预计未来产量与出口将会继续增长;同时,需求也不断扩大,美国是罗非鱼的主要进口国家,近年来表现出强劲的市场需求,进口量屡创新高;拉丁美洲的进口量也有所增长。从全球来看,罗非鱼的生产和消费同步发展,呈现较好的发展前景。

三、地区差异性明显,养殖产量增长集中在亚洲

　　由于资源禀赋和经济社会发展水平的差异,淡水鱼主产国家和地区的分布很不均衡。在地区分布上,主产国以亚洲国家为主,增长也集中在亚洲地区,特别是中国、印度、越南、泰国、印度尼西亚等;从发展程度看,淡水鱼产量主要来自发展中国家,而发达国家所占份额较小。

　　亚洲的大宗淡水鱼产业发展迅速。1950—2014 年,亚洲淡水鱼产量由 17.17 万吨增至 3 991.09 万吨,年均增长 8.89%;亚洲淡水鱼养殖产量占世界淡水鱼养殖产量的比重由 86.25% 增至 93.65%。据联合国粮农组织(FAO)的报告称,亚洲淡水鱼产量的增长主要归功于中国。亚洲其他一些水产养殖大国包括印度、越南、印度尼西亚、孟加拉国、泰国、缅甸、菲律宾等国,也是淡水鱼主

产国,这些国家重视推动淡水鱼产业发展,产量也经历了快速发展的过程。

欧洲是传统的海洋渔业国家,对淡水养殖渔业的重视程度不如海洋渔业。近年来,其淡水鱼产业发展处于停滞状态,占世界产量的比例呈萎缩趋势。欧洲淡水鱼养殖产量由 1950 年的 2.01 万吨增至 2014 年的 25.58 万吨,年均增长 4.05%,占世界份额则由 1950 年的 10.12% 降至 2013 年的 0.60%。欧洲淡水鱼主产国为俄罗斯、乌克兰、捷克、白俄罗斯、波兰、匈牙利等国。

表 7.1.5　各大洲淡水鱼养殖产量比重和增长率

地区	1950 年产量比重	2014 年产量比重	产量年均增长率
亚洲	86.25%	93.65%	8.93%
欧洲	10.12%	0.60%	4.08%
非洲	1.11%	3.57%	10.83%
南北美洲	2.53%	2.17%	8.39%
大洋洲	0%	0.01%	—

非洲养殖淡水鱼产量不高,但是增长速度较快。非洲养殖淡水鱼产量由 1950 年的 2 213 吨增至 2014 年的 152.10 万吨,年均增长 10.75%,对全球养殖淡水鱼产量的贡献从 1950 年的 1.11% 增加到 2014 年的 3.57%。非洲淡水鱼主要产自埃及。

南北美洲养殖淡水鱼产量占世界的比重也较小。淡水鱼养殖产量由 1950 年的 5 027 吨增至 2014 年的 92.61 万吨,占世界的份额 1950 年为 2.53%,2014 年为 2.17%,变化不大。巴西和古巴是美洲淡水鱼的主产国。

大洋洲的养殖淡水鱼产量占世界的比例很小。淡水鱼养殖产量 2014 年为 3 287 吨,占世界的比例仅为 0.01%,大洋洲的淡水鱼主产国为澳大利亚,虽然起步晚,但发展迅速。

发展中国家正在通过各种途径加强对本国资源的利用,扶持淡水鱼养殖产业的发展。发展中国家的养殖淡水鱼产量快速增加,占世界产量的份额由 1950 年的 51.9% 增至 2014 年的 91.74%。发展中国家的养殖淡水鱼产量的快速增长集中在 20 世纪 70—90 年代,到 21 世纪增速趋稳。而发达国家淡水鱼产业发展遭遇停滞或呈现负增长,占世界产量的比例由 1950 年的 33.51% 降至 1.08%,这与养殖成本增加、政府补贴削减、消费结构升级和外部竞争强烈等因素有关。

养殖淡水鱼产量居于前十位的主产国如表所示,主要是亚洲国家。2014 年,这十个国家的养殖淡水鱼产量总和为 4 048.72 万吨,占世界养殖淡水鱼产量的 95%。

表 7.1.6　主要淡水鱼生产国家及其养殖产量情况

淡水鱼主产国	2014 产量（万吨）	占世界产量比例	淡水鱼主产国	2014 产量（万吨）	占世界产量比例
中国	2 565.86	60.21%	缅甸	90.35	2.12%
印度	439.09	10.30%	巴西	47.26	1.11%
印度尼西亚	303.21	7.11%	泰国	40.10	0.94%
越南	261.00	6.12%	尼日利亚	31.32	0.73%
孟加拉	173.31	4.07%	总计	4 048.72	95.00%
埃及	97.22	2.28%			

四、养殖模式多元化，新技术、新方法应用程度提高

各主产国从资源禀赋特点出发，结合传统生产方式和最新研究成果，促进养殖模式多元化发展，这主要因为水产养殖业发展对自然环境的依赖性强，各国地理条件的多样造就了养殖方式的多元；此外，当前世界淡水养殖业正处在由传统到现代的转变中，新老发展方式并存且逐渐转变。同时，随着世界渔业资源约束不断趋紧，发展的重点放在挖掘水产养殖的潜力上，各主产国更加重视合理利用有限的渔业资源，促进养殖方式由依靠资源转向依靠科技。先进科技开始在水产养殖发展上发挥重要作用，传统粗放式的养殖正在向精养式养殖、工厂化养殖等方向转化发展。新技术、新方法的应用促进淡水鱼养殖产业调整升级。

各主产国都体现了养殖模式多样化的特征。按养殖水体条件分类，大宗淡水鱼的养殖模式分为静水养鱼和流水养鱼；按养鱼种类和规格可以分为单养、混养和套养；按水域类型可以划分为池塘养鱼、稻田养鱼、河道养鱼、湖泊养鱼、水库养鱼、网箱养鱼、围网与围栏养鱼及工厂化养鱼等；此外，还可以按养殖措施划分为精养、半精养、粗养等方式。如印度的大水面粗养、半精养和池塘精养共同发展，同时围栏养殖、网箱养殖、流水养鱼等方法的应用范围也在扩大；印尼主要的养殖方式有咸淡水池塘养殖、淡水池塘养殖、稻田养殖、网箱养殖等；泰国的养殖主要有池塘养殖、稻田养殖、河沟养殖和网箱养殖等；在越南，池塘混养是最重要的养殖系统。值得一提的是，精细化养殖中的复式养殖模式（池塘共养技术）从根本上提高了静水池塘的单产水平。依托该项水产养殖技术，印度等国家渔业发展取得显著成效，并普遍使用了该技术。综合养殖是印度、印尼、越南等地重要的养殖方式，农户把鱼塘作为农业的一个环节，进行鱼鸭混养、稻田养鱼等，这种方式养殖时间短，但提高了系统的整体生产力。

高效集约式养殖技术得到了一定的推广和应用,如网箱养鱼、工厂化养鱼等在一些国家逐渐地发展起来。当前,池塘养殖是最主要的养殖方法,网箱养殖和温流水养殖是近十几年才发展起来的先进养殖方法,工厂化养殖近年来发展迅速,它利用网箱完成亲鱼产卵、苗种培育、商品鱼养殖以及饵料培养等一系列生产过程,在美国和俄罗斯等发达国家体现得较为明显,发展中国家处于起步阶段。工厂化养鱼等高效集约养殖新技术和新方法的使用赋予了产业发展新的活力,渔业应用科技的程度在不断提高,正在改变依靠投入和自然资源的发展模式。

此外,大宗淡水鱼产业在育种改良、营养饲料、病害防治等方面的科研进展迅速。例如匈牙利、中国、印度等主产国在鲤科鱼类的遗传育种方面取得成绩,培育和推广了高质量的新品种;美国通过饲料的人工自动投喂技术提高效率;中国、日本、泰国等国在鲤科鱼类的主要疾病研究取得一定经验等。先进技术的运用为大宗淡水鱼产业的发展奠定了技术基础。

五、休闲渔业快速发展,加快产业结构升级

随着市场经济的发展和人们生活追求的提高,渔业越来越多地与第二、三产业结合,在这个过程中提高了产值和效率,促进了现代渔业的发展。近年来,休闲渔业蓬勃发展。休闲渔业是一种新型渔业经营形式,以水生动植物为主要对象,通过对资源、环境和人力进行一种全新的优化配置和合理利用,是将现代渔业与旅游、观光、健身、餐饮及科普等有机结合的生产经营方式。目前休闲渔业已经成为现代渔业发展的新领域。美国、加拿大、日本、澳大利亚等国的休闲渔业发展迅速。

美国是当今休闲渔业发达的国家,休闲渔业规模大、参与人数多、科技含量高,积累了丰富的发展经验。由于商业渔业的生产成本高,经济效益远不如休闲渔业好,联邦政府和州政府对休闲渔业特别重视,休闲渔业已经成为现代渔业的支柱产业。休闲渔业产值约为常规渔业的3倍以上,同时还带动了旅游、餐饮、宾馆、娱乐、车船、交通、渔具、运动等相关产业的发展,促进了社会就业。美国的淡水渔业主要为休闲渔业服务,罗非鱼是休闲渔业的饵料鱼,鳟鱼养殖也主要用于放流和休闲渔业。根据美国休闲渔业协会(ASA)2008年的报告,在美国3 000万16岁以上的钓鱼爱好者中,有2 500万是淡水钓鱼爱好者。休闲渔业对淡水渔业和内陆渔业转型具有重要意义。

澳大利亚在发展休闲渔业过程中特别重视将产业发展和保护资源环境紧密结合,注重人的活动与渔业资源的协调发展。休闲渔业以其产值高、产业链长、有利于社会经济发展的特征成为淡水渔业转变发展方式、加快产业升级的

有效手段,成为渔业的新经济增长点。

第二节　世界大宗淡水鱼的流通消费与贸易

随着世界经济的发展和人们消费水平的提高,膳食结构也在逐渐优化,世界水产品消费量和贸易量不断增长。水产品在保障食物安全和满足营养需要方面发挥着关键作用,世界人口动物蛋白摄入量中有 16.6% 来自水产品,所有蛋白质摄入量中来自水产品的比重占到 6.5%(FAO,2012)。根据 FAO 报告[1],过去五十年,全球食用鱼供应稳定增长,年均增幅 3.2%,超过世界人口增长(1.6%);人均消费量(apparent fish consumption)从 20 世纪 60 年代平均9.9 千克增长至 2012 年(初步估算)的 19.2 千克。分析世界水产品流通、消费和贸易发展对促进我国水产品流通、消费和贸易发展具有重要意义。

一、世界大宗淡水鱼的流通消费现状

随着世界工业化、城市化水平提高和人均收入水平提高,恩格尔系数总体上呈现下降趋势,人们对谷物和块茎类食物的消费逐渐减少,而对动物产品包括水产品消费不断提高,大宗淡水鱼的流通消费快速发展。

(一) 世界淡水鱼的流通消费概况

人口增长、收入和城市化水平提高、地域差距、消费偏好、营养健康意识的增强,以及自然条件、人文传统、食物价格、供应结构等因素均对水产品的消费结构产生影响。受这些因素的共同影响,世界大宗淡水鱼的流通消费主要呈现以下几个特征:

1. 人均淡水鱼消费量增长迅速,增速超过人口增长率

随着水产品产量持续增加和销售渠道不断完善,全球食用水产品供应在过去 50 年中出现了大幅增加。根据 FAO 数据[2],世界淡水鱼供应量(Food supply quantity)由 1961 年的 461.26 万吨增至 2011 年的 4 655.97 万吨,年均

---

① 世界渔业和水产养殖状况 2014.联合国粮农组织渔业和水产养殖部。

② 数据来源:目前淡水鱼消费数据部分国家更新至 2013 年,世界数据更新到 2011 年。

增长4.73%;世界人均淡水鱼食物供应量已从1961的1.5千克增加到2011年的6.8千克,年均增长3.07%,超过了同期世界人口1.6%的增长率。而同期世界人均水产品的食物供应量由9千克增至18.9千克,年均增长1.49%。世界淡水鱼消费增速高于水产品总体消费的增速。21世纪以来,淡水鱼消费增速增至4.25%,消费有增速扩大之势。

2. 不同国家和地区间淡水鱼消费差异明显

虽然淡水鱼消费总体增长强劲,但国家和区域之间的水产品消费数量和人均增长速度均有相当大的差异。亚洲和欧洲是淡水鱼主要的消费区域。亚洲是传统的淡水鱼生产消费区域,淡水鱼的人均食物供应量最大,2011年为8.89千克,柬埔寨、缅甸、孟加拉、老挝、中国、越南、印度尼西亚等国的淡水鱼消费在世界前列。欧洲人均淡水鱼食物供应量4.11千克,东欧和北欧的淡水鱼消费较多,芬兰、瑞典、俄罗斯是传统的淡水鱼消费国家。非洲人均淡水鱼食物供应量为3.67千克,埃及和乌干达的淡水鱼消费在世界前列。美洲和大洋洲均较少但近年来的增速加快。从增长率看,世界淡水鱼消费增长主要来自亚洲,年均增长率高达3.65%,其次是大洋洲2.33%,南北美洲的消费增速为1.96%,欧洲、非洲的增长速度不高,分别为1.66%和1.51%。近年来,欧洲的淡水鱼消费增速加快,2000—2011年的增速达到5.4%,速度超过亚洲。北美洲消费较多,主要是美国。与其他大洲不同,近年来,大洋洲的淡水鱼消费增速呈下降趋势。人均水产品消费量的差异反映了水产品和其他食品的可获得性的不同水平,包括在邻近水域对渔业资源的可获得性以及若干社会经济和文化因素的相互作用。这些因素包括食物传统、口味、需求、收入水平、季节、价格、卫生基础设施以及交通设施等。

表7.2.1 各大洲人均淡水鱼食物供应量

(单位:千克)

地区	1961	2000	2011	1961—2011年均增长率	2000—2011年均增长率
世界	1.51	4.32	6.80	3.07%	4.25%
非洲	1.75	2.69	3.67	1.51%	3.00%
南北美洲	1.05	2.03	2.97	1.96%	3.44%
亚洲	1.48	5.58	8.89	3.65%	4.41%
欧洲	1.82	2.33	4.11	1.66%	5.4%
大洋洲	0.58	1.60	1.88	2.33%	1.57%

3. 中国对世界人均淡水鱼消费量增长做出重大贡献

世界人均水产品消费量增长的大部分要归功于中国,原因是其水产品产量特别是水产养殖产量增长迅速。中国在世界养殖水产品产量中的份额从 1950 年的 13%增加到 2014 年的 58.13%,中国养殖淡水鱼产量的份额由 33.13%增至 60.2%。由于国内收入增长,水产品种日趋多样化,中国人均水产品消费量也出现了大幅增长。在国内收入增加、产量增长等因素的推动下,中国的水产品消费类型逐渐多样化,原来一些主要出口品种也开始转向国内市场,水产品进口量也增长迅速。中国的淡水鱼食物供应量和增速均为最高,2013 年中国淡水鱼食物供应量为 2 247.66 万吨,人均食物供应量为 15.87 千克/(人・年),1961 年以来的年均增长率分别为 6.74%和 5.23%。其他亚洲淡水鱼主产国淡水鱼消费的增速也处于较高水平,如印度、缅甸和越南。因中国人均收入和福利提高的推动,中国的水产进口增加。2014 年中国确定加强进口的政策措施,实施积极的进口促进战略,其中就包括水产品,消费者可获得的水产类型多样化发展。从人均水产品消费数量来看,排名靠前的仍然是亚洲发展中国家,包括柬埔寨、缅甸、孟加拉、老挝、中国和印尼。

表 7.2.2　淡水鱼食物供应量前十位的国家

(单位: 万吨)

国家	1961	2011	增长率	国家	1961	2011	增长率
中国	75.71	2 125.59	6.90%	缅甸	10.85	137.23	5.21%
印度	30.36	543.27	5.94%	越南	12.80	118.38	4.55%
孟加拉	38.06	254.56	3.87%	埃及	5.52	104.87	6.07%
印度尼西亚	37.47	215.11	3.56%	俄罗斯	—	92.65	—
美国	28.99	138.37	3.18%	巴西	5.75	83.73	5.50%

表 7.2.3　淡水鱼人均食物供应量前十位的国家

(单位: 千克/(人・年))

国家	1961	2011	增长率	国家	1961	2011	增长率
柬埔寨	2.32	29.6	5.24%	芬兰	6.66	13.51	1.41%
缅甸	4.94	26.21	3.32%	埃及	1.92	13.21	3.95%
孟加拉	7.47	16.65	1.61%	越南	3.77	13.2	2.52%
老挝	5.53	16.12	2.17%	乌干达	7.86	12.9	0.99%
中国	1.12	15.48	5.39%	印度尼西亚	4.12	9.23	1.54%

4. 淡水鱼流通形式受经济水平、消费习惯等因素制约，活体、新鲜和冷藏是最主要流通方式

由于水产品具有易腐性，需要及时捕捞、采购、运输、加工和包装，因此水产品通常以活体、新鲜、冷藏、冷冻、热处理、发酵、干制、熏制、盐腌、腌渍、蒸煮、油炸、冷干、碎肉、肉粉或罐制，或通过两个或更多类型组合的方式进行流通、销售。根据 FAO 渔业和水产养殖部 2014 年的报告，2012 年在销售的食用鱼中，46％为活鱼、新鲜或冷鲜类型，12％为干制、盐腌、熏制或其他腌制类型，13％为制作和保藏类型，29％为冷冻类型。产品流通、销售方式受经济发展水平、消费习惯等多种因素制约。由于基础设施及加工设施不足，特别是缺乏卫生的上岸中心、电力供应、饮用水、路、冰、制冰场、冷库和冷冻运输等条件，加上消费者的传统习惯，发展中国家的水产品在上岸后或捕捞后不久仍主要以鲜活形式销售，在非洲和亚洲，以活鱼、新鲜或冷藏类型销售的比例非常大。从发展中国家整体来看，2012 年活鱼、新鲜或冷藏类型占食用鱼的 54％。冷冻是食用鱼主要加工方式，2012 年占加工的食用鱼总量的 54％以及鱼类总产量的 25％。在发达国家，食用水产品则大多数以冷冻、精处理或加工的方式销售。随着经济发展水平提高，发展中国家冷冻水产品的比例也在增长。保证产品完整性的制冷、制冰、包装和运输的主要创新还推动鱼类产品以新鲜、冷藏和冷冻类型销售。发展中国家水产品冷冻类型消费份额增长（2012 年为食用鱼的 24％，在 2002 年则为 20％，1992 年为 13％）。2012 年，鱼类产量加工成制作或保藏类型的比例占食用鱼总量的 10％。在发达国家，大部分水产品经过加工。冷冻鱼的比例在过去四十年不断增长，从 1972 年占食用鱼总量的 38％到 2012 年创记录的 55％。制作和保藏类型的份额维持稳定，2012 年为 27％。

配送和销售渠道的逐步完善以及加工、包装和运输技术的创新促进现代化配送渠道快速发展。随着技术开发、需求增加，主要国家目前已经成功建立了处理、运输、分销、展示、存储设施支持活鱼销售。新的技术设备，包括专门的水箱、容器，以及装备有氧气设施的卡车和其他运输工具使活鱼在运输、存放及展示期间能够存活。然而，销售和运输活鱼有严格的卫生规定和质量标准。在东南亚一些地方，活鱼交易没有被正式规范，但欧盟等市场却对运输活鱼有相关规定，特别是有关运输期间动物福利的要求十分严格。

（二）主要品种的流通消费现状与趋势

在过去 30 年中，全世界供食用的水产养殖产量已增长了近 12 倍，年均增长率为 8.8％。其中，占主导地位的是淡水鱼类。草鱼、鲢鱼、鲤鱼、鳙鱼和鲫鱼等品种均位于世界淡水鱼产量的前十位中，其流通、消费形势对世界淡水鱼

流通、消费有着显著影响。

1. 草鱼流通与消费

草鱼是目前产量最大的淡水鱼类,2014年占全球淡水鱼养殖产量的12.99%。21世纪以来,全球草鱼产量年平均增长率为4.43%。在主要生产国中国,草鱼以新鲜形式消费,大部分产量以新鲜整鱼的形式上市,很少被加工。产量基本在当地被消费,但我国广东、江西等省份的一些草鱼也销往香港和澳门,是供港澳的重要农产品之一。目前,中国国内没有草鱼出口量的详细数据。相对其他鱼类,草鱼是低价格的常规消费鱼类,中国和其他国家的中低收入阶层都可以承受。

中国人喜好吃整鱼,但随着核心家庭比重的增大(由父母和未婚子女组成,目前多为3口之家),整条草鱼(通常2斤左右)对小型中国家庭一餐消费来说有点大,因此,餐饮消费较多。由于其生长快、规格大、生产成本较低(主要由于它对饲料蛋白要求低,可投喂水草、陆草及加工谷物和榨植物油的副产品),使草鱼养殖在其他国家,特别是发展中国家的发展很有潜力,已经成为一些国家发展的理想养殖种类。而且,草鱼养殖可与农作物种植和畜牧业相结合,最大程度地利用自然资源。另一方面,草鱼是没有肌间刺的大型鱼类,可被许多国家的消费者接受,有良好的发展潜力。

2. 鲢鱼流通与消费

鲢鱼是产量居全球第2位的淡水鱼品种,2014年占全球淡水鱼养殖产量的11.66%,21世纪以来,产量的年均增速为3.24%。中国是养殖鲢鱼最大的生产国,印度、孟加拉国也是鲢鱼的主要生产国,伊朗、巴基斯坦、古巴和俄罗斯等国也有一定的鲢鱼产量。在多数生产国,养殖鲢鱼以活鱼或鲜鱼方式消费,装有水的卡车和船是基本的运输工具。和草鱼一样,目前也没有多少关于鲢鱼的国际贸易信息。在中国市场上,鲢鱼的价格相对较低。鲢鱼属于中国和东西伯利亚的本地鱼类,近几十年,鲢鱼被广泛引入到欧洲和以色列水域以控制水藻并作为人的食物来源。世界鲢鱼养殖产量在过去二十年中稳定增长,由于不需要提供辅助配合饲料,它的生产成本低于大多数其他养殖种类,预计未来产量会进一步增加,其低廉的价格将使多数普通人都有能力消费。

3. 鲤鱼流通与消费

2014年世界鲤鱼产量占淡水鱼产量的9.76%,21世纪以来年均增产速度为4.13%。鲤鱼的主要生产区域为亚洲和欧洲。FAO的统计数据表明,鲤鱼产量可能已经接近极限,但鲤鱼在传统生产区将继续作为重要的水产养殖种类。大部分鲤鱼都在当地消费。欧洲曾进行的几项鲤鱼加工试验显示,市场对活鱼或刚加工好的鲤鱼有需求,但加工使鲤鱼价格提高到缺乏竞争力的水平,因此预计未来国际市场对加工鲤鱼产品的需求不会有明显增长。此外,近些年欧洲鲤鱼生产目标已经逐步从食用消费转向了投放进天然水体和水库用来钓鱼的饵料鱼或是更注重鱼类的涵养生态的功能。

4. 鳙鱼流通与消费

鳙鱼是排在全球淡水鱼第5位的种类。2014年世界鳙鱼产量占淡水鱼产量的7.63%。21世纪以来,鳙鱼全球产量平均年增长6.04%,大于同期养殖草鱼、鲢鱼和鲤鱼的增长率。中国是最主要的生产国。传统上,鳙鱼在中国以及大多数生产国以鲜销为主,大部分鳙鱼以新鲜的整鱼或鱼片形式上市,很少被加工。中国的鳙鱼产量基本在当地消费,但广东的一些产量销往香港和澳门。过去,鳙鱼是低价格商品,近年来,在餐饮业的带动下,鳙鱼的价格有所上涨,但一般中低收入阶层均可承受。

5. 鲫鱼流通与消费

鲫鱼是排在全球淡水鱼第6位的品种,2014年产量占世界淡水鱼产量的6.50%。21世纪以来,世界鲫鱼的年平均增长率为6.1%,增加的大部分来自中国。由于相对小的尺寸和大量的肌间刺,许多国家的消费者较少接受鲫鱼,其产量在其他国家的增长非常缓慢。中国台湾省是另一个主要生产地区,年产量在20世纪80年代早期维持在3 000吨/年之上,但90年代后产量逐渐下降,近几年保持在1 000吨以下的水平。中国台湾省等地产量的下降与消费者需求变化紧密相关。尽管鲫鱼味道鲜美、肉质细腻、营养价值高,但鲫鱼的大量肌间刺越来越难以被当代消费者接受。

目前在中国多数地区,鲫鱼仍是首选养殖鱼类。目前,鲫鱼基本上是当地消费,几乎所有养殖产量都以鲜活方式上市,加工仅限于少量的晒干或盐渍产品。鲫鱼价格适中,中低收入人群都有能力消费。近些年,基因改良方面的进展大大提高了鲫鱼的生长率,使鲫鱼更具竞争性并更好地被消费者接受。因此,中国产量进一步增加的前景非常乐观。但在其他国家情况可能不同,因此在中国以外的区域产量不太可能快速增加,也不大可能成为国际市场的重要商品。

二、世界大宗淡水鱼贸易发展历程及现状

水产品是世界上进入贸易比例最高的农产品,渔业贸易最近几十年有较大扩张。按价值计算约占世界农产品出口总额的10%和货物贸易总额的1%。作为食物的提供者、就业的创造者以及经济增长和发展的贡献者,贸易在水产业中发挥着重要作用。

（一）淡水鱼贸易量增长，在水产品出口中份额增加

世界水产品出口大致经历了以下变化：20 世纪 70 年代，世界渔业增长速度比较缓慢，年均增长率仅 1.2％，80 年代以后，各国对开发新资源的不懈努力及对养殖业的充分重视，使世界渔业维持了年均 3.4％的增长速度，到 80 年代后期，增长速度明显加快，1988 年世界水产品产量首次实现了 1 亿吨。受养殖水产品发展的推动，水产品贸易在 80 年代后期呈现出跨越式发展的态势，1986 年出口贸易额出现了环比增长 32.78％的历史最高水平。进入 90 年代后，世界渔业增长放缓，捕捞业呈涨跌互现的不稳定状态，渔业增产主要依靠养殖生产。受亚洲金融危机影响，1998 年世界水产品出口贸易量、贸易额双双下滑，环比分别下降 7.56％和 3.86％，但之后又迅速恢复。2009 年由于主要市场总体经济收缩影响消费者信心，与 2008 年相比贸易额下降 6％。2010 年，水产品贸易强劲反弹，达到约 1 090 亿美元。2011 年，尽管世界上许多发达国家经济不稳定，但水产品在发展中国家价格上涨、需求强劲，推动着贸易量和贸易额达到最高水平，出口值超过 1 250 亿美元(FAO，2012)。2011 年底和 2012 年初，世界经济进入了一个困难时期，经济面临巨大的下行风险和脆弱性，主要水产品贸易市场也出现了低迷。2014 年起显示一定的复苏迹象，鱼和渔产品贸易有新的增长。

淡水鱼的国际贸易也在持续增长。根据 FAO 渔业商品全球生产和贸易数据(Fishery Commodities Global Production and Trade)[①]，1976—2013 年，淡水鱼的国际贸易的出口量从 2.8 万吨增至 156.19 万吨，年均增长 11.48％，出口额从 1976 年的 0.62 亿美元增至 2013 年的 54.86 亿美元，年均增长 12.88％，淡水鱼贸易额的增速略快于贸易量。

表 7.2.4　淡水鱼进出口数量与金额

淡水鱼	数量(万吨)			金额(亿美元)		
	1976	2013	增长率	1976	2013	增长率
出口	2.80	156.19	11.48%	0.62	54.86	12.88%
进口	6.99	136.93	8.37%	1.29	48.75	10.31%
进出口	9.79	293.12	9.62%	1.91	103.61	11.40%

淡水鱼出口量占水产品总体出口量的份额较低，但是增长较快，增速位于水产品前列。世界淡水鱼类出口量在水产品国际贸易中的份额由 0.38％增至

---

① 数据更新至 2013 年。

4.29%;海水鱼类是水产品出口的主导,但是份额呈下降趋势,由83.43%降至66.6%;洄游鱼类的份额由1.79%增至9.75%。淡水鱼类和洄游鱼类在国际贸易上的份额均有所增加。在增速上,淡水鱼类出口量年均增长11.48%,仅次于水生植物13.03%的增长率,淡水鱼国际贸易量的增速位于水产品的前列。

表7.2.5 各类水产品出口量和增长情况

(单位:万吨)

水产品	1976年		2013年		出口量增长率
	出口量	份额	出口量	份额	
水生植物	0.51	0.07%	47.34	1.30%	13.03%
甲壳类动物	53.03	7.17%	327.04	8.98%	5.04%
洄游鱼类	13.22	1.79%	354.94	9.75%	9.30%
淡水鱼类	2.80	0.38%	156.19	4.29%	11.48%
海水鱼类	616.84	83.43%	2 424.94	66.60%	3.77%
其他水生动物产品	6.28	0.85%	12.78	0.35%	1.94%
其他水生动物	0.51	0.07%	9.68	0.27%	8.28%
软体动物	42.11	5.70%	307.91	8.46%	5.52%
鲸鱼,海豹,哺乳动物	4.08	0.55%	0.24	0.01%	−7.37%
总计	739.38	100.00%	3 641.06	100.00%	4.40%

(二) 主要出口品种中鲶鱼和罗非鱼表现抢眼

淡水鱼出口的产品结构上,鲤科鱼类的出口份额较小,2013年鲤科鱼类的出口量仅占淡水鱼出口量的5.26%。杂项淡水鱼类为主导,1976年杂项淡水鱼出口量占淡水鱼出口量的96.21%,此后份额逐渐减少,2013年为60.77%;杂项淡水鱼主要出口的产品是冷冻鲶鱼片和鱼排;罗非鱼和其他慈鲷类的出口快速扩张,2000年出口份额占15.54%,2013年占世界淡水鱼出口量的份额增至33.97%,主要产品是冷冻罗非鱼片和冷冻罗非鱼。

表7.2.6 淡水鱼出口的品种结构

(单位:万吨)

淡水鱼品种	1976年		2000年		2013年	
	出口量	份额	出口量	份额	出口量	份额
鲤科鱼类	0.11	3.79%	1.65	7.61%	8.21	5.26%
杂项淡水鱼类	2.69	96.21%	16.67	76.86%	94.92	60.77%
罗非鱼和其他慈鲷类	0.00	0.00%	3.37	15.54%	53.06	33.97%
总计	2.80	100.00%	21.69	100.00%	156.19	100.00%

鲶鱼和罗非鱼产品是淡水鱼出口的主要产品。鲶鱼产品具有一定的价格优势,在国际市场上比较受欢迎,鲶鱼产品的贸易发展迅速,2013 年的冷冻鲶鱼片占淡水鱼出口量份额的 35.41%。越南是鲶鱼出口第一大国,欧美地区为越南鲶鱼主要的出口市场。越南政府在提高本地鲶鱼产品质量和安全标准上投入诸多努力,不断提高鲶鱼产品的质量,并严抓鲶鱼产品的卫生问题,不断扶持越南生产鲶鱼的企业逐渐形成越南鲶鱼产品的现代化与品牌意识,提高鲶鱼出口的优势。2012 年以来,受需求减少、贸易壁垒强化等因素的影响,鲶鱼贸易增长趋缓。

罗非鱼主要进口国分布在美国、欧洲、中东、东亚等地区。美国是罗非鱼出口的最大市场。罗非鱼因其肉白、刺少和易于加工的特点而受到消费者的欢迎。由外需拉动,亚洲的罗非鱼养殖迅速发展,中国已成为罗非鱼第一出口大国,印尼和泰国等也是出口大国,中美洲地区也有较大出口潜力。随着加工技术的发展,冷冻罗非鱼片出口迅速,2013 年世界出口量达到 21.89 万吨,占淡水鱼出口份额为 14.01%。

表 7.2.7　世界淡水鱼主要出口产品

(单位:万吨)

主要出口产品	2013 年出口量	占淡水鱼出口量份额	主要出口产品	2013 年出口量	占淡水鱼出口量份额
淡水鱼出口总量	156.19	100.00%	冷冻鲶鱼	5.73	3.67%
其中:冷冻鲶鱼片	55.30	35.41%	鲜冷尼罗河鲈鱼	3.88	2.48%
冷冻罗非鱼片	21.89	14.01%	鲜冷尼罗河鲈鱼片	3.69	2.36%
冷冻罗非鱼	19.31	12.36%	鲜冷罗非鱼片	2.89	1.85%
冷冻其他淡水鱼	10.67	6.83%	鲜冷鲶鱼片	2.40	1.54%
制作或保藏的罗非鱼	8.59	5.50%	合计	140.44	89.91%
活鲤鱼	6.09	3.90%			

淡水鱼的主要出产国家以亚洲国家和地区为主,越南、中国是最主要的淡水鱼出口国家。越南主要出口产品为冷冻鲶鱼片和冷冻鲶鱼,2013 年出口量分别为 52.08 万吨和 4.50 万吨。中国出口量最大的是冷冻罗非鱼片和冷冻罗非鱼,2013 年出口量分别为 18.21 万吨和 13.46 万吨。荷兰主要出口冰鲜尖吻鲈鱼片,台湾主要出口冷冻罗非鱼,坦桑尼亚和印度尼西亚等其他主要出口国出口冰鲜和冷冻淡水鱼为主。进口方面,美国是最大的淡水鱼进口国,主要进口产品为冷冻罗非鱼片和冷冻鲶鱼片。西班牙、德国、荷兰、意大利、波兰、法

国主要进口冷冻鲶鱼片,俄罗斯主要进口冷冻淡水鱼片为主,沙特主要进口冰鲜淡水鱼片、英国主要进口冷冻淡水鱼和冷冻鲶鱼片。

表 7.2.8　世界淡水鱼主要出口国和进口国及其数量

(单位:万吨)

出口国	2013 年出口量	进口国	2013 年进口量	出口国	2013 年出口量	进口国	2013 年进口量
越南	58.24	美国	37.10	乌干达	1.96	德国	4.12
中国	47.29	墨西哥	9.86	伊朗	1.89	沙特阿拉伯	3.93
印度尼西亚	11.93	俄国	5.12	比利时	1.67	巴西	3.38
荷兰	3.14	西班牙	4.88	阿根廷	1.43	英国	3.30
泰国	2.89	荷兰	4.24	德国	1.36	哥伦比亚	3.14

(三) 鲤科鱼类出口情况

由于消费习惯不同,鲤科鱼类一直以来是主产国本地消费为主的品种,贸易比例不高。2013 年鲤科鱼类出口量占淡水鱼的份额为 5.26%。近些年来,随着全球亚洲移民数量的增加,鲤科鱼类消费也被带到世界其他地区。

鲤科鱼类活鱼消费的特性又限制了其在世界范围内的大规模贸易。大多数进口国消费者对鲤科鱼类以鲜活消费为主。鲤科鱼类出口最多的是活鱼,其次是冷冻鱼,再次是鲜冷鱼,2013 年的出口数量分别为 60 854 吨、11 146 吨和 10 148 吨[①]。根据联合国贸易数据库[②],2014 年活鲤鱼类的出口总量为 52 638.84 吨,出口额 16 607.71 万美元,中国是最大的活鲤鱼类出口国家,出口量为 38 385.34 吨,出口额 13 083.15 万美元,占世界出口份额分别为 72.92% 和 78.78%,主要出口到香港、澳门、韩国等国家和地区。此外,捷克、克罗地亚和乌克兰也是活鲤鱼类的主要出口国。进口方面,中国香港是最大的进口地区,2014 年的进口量为 41 501.38 吨,进口额达到 10 351.6 万美元,分别占世界进口总量和总额的 72.86% 和 73.6%,中国澳门、德国、波兰、韩国是主要的进口国家。欧亚国家为主要消费国,鲤科鱼类贸易集中度高。近几年,非洲的个别国家如民主刚果等也开始有少量进口。

---

① 根据 FAO 渔业商品全球生产和贸易数据(Fishery Commodities Global Production and Trade),数据更新至 2013 年。

② 联合国商品贸易数据库中仅报告活鲤鱼类(030193)的贸易情况,包括青鱼、草鱼、鲤鱼、鳙鱼、鲮鱼、鲫鱼等。

出口平均价格总体高于进口,进出口价格走势趋同,21世纪以来价格上升趋势明显。据贸易数据测算,2014年世界鲤鱼出口平均单价为3.15美元/千克,进口平均单价为2.46美元/千克,出口价格水平高于进口,进出口价格走势趋同。21世纪以来,世界鲤科鱼类出口价格上升趋势明显,2007年以后出口单价基本在2美元/千克以上。与其他鱼类产品相比,鲤科鱼类的价格相对低廉,能为中低收入阶层接受。但由于鲤科鱼类肌间刺较多,很多国家的消费者不习惯,加之鲤科鱼类贸易量占世界水产品贸易量的比重一直较低,所以短期内鲤科鱼类贸易量大幅波动的可能性较低。

第三节　大宗淡水鱼主产国渔业支持政策的国际经验

世界大宗淡水鱼产业近半个世纪的增产与转型与各主产国的政策演进和管理实践密切相关。其中,发达国家在渔业资源保护和开发、养殖管理和促进、科技研发和推广等方面有比较成熟的经验,而发展中国家在挖掘养殖潜力、保证有效供给、打造优势品种等方面出台了有力的扶持政策,取得了显著成效。梳理主产国在大宗淡水鱼产业发展过程中的管理政策,学习和借鉴各国产业政策的先进经验,把握世界大宗淡水鱼产业政策的规律和趋向,对推动我国大宗淡水鱼产业的科学发展具有重要借鉴意义。本节首先归纳发达国家和发展中国家主产国的产业政策特点,以比较我国产业政策与不同发展阶段国家的共性与特性,建立经验借鉴的参考基础;其次,总结各主产国产业政策的普遍规律和好的做法,为优化我国产业政策提供参考;最后,介绍主要渔业国家的产业发展的规划和前景,以为我国今后制定产业政策借鉴之用。

一、主产国产业政策特点

世界渔业主产国以亚洲国家和发展中国家居多。渔业产量排名前二十位的国家中,欧洲国家有俄罗斯、挪威和西班牙3国,美洲国家有秘鲁、美国、智利、墨西哥、巴西5国,非洲国家为埃及,亚洲国家则有11个。发达主产国有美国、日本、俄罗斯、挪威、韩国和西班牙6国,其余均为发展中国家。在这20个主产国中,多数国家的淡水鱼产量也在世界前列,例如中国、印度尼西亚、印度、美国、越南、菲律宾、俄罗斯、缅甸、孟加拉、泰国、马来西亚、巴西和埃及;日本、韩国虽然排名不如上组国家靠前,但也是淡水鱼重要出产国;而秘鲁、智利、挪威、墨西哥和西班牙 5 国则主要以海洋渔业为主,淡水鱼并非其优势产业。

表 7.3.1　世界主要渔业国家按产量排名

国别	世界渔业	世界养殖渔业	世界淡水鱼	世界养殖淡水鱼	世界大宗淡水鱼	世界养殖大宗淡水鱼
中国	1	1	1	1	1	1
印度尼西亚	2	2	5	4	3	4
印度	3	3	2	2	2	2
秘鲁	4	34	40	55	86	87
美国	5	17	20	12	50	117
越南	6	4	4	3	6	3
菲律宾	7	5	13	10	—	17
日本	8	12	85	60	33	37
智利	9	11	178	166	94	—
俄罗斯	10	32	17	16	8	8
缅甸	11	13	6	7	9	9
挪威	12	8	184	—	—	—
韩国	13	16	67	41	43	67
孟加拉	14	6	3	5	4	5
泰国	15	9	9	9	25	42
马来西亚	16	15	21	15	27	25
墨西哥	17	30	22	36	14	49
巴西	18	14	8	8	13	12
埃及	19	10	7	6	7	6
西班牙	20	20	98	122	90	91

注: 根据 FAO 渔业和水产养殖数据库中各国产量数据排名整理。

世界大宗淡水鱼产业在过去的半个多世纪中经历了快速的发展,产量由 1950 年的 13.77 万吨增至 2014 年的 1 946.24 万吨,年均增长率为 8.04%,增产速度远远高于其他食物来源,在世界渔业中占据重要地位。大宗淡水鱼产业的增产主要依靠养殖产业的发展。近年来,各主产国的大宗淡水鱼养殖发展迅速,这在亚洲发展中国家体现得尤为明显;同时,优势品种脱颖而出,显示出良好的前景;而新技术、新方法在大宗淡水鱼产业中的应用以及新的经营形式的发展则加快了产业调整升级的步伐。

主产国中,发达国家和发展中国家的产业政策特点有所不同。发达国家以先进科技和可持续发展为基础鼓励生产和产业转型升级,重视提升产业发展质量和水平,以满足升级了的市场需求;而发展中国家则以增产为核心目标出台扶持政策,通过扩大投资、增加养殖面积、培育优质品种等措施来提高产量。前者重视"提质",后者主要"保量"。我国的淡水鱼产业发展既要保证有效供给,又有提升发展水平的要求,因此可以向各主产国借鉴其产业政策中的有益做法。

发达国家产业政策的核心特征。 雄厚的经济实力和先进的技术、管理经验造就了发达国家大宗淡水鱼产业的高水平发展,注重提高发展的质量和水平,有较长历史的补贴政策也努力引导产业的转型、升级和优化。如美国高度重视渔业科学研究和技术的应用,着力营造政府、科研机构、社会组织在技术研发、应用和推广上的良性互动关系,形成了产业化生产、机械化运作、规范化管理和社会化服务的产业格局;同时借助市场增强渔业与其他产业的结合程度,推动休闲渔业的发展,延长了产业链并促进了产业升级。欧盟的共同渔业政策,让欧洲成为追求产业可持续发展的代表,欧盟提出发展环境友好型水产业和水产友好型环境,注重科学研究、按市场需求提供安全而有质量保证的产品、重视对经营能力的培训、可持续开发渔业资源等措施都服务于水产业可持续发展的核心目标,以此来提升产业发展的整体水平。韩国对水产养殖业进行结构调整,注重渔业资源的增殖,建立最佳生产系统提升竞争力,大力促进高附加值水产养殖业的发展。日本水产养殖政策则是稳定产业供给和促进产业健康发展并重,积极推动结构调整转型,以应对国际水产业结构变化,打造产业的国际竞争力。俄罗斯通过实施渔业发展规划开展有效调节,促进产业发展由原料出口型向合理利用资源、提升产品和服务竞争力为基础的创新发展型转轨。

发展中国家产业政策的核心特征。 与发达国家产业政策的特点不同,发展中国家的政策以提高产量保证供给、打造优势品种扩大出口为重点,而且政府在产业发展中的推动作用更为明显。如印尼政府非常重视水产养殖业,积极推动优势水产品的发展,为此出台了营业援助配套政策,希望通过对养殖者的赠送配套政策激发养殖积极性,提高产量;同时还发挥本国小额信贷的优势,充分利用金融手段促进渔业发展,帮助从业者扩大生产和减少风险。印度为开拓市场、扩大出口,制定了多种市场促进计划,包括海外市场调研和营销洽谈等。越南扩大养殖面积,把大量低产出的农田变成了利润较高的水产养殖场;开发具有高出口价值的淡水养殖,此外,政府还制定了水产品长期出口计划,力求扩大出口市场,打造国际品牌。泰国通过对养殖户提供低息贷款和技术支持,努力改变传统水产养殖面貌,提高商业化水平。缅甸为促进淡水产品出口,建设水产出口养殖区,加大对罗非鱼养殖的扶持力度,出台了包括设立罗非鱼养殖基地,并为每个罗非鱼养殖鱼塘提供一定数额的贷款措施在内的鼓励政策。

二、借鉴主产国产业政策的先进经验

实践表明,世界上几乎所有发达国家政府都对渔业采取干预政策(孙琛,2010);许多发展中国家也高度重视渔业在发展经济、减少贫困、扩大出口上的重要作用,大力扶持渔业发展。近年来,各国政府在大宗淡水鱼产业发展中的推动和影响呈扩大之势。政府的产业政策主要包括:对渔业生产进行管理,通过适当的补贴、税收和投资政策保证有效供给;提供必要的软件、硬件平台,完善生产、流通的基础设施,开展质量安全、技术研发推广等服务,提升产业发展水平;通过贸易政策开拓市场,扩大本国产品在世界的影响力;此外,促进环境友好的产业发展,确保渔业资源的可持续利用也是政府的责任。

(一) 促进生产,保证供给

通过有效的管理和促进政策增加产量,保证有效而可持续的产品供给是大宗淡水鱼产业政策的基础。为此,各主产国纷纷出台产业发展规划,加大投资和补贴力度,推进基础设施建设,提高综合生产能力。俄罗斯、韩国和越南等国的投资目标明确,适应现阶段该国的产业发展重点;欧盟在加大对产业的补贴力度和促进补贴政策转型增效上成效显著,印度、印尼等国为促进生产出台生产配套和金融支持政策;此外,各国根据实际情况和产业发展需求出台相关的鼓励政策[①]。

1. 扩大投资,加强基础设施建设

俄罗斯将水产养殖列入国家优先发展的项目,加大投资力度。2008年俄罗斯政府通过了《2009年至2013年渔业发展联邦专项计划》,该规定为渔业拨款约620亿卢布(当时约合人民币300亿元),其中包扩328亿卢布的联邦预算资金(当时约合人民币100亿元),用于兴建渔船和养殖设施等;还把国家支持小企业发展的款项纳入了联邦预算,支持该国水产加工业发展。2003年韩国海洋水产部出台《养护渔业发展基本规划》以促进高附加值水产养殖业发展。根据该规划,到2008年投资约1.1万亿韩国元(约11亿美元)支持重点水产养殖项目,包括水产养殖业的结构调整、开发水产养殖技术和改善海洋环境等。越南将国有资本投资于科研、水产种苗生产中心建设、人员能力建设、环境监测和预测站的建设、渔业推广活动、水产饲料的生产和水产动物的医药;政府在

---

① 陈洁,罗丹等.中国淡水渔业发展问题研究[M].上海:上海远东出版社,2011.

2005 至 2010 年间投资 3.5 亿美元,大规模修建和改造人工育苗场进行水产品人工繁殖和育苗,以改变国内水产品养殖品种的单调状况。匈牙利政府在 2008—2013 年使水产品生产的基础设施(鱼塘和相关设施)增加 20%,并加快集约化养殖设施的建设,增加"多功能"池塘养殖场的数量,鼓励发展综合鱼塘养殖场,同时重视利用地热资源发展大宗淡水鱼养殖,将利用地热能源的集约化养殖场的产量增加到 3 000 吨以上。

2. 出台补贴、金融等优惠政策

欧盟多年来一直为水产业提供财政支持,在可持续发展理念影响下,欧盟的渔业补贴政策开始转型,由提供生产补贴以降低投资风险和作业成本转向重视产品质量安全、结构转型和人的培训。欧盟渔业指导金融工具(FIFG)为一系列渔业和水产养殖部门及其产品的加工销售的结构性措施,补贴对象为船东、企业、生产者组织、公共和私人机构、专业组织、合作企业及渔民,政策目标在于实现渔业资源及其可持续开发之间的平衡,加强结构竞争力及经济可行的行业企业发展,提高市场供给和渔业与水产养殖产品附加值,以及支持依赖渔业地区的复兴,2000—2006 年该政策下的补贴总预算为 37 亿欧元;2007 年,作为渔业指导金融工具的继承,欧洲渔业基金(EFF)开始实施,对包括可持续水产养殖、渔业和水产品养殖品加工和销售等领域提供帮助,2007—2013 年该政策下的总预算为 43 亿欧元。印度为渔民提供补贴帮助,包括新鱼塘建设、开垦整修池塘和网箱、第一年的投入(鱼种、肥料等)、综合养鱼、流水养鱼、新建鱼苗孵化场和饲料厂等,此外,还对购买增氧机以提高生产力的进步养殖者提供援助。印尼政府的营业援助配套政策,向每个养殖鱼社团或个体支持生产设备所需资本 600 万至 1 500 万印尼盾,主要针对海藻、鲶鱼、紫色鱼、虾类及海鲢等多种养殖业者,并根据业者需求,供应鱼苗、饲料和帆布等,通过这种赠送配套方式提高产量;此外,印尼加强金融对产业发展的支持力度,大力推进银行与政府和渔民之间的合作,推出了"渔业自立信贷计划";与"印度尼西亚合作社总银行""文明国民资金有限公司"签订向渔业部门中小企业发放贷款的备忘录,推动两家银行关心渔业发展;设立 30 家"人民信贷银行(BPR)",帮助解决渔民融资问题;此外,政府通过中小企业合作社国务部向渔民提供 1 万亿印尼盾贷款,以支持偏远地区、小岛、沿海等地的渔民及淡水鱼养殖户提高生产能力和生活水平。

3. 结合各国实际,出台有效扶持措施

越南大力发展养殖业,扩大养殖面积,把大量低产出的农田变成了利润较高的水产养殖场,具体举措是,向经济个体分配或出租土地、水面、海湾、潟湖和水库以支持其长期进行水产养殖。允许受海水影响的地区、地势低的地方、盐

田和低产的水稻种植区转成水产养殖区。印度在 2010—2011 年度,扩大了 12 651 公顷的养殖面积,而到 2011—2012 年度预计增加 25 000 公顷,此外畜牧奶业渔业部、农业部以及印度政府 2011—2012 年起在各邦落实国家蛋白质补充计划,扶持水库养殖、综合水产养殖和池塘水箱集约化水产养殖。2012 年—2013 年,这项计划实现各邦全覆盖。印尼为防止饲料价格上升导致水产售价升高,政府 2010 年拟以 20 亿印尼盾的预算来建设饲料厂,其原材料以油棕渣为主,可以压低饲料价 10.2%,为渔业生产提供原料保障。

(二)调整结构,提升品质

产业发展不仅是产量的增长,还要提高发展质量和水平,促进结构调整升级。扶持水产加工业发展、延长产业链、打造优势品种以及满足安全营养和质量的要求等都是调整结构、提升品质的重要内容。各主产国普遍重视发展水产加工业,提高产品附加值;发达国家在发展休闲渔业、提升产品安全和质量标准等方面起步早、发展好;而发展中国家如印尼、越南、埃及等国在打造优势品种上给予了足够关注,取得一定成绩。

1. 提升加工业发展水平

美国、欧洲通过发展加工技术促进加工业发展,近年来,美国水产加工业技术发展迅速,运输、分配和冷冻技术方面有了新的发展,令鲜鱼和活鱼的保存时间延长,水产品异地消费增加;欧洲在鱼类营养价值、加工方法和加工设备的研究取得较大进步。加工技术水平的提高和产业化进一步推动了水产加工业的发展。俄罗斯决定在 2008—2013 年的 5 年间实施振兴俄罗斯渔业资源和水产品加工业计划的决定。为鼓励渔业发展深加工生产,国家提供优惠贷款购买新型加工设备,这笔款项已被纳入了俄罗斯联邦预算。越南工业部与水产部在九龙江平原集中发展水产品加工工业,提出了八项措施:规划和制定水产品原料养殖基地;投资更新加工技术和设备,使产品多样化;改进和提高贸易促进工作,扩大出口市场,创建名牌产品;改进行业和企业管理方式,提高经营效果;加强人力资源的培训工作,提高工人的生活水平;加大科学研究与应用、技术转让和环境保护工作力度;制定进出口优惠政策;成立水产品加工业协会,将该地区各省的水产品加工企业联合起来,扩大生产,发展市场。匈牙利政府鼓励发展水产品加工,制定了相关目标,主要内容包括:提高水产品加工的比例,将加工产品的比例增加到水产养殖总量的 40%;在消费者可接受价格的条件下,增加加工产品的附加值,提高水产品加工能力;增加加工产品的种类,在 2008—2013 年使加工产品种类增加 3 倍等。俄罗斯和中东等地区鱼子酱产业发达,养殖基地集中,且加工技术较为成熟。鲟鱼鱼子酱因资源稀少和加工要求高,价格不断攀升,养殖效益可观,可以预测,国际市场上在今后较长的一个时期内,鲟鱼及鲟鱼鱼子酱仍会处于供不应求的状态。近年来,这项高价值加工产品产业正慢慢向中国转移,在引进和创新加工技术上更要学习相关经验。

2. 打造优势品种

近年来淡水鱼产业中的优势品种发展迅速,各国有集中资源扶持优势品种发展的趋向。韩国近年对水产养殖业结构进行调整,建立最佳生产系统来提高竞争力,今后 5 年将减少约 10％的养殖设施,不再为过度生产的鱼类发放新的许可。随着新技术的开发,高价值鱼类产量大大增加,例如牙鲆和许氏平鲉。越南举全国之力争取该国鲶鱼在世界的竞争力,设计了以鲶鱼为核心的产业结构和出口结构,以低廉的价格和良好的市场促销策略著称,同时还主动放弃了罗非鱼的养殖并逐步减少虾的养殖;2003 年被美国实施反倾销后,越南开始开辟欧盟、澳大利亚和东盟国家等新市场,同时提升安全质量和加工水平,重新争取美国市场份额。此外,印尼的罗非鱼养殖战略、尼日利亚的尼罗鲈养殖战略都是集中优势兵力打造优势品种和制定长期发展战略的做法,也取得了较好的成果。

3. 注重水产品质量安全

随着人们对水产品的营养、安全与质量要求不断升级,各国更加重视提升水产品质量安全,其中以美国和欧盟最为典型;为了应对贸易壁垒和扩大出口,发展中国家也开始出台保障水产品质量安全的措施。美国对水产品加工和进口强制推行 HACCP(危害分析和关键控制点)制度,通过对食品原料和加工过程中可能对人体造成危害的物理、化学和生物因素加以识别、评估及控制,从而确保质量安全。由美国食品药物管理局(FDA)制定的水产品 HACCP 法规适用于美国所有的水产品加工实体,以及所有对美国出口的外国水产品加工实体和所有的进口商。渔业生产企业必须制定 HACCP 计划来监督和控制生产操作过程。欧盟通过不断细化和严格水产品质量标准来保证安全,2010 年将生态标签制度扩大到水产品,严格区分有机水产品和一般产品,禁止在有机养殖水产品中使用人工产卵激素,并将严格管控有机饲料的使用,同时增加生态可持续发展水产品的供应量。俄罗斯《产品和服务项目认证法》规定对水产品实施强制认证,确认产品符合规定安全指标要求,认证不合格时,国家标准局和认证机构有权命令生产企业和销售网点停止生产、销售,并施以较重的处罚。越南努力改变其在水产品贸易中受到质量安全限制的现状,大力投资改善水产加工厂的质量等级,同时广泛应用 HACCP 体系、引入欧盟和日本的健康卫生标准,加快发展清洁模式的鲶鱼养殖业,以满足本国和国际市场对水产品卫生和质量的要求。印尼政府对遭遇国外市场禁令的水产品种严格管控,加强该产品生产、运输等环节的监管和整治工作,提升该种水产品质量安全。此外,印度、泰国等国也实施了 HACCP 制度。

4. 促进休闲渔业发展

休闲渔业是与第二、三产业有机结合的产物,在这个过程中提高了产值和效率,成为渔业的新经济增长点。发达国家美国、加拿大、日本、澳大利亚等国的休闲渔业发展迅速,发展中国家的休闲渔业也开始兴起。美国联邦政府和州政府对休闲渔业特别重视,在全国设有庞大的管理和科研机构从事对鱼类资源生物学和生态学方面的研究,并对休闲渔业的管理进行广泛深入的研究,这些工作主要由设有海洋补助金的大学及有关咨询机构进行。此外,美国对一些优质品种鱼类资源进行增殖工作,成效显著,如美国长期在西海岸进行鲑鱼人工孵化放流;在内陆则以人工繁殖条鲈和虹鳟鱼苗向湖内放流,以适应内陆休闲渔业的发展。日本政府在中央和地方都增设了休闲渔业组织,强化管理,由国家立法实施游钓准入制度,并对游钓船的使用情况和游钓的主要品种与产量进行登记;加大投入,建造人工渔场;改善渔村渔港环境,完善道路、通信等基础设施建设,保障休闲渔业持久健康发展。同时,组织渔民、游钓者和渔业协同组织参与休闲渔业管理。

(三) 重视科研,推进应用

科学技术的研发进步和有效推广应用是大宗淡水鱼产业发展的重要支撑。发达国家通过一系列的技术政策建立了高效完善的渔业科研推广体系,而发展中国家虽然整体技术水平存在差距,但在重点领域和品种上的科研上也有一定突破。

1. 高度重视产业科研工作

美国的产业政策十分重视科技,美国渔业法规规定商务部长有义务主持渔业科研工作,并保证渔业科研的资金物资等,还将科学研究写进法律条文来保证科研的进行,并对科研的方向加以规定,不仅增加了科研的权威性,促进了科研发展进程,而且保证了科研主流方向的正确性。这值得我国渔业立法来借鉴。欧盟大力支持水产科研发展,在其第六个研究框架计划中,投入到水产业的研究经费达 9 800 万欧元,其中 3 200 万欧元投向了中小企业(SMEs)。作为大宗淡水鱼传统主产国,印度高度重视鲤科鱼类的养殖,在遗传育种、品种改良等方面开展了一系列的重点研究,为大宗淡水鱼产业发展打下了科技基础。

2. 构建高效的技术应用服务体系

美国渔业技术推广的特点是依托大学的科研资源和力量来运作推广服务机构:渔业推广服务机构由该州的一所官方大学系统加以管理,大学除了教育和研究外,还设有推广部门,推广人员由从事教学和研究的教授来担任,大学教授定期到各县蹲点,进行技术推广。因此,大学的推广工作不但对渔业研究和正规教育有管理权威,对推广研究和培训也有管理权威,使得一个州内的推广研究、教育之间的合作有了保障,联邦政府对推广研究、教育提供相应的经费,各州之间的推广研究和教育的利益分享也同样得到保障。美国技术推广与教学科研紧密联系,有利于科技转化为生产力,资源分配上,把优秀的人才、设备条件和资金都用在关键部位。泰国十分重视农业科研、应用与推广,也很重视各府的基层渔业中心、渔业站的建设(薛镇宇,1993)。泰国的整个推广系统集中在养殖户的需要和养殖所需的信息上,开发的养殖技术传播到养殖户,养殖研究将直接根据养殖户需要来解决养殖户的问题,建立了研究和推广之间的联系。

3. 开展重点科研领域攻关

发展养殖,种业先行,在育种和改良方面,印度进行了大量的杂交试验,包括印度主要鲤科鱼之间、印度主要鲤科鱼和中国鲤之间以及中国鲤之间的杂交试验,鲤科鱼类繁殖和养殖技术开发有较大进步,为鲤科鱼类的科学养殖奠定基础。越南为提高鲤鱼品质,开展了长期的鲤鱼繁殖项目:20 世纪 70 年代引入匈牙利镜鲤、匈牙利鳞鲤和印度尼西亚黄鲤和本地鲤鱼杂交,杂交品种表现出更高的存活率和更好的成长表现;1984—1991 年以越南白鲤、匈牙利鳞鲤和印度尼西亚黄鲤为基底群体,根据体重和体长进行了连续 4 代的混合选择;1998—2001 年以混合选择产生的鲤鱼为基底群体,根据体重、体长和成活率进行了两代家庭选择;2005—2007 年进行了传统的家庭选择和分子基因选择,取得了良好的效果。鱼病防治方面,日本 2010 年 3 月公布了新的《农林水产研究基本计划》,确定了水产研究的主要领域和重点方向,包括对其优势品种鳗鱼、金枪鱼和真鲷的育苗技术、采卵技术和饲料营养技术等,同时加大了对鱼病防治技术和开发抗病性养殖品种的力度。泰国将防治鱼病列为重点科研项目,从病原体、鱼体本身抗病能力、环境等三个方面来开展研究,并有针对性地通过改善饲料配方以提高鱼类的抗病能力、建立鱼药生产和经营许可制度规范鱼药的生产经营,兼顾了渔病、食品安全、水体环境多方面的因素。美国对养殖鱼类的鱼病防治主要采取预防为主的方针。由于病毒性疾病最难防治,危害性也最大,因此,尤其注重病毒性鱼病的防治。饲料和营养技术方面,美国渔业饲料广开饲料源,重视创新,如利用纤维素制造液态饲料;除牧草外,把别国抛弃不用的稻草、麦秆、杂草及其他作物的茎叶、棉花屑等废物做成饲料;用石油化工产品生产烃蛋白;酒厂的废物几乎全部原封不动地浓缩或干燥后进行利用;利用家禽、家畜粪尿加工成饲料等。同时促进颗粒饲料和自动投饵投喂设备的研发应用。

(四) 开拓市场,打造竞争力

在很多发展中国家,渔业是重要的出口创汇来源,近年来随着国际对水产品消费的升级和贸易壁垒的强化,这些国家面临着贸易条件约束增强。为此,各国采取了相应的贸易举措;同时在促进消费、开拓市场和打造本国产品竞争力方面进行了很多探索。

1. 鼓励国内消费

印尼政府鼓励国内鱼类消费,积极宣传食用鱼类,印尼政府希望将人均鱼类消费量由当前 28.65 千克增加到 2014 年的 38.76 千克。俄罗斯政府采用提高关税和财政补贴等措施,限制水产品进口,鼓励国内水产企业扩大生产,国内水产品市场进口产品的比例因此出现明显下降,同时也提高了国内水产品消费量。匈牙利 2003 年出台的水产品生产部门的中期发展战略提出了鱼类消费和销售的详细目标,并对本地鱼类的消费比例做出了明确规定,包括,提高本地水产品消费量,使匈牙利年人均鱼类消费量增加到 10 千克(鲜重)的目标,其中 60% 的鱼类消费应来自本地养殖场;建立稳定和可预见的本地水产品市场,使乡村人口可以买到鱼产品和享受相关服务。

2. 开拓国际市场

印度水产出口发展管理局制定了多种市场促进计划,以挖掘印度潜在的水产资源,实现水产品生产的多样化,保障产品质量。该计划内容包括:海外市场调研;数据搜集和数据库维护;扶持市场开拓活动;通过媒体和现代营销手段扩大对印度水产品的宣传;资助营销团队,邀请国外采购商到印度考察;在国际市场上组织印度水产品供需双方的洽谈会;积极参与国外的产品洽谈和展览;在印度举办水产品的展览和贸易。印尼积极扩大出口市场,2008 年为应对主要出口市场美国、欧盟和日本进口需求下降的问题,扩大了对中东、中欧和东欧地区的出口,并主动调整出口产品战略,发展中东和中欧需求大的帕丁鱼和虱目鱼。越南为了应对面临的国际贸易限制,制定了水产品的长期出口计划和战略,大力投资改善水产品加工厂的质量等级,并使用更高规格的卫生标准,还设立了水产企业免检名单,为水产品出口提供便利,此外努力开辟欧盟、澳大利亚和东盟国家等新市场。匈牙利改善水产品产业出口状况,在出口产品中增加加工品、肉食性鱼类、其他受保护和非保护鱼类比例,提高出口水产品的附加值。

（五）发展社会组织，提升服务水平

当前世界渔业的发展与合作组织发展和社会化趋势密不可分。发达国家主产国普遍建立了运行机制完善的社会组织，并且其服务向专业化、大规模、全产业和综合性发展。而发展中国家主产国的社会组织在组织生产经营者，开展相关服务方面也有所进步。

1. 支持社会组织发展

美国的渔业协会和社团真正体现了在渔业发展中的服务和纽带作用。协会组织以产业的可持续发展为目标和原则，对外采取一致对策，保护产业利益，对内通过业主间技术水平和管理水平的竞争提高产业管理水平。美国渔业组织非常有序，分工明确，从渔业生产、加工、销售、消费构成了一条非常清晰的产业链，各个环节环环相扣，协调有序。为了保证各个环节的健康发展和有序竞争，每个环节都成立了企业自己的组织，包括各类协会团体，如养殖者协会、加工者协会、批发商协会等，一些生产规模大的品种，也建立了相应的养殖协会，如斑点叉尾鮰养殖协会、罗非鱼协会、条纹鲈鱼协会、鳟鱼养殖者协会等。这些协会为企业提供信息、技术、生产资料等各种服务；规范约束企业经营行为，引导企业健康有序竞争，维护企业的合法权益；并向政府反映企业需求，提出行业发展建议；协调各环节的利益分配和协助政府进行一些调查研究工作。

2. 提高社会化服务水平

韩国的全国渔业合作社联合会是重要的产业组织，其成立的目的是提高渔民的收益以及社会经济地位，保护城市消费者利益，提高渔业企业的竞争力。联合会为会员提供教育和支持，包括调节渔业纠纷、弥补渔业损失、渔业技术的推广和应用、引导合作社成员改善生产生活条件和经营设施；为社员提供商务服务，如购买、存储、销售产品，对加工、制造企业进行考察，规范水产品流通市场等；互助业务，即合作社成员分担风险等；各地区的渔业管理，保证渔业总公司和分公司的共同利益。印度尼西亚有系统完善的渔业协会，每个渔业企业和渔民都是协会的会员。作为非政府组织，这些协会与政府建立密切的伙伴关系，协助政府提高行业管理效率和效益，在管理捕捞、质量控制、发展水产养殖、市场营销、行业自律等方面发挥了不可替代的作用。例如，目前印尼70%的渔业饲料从巴西进口，价格较高，印尼渔业协会积极与周边国家接洽以改变单一饲料进口来源存在的问题。在重点产品进出口贸易方面，渔业协会也利用其丰富的经验和专业知识为企业和政府提供信息服务和政策咨询服务。

（六）保护环境资源，确保产业可持续发展

渔业资源的可持续利用是确保渔业健康发展的前提，政府应当把保护资源环境作为产业政策的重要内容。欧盟和美国等发达国家十分重视可持续发展，为保护渔业资源环境提供了有力的政策保障，而发展中国家也开始着手解决水产养殖活动中环境污染和资源退化等问题。

1. 立法保护资源环境

为了抑制渔业资源锐减的趋势，21世纪美国修订了1976年通过的《马格纳逊渔业保护和管理法》，开始施行可持续的渔业管理，保护鱼类和栖息地资源。欧盟则在共同渔业政策框架下促进渔业资源可持续管理，主要目标是合理地、负责任地、持续地开发渔业资源。1992年，水产养殖被纳入"共同渔业政策"的调整范围，将水产业的可持续发展作为核心目标，发展"环境友好型水产业"和"水产友好型环境"，确保水产业和环境和谐共处。2001年，日本制定《资源恢复计划》，以谋求渔业资源的紧急恢复，2007年制定了新《水产基本计划》，推进水产资源的恢复和管理。澳大利亚1991年实施《渔业管理法》，按照生态可持续发展原则开发渔业资源。促进水产养殖业的可持续发展已经成为各国共识。

2. 设立养殖准入，审查从业资格

加拿大政府对水产养殖业的发展持慎重态度，既不大力鼓励发展，又不采取限制的办法。管理部门根据养殖地的可容纳量来确定企业数量和生产总量，实施总量控制。而从事水产养殖的企业应当持有土地使用证和养殖许可证。其中，养殖许可证向渔业部门申请，由渔业部门组织专家现场考察和评议，然后再请专业的咨询公司提出意见后，决定是否批准。澳大利亚对新建水产养殖企业严格控制，严格审批。新建的水产养殖企业在选址、设计和实施之前必须向有关部门具体负责渔业的官员提出申请，经过包括渔业主管部门、环保部门和土地管理部门在内的多个部门的评估，从立项、选址的土质、化学成分、水源、水质、规模、养殖种类、苗种来源、养殖产量、池塘管理、水库、进排水设施、对周围环境影响以及产品去向等多方面进行评估。如果与环保和公众利益相违背，不符合严格的环境质量标准，任何养殖项目都会被否决。

3. 实施有效保护、改善措施

为了保护和改善渔业环境，各国采取多种有效的措施，主要途径是"开源"和"节流"。"开源"指的是改善渔场环境，增殖渔业资源；"节流"指的是限制渔业捕捞量从而减少对环境的破坏。为保护淡水渔业资源，韩国以濒危淡水鱼为对象，实施了淡水鱼保种工程，为改善现有洄游通道，建设了人工产卵场。同时

对人工设置的洄游通道进行调查,组织清理废渔具、渔网,以防止产卵场、栖息地遭到破坏。培育资源管理型淡水捕捞业。在洄游率较高的地区集中人工放流,尤其是优良品种的放流量,增加淡水资源增殖。日本开展的良种生产和增养殖放流,确保资源的可持续利用,稳定渔业生产,保证有效供给。各国为了缓解渔业资源的持续退化趋势,大多采用了限制捕捞量的措施,如欧盟的 TAC (Total Allowable Catch) 制度、日本"渔获量配额制度",俄罗斯则实施"水生生物资源的配额生产(捕获)",并下大力气维护制度的运行。此外,日本完善"渔业权制度""渔业许可制度""放流受益者费用负担制度"等措施,界定渔业权属,充分将外部效应内部化,确保资源的可持续利用,稳定渔业生产,保证有效供给。

4. 控制污染,确保水质

欧盟发展水产养殖的过程中也重视保证水质,对水需要满足的最低质量标准,包括物理的、化学的和微生物参数做出了规定,对水的样品和分析的参考方法设置最低频率。例如在英国,一个养殖场想要合法经营,至少要拿到"养殖用水""排泄物处理"等多个许可证,必须保证水体质量,养殖区域的水不能受到化学污染,要定期检查水中的重金属含量。同时,欧盟对鱼饲料、鱼饲料添加剂和鱼药等投入品有严格的规定。加拿大政府要求养殖生产者对其生产区的水质进行检测,并定期向管理部门汇报有关数据和水质情况,而政府每年都对部分企业进行抽查,以监察其数据的真实性和准确性。

5. 保护渔业资源环境与促进渔民生计发展相结合

当前渔民生产活动与渔业资源衰退之间的矛盾日益突出,保护水域生态环境和渔业资源,必须重视解决渔民的生活生计问题。印度为了保障和提升渔民生计,建设现代化渔民村,为渔民上团体意外险,鼓励渔民进行储蓄以补充保证淡季生活,并重视向渔民培训和推广最新技术。欧盟渔业基金主要用来更新技术、船只,扶持发展养殖,培训渔民,广告宣传,进行转业渔民社会安置等。

三、我国经验借鉴重点

世界大宗淡水鱼产业政策的发展实践正在经历"两个转变",代表了未来发展的趋势。其一,产业的发展由资源推动逐渐向政策带动转变:各国逐渐认识到大宗淡水鱼产业在保障食物供给和促进经济社会发展上的重要作用,加大了对水产养殖业的扶持力度,创造有利于产业发展的政策环境,政府对产业发展的推动作用进一步增强。其二,各国产业政策由提高产量、保证供给向结构调整提高水平转变:首先表现在对资源环境的重视程度提高,发达国家和发展中国家在保护环境、科学利用资源工作上取得明显进展;其次,科学技术对产业发展的影响增强,技术水平直接决定了产业发展程度,各国加强了研发工作;最后,产业政策更加重视提升产业发展质量,对营养、质量安全和高附加值产品的需求给予更多重视。

各国的产业发展规划体现了上述趋势。美国水产业发展前景是:发展具有全球竞争力、科技合理、多样化发展的水产养殖部门,以满足人们对可得、安全、高质量、环保水产品的需求,并争取获得最大的盈利能力和经济增长机会,保证水产养殖业的发展与自然生态系统的协调发展。俄罗斯提出 2008—2020 年渔业发展"三步走"计划,重点分别在于增强供给能力、提高科技创新水平和打造行业国际竞争力:第一阶段(2008—2012)的任务是创造条件、发挥优势,扩大渔业资源的可持续再生产,增加国内市场水产品的供应量,丰富品种,提高水产品质量和竞争力,同时构建相应的市场基础设施;第二阶段(2013—2017)的任务是大力发展渔业系统的高技术生产,提高水产品的质量和品种,使渔业系统向创新型发展道路转轨;第三阶段(2018—2020)的任务是保持俄罗斯渔业系统占据世界水产捕捞加工业大国行列中的龙头地位,在有效利用俄罗斯渔业科学的先进成果并吸引外资的同时走创新型行业可持续发展道路。欧盟将自身水产业发展的目标定位为可持续发展的前沿,努力创造一个成功的、可持续的、有竞争力的水产业,并改善整个供应链,提供高价值和创新产品,以满足国内和国际市场需求。此外,亚洲主产国也大多制定发展水产养殖计划,重点在于扩大生产,例如泰国的国家渔业发展政策设定了每年增加 5% 的水产养殖产量的目标,伊朗量化了增加水产品产量、消费量和出口量三大渔业目标;但同时也更多地关注提升技术和质量、跟踪市场需求、提升渔民生计和保护资源环境。

比较我国与世界大宗淡水鱼产业发展情况和政策实践是经验借鉴的参考基础。从资源禀赋来说,我国虽有较为丰富的淡水养殖资源,但在目前土地和水资源愈发紧缺的情况下,靠扩大养殖面积来保障生产的空间缩小,必须提高生产效率和管理水平,重视保护和合理利用渔业资源,这就要学习发达国家产业结构政策和组织政策的相关经验,促进产业可持续、高水平发展;从产业发展阶段来说,我国作为世界水产第一大国,保证产量供给的基础已经基本具备,正在向提高质量过渡,结构转型升级愈加紧迫,在保护资源环境、确保质量安全、提升技术水平、满足市场需求、提升经营者能力等方面都要考察和借鉴发达国家相关经验;同时也以抓生产、保供给为产业发展的基本立足点,着力发展优势品种,打造具有世界竞争力的品牌,在这方面越南、印尼和埃及等发展中国家做了很多探索,值得我国借鉴。从产业发展的具体政策来说,我国的生产促进政策、市场流通政策、金融信贷政策成绩显著,但政策落实效果有待增强,政策间的协调性需要提高,典型国家好的做法和经验值得我们重视。

当然,无论发达国家还是发展中国家,未来大宗淡水鱼产业发展和政策实践中都面临着一些问题。发达国家在世界大宗淡水鱼结构转型中渐失优势:其政策支持促进产业增产的边际效应减少,且依靠政策补贴维持产业发展的成本高、代价大、可持续性存疑,同时面临着发展中国家大宗淡水鱼产业崛起的挑战,在资源、规模和成本上不具优势,国际竞争压力增加,满足国内需求越来越依赖进口。发展中国家则存在对一些资源过度利用而对另一些资源开发不足的问题,其重视数量、轻视质量的传统发展思路决定了产业的低水平发展:国内生产依靠扩面增产,国际贸易依靠价格优势,而对科技研发应用、水产品营养安全、从业者能力培训、保护资源环境等有利于产业转型升级的活动重视不足、进展缓慢,使之面临国内资源环境退化和国际贸易恶化的双重困境。解决上述难题,是未来大宗淡水鱼产业发展的必经之路。

第四节　世界淡水鱼养殖产业发展趋势

2014 年世界渔业的生产、贸易达到历史峰值。OECD 和 FAO 在《农业展望 2015—2024》预测,未来渔业的前景依然看好。在淡水鱼类养殖产业蓬勃发展,发展环境不断变化的今天,总结世界淡水鱼类养殖产业的发展趋势,对我国淡水鱼类养殖产业的科学发展有重要的参考意义。本节从产业地位、品种结构、消费趋向、贸易格局、产业结构等方面,总结淡水鱼类养殖产业的发展趋势,展望产业的发展前景。

一、养殖淡水鱼的重要性增强,产业发展的空间广阔

淡水鱼作为人类重要的食物来源,是一种高蛋白、低脂肪、营养丰富的健康食品(戈贤平,2013),为人们特别是为发展中国家提供了优质、价廉、充足的蛋白质。近半个世纪以来,世界养殖淡水鱼产量显著增长,在促进经济社会发展、保障食物安全、改善膳食结构、调整农业产业结构等方面作用显著,淡水鱼产业的重要性日益增强。

淡水鱼养殖在世界水产养殖中占有重要地位。世界淡水鱼养殖产量[1]以年均8.04%的速度增长,淡水鱼产量增速超过水产养殖总产量,也快于肉类[2]总体。淡水鱼产量占世界水产养殖总量份额持续扩大,由1950年的34.06%增至2014年的42.13%,重要地位进一步巩固。在主产国,淡水鱼养殖不仅提供了实质性的社会经济效益,例如增加营养水平、收入、就业和创汇,还开发了大量的未利用和低度利用的土地以及水域资源。

此外,相对于海、淡水捕捞渔业的发展,淡水鱼养殖的发展空间较为广阔。由于世界海洋渔场捕捞量已达饱和或者超过天然生产能力(宋祖武,2005)[3],捕捞渔业发展的资源环境约束日趋强化,增产的空间必然受限。世界捕捞渔业的总产量由1950年的1 755.00万吨增至2014年的9 463.71万吨,年均增长2.67%,特别是20世纪90年代以来,捕捞产量增长速度继续减缓,1990—2014的年均增长率仅为0.42%。根据OECD和FAO[4]的报告,水产养殖量在2014年超过水产捕捞量,渔业总产量达到历史峰值;到2022年,渔业捕捞量仅能增加5%,水产养殖量将增加35%。淡水鱼产业也必然地走上以养为主的道路,淡水鱼养殖的重要性进一步凸显,发展空间广阔。

二、大宗品种份额稳中趋降,名优特品种受市场欢迎

淡水鱼产业发展中品种结构也有所变化。一个重要的趋势是,传统的大宗淡水鱼类占淡水鱼产量的份额稳中有降,产量增速趋缓。20世纪50年代,大宗淡水鱼产量份额经历了快速增长,由1950年的52.86%增至1959年的78.29%;到80年代,产量份额有所降低,1980年大宗淡水鱼产量份额为56.71%;90年代大宗淡水鱼产量份额有所回升,1999年为66.77%;而21世纪以来,大宗淡水鱼份额继续走低,由2001年的68.06%降至2014年的45.19%。增产速度方面,21世纪以来,大宗淡水鱼的产量增速也有所放缓,2000年至2014年,大宗淡水鱼的年均增速为4.47%,不及淡水鱼总体6.53%的增速。

另一方面,名优特品种快速崛起,发展尤其引人注目。罗非鱼、乌鳢、鲶鱼、黄鳝、泥鳅等名优特品种增产迅速,2000—2014年的年均增速远远超过传统的

---

① 本文所指淡水鱼是养殖淡水鱼,下同。
② 根据FAO数据,1961—2012世界肉类总体增长率为2.93%。
③ 宋祖武.浅谈我国淡水鱼发展的战略.http://news.aweb.com.cn/2005/10/22/16315086.htm.
④ 经合组织—粮农组织.农业展望2015—2024.

大宗淡水鱼品种。名优特品种因营养、口感、处理等方面更为优越,越来越受到消费者的青睐,市场份额不断扩大,经济效益也更为理想。在中国,鳜鱼、鲈鱼、黄鳝、虹鳟、鲟鱼、鳗鱼、泥鳅、鲶鱼、黄颡鱼等名特优水产品,在家庭日常餐饮及节日消费中占有越来越重要的份额(王文彬,2005)①。在世界淡水鱼产量增速由快转稳的情况下,名优特品种蕴藏新的发展机会,根据市场需求调整淡水鱼养殖品种将会带来突破性发展。

表 7.4.1 产量排名前 20 的淡水鱼品种

(单位: 万吨)

排名	品种	英文名	2000 年产量	2014 年产量	增长率
1	草鱼	Grass carp	297.65	553.78	4.43%
2	鲢鱼	Silver carp	303.47	496.77	3.24%
3	鲤鱼	Common carp	241.04	415.91	4.13%
4	尼罗罗非鱼	Nile tilapia	97.06	367.03	10.21%
5	鳙鱼	Bighead carp	142.82	325.31	6.04%
6	鲫鱼	Crucian carp	120.24	277.02	6.10%
7	喀拉鲃	Catla	60.23	277	12.47%
8	南亚野鲮	Roho labeo	73.39	167.02	6.58%
9	武昌鱼	Wuchang bream	44.59	78.3	3.88%
10	青鱼	Black carp	14.9	55.75	10.18%
11	乌鳢	Snakehead	0.02	51.06	82.83%
12	鲶鱼	Amur catfish	0.51	45.58	40.87%
13	蓝尼罗罗非鱼	Blue-Nile tilapia, hybrid	0	42.01	—
14	麦瑞加拉鲮鱼	Mrigal carp	55.21	41.47	-2.27%
15	斑点叉尾鮰	Channel catfish	27.13	39	3.40%
16	蓝鲨	Striped catfish	1.32	38.57	27.36%
17	黄鳝	Asian swamp eel	0	35.8	—
18	大口黑鲈	Largemouth black bass	0.02	35.3	77.21%
19	黄颡鱼	Yellow catfish	0	33.37	—
20	鳜鱼	Mandarin fish	8.61	29.39	9.64%

值得注意的是,养殖淡水鱼中的优势品种发展迅速,各国有集中资源扶持优势品种发展的趋向。如印尼的罗非鱼养殖战略、越南的鲶鱼养殖战略、美国的斑点叉尾鮰养殖战略、尼日利亚的尼罗鲈养殖战略,都是集中力量打造优势品种和制定长期发展战略的做法,取得了较好的成果。

---

① 今年水产养殖经营把握好品种方式策略. 中国渔业报,2005 - 01 - 10.

三、淡水鱼市场空间扩大，消费结构转型升级

随着人们生活水平的提高和膳食结构的升级，世界淡水鱼消费进入快速增长阶段。世界人均淡水鱼供应量已从 1961 的 1.5 千克/(人·年)增加到 2011 年的 6.8 千克/(人·年)，年均增长 3.07%，增速位于动物性食物的前列。据 OECD 和 FAO《农业展望 2015—2024》报告，2014 年鱼类的人均消费量 (apparent fish food consumption)达到 20 千克，预计到 2024 年，这一数字会达到 21.5 千克。人口增加、收入增长、城镇化、新兴经济体和发展中国家膳食结构的改变都会促进淡水鱼消费进一步增加。同时，人们更加重视健康和安全，追求品种丰富和多样化，淡水鱼消费结构加快转型。

社会经济发展推动淡水鱼消费数量增长。首先，随着收入增长和人们生活水平的提高，消费者增加的收入将主要用于改善食物质量，膳食结构将从以主食和谷物消费为主转向消费更多的高蛋白食物[1]，淡水鱼消费量增加是食物消费进入结构转型期的重要表现。其次，人口增长将促进水产品市场容量与需求的扩大，人口老龄化趋势和人均寿命增加，会使人们更关注食物在健康、营养、益寿、防病等方面的作用，许多淡水鱼具有营养丰富、补身防病的功效，预期其消费有较大的增长潜力。第三，城镇化发展将促使人口地域结构发生改变，城市人口迅速增长，特别是向大中城市聚集，使口粮消费进一步减少，肉蛋奶、水产品的消费不断增长，产生更多的淡水鱼消费需求。

在发展中国家，淡水鱼是重要的蛋白质来源，随着这些国家经济社会的发展，人们对淡水鱼类的需求量也增长。一些淡水鱼主产国如印尼、匈牙利等国采取政策措施鼓励人们食用淡水鱼，促进了本国淡水鱼消费量的增长。在发展中国家对淡水鱼的需求快速增长的同时，发达国家如美国、欧盟等地淡水鱼消费市场也有所扩大。发达国家多食用海水鱼，淡水鱼的消费较少，但是美国、欧盟等地区罗非鱼和鲶鱼鱼片产品以较好的性状和价格优势满足了市场需求，成为传统消费鱼类如鳕鱼的较好替代品[2]，消费量增加。在北美和欧洲市场，对罗非鱼和鲶鱼的接受度提升，罗非鱼和鲶鱼的市场需求持续增加。未来淡水鱼类的消费增长趋势仍将继续，带来淡水鱼产业发展的新机会。

---

[1] 经合组织—粮农组织. 2013—2022 年农业展望.
[2] 欧美传统消费的白肉鱼类以鳕鱼为主。但随着捕捞产量的逐渐减少，鳕鱼价格不断提升，因此开始寻找替代鳕鱼的其他白肉鱼类。

人们更加重视淡水鱼产品的营养健康。大宗淡水鱼中,草鱼、鲫鱼、鳙鱼已日渐为消费者所青睐,草鱼和鲫鱼均为草食性鱼类,在淡水鱼中是脂肪含量最低的品种,草鱼肉质细嫩,清爽可口,且富含维生素;鲫鱼味道鲜美,滋补性强,尤其入汤食补极佳,为妇女、儿童及老人所喜爱;鳙鱼以鱼头中的营养为消费者所津津乐道。这些品种迎合了市场追求健康、营养的消费价值观,消费有较快增长。一些名优特品种更是受到市场的欢迎,消费迅速增长,如罗非鱼味道鲜美,价格低廉,尤其是鱼片产品食用方便,深受大众喜好,鱼条冻鱼、冻鱼片、鲜鱼片等各种形式的产品均受欢迎,是水产品出口的重要产品。斑点叉尾鮰具有生长快,适应性强,出肉率高,肉味鲜美,营养丰富等多种优点,在美洲市场十分畅销。

四、淡水鱼在水产品国际贸易中地位增强,主产国开拓市场力度加大

随着淡水鱼生产和消费的不断扩大,淡水鱼的国际贸易也经历了较快增长。OECD 和 FAO《农业展望 2015—2024》报告预测,随着市场需求持续增长、加工储藏和保障物流技术的改进,鱼类和水产品的贸易仍将保持增长,但由于发展中经济体内需的增长,对外贸易的增速可能会较以前放缓。

近年淡水鱼贸易格局中最重要的变化就是发展中国家的出口份额不断增长,发达经济体份额相应下降。2013 年,世界淡水鱼的出口总量中 87.51% 的份额来自发展中国家,而这一比例在 1976 年仅为 8.85%。而发达国家的出口份额则由 1976 年的 81.85% 降至 10%。在很多国家,淡水鱼是重要的出口创汇来源,对国家经济发展起到重要作用。特别是亚洲发展中国家如越南、泰国,近年来产量的增长主要通过出口供应他国。淡水鱼生产与国际贸易的联系愈来愈紧密,国际贸易的扩大成为淡水鱼产业发展的重要表现和强劲动力,淡水鱼产业对国际贸易的依赖逐渐增强。

中国、印度、印尼、泰国、越南等淡水鱼的主产国,不仅淡水鱼生产的品种相近,贸易结构相似,而且目标市场也有所重合,造成同品种市场供给急剧增加,出口同构竞争的趋势扩大,国际市场上竞争日益激烈,巩固已有市场和开辟新市场的压力增加。如埃及、印尼、菲律宾、泰国等国罗非鱼生产发展迅速,罗非鱼产量都有增加,并且以欧盟和美国为主要目标市场,罗非鱼出口市场面临的竞争将不断升级并将常态化,给各主产国带来较大的成本压力和转型动力。

淡水鱼出口遭遇的技术性贸易壁垒和反倾销措施有所增加。发达国家为

保证进口水产品的质量安全,以及保护本国产业和产品,实施了一系列的贸易壁垒措施,导致主产国出口量减少,出口成本和风险上升,加大了国际贸易上的竞争压力。美国的技术性贸易壁垒有水产品生产加工企业备案制度、严格的抽样检测制度、原产地标签制度;欧盟有欧盟水产品法令;日本对进口水产品外国厂商实施卫生注册制度、水产品质量检验标准和水产品标签制度(林海蓉,关丽丽,2008)[①]。近年来,欧盟、美国、日本、韩国和加拿大等国纷纷加强了对来自中国水产品的检验检疫,使中国的水产品出口遭遇了前所未有的贸易壁垒(居占杰、刘兰芬,2009)[②]。2008年,美国以中国对美出口水产品涉嫌药残超标为由设置贸易壁垒,致使我国对美大部分水产品出口渠道受阻,对所有中国销往美国的五类水产品实行自动扣留。越南遭遇的贸易壁垒也较为严重,近年来,作为美国商务部限制越南鲶鱼出口的措施,美国开始实施反倾销关税,对越南鲶鱼出口影响较大。贸易壁垒加强了发达国家对水产品贸易的控制,增加了各国水产品开拓国际市场的难度,倒逼各主产国提高产品的质量水平、加快产业转型并强化市场营销手段。

五、产业结构加快调整,产业的可持续发展得到重视

世界淡水养殖业正处在由传统到现代的模式转变中。淡水鱼产业加快转型升级,产业发展正在由提高产量、保证供给向结构调整、提高水平转变。首先表现在科学技术和工业化对产业发展的推动作用增强,现代化技术应用于淡水鱼养殖的速度加快;其次,产业的发展模式上,与其他产业的结合程度加深,休闲渔业快速发展,提高了产值和效率;此外,提高产品质量安全,提供更加有质量保证的淡水鱼产品也成为各主产国的发展战略,用以满足国内的需求和国际市场的标准,改善质量、创建和维护产品的品牌和形象,是各国促进扩大出口市场及其市场份额的重要手段。

淡水鱼的养殖活动对资源环境的影响加深。一些发展中国家存在过度强调提高产量、扩大出口而忽视资源环境保护的倾向,淡水鱼养殖水域污染物问题日趋严重,导致渔业病害增多,影响了这些国家淡水养殖的生产发展和国际贸易,也对渔业发展、渔民增收造成不利影响。加大淡水养殖资源的保护和改

---

① 林海蓉,关丽丽.国际水产品贸易中的技术性贸易壁垒研究[J].现代商业,2008,(30):120.
② 居占杰,刘兰芬.国外技术性贸易壁垒对中国水海产品出口的影响及应对策略[J].世界农业,2009,10:14-17.

善力度,发展环境友好型的养殖产业成为各国的共识和发展中的实践。产业发展更加重视保护资源环境,发达国家和发展中国家在保护环境、科学利用淡水养殖资源上取得新的实践。

第八章
我国渔业发展支持政策研究

我国是渔业大国,经过几代渔业人的努力,在渔业发展方面已经创造了世界瞩目的成就,取得了宝贵的发展经验。进入 21 世纪以来,我国渔业发展面临的内外环境趋于紧迫,走向现代渔业发展道路的过程中困难重重。未来经济增长和城市化水平提高,客观上要求渔业生产方式和组织方式变革以适应经济社会发展变迁的需要。本章对新中国成立以来我国渔业政策进行全面梳理,对新时期我国渔业政策构建情况进行分析,研究构建促进现代渔业持续发展的整体行动框架,为科学确定大渔业的发展目标和制定有关政策提供依据。

第一节 我国渔业发展支持政策回顾

我国渔业历史悠久,但直到新中国成立之后,渔业发展才算开启了新的篇章。农村改革开放之前,我国渔业经济发展落后,受经济社会多种因素影响,渔业发展起起落落。农村改革开放后,生产力发展成为衡量生产关系的最重要标准,渔业发展的指导方针开始逐渐明确。20 世纪 80 年代中期,基于当时渔业发展情况和资源衰退的现实,以及《联合国海洋法公约》的新规定,我国确立了"以养为主"的渔业发展方针,对渔业生产结构进行了重大调整。1986 年我国颁布《渔业法》,从法律体制上调整了中国延续数十年的以海洋捕捞为主的渔业经济政策。2000 年修订后的新《渔业法》进一步规范了水产养殖业健康发展,实行捕捞限额制度,为渔业可持续发展奠定了法律基础。党的"十六大"以来,中央把"三农"问题放在经济社会发展全局的突出位置,支持"三农"力度不断加大,在支持渔业发展、保护渔民合法权益等方面也取得了积极进展,在渔业发展支持政策框架构建方面进行了可贵的探索。为更好地认识渔业发展支持政策的形成背景情况,本节从新中国成立到农村改革开放以前、农村改革开放到中共"十六大"之前、"十六大"以来三个时间段来回顾我国渔业发展支持政策的变迁演进情况。

一、改革开放之前的渔业政策和淡水渔业概况

新中国成立之初,党和政府着手恢复和发展渔业生产,迅速建立了领导渔业生产发展的组织机构,制定了发展水产业的方针政策,采取积极措施恢复和发展水产业,渔业生产进入了全新的发展阶段。1950年2月,首届全国渔业会议在北京召开。会议制定了"以恢复为主"的渔业生产方针,在工作上,大力引导扶持个体渔民走合作经济的道路;对国营渔业实现"集中领导、分散经营";制定了"斤鱼斤粮"即使鱼价低于肉价等于粮价的鱼价政策。这些政策措施对指导生产和供给起到很好的作用[①]。1953年,第三届全国水产会议提出新的工作方针为"稳步地、有重点地发展海洋渔业,扩大淡水养殖面积,加强国营企业的经营管理,提高捕鱼量,更进一步开展渔业生产互助合作,改进技术,提高单位面积产量,开展爱国丰产竞赛运动;组织公私力量,搞好加工运销工作,为增加水产品产量而奋斗"。在"一五"计划期间,水产部门增建大型风帆船和进行机帆船试验,加强渔业汛期组织领导,保护水产资源繁殖,扩大放养面积,大力发展水产养殖。1953—1957年,主要渔区累计贷款19 577万元。此外还制定了多种经济并存、自由购销等政策,活跃了市场。此后,在农业合作化浪潮下,渔区广泛开展互助合作。

淡水渔业的发展主要分为淡水捕捞业和淡水养殖业两大块。新中国成立后,我国曾大量发放渔业贷款扶持填船置网、恢复淡水捕捞渔业。1951年,我国淡水捕捞产量达到51.8万吨,超过历史最高水平的4倍多。1957年淡水捕捞产量为61.4万吨。1959年,国内市场副食品供应严重缺乏,为增加捕捞量,水产部提出了大量的应急性措施,冲破了原有的夏秋鱼类繁殖生长盛期实行禁渔区、禁渔期的水产资源保护规定,甚至高原湖泊都进行了渔业资源开发利用,对渔业资源产生了破坏性影响。1960年国内淡水捕捞产量达到66.8万吨的最高峰。此后,我国淡水捕捞业出现大面积、大范围的资源衰退现象。1961年国内淡水捕捞量减少到52.86万吨,比上年减少14万吨。到1978年,淡水捕捞产量仅为29.6万吨。为了保护淡水渔业资源,1979年,国务院正式颁布《水产资源繁殖保护条例》,一些省份建立了或恢复了渔政管理机构;提出严禁围湖

---

① 当代中国的水产业. 当代中国出版社,1991:21.

填塘,已围而得不偿失的,要退田还湖、退耕还渔;进行人工增殖放流等。

　　农村改革开放之前,我国淡水养殖业总体上经历了一个在波动中高速发展的过程。20世纪50年代开始,各地大兴农田水利建设,大大提高了我国淡水养殖的可养水面。1958年,我国淡水养殖水面曾猛增到2 143.17万亩,比1957年的1 500万亩增加了643.17万亩,增长了42.88%。但1959—1961年,国家粮食供应极度紧张,许多地方围湖造田、填塘种粮,使水产养殖业面积大幅度萎缩。1977年11月,国家农林部在北京市召开了有关商品鱼基地建设的座谈会,决定采取民办公助、鱼钱挂钩的办法,在全国主要渔区洞庭湖、鄱阳湖、太湖、洪泽湖、珠江三角洲等地建设十大商品鱼基地。会后,各地都选取水面较多、基础较好的县市发展商品鱼基地。1978年,我国淡水养殖面积恢复到272.28万公顷,比1949年的37.6万公顷增加了6.24倍。

　　从新中国成立到农村改革开放的这段时间内,我国淡水养殖产量在起伏波动中不断增加。1954—1978年,淡水养殖产量从277 959吨增加到760 468吨,24年间增至2.73倍。其中,1954—1959年的5年间增长了1.14倍。此后受农业政策影响,淡水养殖业发展进入谷底,直到1971年,淡水养殖产量才增加到617 846吨,超过1959年的水平。1974年,我国淡水养殖产量已经突破70万吨,到1978年达到76.23万吨。总体而言,这一阶段我国淡水养殖业的技术水平不高,人民公社"一大二公"和"平均主义"的分配制度也直接影响着渔民发展养殖生产的积极性。在国有水产供销企业垄断经营的体制下,水产品实行统购统销,造成水产品价格长期低于生产价格,还不及猪肉价格的1/2。

二、农村改革开放到"十六大"之前的渔业政策情况

　　农村改革开放为淡水养殖业发展带来了空前的活力,我国淡水渔业发展进入"黄金期"。1988年,我国淡水养殖面积为389.50万公顷,比1978年增长43.05%。此后,养殖面积有所下降,但增长的总趋势没变。1991年,淡水养殖产量达到462.59万吨,比1978年增长506.83%倍,年均增长速度为14.88%。1992—2002年,大宗淡水鱼增长率超过10%的年份有4年。在这一阶段,养殖面积稳步增加、单产水平快速提高是促进产量增长的重要原因。总结这一阶段的淡水渔业政策,与之前的政策相比有如下的一些内容和突出特点:

(一) 改革放活,充分调动渔民发展生产的积极性

　　针对前一阶段出现的水面利用不充分、持续加大捕捞能力造成水产资源被

破坏、自然水域捕捞已不能满足市场需求、海淡水养殖业发展缓慢、只注意国家和集体办场、群众积极性没有充分调动、水产品市场供应严重不足等问题,中共中央国务院接连召开全国性会议,明确了发展水产业的方针和政策。20世纪80年代以后,国家对发展渔业的一系列方针政策进行调整,渔业发展方针以恢复和发展生产力为主。1981年起,我国对淡水养鱼采取恢复、开拓、提高三结合原则,在城郊养鱼的基础上建设稳产高产商品鱼基地。1982年3月,全国淡水渔业工作会议召开,会议明确了落实养鱼水面使用权、完善生产责任制等有关政策。1985年,中共中央、国务院发布《关于放宽政策、加速发展水产业》的指示,文件明确提出:中国渔业发展以养殖为主,养殖、捕捞、加工并举,国营、集体、个人一起上。在政策方面,文件做了几项突破性的重大决定:在生产关系上,承认养殖业承包大户及捕捞业以船为基本核算单位的合法性;在商品流通上规定水产品价格全部放开,实行市场调节;在经营体制上要求打开渠道,规定产供销、渔工商、内外贸可以综合经营;还肯定了发展远洋渔业的方针。此后,鱼塘被承包到户,明确了水面承包经营权和收益权,使渔民养鱼积极性被进一步调动起来,投入淡水渔业的热情高涨。为保障水产品有效供给,中央安排专项资金用于池塘、设备补助支出。1985年后,"农林水产补助费"政策进一步发展,对集中连片的商品鱼(虾)基地给予补助,扶持外海和远洋捕捞业,鼓励群众渔港建设等。通过国家扶持、集体筹集、群众集资的办法,各地积极开发荒滩、荒水,在短时间内就建起一批商品化鱼池,大部分渔场通水、通电、通路,基本形成了养殖、捕捞、饲料、加工、运输一系列配套工程与附属设施,为精养高产、大规模发展渔业商品经济奠定了雄厚的物质基础①。商品鱼基地建立后,科研和生产单位重视解决饲料生产、鱼种放养、鱼病防治等生产问题,使淡水养殖单产不断提高,经济效益显著增加。此外,湖泊水库大水面开发、稻田养鱼、坑凼养鱼、网箱养鱼等也开始兴起,放养面积增多,生产持续稳定增长,中国淡水渔业进入新的发展阶段。

(二)水产品价格放开、引入市场机制

1981年起,我国对淡水产品的收购开始松绑。1984年,我国水产品流通放开,水产品可以自由上市、多渠道经营,进一步推动了淡水渔业发展。1985年,中共中央、国务院发布《关于放宽政策、加速发展水产业的指示》,明确规定水产品价格全部放开,实行市场调节。此后,水产品价格出现回归性上涨。1978—1984年,水产品平均收购价格指数为138.93(以1978年为100),零售价格指

---

① 丁德富.论洞庭湖区商品鱼基地的地位作用及其发展趋势.湖南水产,1990年第4期.

数为 120.93;1985—1999 年,水产品平均收购价格指数为 569.84,零售价格指数为 479.13(张健,2009)。

水产品价格放开后,政策因素对渔业的影响日益趋弱,供求关系成为淡水养殖业发展的决定性因素。在这一时期,随着人口增加、人口平均年龄的提高、收入水平的变化,我国水产品需求快速增加,直接刺激了淡水渔业生产的发展。

(三) 恢复淡水水产资源,建立和完善相关渔业法律法规

1978 年 3 月 16 日,国务院决定成立国家水产总局。国家水产总局成立后,修改完善了 1964 年试行的《水产资源繁殖保护条例(草案)》,补充了奖惩、组织领导和监督实施等条款。1979 年,国务院正式颁布《水产资源繁殖保护条例》。此后,各地的淡水渔业渔政管理机构相继恢复,一些地方恢复或增建湖泊管理机构,加强管理,恢复渔业生产秩序,取缔酷鱼滥捕的渔具渔法,改变天然资源衰退状况。有 21 个省区直辖市颁发了实施细则。淡水渔业省份对重要河流、湖泊、水库规定禁渔区、禁渔期或实行“封湖”“封库”制度。1979 年,国务院批转国家水产总局的报告,指出要严禁围湖填塘,要退田还湖、退耕还渔。此外,还注意设置鱼类洄游通道。1979 年,国家水产总局颁发《渔业许可证若干问题的暂行规定》,捕捞业从业者须向渔政管理部门申请领取许可证后方能进行生产。1979 年,国务院环保领导小组、国家计委、国家经委和国家水产总局联合颁布《渔业水质标准》,对因污染水域造成鱼类资源伤害的,要负经济赔偿责任并限期治理。1986 年 1 月 20 日,国家颁布了《中华人民共和国渔业法》并于同年 7 月 1 日施行。渔业法对养殖业、捕捞业、增殖和保护渔业资源以及渔业管理做出具体规定,鼓励发展水产养殖业,积极增殖渔业资源,保护渔业生产者合法权益;鼓励发展外海和远洋渔业,限制内陆水域和沿岸近海捕捞强度。总体上,1978 年以后,渔业法制建设得到大力加强,立法、执法和普法工作全面展开,渔业进入一个有法可依、依法治渔的时期。

回顾农村改革开放以来的历程,我国淡水渔业是在政府推动和市场拉动的双重因素作用下发展起来的。到 20 世纪 90 年代中后期,我国水产品已经跨越了短缺时代,在供给不断增加的情况下,市场竞争日益激烈,导致养殖效益的波动变大。这个基本格局的形成,对我国淡水养殖业产生了深刻的影响。此外,不断衰退的渔业资源与日益增长的需求之间也形成新的矛盾。在此背景下,淡水渔业面临增长方式转变和提质增效的考验。20 世纪 90 年代之后,我国大宗淡水鱼发展进入稳定期,而淡水经济鱼类发展加快,休闲渔业兴起,成为渔业经济发展的新亮点。总体上,从发展历程来看,在 21 世纪之前,我国淡水养殖业发展已经进入调整期;进入 21 世纪以后,大宗淡水鱼生产发展必须解决好数量

和质量、保障性品种和多样化品种、发展方式转变等问题,遵守资源节约、环境友好和可持续发展理念,坚持以建设现代渔业为目标,围绕渔业增效、渔民增收,加快转变增长方式,这是经济社会发展的必然要求。

三、21 世纪以来我国渔业支持政策演进情况

2001 年《我国远洋渔业发展总体规划(2001—2010 年)》颁布后,国家对远洋造船企业的补助增加。2002 年,农业部宣布对渔民转产转业实施补贴。2003 年《关于 2003—2010 年海洋捕捞渔船控制制度实施意见》提出加大对转产转业基础设施建设的扶持力度。2004 年起,国家对渔民转产转业与渔业资源保护进行支持。2006 年,国务院发布《中国水生生物资源养护行动纲要》,养护水生生物资源成为国家生态安全建设的重要内容,中央和地方财政大幅度增加增殖放流投入,全国累计投入资金 21 亿元,放流各类苗种 1 090 亿尾。2006 年,中央财政设立渔用柴油补贴政策,凡符合条件的国内海洋捕捞、远洋渔业、内陆捕捞及水产养殖并使用机动渔船的渔民和渔业企业均可获得柴油价格补贴。渔用柴油补贴政策成为我国渔业发展历史上获得的资金规模最大的一项中央财政补贴政策。针对渔业的生产扶持政策投入由 2004 年的 2.7 亿元增加到 2012 年的 244 亿元。"十一五"时期,国家启动实施了公益性农业行业科研专项和现代农业产业技术体系建设专项,落实渔业经费约 7 亿元。渔业重点领域的科技创新和关键技术的推广应用取得成效,共获得国家级奖励成果 22 项,制定国家和行业标准 382 项。基层水产技术推广体系改革稳步推进,公共服务能力不断增强。启动渔业政策性保险试点,5 年累计承保渔民 323 万人、渔船 25 万艘。还推动解决困难渔民最低生活保障和"连家船"渔民上岸定居。在一些主产省份,各级财政也加大了对渔业的支持力度①。2012 年发布《关于促进远洋渔业持续健康发展的意见》中,强调要落实补贴、税收优惠政策。2013 年国务院通过《关于促进海洋渔业持续健康发展的若干意见》,指出在保证对渔政、渔港等基础设施以及病害防控、装备研发、资源养护等领域的持续财政支持,完善渔业油价补贴与转产转业补助的同时,要将渔业纳入农业用水、用电、用地等方面的优惠政策范围。

总体上,以渔用柴油补贴为入手,已经打开了支渔惠渔投入不断增加的空

---

① 十一五时期中央财政投入渔业资金达 370 亿元. 中国财经报. http://www. sina. com. cn,2011 年 10 月 31 日 18:50.

间,我国渔业财政支持逐步增加。各地在执行渔业支持保护政策的过程中,边实践、边总结、边调整、边完善,已经形成以渔用柴油补贴、水产养殖补助、禁渔休渔生态奖补、渔业保险保费补贴等为主体的我国渔业支持保护政策的基本架构。

第二节 新时期我国渔业发展支持政策体系构建情况

进入 21 世纪以来,随着"以工补农、以城带乡""多予少取放活"方针的提出和国家公共财政框架的完善,中央财政及地方财政大幅度增加了对农业、农村基础设施建设和社会事业的投入,我国三农政策框架基本构建完成。相应的,为引导渔业经济增长方式的转变,全面提升渔业的发展质量和效益,我国制定了积极的渔业发展支持政策,渔业领域的政策框架开始初步构建,渔业支持政策体系在不断的创设、调整中完善,体系架构和内容逐步清晰。

一、对渔业的财政支持力度增加

建设现代渔业离不开政策的科学引导和政府的投入支持。随着国家财力增强,中央财政和地方财政对渔业的投入不断增加,鼓励渔业发展的支持范围也在逐步扩大。在一系列强渔惠渔富渔政策支持下,我国渔业投入呈现不断增加态势。2002—2005 年,中央财政对渔业的投入基本上略高于 10 亿元,渔业投入占农业投入的比例在 0.5%左右。2006 年起,中央财政对渔业的投入显著增加,达到 37.06 亿元,占农业投入的比例首次超过 1%,为 1.05%,此后中央财政对渔业的投入每年增加,从 2002 年的 10.67 亿元增加到 2012 年的 246 亿元,增加了 235.33 元,年均增长 36.86%,渔业投入占农业投入的比例从 2002 年的 0.56%上升到 2008 年的 2.21%。2009—2012 年的 4 年间,中央财政对渔业的投入占农业投入的比例基本不超过 2.0%。通过政府补贴和财政投入,水产良种繁育、病害防治、水产品质量管理、渔业资源养护、水产科研、渔港和渔业安全、渔业执法装备体系建设和渔业柴油补贴等方面的工作得到了促进和加强,渔业公共服务和渔政执法装备水平有了一定提高,一些重要渔业资源得到保护和恢复,渔民生产生活得到一定改善,渔业补贴政策和项目的实施,发挥了重要的调控和引导作用,为渔业经济稳步发展提供了有力支撑。

表 8.2.1　2002—2012 年中央财政对渔业的投入

（单位：亿元、%）

年份	2002	2003	2004	2005	2006	2007	2008	2009	2010	2011	2012
中央财政对渔业的投入	10.67	11.96	12.73	10.8	37.06	61.3	131.8	130.2	108.4	177.7	246
中央财政对农业的投入	1 906	2 144	2 626	2 975	3 517	4 318	5 955	7 253	8 580	10 419	12 287
渔业投入占农业投入的比例	0.56	0.56	0.48	0.36	1.05	1.42	2.21	1.80	1.26	1.71	2.0

资料来源：历年《中国渔业年鉴》、《中国统计年鉴》和《中央财政支农政策手册》(2002—2012)。
注：表中 2009—2012 年中央财政对渔业投入数据为笔者根据渔用柴油补贴、渔民转产转业与渔业资源保护、菜篮子工程中水产品、现代农业产业技术体系 5 个涉渔专项经费的加总计算而得。

总体上，"十一五"时期，各级财政加大了对渔业的投入，中央财政投入达到370 亿元，比"十五"期间增长了 7 倍；"十二五"期间，中央财政对渔业的投入达到 1 461 亿元，比"十一五"期间增加 922 亿元，增加 1.71 倍；其中，财政预算资金增长 1.04 倍，基本建设投资增长 4.15 倍。目前全国已经有 25 个省区市政府出台支持现代渔业建设的文件，29 个省区市增加了地方财政对渔业的投入。在政策保障和持续的投入支持下，我国渔业基础设施条件明显改善，产业结构逐步优化，确保了渔业为城乡居民提供丰富多样优质的水产品，渔业经济平稳较快发展，为区域经济发展注入了活力。

二、我国渔业补贴政策框架初步形成

党的"十六大"以来，随着工业化、城镇化快速发展以及农业农村经济发展进入新阶段，国家适时出台了新型农业支持政策体系，持续大幅增加对农业补贴的规模、扩大补贴范围、提高补贴标准，对促进粮食等农产品生产供给发挥了重要作用。在渔业领域，渔业补贴政策框架趋于清晰，渔业补贴范围扩大、种类增多、补贴针对性增强，主要包括促进生产发展补贴、流通业发展补贴、资源和生态保护补贴、政策性保险、贷款贴息、税收优惠等。

（一）促进渔业生产发展的补贴政策

我国农业补贴制度主要包括粮食直补、农资综合补贴、良种补贴和农机补贴，被称为"四补贴"政策。农业补贴作为保护与支持农业的主要政策工具，是以种植业生产为主的农业生产直接补贴政策,侧重于粮食生产。依照农业补贴制度的划分方式,可以把渔业生产促进补贴政策分为6种类型:

1. 渔用柴油补贴政策

2006年中央财政设立渔用柴油补贴政策,对符合条件且依法从事国内海洋捕捞、远洋渔业、内陆捕捞及水产养殖并使用机动渔船的渔民和渔业企业给予柴油价格补贴。渔业柴油补贴政策是一项重要的强渔惠渔政策,是渔业历史上获得的资金规模最大、受益范围最广、对渔民最直接的中央财政补助,是中央"三农"政策在渔业的具体体现。2006—2012年,中央财政共下达渔业柴油补贴资金728.78亿元,占全部补贴资金的81.66%,在几个补贴行业中资金量位居首位。但由于该政策主要针对高耗能的捕捞业,在淡水渔业中只有淡水捕捞渔船可以享受这一政策,一般淡水养殖业很少能享受。2015年6月,财政部、农业部联合印发《关于调整国内渔业捕捞和养殖业油价补贴政策促进渔业持续健康发展的通知》,贯彻生态优先理念,统筹考虑渔业发展、渔民生计和渔区稳定,将部分资金用于渔民减船转产、渔船更新改造、资源养护、休禁渔补贴、信息化建设、养殖基础设施改造、渔港航标建设等现代渔业建设的亟需方面,渔业油价补贴政策的进一步完善为渔业产业转型升级提供有力支撑。

2. 水产养殖机械补贴

2008年,农业部和财政部预拨下达2008年农机具购置补贴款40亿元,在补贴资金规模扩大的同时,增加了农机具购置补贴种类,其中,增氧机、投饵机和清淤机3类水产养殖机械首次纳入补贴目录。

3. 水产良种补贴

水产良种补贴的起步是2006年的《水产养殖业增长方式转变行动实施方案》中提出要"开展国家级水产原良种场运行机制调研,探讨水产良种补贴方法"。2007年农业部水产健康养殖及水产良种补贴政策调研组奔赴各地调研,一些地方的水产良种补贴已经启动,但大多数涉及的是经济价值较高的淡水鱼类。如江西省利用财政资金100万元,连续2年补贴鮰鱼良种和商品鱼养殖。

4. 产量补贴

为了发展罗非鱼产业,广西在2004年出台补贴罗非鱼产业发展政策,2005年扶持生产3万吨罗非鱼,每吨补助200元;2006年扶持生产4万吨罗非鱼,每吨补助150元。

5. 养殖基地补贴

该补贴多用于出口水产品示范基地建设和经济价值较高的淡水鱼的标准化基地建设方面。2003年,海南省海洋与渔业厅出台扶持罗非鱼养殖出口示范基地的优惠政策,凡在当年 9 月 30 日前建成池塘面积 200 亩以上的示范基地,或 12 月 31 日前建成池塘面积 300 亩以上的示范基地,每亩将一次性获得补助 200 元。此后,补贴对象门槛降低,连片养殖 50 亩(中部 30 亩)以上也可获得省财政每亩 100 元的补贴。2006 年,海口市对新开发 30 亩以上连片的罗非鱼基地,每亩一次性补助 150 元,琼海市对新开发 10 亩以上连片的罗非鱼基地,每亩一次性补助 50 元。安徽省庐江县对新增或改造的标准化养殖基地进行补贴。补贴范围是,对新增或改造的标准化养殖基地的网箱养鳝户,以 5 亩为起点,每亩补助 200 元;网箱养鳝以 500 平方米为起点,每平方米补助 20 元;河蟹生态养殖以 500 亩为起点,每亩补助 10 元;精养鱼塘以 200 亩为起点,每亩补助 50 元;水产苗种场建设以 100 亩为起点,每亩补助 300 元。

6. 标准化池塘改造补贴

我国户均养殖池塘面积小、池塘老化问题突出,直接影响水产养殖效益,现有池塘约有 2/3 为中低产池塘。强化池塘改造和清淤工作力度是确保渔业可持续发展的基础和前提。山东省深入推进养殖池塘标准化建设工程,2007 年、2008 年两年省级财政投入就达 3 000 余万元,改造池塘 12 万亩,新开发池塘 2 万亩。在池塘改造建设方面,部分省市区制定标准、积极推进以促进渔业转方式和调结构。福建省 2009 年标准化池塘改造补助标准为:沿海县(市、区)不分海淡水池塘每亩补助 1 000 元以内,内陆县(市、区)每亩补助 1 500 元以内;《2010 年标准化水产养殖池塘建设改造工作实施方案》规定,新建的标准化池塘和一类标准化池塘每亩补助 1 600 元以内,二类标准化池塘每亩补助 800 元以内。[①] 海南省海洋渔业厅《关于印发 2012—2016 年海南省水产养殖池塘标准化改造方案的通知》(琼海渔办〔2012〕67 号)文件规定,财政资金补贴标准为海水池塘 800 元/亩、淡水池塘 500 元/亩。低产养殖池塘标准化改造的养殖单位和个人只要改造项目符合本地产业发展规划要求,养殖权益清晰,证照齐全,建设业主明确,就可以按照先改后补、以实际验收改造面积为准的原则发放财政补贴。[②] 安徽铜陵市将标准化养殖池塘改造纳入推进新一轮"菜篮子"工程建设内容,按每亩 1 500 元的标准实施定额补贴,池塘改造财政补贴坚持"民建公助,先建后补,谁建补谁,达标才补"的基本原则,对全市养殖水域滩涂规划内已发放养殖证的老旧养殖池塘以及宜渔水域滩涂,按照适度集中连片 100 亩以

---

① 吴洪. 福建今年将改造标准化池塘 5 万亩,改造补助标准调整. 东南网-福建日报,2010 - 03 - 10 08:39. http://news. foodqs. cn/gnspzs01/201031095456562. htm.

② 海南省海洋渔业厅. 海南省水产养殖池塘标准化改造项目财政补贴办事指南. 2014 - 07 - 15. http:// dof. hainan. gov. cn/wsbs/bszn/201407/t20140715_1323732. html.

上和标准化要求进行生态修复改造建设。其改造技术要求达到：(1)池塘平均深度不小于 2 米(平均保水深度不小于 1.8 米)、塘埂坡度 1：1.5～1：2.5(浆石坡度不作要求)、塘埂面宽 3.5 米以上,单个池塘面积在 5～20 亩。(2)电通,路通,水源有保证,进排水科学合理。每亩一次性补助 1 500 元,市、县(区)财政按 1：1 比例配套。① "十一五"以来,宁夏自治区财政每年列专项资金 500 万元,推动适水产业基地建设和养殖池塘标准化改造。银川市连续 10 年把老旧池塘清淤改造列为市财政专项补贴项目,"十一五"以来累计补贴资金 975 万元,改造老旧池塘 4.5 万多亩。目前,银川市由开始单纯对池塘清淤、护坡的补贴逐渐发展到对养殖区域环境改造、水电路、生态循环水再利用等池塘配套设施建设的补贴。据统计,"十一五"以来全区社会及各级财政累计投资 1.5 亿元,改造养殖池塘 11 万亩,池塘亩均增产 300 公斤,增效 1 000 元以上。结合农业部水产健康养殖示范场创建,以改造后的池塘为重点,每年扶持建设 20 个标准化示范养殖基地,在示范基地配备水质、鱼病检测设备,集成示范推广水产养殖新品种、新技术,以点带面,促进全区池塘标准化改造工作健康发展。②

(二) 针对流通业发展的补贴政策

2012 年国务院发布《关于深化流通体制改革加快流通产业发展的意见》,支持依法使用农村集体建设用地发展流通业。重点支持公益性流通设施、农产品和农村流通体系、流通信息化建设等。在一定期限内免征农产品批发市场、农贸市场城镇土地使用税和房产税。将免征蔬菜流通环节增值税政策扩大到有条件的鲜活农产品。落实好鲜活农产品运输"绿色通道"政策,确保所有整车合法装载、运输鲜活农产品的车辆全部免缴车辆通行费,结合实际完善适用品种范围。切实规范农产品市场收费、零售商供应商交易收费等流通领域收费行为。

目前多数省份已经开通了水产品"绿色通道"。河南省 2005 年出台了《关于进一步加快发展水产业的意见》中明确,水产养殖今后将享受农业用地、用电、用水的优惠政策;新建水产品批发市场免收 3 年市场管理费。《意见》提出,要建立鲜活水产品"绿色通道",改善水产品流通环境。公安、交通、农机等部门对运输水产苗种、鲜活商品鱼的车辆要给予优先通行,除特殊情况外,不得扣压鲜活水产品。对新建水产品加工企业、水产品销售商贸企业,自开业之日起,报

---

① 铜陵财政补贴改造标准化养殖池塘,http://www.anhuinews.com/zhuyeguanli/system/2011/06/13/004141084.shtml,发布时间：2011 年 06 月 13 日 15 时,来源：铜陵县水产站。

② 宁夏池塘标准化改造促进渔业稳定健康发展,http://www.zgsc123.com/index.php? m=content&c=index&a=show&catid=109&id=10013,2011-11-18 11：00：42,来源：宁夏农牧厅渔业局。

经主管税务机关批准,减征和免征企业所得税一年。对为渔户提供技术服务的水产技术推广单位、专业协会、中介组织及各类事业单位等所取得的收入,免征企业所得税。2004年,海南省交通厅与省海洋与渔业厅发出通知,"海南省鲜活农产品运输证"启用后,水产品及水产品种苗的运输将与瓜果菜运输一样,开通绿色通道,享受不扣车、不罚款的特殊待遇。

(三)渔业资源和水生生态环境保护补贴政策

2012年渔业部门落实渔业资源保护与转产转业转移支付项目资金4亿元,其中用于水生生物增殖放流30 600万元,海洋牧场示范区建设8 970万元,减船转产430万元。2013—2015年该项目仍继续实施。2016年,中央财政继续安排渔业资源保护与转产转业转移支付项目资金4亿元,用于水生生物增殖放流和海洋牧场示范区建设。其中,经济物种的增殖苗种应当是本地种的原种或子一代,符合《农业部办公厅关于进一步加强水生生物经济物种增殖放流苗种管理的通知》(农办渔〔2014〕55号)要求,濒危物种的增殖苗种可以为本地种的子二代。海洋牧场示范区原则上要求项目实施海域已连续开展相关工作三年以上。

为缓解近海渔业资源衰退趋势,维护沿海渔业社区稳定,保障渔民切身利益,促进渔业可持续发展,我国从2001年起实施沿海捕捞渔民转产转业政策。内容包括:(1)渔船报废拆解补助政策,"十二五"以来中央投入100多亿元用于海洋渔船更新改造和渔政船建造;(2)渔民教育培训补贴,中央财政专门设立渔民转产转业专项资金,对转产渔民的技能培训、吸纳和帮助转产渔民就业等项目提供补贴支持,2002年起,中央财政每年至少安排2.7亿元用于减少捕捞渔船和引导捕捞渔民转产转业,2002—2007年,中央财政对渔民转产转业投入13亿元;(3)渔民税费减免政策,各沿海地区逐步减免海洋捕捞业中的农业特产税,低核定向捕捞渔民收取的渔业资源增殖保护费、渔港费、渔船和船用品检验费等涉渔收费,各类渔业证书换发、补发只收取实际工本费等;(4)水生生物增殖放流,项目以省及计划单列市为单位安排资金,对水生生物资源衰退严重或生态荒漠化严重水域,以及放流技术成熟、苗种供应充足、增殖效果明显、渔民受益面大的品种,在增殖放流资金安排上给予重点支持。

(四)发展渔业政策性保险,推进渔业互助保险保费补贴

"十六大"以来,在中央出台一系列推动农业政策保险发展的指导意见的背景下,渔业保险的探索步伐不断加快。2008年5月,农业部正式启动渔业互助保险中央财政保费补贴试点工作。试点险种确定为渔船全损互助保险和渔民

人身平安互助保险,中央财政分别补贴保费的 25%,渔民人身平安互助保险最高补贴保险金额每人 20 万元。渔船全损互助保险试点区域为辽宁省、山东省、江苏省、福建省、广东省、海南省部分重点渔区。渔民人身平安互助保险试点区域为浙江省岱山县。2011—2015 年 9 月,渔业互保业务共承保渔民 44.33 万人、渔船 34.25 万艘,收取互保费 65.74 亿元,提供风险保障 11 320.03 亿元,支付经济补偿金 21.69 亿元。

党的十七届三中全会的决定要求:"发展农村保险事业,健全政策性农业保险制度,加快建立农业再保险和巨灾风险分散机制。"自 2007 年我国开始进行政策性农业保险试点以来,我国政策性保险的险种不断增加,农业保险覆盖范围不断扩大,国家对保费补贴的比例不断提高。探索农业巨灾风险分散机制也取得一定进展。2008 年起,我国在 7 个沿海省份开始实施政策性渔业保险——中央补贴 20%、各级政府补贴 35%、渔民承担 45% 保费的三级互保制度。2009 年,江苏省政策性渔业保险试点工作启动,补贴覆盖全省海洋渔民、渔船和内河渔船;省财政把政策性渔业保险专项资金列入正常性预算,实行多保多补,补贴总额上不封顶;明确协会及其办事机构负责实施全省政策性渔业保险试点工作。江苏省的渔业政策性保险试点探索出一种新型保险组织模式——省财政对参加渔业保险试点的投保渔民给予投保保费 25% 的补贴的基础上,将渔业互助保险年度保费"打包"再保险,即渔业互助保险巨灾超赔再保险。2011 年,江苏省财政进一步加大对政策性渔业互助保险补贴力度,提高了渔民风险保障水平,雇主责任险保险金额从 20 万元提高到 60 万元。2012 年,江苏省渔业政策性保险保费补贴范围进一步加大,率先将内陆渔民人身平安互助保险纳入政策性渔业保险试点,实现省内渔业政策性保险财政保费补贴政策的全覆盖,内陆渔民 8 万多艘渔船,30 万内陆渔民的人身平安险全部纳入省政策性保险财政补贴范围。3 年来,全省累计入保渔民 37 万人(次)、入保渔船 2 万艘(次)、实现保费收入 15 280 万元,为全省渔民群众提供了高达 310 亿元的风险保障。目前,政策性农业保险保费补贴不包含水产养殖业,水产养殖保险仅在部分省份试点开展。

(五) 渔业贷款贴息

渔业贷款贴息目前只在局部地区自行开展,主要对灾害造成的再生产能力下降、对符合地方发展要求的企业技改、新产品开发、固定资产投资等给予贷款贴息。

1. 渔业救灾复产贷款贴息

2008 年 2 月,广东省江门市财政安排 200 万元贷款贴息补助专项资金,按受灾经济损失比例分配给各市、区,各市、区政府按不少于1∶1的比例配套专项资金,支持辖区内因2008年初寒冷天气造成严重损失的水产养殖户(场)救灾复产。贷款期限由农信社和受灾水产养殖户根据需要和实际生产周期自行确定,贴息贷款补助期限为1年。当受灾水产养殖户贴息总额小于或等于两级政府安排的贴息资金总额时,实行全额贴息;当受灾水产养殖户贴息总额大于两级政府安排的贴息资金总额时,则按比例实行部分贴息。2008年10月,广东省阳江市出台了渔业复产贴息贷款工作方案,支持遭受台风"黑格比"重创的渔业救灾复产。市本级财政安排补助专项资金1 500万元,专项用于辖区内受灾户,尤其是"全倒户"、养殖受灾(损失10万元以上)大户和大船(60匹马力以上)船主的恢复生产性贷款,符合条件的,由市、县(市、区)财政按7∶3的比例给予1年期贷款贴息。2009年7月,福建省清流县向受特大洪灾影响的养鱼户发放贴息贷款。由"清流溪鱼"发展协会担保,依托清流农行"惠农卡",采取3~4户联贷方式,由县财政支付利息,给予每户受灾养鱼专业户5万元的3年授信贷款。

2. 渔业企业技改、新产品开发贷款贴息、养殖贷款贴息、水产龙头企业贷款贴息等

2009年,福建省根据相关规定,认定77家企业为省2009—2010年度水产产业化龙头企业。这些企业将在两年内享受到10万元的贷款贴息补贴。湖北省洪湖市从2009年起,对符合该市水产品加工业发展方向的重点投资项目实行财政贷款贴息和有偿扶持相结合,首次固定资产投资超过2 000万元,属于贷款建设的项目,实行全额贷款贴息,贴息期1~3年。2006年,海南省海口市出台《海口市本级财政支农贷款贴息资金管理暂行办法》,对区域内从事水产品培育、生产、加工和流通等项目的个人、企业及其他组织提供财政支农贷款贴息资金。养殖面积达10亩以上的水产养殖专业户可获得不超过50万元的财政支农贷款年贴息资金,养殖面积达50亩以上的企业及其他组织可获得的财政支农贷款年贴息资金不超过100万元,贴息期限为1~3年。

(六) 税收优惠

2007年颁布的《企业所得税法实施条例》明确规定远洋渔业企业免征、海淡水养殖企业减半征收企业所得税。为支持引进和推广良种,加强物种资源保护,发展优质、高产、高效渔业,我国在"十一五"期间对用于培育、养殖以及科学研究与实验的进口鱼种(苗)免征进口环节增值税。为降低2008年南方低温雨雪冰冻灾害给水产养殖业造成的重大损失,2008年度增加"其他鱼苗及其卵"免税计划4 000万尾(粒)。

三、渔业基础设施建设力度不断加大

为提高渔业设施装备水平,增强渔业综合生产能力,改善渔民生产生活条件,近年来,我国加大了渔业基本建设投入力度。

我国渔业基本建设投资项目有 7 项,其中有 6 项涉及淡水渔业,而与大宗淡水鱼产业相关的有 5 项。①水产良种工程建设项目。为了向现代渔业不断提供新品种,1998 年开始,中央财政扶持建设水产良种工程建设项目,重点建设水产原良种场,主要开展水产原良种培育、繁殖、提高水产良种覆盖率和苗种质量,开展原种推广。②水生动物防疫项目。主要建设内容包括县级水生动物防疫站、水生动物疫病实验室、病原库建设等。③渔港项目。渔港项目原来不包括内陆,后来增加内陆重点渔港建设,以改善渔港面貌和为渔船提高安全避风条件。④农业综合开发项目。建设内容为水产养殖基地和苗种繁育基地。⑤"菜篮子"产品生产项目。重点建设农业部水产健康养殖示范场,开展养殖基础设施改造,实施标准化养殖,加强质量安全管理,提高养殖综合生产能力和质量安全水平,保障大中城市优质水产品供给。2011 年,农业部水产健康养殖示范场数量 2 610 个,2015 年底示范场数量达到 5 856 家,示范面积 300 万公顷,培养示范养殖户 20 余万户,健康养殖示范规模比"十一五"末增长 3 倍多。"十二五"期间农业部还启动了水产健康养殖示范县创建活动,有 10 省(区)的 43 个县区申报创建示范县,目前有 5 个县区通过验收。目前,中央财政"菜篮子"渔业项目年度资金规模为 2 亿元。

近年来,各级政府重点加大了水产良种繁育、病害防治、水产品质量管理、渔业资源养护、渔港和渔业安全、渔业执法装备体系建设等重点基建投资。例如陕西省在 2010 年强化渔业基础设施建设,改变渔业增长方式,促进渔业养殖健康发展方面投入 5 591 万元,成为近 20 年来渔业年度投入首次突破 5 000 万元的重要省份。

"十二五"期间,以中央财政渔业标准化健康养殖、现代农业发展资金等项目为引导,各级财政加大了对水产养殖基础设施改造升级扶持力度,支持池塘、工厂化养殖设施设备升级改造,特别是加大了对废水处理和循环利用等节水减排工程的投入。其中,中央财政投资各地养殖池塘标准化改造 20 余亿元,支持实施池塘标准化改造(包括新挖)120 余万公顷,在全国形成一批健康养殖、稳产高产的生产基地。通过基础设施改造和基地创建,池塘养殖生产能力和抵御自然灾害能力大幅提升,疫病发生率和死亡率下降,能耗、水资源消耗和药物使用明显减少,养殖产品档次提高、质量提升,促进了养殖经济效益和生态效益提高。

四、加大渔业科研和水产技术推广方面的公共投入

21 世纪初,每年国家对渔业科研的投入基本保持在 2 000 万元以内,对地方科研单位科研成果开发转化基本没有给予支持。"十二五"期间,农业部重点推进实施了现代农业产业技术体系、公益性行业科研专项、支撑计划和高技术船舶科研计划等项目,全国涉渔科技与推广经费达 50 多亿元,其中,国家级科研项目近 1 000 项,经费 20 亿元,省级科研项目 4 500 余项,经费 16 亿元。大宗淡水鱼等 5 个现代农业产业技术体系,累计投入经费 5.9 亿元;15 个公益性(农业)行业科研专项渔业项目,投入经费 2.4 亿元;启动实施高技术船舶科研项目 2 个,投入经费 2 500 万元;启动实施淡水育种和海洋资源养护 2 个科技支撑计划,投入经费 5 000 万元。国家科技 863 计划、973 计划等渔业领域研究经费大量增加,累计约 6.2 亿元。在国家农业科技项目的带动下,地方渔业科技投入增幅较大,有的省渔业科技年投入在 2 亿元以上。"十二五"期间,渔业科研条件建设力度加强,五年累计投入近 15 亿元,用于建设示范基地、实验室,目前全国涉渔国家级实验室共 19 个,省部级实验室近 200 个,另外还建成了一艘资源调查船。

在现代农业产业技术体系建设中,国家大宗淡水鱼产业技术体系"十二五"总经费为 13 200 万元,设置 6 个功能研究室,分别为育种、养殖模式与工程、饲料与营养、病害防控、加工和产业经济,汇聚全国 25 个岗位科学家和 26 个综合试验站("十二五"后综合试验站数目扩大到 30 个),开展覆盖产业链各环节的技术研发。其麾下的淡水渔业科研机构"十二五"期间在承担 973 项目、自然科学基金项目、农业部行业专项等方面也取得突破性进展。

在水产技术推广方面,2002 年水产技术推广机构经费只有 38 919 万元,其中人员费 24 425 万元,项目费 14 494 万元;2014 年,全国水产技术推广机构经费约为 201 802.92 万元,其中人员经费 154 047.81 万元,业务经费 47 754.11 万元,12 年间分别增长了 4.2 倍、5.3 倍和 2.3 倍。"十二五"全国共落实水产推广经费 23.29 亿元,较"十一五"增长近 115%。[①] 基层水产技术推

---

① 于康震副部长在全国水产技术推广工作会议上的讲话. 2016 年 4 月 18 日. http://www.moa.gov.cn/govpublic/YYJ/201604/t20160427_5110273.htm.

广体系改革稳步推进,公共服务能力不断增强。

五、完善渔业监督管理制度

一是创建水产种质资源保护区。2007 年,农业部公布了《国家重点保护经济水生动植物资源名录》,并设立首批 40 个国家级水产种质资源保护区。目前,已分四批公布设立国家级水产种质资源保护区 220 个,面积超过 10 万平方公里,保护了 160 多种重要水产种质资源及其"三场一通道"(即产卵场、索饵场、越冬场和洄游通道)等关键栖息场所,初步构建了覆盖我国重要江河、湖泊、近海港湾、滩涂等水域的保护区体系。

二是完善休渔禁渔制度。为加强渔业资源的有效保护和合理利用,1995 年中国实施海洋伏季休渔制度,期间数次调整,休渔时间逐步延长,休渔作业类型逐步增加,休渔范围逐步扩展到渤海、黄海、东海和南海几大海区,覆盖沿海 11 个省区、市和香港、澳门特别行政区。2003 年我国在长江流域实施为期 3 个月的禁渔期制度,禁渔范围涉及沿江 10 个省(市)。2011 年,首次实行珠江禁渔期制度,休渔禁渔制度得到进一步完善。目前,我国每年休渔禁渔渔船达 20 余万艘、渔民上百万人。在禁渔休渔期间,加强对禁渔区、禁渔期、封湖区的管理,严厉打击电、毒、炸鱼等破坏渔业资源的违法行为。

三是不断加大增殖放流投入力度。2006 年 2 月国务院颁布的《中国水生生物资源养护行动纲要》从国家层面和战略高度提出了我国水生生物资源养护工作的指导思想、基本原则、奋斗目标以及需要开展的重大行动和保障措施,使水生生物资源养护工作步入一个新阶段。农业部先后安排增殖放流中央财政预算内项目和转移支付专项,加大了资金投入力度。2009 年达到 245 亿尾,提前一年完成《行动纲要》确定的年放流苗种 200 亿尾的近期目标任务。"十二五"期间,全国共投入增殖放流资金 49 亿元,增殖放流各类水生生物苗种 1 583.5 亿单位,同比增长 45%;新建国家级水产种质资源保护区 272 个,总量达到 492 个;新建国家级水生生物自然保护区 8 个,总量达到 23 个。

四是健全水产品质量安全监管制度。我国积极开展无公害基地认定和无公害水产品认证工作,不断推进建立大中城市批发市场水产品准入制度;建立水产养殖官方兽医制度、执业兽医制度及水产养殖用药处方制度,完善水产养殖病害测报预警、水产品药残和贝类有毒有害物质监控体系,提高养殖生产全程的质量监控能力;落实养殖用药记录、养殖生产日志等制度,在积极探索新的鱼药管理制度的基础上,建立完善水产品质量监管机制,强化公共危机应急反应能力,切实保证水产品质量安全。

五是创新捕捞许可制度。随着资源紧张和竞争加剧,捕捞权益受损害的现象屡见不鲜。1987年我国开始对全国海洋捕捞渔船船数和功率数实行总量控制(简称"双控")制度。2003年,农业部制定《关于2003—2010年海洋捕捞渔船控制制度实施意见》。通过严格执行渔船、主机功率"双控"制度,加强了船网等主要生产要素监管,控制捕捞强度,实现捕捞强度与渔业资源状况相适应,调整产业结构、全面提升渔船管理水平。

六是控制征占用规模,制定水域滩涂征占用补偿办法。对一些涉水项目损害渔业权的情况,给予渔业权人合法的补偿,涉水项目必须经过环评论证。推进建立工程建设主体负责的生态补偿机制,要求明确工程建设对渔业资源的损害情况,提出补偿措施并按"三同时"(同时设计、同时施工、同时验收)原则实施。五年来累计审查了450多个建设项目,纳入工程建设环保投资的渔业资源补偿费用超过43亿元。增殖放流等生态补偿措施的落实,有效地缓解了工程建设造成的渔业资源和生态损害。一些地方参照土地承包经营权确定的补偿办法和标准制定出台了渔业水域占用补偿实施办法,在这方面已经探索出新路。

六、探索中推进渔业权物权化进程

十届全国人大五次会议通过的《物权法》规定了"使用水域、滩涂从事养殖、捕捞的权利",第一次在我国民事基本法律中明确了渔业养殖权和捕捞权,是我国渔业法制建设史上的一件大事,进一步稳定和完善了我国渔业基本经营制度。对水产养殖生产者依法核发养殖证、确认养殖水域滩涂使用权,是《渔业法》确立的国家对养殖水域、滩涂实施管理的一项基本制度。2007年《物权法》明确规定依法取得的使用水域、滩涂从事养殖的权利属于用益物权,受法律保护。第一次在我国民事基本法律中厘清了渔民与水域滩涂的权属关系,意味着渔民使用水域滩涂从事养殖和捕捞适用于物权保护措施,对促进渔业持续健康发展意义重大。

随着工业化、城市化进程加快,部分地区随意侵占养殖水域、滩涂的事件日益增多,权属纠纷不断发生,损害了养殖生产者的合法权益,影响社会和谐稳定。针对这些问题,近年来中央连续几个1号文件均要求做好稳定渔民水域滩涂养殖使用权工作。为贯彻落实中央1号文件精神,维护好渔民合法权益,按照《物权法》"不动产物权的设立、变更、转让和消灭,经依法登记,发生效力;未经登记,不发生效力,但法律另有规定的除外"的规定,提高水域滩涂养殖使用权保护效力,农业部组织起草并于 2010 年 7 月 1 日颁布实施《水域滩涂养殖发证登记办法》,规范水域滩涂养殖发证登记,强化养殖证的物权属性,更有效地保障养殖生产者的合法权益。这一《办法》从制度上强化了渔民生产权益的保障。但渔民权益得到保护还需要权利意识的树立和保护权利机制的进一步完善,因此需要继续建立和完善渔业权制度,包括:

1. 完善水域滩涂养殖确权制度,稳定养殖承包经营权,调动经营主体投入的积极性。农业部 2003 年印发《关于完善水域滩涂养殖证制度试行方案》。在具体执行中,一些地方将养殖证发给水域所属的村,也有一些地方直接将养殖使用证发给养殖者。目前,完善水域滩涂养殖确权制度,应本着稳定养殖承包经营权,调动经营主体投入积极性的原则,将养殖证直接发放给养殖者,以稳定和完善渔业基本经营制度。

2. 加快建立与物权法相适应的养殖水域滩涂用占补偿制度。保护重要渔业水域资源,控制征用或占用规模,制定水域滩涂征用或占用补偿办法,妥善安置渔(农)民,保障渔(农)民合法权益。对一些涉水项目损害渔业权的情况,应给予渔业权人合法的补偿,涉水项目必须经过环评论证。一些地方参照土地承包经营权确定的补偿办法和标准制定出台了渔业水域占用补偿实施办法,在这方面已经探索出新路。

3. 捕捞许可管理制度。捕捞权的表现形式就是捕捞许可证。我国长期实行捕捞许可证制度,但随着资源紧张和竞争加剧,捕捞权益受损害的现象也屡见不鲜。应严格执行渔船、主机功率"双控"制度,加强船网等主要生产要素监管,切实控制捕捞强度;建立注册验船师队伍,强化渔船检验和报废制度;积极探索市场经济条件下捕捞配额管理的有效机制和途径。

七、以船为家渔民上岸安居工程

我国河湖沿岸地区,自古以来就生活着广大的渔民。这些渔民以渔业为生,其家庭生计的维持基本上完全依赖于渔业,没有其他来源。1965 年我国调查统计,全国有淡水连家渔船渔民 12 万户 60 余万人,劳动力和产量约占淡水专业捕捞劳动力和捕捞产量的一半以上。此后国家曾推广上海嘉定县的淡水连家船社会主义改造经验,要求各省加快改造工作。到 1976 年,60%以上渔民实现了陆上定居。1977 年底,我国宣布全国连家渔船社会主义改造基本完成。此后,这一工作基本上淡出渔业管理部门的视线。随着"十六大"以来国家强农惠农富农政策实施力度加大,一些省区渔业部门提出了以船为家渔民问题,部分省份开始推动解决这一问题。实际上,到 2012 年,我国仍有以船为家渔民约 7.3 万户 26.9 万人,分布在大江大河、湖泊水库,重点在长江和珠江流域(沿海也有少部分)。此外,有 1.6 万户 5.7 万人在岸上租房居住,6 万户 26 万人在岸上有住房,但人均不足 15 平方米[①]。2010 年 12 月 21 日,国务院副总理回良玉在中央农村工作会议讲话中提出,要"推进以船为家渔民上岸安居工程"。国务院办公厅《关于落实 2011 年中央"三农"政策措施分工的通知》明确由农业部牵头落实这项工作。2011 年 6 月,由住房和城乡建设部、农业部、发展改革委、国土资源部联合向国务院呈送了"关于推进以船为家渔民上岸安居的报告"。

2013 年,我国正式启动实施以船为家渔民上岸安居工程,中央财政 3 年投入 13.480 3 亿元,安排 74 164 户渔民上岸安居。无房户每户补助 2 万元,危房户改造住房每户补助 7 500 元。中央对以船为家渔民上岸安居给予补助,无房户、D 级危房户和临时房户户均补助 2 万元,C 级危房户和既有房屋不属于危房但住房面积狭小户户均补助 7 500 元。以船为家渔民上岸安居工程的补助对象按长期作业地确定,2010 年 12 月 31 日前登记在册的渔户至少满足以下条件之一的可列为补助对象:一是长期以渔船(含居住船或兼用船)为居所;二是无自有住房或居住危房、临时房、住房面积狭小(人均面积低于 13 平方米),且无法纳入现有城镇住房保障和农村危房改造范围。以船为家渔民上岸安居工程实施期限 2013—2015 年,目标是力争用 3 年时间实现以船为家渔民上岸安居,改善以船为家渔民居住条件,推进水域生态环境保护。2013 年中央预算内投资安排 5 亿元,补助江苏、浙江、安徽、山东、湖北、湖南、广东、广西等 8 个省区以船为家渔民上岸安居工程。2014 年国家将继续实施这一政策。住建部和农业部现已开始进行以船为家渔民摸底登记。而在此之前,湖南、广东、安徽、广西等省均已自筹资金开展和推动了这项工作。不少省份对上岸定居渔民开展教育培训项目。例如湖南省常德市对上岸渔民只要参加指定专业的就业培训,可根据不同情况分别获得 1 000~4 200 元不等的补贴:凡在全市职业培训定点机构培训 2~3 个月,年龄在 16~45 岁之间,可获 1 000 元/(次·人)的补贴;在常德技工学校培训 3 年,年龄在 15~30 岁之间,可获 1 500 元/(年·人)的补贴;在全市职业培训定点机构培训 1 年,年龄在 16~35 岁之间,可获 3 800~4 200 元/人的补贴(限定给特困对象,个人只出生活费)。

目前来看,我国渔业的经济地位与渔民的法律地位不成比例。2015 年,我国渔业产值已经占到农业总产值的 10%,渔业人口中仍有传统渔民 686.4 万

---

① 中央高度"推进以船为家渔民上岸安居工程".中国渔业报,2012 年 12 月 31 日 01 版.

人;但我国渔民从事渔业的权利基本上处于无法可依的状态,给行政机关、企事业单位以及个人侵害渔民权利提供了机会。土地承包经营权立法后,农民的基本权利得到了保护和加强,而上无片瓦、下无寸土的渔民的权利的享有和保护却长期被忽视。渔民没有土地和宅基地,也没有水面权利,不具备最基本的生产资料和财产,无法获得与土地相连的社会保障,经济地位、政治地位、社会地位低下,难以参与现代化的产业竞争,这一群体更需要得到普惠性的支持政策,而以船为家渔民上岸安居工程仅仅是在针对渔民的政策支持方面走出了第一步、一小步。

八、总结

综上,进入 21 世纪以来,我国渔业已经进入一个全新的发展时期。在强农富农惠农的三农政策框架下,我国渔业支持保护政策框架初步搭建,促进了渔民生产积极性的提高,确保了渔业连年增产、渔民收入持续增加,推进了渔业资源环境可持续利用。总结当前我国渔业政策,具有几个特点:一是渔业投入、补贴明显增加;二是渔业政策框架逐渐清晰;三是全国渔业基础设施和综合生产能力建设步伐加快;四是推进渔业权物权化进程,开始重视保护渔民权益;五是加强了渔业资源管理,加大了渔业资源保护和恢复力度;六是妥善解决"连家船"渔民上岸定居和就业问题,重视保护渔民权益和改善渔民生计。

综合看,随着不同发展阶段、内外部环境变化,我国渔业发展支持政策在进行调整并在不同阶段各有侧重。总体上,我国渔业发展支持政策是朝着范围不断扩大、种类不断增多和补贴细化与针对性日益增强的方向在演进。

第三节　我国渔业发展支持政策构建中存在的问题

我国渔业发展支持政策构建促进了产业基础和民生保障能力的增强。在推进"四化同步"发展的新时期,加快建设现代渔业所处的环境更加复杂,面临的挑战更加严峻,渔业迫切需要进行增长方式转换和结构转型以适应新的发展需求,渔业支持保护政策框架须不断完善以为产业发展提供有序规范的长期支持。目前,我国渔业支持政策体系不完善、与现代渔业发展自身要求不匹配、与其他农业行业差距大的问题还十分突出,需要尽快完善政策框架体系,为产业发展提供更为高效、显化的支持。

一、政府财政支持力度与渔业部门的产业地位和产业发展需求不匹配

新时期以来,我国政府对渔业的投入呈现明显增加的趋势,但现有投入总量少、种类少,与渔业的产业地位和产业现实需求不相匹配。2013 年,我国渔业产值占农业产值的 9.9%,渔业增加值占农业增加值的 10.3%,但渔业系统部门预算只占农业部部门预算的 3.12%。渔业对大农业所做的贡献与渔业获得的支持相比很不相称。

目前,我国渔业已经从一个小产业发展成为农业农村经济中的大产业,它既是大农业的重要组成部门,也是现代农业发展中需要着力强化的一个产业部门。随着我国供给水平提高和市场变化,进入 20 世纪 90 年代以后,我国渔业比较效益开始出现下降。进入 21 世纪以后,我国人口增加和消费水平提升迫切需要渔业提质增效。当前,我国渔业正处在产业结构调整的关键时期,现代渔业发展需要强有力的政策支撑、科技支撑、完善的基础设施和公共服务体系等。具体而言,现代渔业发展提出的新要求是:一是提高产品的质量安全水平,保障消费者食用安全和消费者知情权;二是加大养护资源和保护环境的力度,缓解水生生物资源衰退和水域生态环境恶化的影响;三是提高渔业基础设施建设水平,提升渔业物质装备水平,满足渔民在池塘改造、清淤、进排水系统建设、道路建设、渔业机械化等方面的现实需求;四是提高渔业科技创新应用能力,包括解决重大的关键性科技问题和提高渔民的科技素质;五是重视传统渔民失水问题、渔民就业及社会保障问题,对禁休渔等进行生态补偿、解决渔民社会保障方面的后顾之忧等。目前来看,与现代渔业发展相配套的支持保护政策体系还不完善,财政支渔资金投入不足,使产业发展和竞争力提高缺乏后劲。

要持续推进渔业经济的发展,使渔业经济结构与市场经济发展相适应,必须要发挥渔业政策的带动作用和投资的引导作用。目前来看,我国关于渔业的综合性文件曾在 1997 年出台,2013 年曾出台过针对海洋渔业的综合性文件和政策。但在中央对农业的一些支持政策中却不包括渔业。而要解决渔业的问题,没有国家层面的指导思想和方针政策,没有完善的投入机制是不行的。

促进现代渔业发展需要有符合发展要求的补贴政策。池塘改造补贴、海洋渔船更新改造补贴、渔机补贴、良种补贴、良法补助、防疫补贴、水产养殖补贴等

都属于渔业生产促进补贴政策,但目前尚未在中央层面形成较为稳定持续的支持政策。渔业补贴中用于渔业科研、新品种改良、卫生防疫、环境保护、渔民生活补贴等方面的投入太少,也不利于渔业资源养护。此外,渔业基础设施建设、渔业保险、渔民社会保障、金融扶持政策等"短板"明显,还不能适应现代渔业的发展需求。由于与其他农业产业部门在补贴政策上存在着巨大差距,各级水产部门、水产养殖户等都十分迫切地提出国家强农富农惠农政策对农业产业主体要平等一致对待的要求。

二、渔业财政支持政策内容单一,未形成特定的专项支持 保护政策体系

进入 21 世纪以来,我国根据经济社会发展所处阶段和财力情况,逐步完善农业支持保护政策,目前已经形成覆盖农业基础设施建设、农业生产资料、农业生产、资源环境、公共服务等多方面、多环节、多领域,兼顾不同环节、不同群体、不同产业、不同地域,纵向财政转移支付与横向财政转移支付相结合、综合补贴与专项补贴相结合、收入性补贴与技术性补贴相配套的农业支持保护政策框架体系。与大农业政策相比,渔业的支持保护政策体系不健全,支持方式十分单一,虽然采取了一些渔业补贴方式,但还没有形成相对独立的支持渔业发展的补贴政策体系,在综合开发、水产科技、技术推广、病害防治、淡水养殖等生产发展方面的投入明显不足。

粮食是我国农业补贴政策支持的重中之重,目前已经形成覆盖生产、流通、加工各个环节,直接补贴、价格支持和公共基础投入配套实施的补贴政策体系。在生产方面,"四补贴"政策是重点。大部分粮食作物已启动良种补贴并实现全覆盖,种粮直补和农资综合补贴要求全部用于粮食,农机购置补贴主要受益对象为种粮农民,2012 年中央财政还启动种粮大户的专门补贴;玉米、小麦、水稻、大豆等粮食作物被列为农业保险保费补贴启动第一批试点品种,近年来中央财政又实施了"一喷三防"、地膜覆盖、病虫害专业化统防统治等防灾减灾稳产增产关键技术补助政策。在流通方面,2004 年起国家对稻谷、小麦在主产区实施最低收购价政策,2007 年起对玉米、大豆实行临时收储政策;中央财政对东北三省粳稻入关给予运费补贴,对收购东北玉米和大豆的加工企业给予专项补贴。在加工储藏方面,国家对农民建设玉米、马铃薯等收获后储藏设施也给予适当补助。除了上述特定直接补贴和价格支持外,农民培训补助等非特定产品的一般性补贴也覆盖到种粮农民。围绕粮食生产,国家还实施了种子工程、

中低产田改造等基础设施建设项目,以及基层农技推广体系建设补助、产粮大县奖励等公共服务政策。据财政部统计,目前中央财政用于粮食生产的支出约5 360 亿元,其中直接补贴约 2 000 亿元。与此相比,我国渔业支持保护政策单一,仅落实了柴油补贴和渔机补贴,并未形成针对渔业的特定的专项支持保护政策体系。渔用柴油涨价补贴作为渔业领域里资金规模最大的补贴,是对机动捕捞渔船、养殖船进行的补贴,对进行池塘、稻田河沟、其他小水面等养殖的养殖户来说,他们的生产活动中并不需要机动船舶,因此无法享受。

究其原因,目前国家对渔业的支持政策还没有形成一个相对独立的体系,渔业支持往往作为特定时期中央或地方农业政策及其他短期宏观目标的配套措施出现,缺乏长远性、整体性的规划。在法制上,我国没有一部可行的农业补贴或农业投资法,也没有相关的渔业补贴法来约束和规范各级政府的行为,导致渔业投入缺乏有效的保障。

三、与其他农业领域支持保护政策相比,渔业支持政策种类不多

从补贴种类来看,我国渔业部门享受的国家补贴种类偏少。从科目上来看,目前主要为农业专项转移支付项目中的农业资源生态保护项目和农民直接补贴项目这两项以及少量的菜篮子产品生产项目。而种植业享受的政策多达13 项,畜牧业享受的政策达到 7 项。

横向比较,渔业支持保护政策与其他农业领域的支持保护政策相比存在明显不足。

第一,农业资源生态保护项目包括草原生态保护补助奖励和渔民转产转业与渔业资源保护。其中,草原生态保护补助奖励 2010、2011、2012 年分别为2.58 亿元、136.6 亿元和 150.6 亿元,而渔民转产转业与渔业资源保护分别为3 亿元、3 亿元和 4 亿元,前者在 2011 年和 2012 年的项目经费总量有大幅度提升,提高幅度达到 50~60 倍,达到百亿元以上,而后者在 2010—2012 年间只增加了 1 亿元,2012 年为 4 亿元。"十二五"期间,草原生态奖补政策覆盖 13 省区和新疆生产建设兵团、黑龙江省农垦总局的 38.4 亿亩草原(禁牧面积 12.3亿亩、草畜平衡面积 26.1 亿亩),中央财政累计投入资金 773.6 亿元,惠及1 645 万牧民,人均每年可得各类补贴 1 000 多元。根据 2014 年财政部会同农业部制定了《中央财政农业资源及生态保护补助资金管理办法》,草原禁牧补助的中央财政测算标准为平均每年每亩 6 元,草畜平衡奖励补助的中央财政测算标准为

平均每年每亩 1.5 元,牧民生产资料综合补贴标准为每年每户 500 元,牧草良种补贴标准为平均每年每亩 10 元。而渔民转产转业与渔业资源保护则由农业部根据政策确定的实施范围,耕地、草原、渔业等资源状况和畜牧业发展情况提出保护与治理任务,综合考虑相关因素,并结合绩效评价情况提出资金分配建议。

第二,在农民直接补贴项目中,种粮农民直补 2007—2012 年的规模始终为 151 亿元,渔民没有直接补贴,特别是在水产主产省,传统纯渔户与拥有一些宜鱼稻田的农户相比,形成鲜明反差。

第三,在菜篮子产品生产项目中,2011 年,水产品补助 1 亿元,400 个示范园区享受了补助。2012 年水产品补助 1 亿元。2010—2012 年,果蔬茶的补贴总额分别为 6 亿元、10 亿元和 10 亿元,畜禽的补贴总额分别为 5 亿元、6 亿元和 6 亿元,标准分别为果蔬茶 50 万元、猪牛 50 万元、羊 30 万元,蛋鸡肉鸡和水产品 25 万元。从补贴总量和补贴标准来看,水产品都不高。

表 8.3.1　渔业生产扶持政策

(单位:亿元)

年份	渔用柴油补贴	渔民转产转业与渔业资源保护	种粮农民直补	农资综合补贴
2004		2.7	116	
2005		1.8	131	
2006		1.8	142	120
2007	31.78	1.35	151	276
2008	54.3	1.35	151	716
2009	126.4	3	151	716
2010	104.6	3	151	716
2011	171.7	3	151	835
2012	240	4	151	1 078
2013		4	151	1 071
2014			151	1 071
2015				

注:渔用柴油补贴以 3 870 元/吨为基准价格进行补贴。

资料来源:农业部财务司《中央财政支农政策手册》(2002—2012)以及政府工作报告。

第四,在农业大县扶持奖励政策中,产粮大县和生猪调出大县有奖励,从 2007 年的 125 亿元和 15 亿元增加到 2012 年的 280 亿元和 35 亿元,但对渔业大县却没有相应的政策。

第五,水产养殖机械中央补贴资金 1.9 亿元,仅占农机补贴的 1.08%。

第六,农资综合补贴从 2006 年的 120 亿元增加到 2012 年的 1 078 亿元,增幅为7.98倍,渔用柴油补贴则从2007年的31.78亿元提高到2012年的240亿元,增幅为6.55倍。渔用柴油补贴是对生产资料支出增长使得成本增加而进行的一种弥补,但存在结构性失衡和瞄准性偏差问题。2015年,国家对渔用燃油补贴政策从补贴结构和补贴方式两个方面进行了调整,以2014年清算数为基数,补贴资金的20%以专项转移支付形式统筹用于渔民减船转产和渔船更新改造等重点工作;80%通过一般性转移支付下达,由地方政府统筹专项用于渔业生产成本补贴、转产转业等方面。

四、淡水渔业支持政策缺乏

在现有的渔业政策中,柴油补贴、沿海捕捞渔民转产转业等惠渔政策的受惠主体均为海洋渔业从业人员或捕捞业从业人员,养殖渔民基本难受益。这与我国渔业"以养为主"的发展方针是不相符的。淡水养殖业支持政策缺乏,说明现有渔业支持保护政策存在结构性不平衡。这使得目前淡水养殖业发展需要的设施化改造、良种培育与扩繁、饲料与营养研发、疫病防控等工作缺乏支持。

我国水产养殖业在国家支渔资金中的比重还不到10%。在水产养殖业中,我国淡水养殖业占到70%的产量。淡水产品已经是我国国民膳食构成中的主要蛋白质来源之一,占有重要地位。但在政策支持方面,淡水养殖业却一直处于不利地位。国内仅江苏省、上海市、湖北省等省市出台了一些扶持政策。

五、现代渔业发展面临的挑战

进入21世纪,我国渔业市场供求形势出现新的变化,工业化、城镇化发展、资源环境、劳动力、资金等要素制约、国内外市场需求变化等对渔业发展构成新的挑战。从面临的挑战来看,目前的渔业发展政策针对性不够,与现代渔业的中长期发展任务匹配度仍待提高。

(一)不断衰退的渔业资源与日益增长的需求之间存在矛盾

我国现有渔业发展方式遇到了资源环境瓶颈和市场需求变化的双重挑战。首先,我国水土资源短缺的形势趋于严峻,水产养殖环境污染严重,依赖扩大水面资源规模来实现产量增长的发展模式已经走到尽头,也无法保证质量安全水平提升;其次,经济社会发展使得人们的消费模式、消费心理产生很大变化,需求结构逐渐升级,人们追求品种丰富和多样化,对加工水平和高附加值产品需求增加,也更加重视健康、营养和生态、环保。

在资源环境约束和外部环境改变的双重挑战下,现有水产养殖模式必须适应节地、节水、减排、提高质量安全等多方面要求而进行转型。一是要适应节地、节水的客观需要,合理控制水库、湖泊、稻田、河沟等的养殖;二是要推进健康养殖模式,加大基础设施建设力度,科学饲喂,减少饲料鱼药等的不合理使用行为,减少富营养化,确保养殖综合生产力和水产品质量安全;三是应开展涉渔工程建设的环境评价、增殖放流的环境评价等,建立渔业生态补偿机制和进行水生生物资源的修复。

(二) 基础设施投资严重滞后,制约生产方式转变和结构调整

池塘养殖是我国水产养殖的主要方式。目前,全国水产养殖池塘面积4 500万亩,其中海水池塘700万亩,淡水池塘3 800万亩。根据渔业管理部门统计,2012年,我国池塘老化率达到69.1%,其中淡水池塘老化率71.1%、海水池塘老化率58.7%。池塘老化率在80%以上的省区直辖市有13个,其中老化率90%以上的省份为吉林、上海、江西、重庆、青海、陕西和新疆生产建设兵团。其中,淡水池塘老化率在80%以上的省区市有14个,海水池塘老化率在80%以上的省区市有1个。目前我国老旧池塘约2 000万亩亟需改造,占养殖池塘总面积的一半,其中海水池塘300万亩,淡水池塘1 700万亩。

我国水产养殖生产经营主体分散,组织化程度低,由渔民个体进行池塘改造,标准低、成本高、效果差、实施难度大。由于池塘年久失修,使得养殖病害发生概率大大提高、药物使用量增加,反而不利于提高水产品质量安全水平。强化基础设施建设力度,不仅有利于提高综合生产能力,还有保安全保供给的效果。

(三) 科技支撑薄弱

目前,我国渔业科技支撑薄弱主要体现在如下方面:

一是品种繁育体系尚不健全。优质种苗是渔业健康养殖的基础。目前,我国育种及繁育体系建设严重滞后,种质退化问题严重,优质种苗供应不足,制约渔业生产效率和产品质量的提高。这主要与育种投入不足、原种、良种、繁殖场等三级体系尚未建立、野生种质资源保护不足等有关。其次,我国在水生生物繁殖和发育机理方面缺乏系统研究,高效、定向、多性状的现代良种选育技术体系尚未建立。

二是开发新的蛋白源和水产动物营养研究滞后。我国资源缺乏是困扰饲

料工业持续发展的重大问题。目前,我国水产饲料供应不足,特别是蛋白质来源严重不足。水产饲料业配方技术水平不高,只有部分水产品种饲料系数达到1.8。我国水产配合饲料使用率较低,鱼粉需大量进口。各种饼粕类、肉骨粉、羽毛粉、肝末粉、血粉等饲料源的开发技术储备不足。水产饲料数量、品种、质量远不能适应养殖结构、养殖模式日益多元化的需求。

三是疾病防控技术研究基本上是空白。目前,养殖病害多发、频发已成为困扰水产养殖业发展的大问题。因支持不足,相关科研工作滞后,鱼药行业整体研发能力不足,产品专用性不够,滞后于病害防控形势。一些新生疾病的机理和传播途径不明;禁用替代药物和疫苗、绿色鱼药的基础研究和应用技术不能满足需要;渔用化学药物尚未形成自主产品系列,专用型鱼药研发不足;抗生素研究速度无法解决日趋复杂的耐药性问题;对鱼药残留控制的基础科学研究、药物残留标准制定、检测方法等重视不够;中草药研究薄弱等。

四是养殖池塘水处理技术缺乏、机械化水平较低。目前,我国池塘的现代化、工程化、设施化水平还很低。养殖环境生态化调控手段不足,水体处理技术缺乏实用性、集成程度不高、成本增加,大规模水产养殖用水的技术难题尚未攻克。饲喂、摄食等环节的精准化程度低。

五是水产品加工综合利用技术尚不成熟和配套。例如,水产品加工增值、成本控制、常温保存和品质控制技术问题等有待解决。

(四) 产业体系尚不健全,整体发展水平亟待提高

实践表明,产业化的不断发展和产业组织方式的创新,对促进渔业向现代渔业转变、提高科技水平、优化结构、促进农民增收等起到了明显作用。但我国渔业仍带有明显的传统农业特征,呈现"中间大,两头小"的橄榄型特点,即养殖业规模大,但饲料业、加工业等发展滞后,市场流通体系不完善,产业化整体水平较低,制约着产业体系作用的发挥和效果的显现。

一是产业链各环节分割,利益联结机制未建立。目前,渔业产业链已形成制种、供种、饲料、生产、加工、流通等相对独立的体系。各环节之间多为纵向的简单商品经济关系,联系松散,结成利益共同体的情况不多见,产业链各环节还不能共同承担市场风险,产业化组织优势难以发挥。在饲料价格攀升、劳动力价格上涨、生产不适应市场需求等问题出现时,水产养殖环节就会受到影响而出现波动。这充分表明渔业迫切需要提高产业链竞争力,以保证发展的持续性、稳定性。

二是加工业发展薄弱。目前我国水产加工业整体实力不强,加工企业多为中小企业,规模不大。产品多以初加工产品为主,精深加工、技术含量高的产品

少,产品附加值和利润率低。一些淡水鱼加工企业采用传统作坊式生产,机械化程度低,加工工艺水平低,不能满足多样化需求。在有些主产县,由于水产加工发展滞后,养殖生产受市场波动影响大。

三是流通现代化程度较低,交易方式落后。我国水产品交易方式仍比较落后,以面对面交易为主,小规模、大群体的特征较明显。网上交易、拍卖交易、标价交易、委托代理交易等现代交易手段基本没有使用。水产品连锁经营处于初步发展阶段,且主要在大中城市和发达地区。在多数小城镇和乡村,新型经营方式尚未充分发育。目前批发市场的结算手段和物流配送落后,所有的交易目前仍是现金结算。

四是社会化服务水平低。我国水产生产经营主体目前基本为小规模农户和小型企业,客观上需要健全的服务体系提供完善的服务。根据国家大宗淡水鱼产业技术体系产业经济研究室的调查,养殖户对各类社会化服务均有着紧迫需求,排序情况是:养殖技术服务、鱼病防治服务、市场信息服务、鱼苗或饲料服务、渔机服务、信贷保险服务。其中,养殖户对技术专家现场指导的需求较大,希望"进行具体的养殖技术指导,随时诊断"的占 35.49%,希望"提供好的鱼种信息"和"提供市场上卖得价钱高的品种"的各占 22.21%和 17.29%,希望提供"池塘改造技术"的占 9.71%。但从现实情况来看,能进村到户、到达塘边的技术指导和服务仍很少。作为技术的供给方,科技人员能够真正深入养殖一线,直接进行技术指导的情况不多。与养殖户最贴近的基层水产技术推广机构,受经费、人员、体制等多重因素影响,其作用一直没有得到很好的发挥,难以提供全方位的服务。

六、金融保险服务供给不足

在健全的淡水渔业支持保护体系中,金融支持是一个重要的方面。加快构建包括金融保险政策在内的渔业扶持政策体系,促进渔业走上健康稳定持续的现代化发展之路,是促进渔业发展、渔民增收的重要内容。

(一)金融服务供需不平衡

目前,从宏观政策层面来看,淡水渔业金融支持总体具备了加快发展的基础,但在具体微观层面来看,发展不足仍是一个突出问题。从需求层面来看,水产养殖户在池塘改造、添置养殖设备和购买新苗种等方面的资金需求较大,缺口明显。资金不足是水产养殖户发展面临的制约之一。调查表明,养鱼投入较大,改造池塘、添置养殖设备、购买新苗种和饲料等均需要大量资金,但贷款难仍然是非常普遍的现象,体现为手续复杂、额度小、期限短、利率高。目前,国内金融保险机构离农倾向并没有彻底改变,渔业经营主体资金短缺问题较为普遍;农村金融体系不健全、经营成本高、缺资金、业务品种少。要解决养殖户贷款难问题,必须先解决政府支持不足、政策性金融服务不到位、对商业性金融机构支农责任的政策不明确等问题。解决养殖户贷款难问题,加大政府的支持力度是一个重要前提。

(二) 保险服务需求得不到满足

作为基础性产业,渔业在当前的经济社会发展阶段仍具有一定的弱质性。主要体现为:对自然资源高度依赖,自然风险大;生产周期长,在近乎完全竞争的市场中,供给调整能力相对滞后,生产者面临的市场风险大;渔业经营规模小,基础设施条件薄弱,抗冲击或风险的能力差,弱质性突出。总体来看,渔业是个高风险行业。我国气候多样,自然灾害频繁,每年因台风、洪涝、干旱、病害等原因给渔业造成的直接经济损失近 300 亿元。水污染每年给渔业造成的直接经济损失也在 50 亿元以上。但我国渔业风险保障机制相对薄弱,多年来,高风险的渔业一直存在保险体系支持缺失的问题。一些地区尝试开展的水产养殖保险试点,虽然取得了一些成效和经验,但保障能力和保障水平与我国渔业发展的内在需求有较大差距。渔业保险是保险组织为渔业从业者在水产养殖、捕捞、加工、储运等生产经营过程中,对遭受自然灾害以及意外事故所造成的经济损失提供经济补偿的一种保险。目前,我国政策性渔业保险发展滞后,针对渔业生产、加工设施设备的渔船保险、渔业码头保险等渔业生产资料的保险,针对渔业从业者开设的雇主责任保险和渔民人身意外伤害保险等刚刚启动,但还没有水产养殖保险。政策性农业保险保费补贴不包含水产养殖业,这对分散水产养殖的风险十分不利。

在淡水养殖业中,病害是最为突出的灾害,其次是冰冻灾害、水灾等自然灾害风险。根据 2013 年产业经济研究室的调查,大宗淡水鱼养殖病害仍主要以出血病、烂鳃病和肠炎为主;按最容易爆发的程度来进行选择排序:肠炎、烂鳃病、爆发性出血病、出血性败血症依次为 30.65%、25.81%、17.74%、12.1%。按最容易发病的鱼类来进行选择排序:草鱼、青鱼、鲤鱼和鲫鱼依次为 55.37%、21.49%、8.26% 和 8.26%,鳙鱼和鳊鱼较低。从疾病的种类来看,养殖户受病比例从大到小依次是细菌性疾病、病毒性疾病、水霉病、寄生虫病和其他疾病。133 个养殖户 2012 年因鱼病平均损失 10 348.67 元,病害损失占养殖收入的比例为 5.97%,病害防治费用占生产经营费用的比重是 7.78%。此外,养鱼户还要面临冰冻灾害、水灾等自然灾害风险。2013年5月14日,湖北当阳市遭受暴雨风雹灾害袭击,全市渔业受灾人口7 370人,受灾鱼池12 800亩,成灾面积3 000亩,鱼种外逃近100吨,堰塘、鱼池、道路、桥梁、输电线路等渔业基础设施遭受不同程度损坏。可见,我国水产养殖业的发展非常需要建立相应的风险保障机制来降低和分担自然灾害对渔业生产造成的人员和经济损失。

目前,渔业保险尚未覆盖淡水养殖业。因自然灾害导致的淡水鱼塘塘基崩塌,养殖成鱼、鱼苗逃逸,养殖设施损毁等等均无法给予补偿。上海安信保险公司的淡水养鱼保险,仅承保台风、暴雨、雷电等自然灾害所致泛塘和溃塘及漫塘损失,费率为2%,附加恶劣气候泛塘、水质污染中毒、他人投毒损失责任的费率为10%,覆盖面有限。对于数量较大的我国淡水养殖户来说,面临各类风险时,他们是唯一的承担者,缺乏风险保障机制来分担风险。

目前,我国渔业保险补贴政策在部分省市试点,离全国性的普惠补贴还有一定距离。保险机构对渔业保险的积极性较低。作为渔业补贴政策的重要组成部分,目前我国的渔业保险跟不上现代渔业发展的要求,淡水养殖业存在保险体系支持缺失问题。

国外经验表明,开展水产养殖保险除极少数完全商业化经营外,其他的都有政府介入,政府有的以保费补贴,有的以颁布行政指令和行业规则,有的靠政府的权威处于中间协调等,采取政府主导、保险公司参与的方式来分摊风险。我国渔业基础设施建设薄弱,抵御自然灾害的能力弱,对保险机构来说客观上存在水产养殖保险标的多样、养殖方式多样,风险高、损失大、定损难、赔付率高和没有明确的支持政策等问题,因此对渔业保险的积极性较低。从养殖户方面来看,我国养殖户规模不大,保费承受能力低。

第四节 我国淡水渔业发展定位和产业政策趋势

经过30多年的持续快速发展,我国已成为世界第一淡水渔业大国。淡水渔业高效率地为国民提供了优质动物蛋白,对确保食物安全做出了重要贡献,还为促进一二三产业融合发展、促进地区经济发展和农民增收做出了显著贡献。随着城乡居民收入水平、消费水平、消费结构的转变,保障我国水产品有效供给的压力将长期存在,淡水渔业发展面临的环境更为复杂、发展任务变得更加艰巨。作为未来保障水产品增产的主要来源和渔业结构调整的重点领域,淡水渔业需要有一套完整清晰的产业政策框架作为行动指针。从未来发展的要求来看,着力构建现代淡水渔业产业体系,营造良性发展的各项条件,明确发展的战略方向、工作重点和发展思路至关重要。

一、促进我国淡水渔业发展的目标定位和原则

(一)目标定位

发展淡水渔业的基本思路应该是:按照高产、优质、高效、生态、安全的要求,以突破养殖结构单一、种质退化、基础设施条件脆弱、病害防控形势严峻等瓶颈制约为基础,以优化养殖结构、提升渔业产业化水平和养殖户组织化程度、强化科技支撑、加强质量安全控制为重点,以加大产销衔接力度、构建完整的产业技术体系、加大财政支持力度、完善产业支持保护体系、加强政府监管和服务为保障,提高单位面积产出率、投入产出比、资源利用率、劳动生产率和水产品质量安全水平,确保未来我国淡水养殖业产出能力能基本满足城乡居民消费需求、淡水养殖结构更趋合理、消费者多样化优质化的需求更好得到满足、渔民人均纯收入水平继续提高,渔业经济总产值中二三产业产值比重继续提高。

(二)基本原则

促进淡水渔业的持续稳定健康发展,要坚持以下几个基本原则:

一是以市场为导向和政府扶持相结合。在我国大农业中,渔业是最早市场化的产业。在市场机制的主导作用下,生产要素按市场规则流动和组合,为渔业发展创造了良好的体制环境和激励机制,充分调动和发挥了渔业生产流通各个环节参与者的积极性和创造性,促进了渔业的快速发展。实践证明,市场化是我国淡水渔业快速发展的主要推动力量之一。以市场机制主导淡水渔业资源配置,有利于引导经济资源的合理流动,有利于提高资源配置的效率。近十几年的实践表明,仅靠市场调节,渔业发展容易大起大落,政府的支持、引导和强化服务是淡水渔业稳定、持续、健康发展的必要条件。尤其在解决种苗供应、技术指导、信息服务、风险防控、质量安全控制、金融服务等方面,政府的作用必不可少。建立淡水渔业持续稳定健康发展的机制,既要区分政府和市场的作用,避免政府的不合理干预;又要切实履行政府职责,确保公共服务到位。目前,政府监管缺位、监管手段有限,生产过程、生产资料市场和产品市场还存在不少隐患,加强政府监管、完善监管方式、提高监管效率,是政府行使职能的重要内容。

二是坚持稳定大宗品种和发展名优新品种相结合。常规的大宗水产品养殖能起到稳定市场供应,为国民提供充足的物美价廉的大宗水产品的作用。这类产品供求数量大,养殖技术成熟,在保障水产品有效供给和食物安全方面起到基础性作用,是食物构成中主要的动物蛋白质来源之一,是水产养殖业的重中之重。大宗产品的数量稳定对保障食物安全有重要贡献。大宗品种的价格比较稳定,有利于渔民收入稳定增长。名特优新产品生产主要满足了国民日益增长的多样化消费需求。这类产品供应量小,目标消费群体的收入水平相对较高,市场价格高,在促进农民增收方面的效果更快。这些品种的养殖在满足不同消费阶层需求、调整品种结构、提高养殖效益、增加农民收入方面发挥着重要的作用。此外,还有一类主要针对出口的水产品养殖,在淡水产品中主要是罗非鱼、斑点叉尾鮰、淡水小龙虾、河蟹等。但要看到,这类产品的价格波动较大,也容易出现亏损。要在稳定发展大宗品种生产的基础上,合理引导名特优新品种的发展。

三是整体推进与抓产业链条薄弱环节相结合。淡水渔业向现代渔业发展,必须是整体水平的提高,在整个产业链条中有任何一个环节出现"短板"情况,都会制约整个行业的发展。当前,基础设施薄弱、种质退化、养殖成本逐年提高、新技术到不了养殖户手上、信息不畅等问题已经成为淡水养殖业的瓶颈制约。促进淡水渔业向着现代化目标迈进和发展,要解决好产业化整体水平较低、基础设施条件脆弱、科技支撑不足、服务和管理薄弱这四大难题。这是今后一段时间我国淡水渔业发展的重点任务。应采取切实有效措施,补齐"短板",突破瓶颈制约,为淡水养殖业提供较好的发展条件,淡水养殖业才能进入一个新的发展阶段进而大幅度提升产业化水平。

四是坚持数量增长与提高水产品质量安全水平相结合。为满足城乡居民日益增长的需要,确保合理的淡水养殖业规模是必要的。另一方面,要夯实水产品质量安全工作基础,提升整个产业发展的素质和水平。要建设现代淡水渔业,必须转变只重数量、不重质量的渔业发展方式,提高质量安全控制水平,积极探索科学有效的质量安全控制模式。

五是促进传统产业升级与挖掘渔业多功能性、发展新兴产业、促进三产融合发展相结合。从产业体系的角度来说,未来要构建以生态健康的养殖业、可持续发展的捕捞业、先进的加工流通业、环境友好的增殖渔业和文化多元的休闲渔业为核心的现代渔业产业体系,建设可稳定供给的、可满足多层次多样化消费需求、可增效增收又可实现资源可持续利用和环境养护的完整的现代渔业产业技术体系。为实现这一目标,一要提高传统产业发展水平,促进传统产业内部优化升级,推动传统水产养殖业向生态健康水产养殖业升级;二要积极挖掘渔业的多种功能,通过发展新兴产业,拓展渔业发展空间,塑造渔业经济新增长点,提高产业化发展水平和组织化水平,延长产业链。

二、新时期对我国渔业支持保护政策提出的新要求

目前,我国渔业正处于生产方式转型的关键期,迫切需要渔业提质增效,对渔业支持保护政策也提出了新的要求。具体而言,现代渔业发展提出的新要求是:一是加大养护资源和保护环境的力度,缓解水生生物资源衰退和水域生态环境恶化的影响;二是提高渔业基础设施建设水平,提升渔业物质装备水平,满足渔民在池塘改造、清淤、进排水系统建设、道路建设、渔业机械化等方面的现实需求;三是提高渔业科技创新应用能力,包括解决重大的关键性科技问题和提高渔民的科技素质;四是重视解决传统渔民失水问题,对禁休渔等进行生态补偿等;五是提高产品的质量安全水平,保障消费者食用安全和消费者知情权;六是工业化、城市化进程中发展现代渔业需要政府统筹规划、提高管理能力,稳定产业发展基础。

(一)必须有国家层面的指导思想和方针政策

未来十几年是我国由渔业大国向渔业强国转变的关键时期,渔业发展将更加注重资源节约、环境友好、科技创新、安全保障、质量安全,须通过合理布局生产区域、优化产业结构、推进标准化健康养殖等加快推进现代渔业建设进程,实现渔业经济平稳较快发展、主要水产品供给充足、水产品质量安全水平稳步提升、水生生物资源养护水平不断提高。

要持续推进我国渔业经济发展,使渔业经济内部结构与市场经济发展相适应,必须发挥渔业政策的带动作用和投资的引导作用。目前来看,我国关于渔业的综合性文件曾在 1997 年出台,此后一直到 2013 年再也没有出台过针对渔业的综合性文件和政策。目前,中央对农业的一些支持政策也不包括渔业。而要解决渔业的问题,没有国家层面的指导思想和方针政策是不行的。

当前,我国渔业发展正面临一些突出问题,集中体现在资源衰退、环境恶化、装备落后、发展方式粗放、涉外渔业管理难度加大等方面,这些对渔业的可持续发展构成很大的制约和影响。可以说,渔业发展面临加快转变发展方式、提升持续健康发展能力的战略抉择。下一步,完善我国渔业支持保护政策应与时俱进,着眼于转变发展方式和提升持续发展能力的产业目标,来构建、调整和完善渔业支持保护政策。具体的,转变发展方式就是要朝着环境友好、质量安

全的要求转变;提升持续健康发展能力就是要通过加大科技投入力度、增强对破解产业发展的重点领域关键性技术瓶颈的认识、提升基础设施发展水平和科技支撑能力、加强政策支持和监督管理等,进一步提高单产水平和提升质量安全水平。下一步,应对我国整体渔业发展提出完整的工作思路和方针政策,平衡远洋渔业、近海渔业、海水养殖、内陆捕捞、淡水养殖等多项政策,政策支持应更多地向水产养殖、水产加工、基础设施、基础性研究和公共服务等方面倾斜,适度支持远洋渔业发展,更好地控制近海和内陆捕捞业。

(二)有完善的投入机制

目前,国家财政支农力度明显加大,但仍然不能适应建设现代农业的需要。而在农业中,渔业获得的支持更少。财政支渔资金占国家财政支持农业资金的比重不足 3%,与渔业占农业总产值比重的 10% 很不相称。水产养殖业在国家支渔资金中的比重更低,还不到 10%。财政支持不足,使渔业发展受到很大制约。

2013 年,国务院发布《关于促进海洋渔业持续健康发展的若干意见》(国发[2013]11 号),明确了今后一段时期我国海洋渔业发展的主要任务和政策措施,同时涵盖了内陆渔业的重要方面。《意见》提出要将海洋渔业作为公共财政投入的重点领域,加大财政支持力度。

今后,应根据现代渔业发展需要和财力增长情况,加大财政支渔力度。总体上,渔业支持将会扩大规模、优化结构,重点向渔业科技、基础设施建设、支持落后地区发展、渔业资源环境保护、水产品质量安全控制、标准化信息化建设、发展水产精深加工、打造品牌、发展合作经济组织、渔业保险和渔民社会保障等方面倾斜。

在国家财政投入方面,要视地方经济发展水平、发展品种和建设内容等情况区别对待。在品种上,要区分市场保障性和市场调节性,重点扶持市场保障性品种,对其他品种的发展以市场化运作为主,财政适当补助。对建设内容,要区分公益性和开发性。属公益性的建设,要以财政支持为主;属开发性的,要以建设单位投入为主,国家适当补助。此外,对中西部地区适当予以倾斜。

(三)渔业柴油补贴政策急需与时俱进调整

渔业油价补助是目前国家对渔业最大的一项扶持政策。根据《渔业成品油价格补助专项资金管理暂行办法》规定,渔业油价补助对象包括:符合条件且依法从事国内海洋捕捞、远洋渔业、内陆捕捞及水产养殖并使用机动渔船的渔民和渔业企业。2006 年,该政策开始实施,一度缓解了高油价给捕捞渔业带来的困难,社会反映较好。2007 年后,该政策继续实施,补贴标准不断提高,高额的柴油补贴刺激了捕捞业畸形发展,捕捞许可证价格飞涨,一些地方开始盲目造船,不仅增加了转产转业工作难度,而且因补贴对象偏向于船东而不是生计性渔民,造成渔区贫富差距拉大,出现了一些社会矛盾。目前,我国捕捞渔船多、渔民数量大,现有海洋捕捞能力超过资源可承受能力的 30% 以上。

国家应统筹考虑并完善捕捞渔民转产转业补助与渔业油价补贴政策;以政策稳定为基础,进一步优化补贴结构,缩小补贴差距,实现公平受益;应调出一定比例资金用于池塘改造、减船转产、渔港建设等投资;更加注重与现有资源养护、产业发展及沿海渔民转产转业等政策的协调。

(四) 渔业资源保护补助政策需要扩大规模

目前,我国水域资源环境状况不容乐观,资源修复任务艰巨。在当前的经济社会发展背景下,满足渔业可持续发展和国家生态安全建设的需要,需要加大对水生生物资源养护、资源增殖放流、渔业资源本底调查、禁休渔生态补偿、涉渔工程建设项目生态补偿、渔政管理等工作的财政投入力度,增强科技支撑能力,目前我国在这方面的投入还远远不足,很难与森林、草原等相比。应加强对水生生物资源养护基础性研究的支持,推进增殖放流苗种基地建设;尽快启动修订《渔业资源增殖保护费征收使用办法》,争取将涉渔工程生态补偿资金纳入其中加以规范管理;加大对禁休渔渔民的生态补偿力度;继续实施增殖放流和水产养殖生态环境修复补助政策;调整完善渔业资源增殖保护费征收政策,专项用于渔业资源养护。

(五) 渔业养殖保险须尽快纳入国家财政补贴范围

我国渔业保险存在"三高一低",即赔付率高、费率高、运营成本高、保障水平低的问题,保险公司不愿涉足,渔民参保意愿不强。针对当前我国渔业发展实际和渔业经济保障缺失的问题,考虑财力和风险管理水平,建议当前我国渔业保险的政策目标应以恢复生产为首要目标。一是推动渔业保险纳入政策性农业保险范围,支持发展渔业互助保险,鼓励发展渔业商业保险,积极开展水产养殖保险,健全稳定的渔业风险保障机制。通过保险的赔偿机制,实现以保代补、以赔代贴,将普惠制的补贴转化为针对性更强的补偿机制。二是建议国家级财政补贴标准不低于保费的 30%,理想水平为 30%～40%。考虑到渔业养殖保险经营主体的多样性,建议补贴路径为保费直补。三是建议国家将渔业养殖保险纳入农业保险大灾风险体系进行统筹规划管理,或者将大灾风险准备金打造成渔业养殖保险的超赔再保基金,为渔业养殖保险构建一个更加完备的风险管控机制。四是继续实施渔业海难救助政策。

(六) 推动渔业法制建设,强化渔业管理

进入新的历史时期,渔业管理面临的情况更趋复杂,利益冲突、纠纷等增多,客观上需要渔业管理在依法依规的基础上进行,以进一步增强权威性、规范性。一是加快制修订以《渔业法》为主体的法律、法规和规章,推动《渔港管理条例》尽快出台,完善渔业法律体系。二是稳定以水域、滩涂使用和捕捞许可制度为主要内容的渔业基本经营制度,建立适合我国国情的渔业权制度,完善水域滩涂养殖权、捕捞权登记制度,加快养殖证发放,保护渔民合法权益。三是制定渔业水域滩涂利用规划,建立基本养殖水域保护制度,稳定水产养殖面积。四是加快制定水域滩涂占用和渔业资源补偿办法,规范对受损渔民的安置补偿和水生生物资源的生态补偿。五是修改渔业资源增殖保护费征收使用办法,加强渔业资源养护。六是加强水产品质量安全监管。建立生产经营者首负责任制和质量安全责任追究制,认真履行政府监管职责,推进社会协同共治,确保让消费者吃上健康营养、质量安全的放心水产品。

三、产业政策未来发展趋势

至 2020 年,我国渔业要向着现代化水平迈进,必须站在经济发展全局的高度、社会发展与稳定的总体角度、未来国际渔业发展的全球视角,充分认识发展现代淡水渔业在国家食物安全与适应消费结构变化、农业功能拓展与农民增收、生态环境保护与生物多样性维系等方面不可替代的重要作用,正视供求变化日益频繁、资源与环境约束日益严重、水产品质量安全问题日益突出、渔民增产增收和转产转业难度日益增大、渔业发展空间被日益挤占等挑战和问题,不断提高渔业科技创新能力、不断完善渔业产业组织体系,在产业政策方面进行顶层设计、科学规划、分步实施,全面推进现代渔业建设,转变渔业发展方式。从长远来看,应进一步完善淡水渔业发展的长效机制,确保渔民经济权利,促进淡水渔业科学发展。未来,我国淡水渔业发展政策将会有几个新的变化:

(一) 国家财政支持力度会不断加大

近年来,财政对渔业的投入不断增加,对改善渔业生产条件、提高渔业综合生产能力、增加渔民收入起到了重要作用。但总体来看,财政支渔资金仍明显不足。根据现代渔业发展需要和根据财政能力增长情况,今后应加大财政对渔

业的支持力度。总体上,渔业支持应向扩大规模、优化补贴结构,重点向渔业研发、支持落后地区发展、渔业环境保护、水产品质量和安全控制、渔业保险和渔民社会保障、改善渔民共同生产条件等方面倾斜。

对淡水渔业,要重点支持渔业基础设施建设、提升科技支撑能力、构建水产养殖自然风险防范系统、加大养殖水域环境保护力度、加强水产品批发市场建设和信息化建设、推进水产养殖证制度建设、加大原良种补贴力度,鼓励养殖主体打造品牌,瞄准高端消费市场,选择经济价值较高的养殖品种进行标准化生产,加快合作经济组织发展,提升产业化水平等。对水产品加工业,要重点支持提高水产品综合利用率、发展水产品精深加工业、推进产业化经营、完善水产品质量管理体系、支持水产加工业技术创新等。要通过支持建设质量标准体系和检验检测体系,发展无公害水产品、绿色水产品、特色水产品的生产和加工,重点培育优势行业和龙头企业等。

在国家财政投入方面,要视地方经济发展水平、发展品种和建设内容等情况区别对待。对新品种的发展,要以政府引导、市场化运作为主,财政适当补助。对建设内容,要区分公益性和开发性。属公益性的建设,要以财政支持为主,建设单位自筹为辅;属开发性的,要以建设单位投入为主,国家适当补助。对支持区域,要区分经济发达省份和经济欠发达省份,对中西部地区适当予以倾斜。

(二) 科技支撑力度会持续加强

一是加强科技创新体系建设。加快建立以重点水产科研所和大学为主体的知识创新体系。再建5~8个部级重点实验室,在原有的部级重点实验室中争取2~3个升级为国家重点实验室。对重点水产院校,通过对原有实践基地的强化和优先发展,使其成为省(市)级的"产、学、研"基地,以促进科技成果转化。以国家级和部级重点实验室作为科技孵化平台,组建国家重点实验室(工程类)、行业工程(技术研究)中心或技术创新中心,建立以水产品加工流通企业等产业主体为主的技术创新体系。鼓励水产技术推广人员以技术、资金入股从事经营性服务,领办、联办各类专业协会、服务实体、渔业科技示范园(区)、组建股份制的渔业科技企业、渔业中介服务组织等。

二是加强科技创新。水产科研重点是解决良种、病害防控、饲料、养殖模式等方面的科技问题。创新水产育种技术,培育出更多的优良品种,大幅提高养殖生产能力和良种化水平。以研发水产疫苗和禁用鱼药替代品等为重点,提高水生动物防疫水平;加强水生动物重大疫病的监测、预警、诊断与检测技术研究。以降低成本、营养合理为目标,加强渔用配合饲料开发技术的研究,不断提高主要养殖品种配合饲料的利用率,降低饲料系数,减少排放。以水产健康养殖关键技术研究为重点,按照资源节约、环境友好、高产高效的要求,开展养殖容量、水域可承载能力、生态修复技术研究,创新各类品种健康养殖技术模式,全面提高集约化养殖水平、机械化装备水平和节能减排水平。以大宗水产品综合加工利用技术研究为重点,切实解决技术组装配套问题,提高水产品加工水平。

三是切实加强对基层推广机构公益性职能的支持。细化落实各级政府、相关部门在渔业领域的公益性职能。科学测算、合理确定各行业公益性推广人员编制,确保在一线工作的技术人员不低于技术人员总编制的 2/3,专业技术人员占总编制的比例不低于80%。切实解决一些地方公益性水产技术推广机构人员编制与经营性服务人员混岗混编的问题。完善人员聘用制度。强化县级水产技术推广组织的建设,加强县级科技机构对乡镇水产技术推广机构和人员的管理和协调能力。推行跨乡镇设置区域站模式,部分乡镇可由县级渔技推广机构派出机构或人员。加强县乡两级办公、实验等用房修缮,配置分析、诊断、监测设备和交通工具。筹集专门的资金有计划、有重点地创办一批渔业科技示范基地、实用水产技术培训基地。完善多元化的技术服务体系。深入组织实施"科技入户工程",加强新型渔民科技培训,促进渔业科技成果转化和新品种、新技术、新产品的推广应用。支持渔民专业合作社、渔业技术协会、渔业龙头企业及科研院校等提供各种形式的服务。

四是加强水生动物防疫体系建设。"十一五"以来,我国启动并建成了一批县级水生动物疫病防治站和重点实验室,为提高疫病防控能力发挥了积极作用。但是,水生动物疫病防治任务艰巨,现有防疫体系的覆盖面太小,因此,要以县级水生动物防疫站建设为基础,以主要水生动物疫病参考实验室、重点实验室、省级水生动物疫病预防控制中心建设为重点,切实加快水产动物防疫体系建设,逐步构建预防监测能力强、范围广、反应快、经费有保障的水生动物防疫体系。

五是大力发展水产专业职业技术教育。统筹职业教育发展与普通教育发展,统筹中等职业教育与高等职业教育发展,统筹教育与科研、技术推广事业的发展。到了目前这个发展阶段,我国已经具有能力对种植业、林业、畜牧业、水产业等方面的专业实行免费教育。今后,不仅要对中等职业教育实行免费,对高等教育中种植业、畜牧业和水产业也应当实行免费。建立以政府为主导的多渠道投入机制,加大职业教育投入。

（三）国家将越来越强化对渔业金融保险的支持力度

一是构建充满活力的农村金融机构体系。强化银行机构的社会责任，鼓励支持商业银行到县域开展贷款业务。进一步推进农村信用社改革，发挥其支农主力军的作用。大力发展农村新型金融机构、农村资金互助合作社和小额贷款公司。积极探索发展资金互助合作社的发展，并在适当时候，对《农民专业合作社法》进行修改，或者专门制定发展农村合作金融的法律法规。

成立专门支持农业的政策性金融机构。可以考虑通过拓展农业发展银行的业务范围，将其真正办成服务"三农"的专业化政策性银行，努力成为政策性金融服务"三农"的骨干和支柱。要将渔业开发、渔业基础设施建设、渔业科技推广、渔村环境建设、水产业流通市场建设等纳入中国农业发展银行的支持范围，增强渔业发展后劲。

可以考虑成立专门的渔业保险公司经营各类渔业养殖险，同时允许经营渔船险、渔民家财险和意外险等相关产品。加快保险公司进入农村的步伐，鼓励大保险公司与乡镇和村级经济组织合作开发渔业保险业务，建立驻村保险服务网络。

二是完善金融扶持政策。第一，增加农村信贷资金来源。根据农林牧渔增加值占 GDP 的比重确定信贷资金用于农业的比例；与县域人口数量占全国人口数量挂钩，大幅度提高信贷资金用于县域的比例。进一步完善差别存款准备金制度，降低存款准备金率，按照涉农金融业务比例进行动态调整。增加支农再贷款额度，降低再贷款利率。放宽涉农业务贷款利率限制，提高农村利率市场化水平。第二，提高涉农贷款业务的收益水平。针对不同类型的涉农贷款，制定不同的增量奖励标准，完善涉农贷款增量奖励政策。对涉农金融业务实行税费优惠政策。可以考虑免除农村中小金融机构和符合条件的小额贷款公司营业税。调整涉农金融机构所得税政策，对农户小额贷款给予所得税优惠。免除农业类贷款业务的监管费。第三，完善农业保险支持政策。将渔业保险纳入农业保险费用补贴范围。加快建立巨灾风险分散机制，防止因大面积发生水生动物病害和价格波动过大产生的风险。运用财政、税收等手段，支持和促进农业保险发展。继续完善对保险公司经营的政策性农业保险给予保费补贴和经营管理费的补贴办法。

三是改善农村金融发展的基础条件。鼓励专业性担保机构、水产龙头企业或者地方政府为养殖户提供贷款担保。但要明确，在渔业主产区，养殖户的养殖权不能作为抵押。对于养殖户的机械、设施等，则可以作为抵押物。加强农村金融人才队伍建设和业务硬件条件建设。

四是建立与农村金融业务相适应的监管体制。根据农业生产、农户行为等本身的特点,建立与城市业务不同的监管标准、程序、方式、方法。对吸收存款的农村银行业金融机构实施审慎性监管,对不吸收存款的小额贷款组织等农村非银行金融机构实施非审慎监管。可以将新型农村金融机构、小额贷款公司、民间资金互助组织的监管权力和监管责任下放到省一级,由各地根据情况进行决策。要根据各地的实际需要,扩大县域金融监管队伍。

(四) 稳定和保护养殖权应成为各级党委政府的重要职责

一是明确水面所有权主体。对于所有权仍存在争议的,应尽快明确其所有权。对于所有权不明确,但集体已在开发使用的水域、滩涂,其所有权应确认给集体所有。对水域、滩涂的所有权进行公示和确认。对于确认给集体所有的水域、滩涂,发给所有权证书。对于确认给国家所有的滩涂和水域,则必须要明确代表国家行使所有权的地方政府层级。

二是稳定养殖权。承包给渔民个人的国有滩涂或水域,应赋予渔民长久的承包经营权。建立健全登记、公示制度和档案制度,推进和规范养殖证发放。

三是规范养殖权流转。在依法、自愿、有偿的前提下,养殖权可以以转包、转让、租赁、互换、入股等形式流转。健全流转管理服务体系,制定政策咨询、流转信息收集发布、流转合同管理、流转合同鉴证、流转登记备案、流转收益评估、流转用途审查、档案管理、纠纷调处、经营权证管理等制度。开发水域滩涂流转信息服务系统。加强渔业水域滩涂价值评估研究,提供价格参考。尽快制定养殖权、渔业权纠纷仲裁机构组织制度和仲裁程序制度,克服机构设置与仲裁程序的随意性,确保仲裁的公正、公平。为保持渔户的长远生计、稳定农村的基本经济社会结构,在专业养殖区域,不鼓励工商企业进入;对以养为生的养殖户,不允许养殖权抵押。

四是完善水域滩涂占用补偿制度。严格界定公益性和经营性用地,逐步缩小征地范围。完善征地补偿机制,确保被征地渔民生活水平不降低,长远生计有保障。

本书各章节作者

章　节	作　者
前　言	陈　洁
第一章　我国大宗淡水鱼产业发展历程、现状与特点	陈洁、刘景景、张静宜
第一节　淡水养殖业在食物经济与现代农业中的地位	陈洁、刘景景
第二节　我国大宗淡水鱼产业发展历程	陈洁、刘景景
第三节　我国大宗淡水鱼养殖业发展现状和特点	陈洁、刘景景、周洪霞
第四节　大宗淡水鱼养殖户生产经营情况和主要问题	张静宜
第五节　我国大宗淡水鱼流通、加工与消费	刘景景
第二章　我国淡水鱼养殖业供需分析	陈洁、张静宜、刘景景、蔡鑫、陈永福、何安华
第一节　我国淡水养殖生产潜力分析和供给面临的挑战	陈洁、刘景景
第二节　影响我国淡水产品需求的主要因素	张静宜
第三节　我国淡水养殖鱼类产品需求预测	陈洁、何安华、蔡鑫、陈永福、张静宜
第三章　大宗淡水鱼养殖户产销行为及成本收益	陈洁、韩昕儒、蔡鑫、陈永福
第一节　大宗淡水鱼示范养殖户基本情况	陈洁、韩昕儒、蔡鑫、陈永福
第二节　示范养殖户产销基本情况	韩昕儒、蔡鑫、陈洁、陈永福
第三节　示范养殖户销售行为与销售收入	韩昕儒、蔡鑫、陈洁、陈永福
第四节　大宗淡水鱼塘边价格影响因素分析	蔡鑫、陈洁
第五节　示范养殖户的养殖行为与养殖成本	陈洁、韩昕儒、蔡鑫、陈永福
第六节　示范养殖户养殖利润	陈洁、韩昕儒、蔡鑫、陈永福
第四章　科技发展对大宗淡水鱼产业发展的支撑作用	陈洁、张静宜
第一节　大宗淡水鱼科技体系发展现状	陈洁、张静宜
第二节　大宗淡水鱼产业可持续发展面临的科技瓶颈	陈洁、张静宜
第三节　科技体制机制迫切需要进一步理顺	陈　洁

章 节	作 者
第四节 大宗淡水鱼产业技术体系重点任务推进问题	陈洁
第五章 大宗淡水鱼消费与质量安全、公众认知	陈洁、刘景景、张振、张静宜、邓志喜
第一节 我国居民大宗淡水鱼消费概况	陈洁、张静宜
第二节 我国居民大宗淡水鱼消费习惯特征分析	张振、陈洁
第三节 消费者对安全水产品的认知能力及购买意愿	张振
第四节 水产品质量监管国际经验	刘景景
第五节 我国大宗淡水鱼质量安全过程控制困境	陈洁
第六节 新媒体时代下的食品安全信息传播与监督预警	刘景景、陈洁、邓志喜
第六章 信息沟通技术与养鱼户市场参与及福利改善——以手机为例	陈洁、许竹青、李杨、高寒、赵婧、陈丽、吴涛、郑风田
第一节 大宗淡水鱼养殖户手机使用情况	陈洁、许竹青、李杨
第二节 信息沟通技术使用与大宗淡水鱼养殖户市场参与	陈洁、许竹青、李杨、郑风田
第三节 信息沟通技术对养鱼户社会资本与风险态度的影响	许竹青、赵婧
第四节 手机使用对销售价格、养鱼户收入和福利的影响	陈洁、许竹青、高寒、陈丽、吴涛
第七章 世界大宗淡水鱼产业发展及政策借鉴	张静宜、陈洁
第一节 世界大宗淡水鱼产业发展现状	张静宜
第二节 世界大宗淡水鱼的流通消费与贸易	张静宜
第三节 大宗淡水鱼主产国渔业支持政策的国际经验	张静宜
第四节 世界淡水鱼养殖产业发展趋势	张静宜
第八章 我国渔业发展支持政策研究	陈洁
第一节 我国渔业发展支持政策回顾	陈洁
第二节 新时期我国渔业发展支持政策体系构建情况	陈洁
第三节 我国渔业发展支持政策构建中存在的问题	陈洁
第四节 我国淡水渔业发展定位和产业政策趋势	陈洁

参考文献

1. Abraham, R. Mobile Phones and Economic Development: Evidence from the Fishing Industry in India. Information Technologies and International Development, Volume 4, Issue 1. Fall 2007.

2. Benjamin A. Olken. Do TV and Radio Destroy Social Capital? Evidence from Indonesian Villages. American Economic Journal: Applied Economics 1 (4), 2009: 1 - 35.

3. Buchinsky, M: Recent Advances in Quantile Regression Models, The Journal of Human Resources. 2001(33): 88 - 126.

4. David L Ortega, Holly Wang, Laping Wu, et al. Modeling Heterogeneity in Consumer Preference for Select Food Safety Attributes in China. AAEA - CAES - WAEA Joint Annual Meeting, July 25 - 27, 2010.

5. Department Of Animal Husbandry, Dairying & Fisheries Ministry of Agriculture. Government of India Annual Report India 2011 - 2012 [R]. New Delhi.

6. European Commission. Building a Sustainable Future for Aquaculture: a new impetus for the strategy for sustainable development of european aquaculture [R]. Brussels, 2013.

7. EU. building a sustainable future for aquaculture. http://ec. europa. eu/fisheries/reform/index_en. htm.

8. FAO Fisheries and Aquaculture Department. The State of World Fisheries and Aquaculture 2014 [R]. Rome: 2014.

9. FAO Fisheries and Aquaculture Department. FAO yearbook. Fishery and Aquaculture Statistics [R]. Rome: 2012.

10. FAO Fisheries and Aquaculture Department. National Aquaculture Sector Overview [R]. Rome: 2010.

11. FAO. Fisheries Circular, Production, Accessibility, Marketing and Consumption Patterns of Freshwarter Aquaculture in Asia. FIRI/C973, No. 973, 2001.

12. FAO. 2008 世界渔业及水产养殖状况[EB/OL]. http://www. fao. org/docrep/011/i0250c/i0250c00. htm.

13. FAO 新闻局. 世界渔业和水产养殖状况. 2002.

14. Francis Andrianarison. Getting the Price Right: Mobile Phone Diffusion, Market Efficiency and Inequality. Département d'Économique et CIRPEE, GREEN Université Laval, Québec, Canada. Job Marketing Paper. 2010.

15. Gates. Bill. 2000. www. microsoft. com/billgates/speeches/2000/10-18digitaldividends. asp.

16. Ho C C, Tseng S F. From digital divide to digital inequality: The global perspective [J]. International Journal of Internet and Enterprise Management, 2006, 4(3): 215.

17. Jenny C. Aker. Does Digital Divide or Provide? The Impact of Cell Phones on Grain Markets in Niger. BREAD Working Paper. 2008.

18. Jenny C. Aker, Christopher Ksoll & Travis J. Lybbert. . ABC, 123: Can you text me now? The Impact of a Mobile Phone Literacy Program on Educational Outcomes. NBER working paper, 2010.

19. Jensen, R. The Digital Provide: Information (Technology), Market Performance and Welfare in the South Indian Fisheries Sector. Quarterly Journal of Economics, August 2007: 879 - 924.

20. Jensen, R. & Richard Zeckhauser. What Information Technology Can Do for the World's Poor. The Economic Times (India), July 27, 2001.

21. Marie-Annick Moreau and Oliver T. CoomesSource. Structure and Organisation of Small-Scale Freshwater Fisheries: Aquarium Fish Collection in Western Amazonia Human Ecology Pedersen, Leon Holm. The Dynamics of Green Consumption: A Matter of Visibility? [J] Journal of Environmental Policy and Planning, 2 (3): 193 - 210, 2000.

22. Ma H, Rae A, Huang J, et al. Chinese animal product consumption in the 1990s [J]. Australian Journal of Agricultural and Resource Economics. 2004, 48(4): 569 - 590.

23. Martin S P. Is the digital divide really closing? A critique of inequality measurement in a nation online [J]. IT & Society, 2003, 1(4) : 1 - 13.

24. Muto, Megumi, Takashi Yamano. The Impact of Mobile Phone Coverage Expansion on Market Participation: Panel Data Evidence from Uganda. World Development. 2009.

25. OECD - FAO. Agricultural Outlook 2013 - 2022 [R]. Rome : 2013

26. QIN TU, Erwin Bulte. Trust, Market Participation and Economic Outcomes: Evidence from Rural China. World Development. Vol. 38, No. 8: 1179 - 1190.

27. Do Thi Thanh Vinh. Aquaculture in Vietnam: Development in Practice [J]. World Development. Vol. 16, No. 5 (Aug, 2006): 8.

28. Suresh Chandra Babua, Alisher Tashmatovb. Attaining Food Security in Central Asia-Emerging Issues and Challenges for Policy Research. Food Policy [J], 1999, 24: 51 - 55.

29. Sven O Kullander. Chinese Freshwater Fishes: Research Priorities in Fish Biology and Informatics at the Aquatic Frontier. Proceedings of an INCO - DEV Workshop convened Beijing, China. 7 - 11 December, 2000.

30. ang Q, Fuller F, Hayes D, et al. Chinese consumer demand for animal products and implications for US pork and poultry exports [J]. Journal of Agricultural and Applied Economics, 1998, 30: 127 - 140.

31. Department Of Animal Husbandry, Dairying & Fisheries Ministry of Agriculture. 2011 - 2012 Annual Report India.

32. 2010 年印尼提高水产养殖产量目标. http://www. foodmate. net/news/guoji/2010/01/155202. html.

33. 中华人民共和国国家统计局. 中国统计年鉴. 2011 - 2015.

34. 农业部渔业渔政管理局. 中国渔业统计年鉴. 2011 - 2015.

35. FAO渔业数据库

36. 曹唐哲,王科.当代中国政府管制研究述评——背景、表现和问题.江苏社会科学.2003(3)：100－106.

37. 陈洁,罗丹,等.中国淡水渔业发展问题研究,上海远东出版,2011.

38. 陈洁.我国大宗淡水鱼产业链面临的问题.中国渔业报,2014－02－17(B04).

39. 陈洁.我国大宗淡水鱼类产业面临的资源环境制约.中国渔业报,2014－03－31(B04).

40. 陈洁,张静宜.消费者的水产品消费调查.科学养鱼,2013(3)：81－82.

41. 陈洁,朱玉春,罗丹,等.中国淡水鱼养殖业的科技瓶颈与突破.管理世界,2010(11)：61－67.

42. 陈洪大.挪威水产品质量安全监管体系的调研报告.现代渔业信息.2007,22(11)：15－17.

43. 陈蓝荪.中国罗非鱼产业可持续发展的政策建议(上).科学养鱼,2011(11)：1－4.

44. 陈蓝荪.中国罗非鱼产业可持续发展的政策建议(中).科学养鱼,2011(12)：1－4.

45. 陈蓝荪.中国罗非鱼产业可持续发展的政策建议(下).科学养鱼,2012(1)：2－5.

46. 陈思行.挪威渔业管理概述.海洋渔业,2002(1)：47－50.

47. 陈星,缪忠明,钱慧.从农产品质量安全角度探析水产养殖中的几个关键制约因素.农村经济与科技.2011,22(12)：31－32.

48. 陈锡文,等.中国食品安全战略研究.化学工业出版社,2004.

49. 陈毅德,郭睿.挪威渔业信息管理考察报告.中国渔业经济研究.1999(4)：32－33.

50. 陈永福.中国食物供求与预测.中国农业出版社,2004.

51. 陈泽民.食品安全缘何专家"失声"?.企业观察家,2011(07)：58.

52. 成功.致癌疑云,被夸大的恐慌.南方周末,2006年3月6日.

53. 成黎,谭锋.中国水产品质量安全现状及改善和控制措施.食品科学,2009,30(23)：465－469.

54. 东盟渔业面面观.http://www.caexpo.com.

55. 董楠楠.近二十年来消费结构变化对中国水产品需求的影响.生产力研究,2006(5)：88－89.

56. 董银果.食品国际贸易规制述评.西北农林科技大学学报,2005,33(9).

57. 樊旭兵.中国罗非鱼：21世纪的中国献给世界的鱼.水产前沿,2011(1,2).

58. 方金.基于产业组织理论的水产品质量安全管理模式构建.山东经济,2008,24(3)：49－55.

59. 冯锦龙.江苏省水产品批发市场浅谈.中国水产,1996(5).

60. 高强,史磊.我国水产品出口增长的影响因素及国际竞争力分析.中国渔业经济,2008(4)：52－57.

61. 高雁.饲料与水产品安全及其解决思路.饲料工业,2008,14.

62. 戈贤平.我国大宗淡水鱼产业现状与发展方向.渔业致富指南,2013(14)：17－21.

63. 耿献辉,周应恒.我国水产品质量安全问题发生原因解析.北京水产,2003(2).

64. 郭勇.水产养殖用药现状及管理对策.河北渔业,2003(5).

65. 阁宽洪,郁桐炳.浙江青田"稻鱼共生"系统发展的新方式一从传统田鱼生产到现代渔业文化产业.中国渔业经济,2009(1)：25－28.

66. 黄河,李军波.修改与完善《农业法》若干法律制度的思考.河北法学,2007(2).

67. 黄季焜,胡瑞法.农业科技投资体制与模式:现状及国际比较.管理世界. 2000(5)

68. 胡求光.结构因素、需求变动与中国水产品出口贸易研究.经济科学出版社.2009 年 6 月.

69. 黄祥祺.开放三十年我国水产业发展的政策回顾.中国渔业经济,2008(4):11-15.

70. 黄家寿,黄声兰,陈云飞.农产品信息搜寻问题分析.热带农业工程,2008(12):37-39.

71. 江艳华,姚琳,李晓川,朱文嘉,宋春丽,王联珠.美国水产品质量分级研究及其对我国的启示.中国渔业质量与标准,2011,01(2):44-49.

72. 蒋高中.20 世纪中国淡水养殖技术发展变迁研究.南京农业大学博士论文.2008.

73. 蒋竞,白军飞,张彩萍.北京市家庭水产品在外消费的影响因素分析.中国渔业经济, 2010(2):139-145.

74. 江为民,肖光明.关于我国水产品质量安全问题及应对措施.内陆水产.2008(1): 7-10.

75. 姜胜洪.近期我国社会谣言传播的特点、形成原因及对策研究.红旗文稿.2011(16): 28-31.

76. 居占杰,刘兰芬.国外技术性贸易壁垒对中国水海产品出口的影响及应对策略.世界农业,2009,10:14-17.

77. 柯缇祖.网络舆论:民意的"自由市场"?.人民日报海外版.2011 年 9 月 2 日第 07 版.

78. 柯文.从日本水产品质量管理和监控体系看我们的发展方向.中国水产.2004(4): 16-18.

79. 乐家华.世界水产养殖业发展现状、趋势及启示.中国渔业经济,2010,28(6):50-55.

80. 李德玉,傅崇辉,李玉柱.未来人口变化与消费方式转换对我国渔业资源的影响.中国渔业经济,2004(6):22-25.

81. 李东明.日本水产品管理机构简介.中国国门时报,2007 年 3 月 14 日第 3 版.

82. 李继龙,王国伟,杨文波,张彬,刘海金.国外渔业资源增殖放流状况及其对我国的启示.中国渔业经济,2009(3):111-123.

83. 李俊岭.我国多功能农业发展研究——基于产业融合的研究.农业经济问题,2009(3): 53-55.

84. 李凯年.国外食品卫生安全管理动态与发展趋势.世界农业,2004(12):18-20.

85. 李林.中国法治发展报告(2011).北京:社会科学文献出版社,2011.

86. 李琪."地菜有毒"是谣言,警方介入调查.三湘都市报,2012-3-25:02 版.

87. 李明华.未来 20 年世界鱼类生产的问题和趋势.中国渔业经济,2004(5):53-55.

88. 李天.水产品质量安全问题的主要类别及综合治理.中国渔业经济,2007(6):50-51.

89. 李亚男.我国网络媒体在食品安全事件中的报道框架研究——以三鹿奶粉事件为例.中国科学技术大学硕士学位论文.2010.

90. 李艳艳.手机在农村信息化过程中的角色探讨.今传媒,2009(12):89-90.

91. 李颖洁.加强水产品质量安全管理提高水产品国际竞争力的研究.对外经贸大学.2002

92. 李清.日本水产技术研究和推广概况.世界渔业,2013(4):33-36.

93. 李来好,等.水产品安全与质量监控发展现状与趋势.水产研究,2005(3):12-16.

94. 李响,傅新红,吴秀敏.全农产品供应意愿的影响因素分析.农村经济,2007(8):18-21.

95. 李文雯.加大渔用药物监管力度保证水产品质量安全.北京市水产,2007(1):4-6.

96. 李健华. 新中国渔业伴随共和国成长. 中国水产,2009(10):2-3.

97. 李雪松,詹姆斯·郝克曼. 选择偏差、比较优势与教育的异质性回报:基于中国微观数据的实证研究. 经济研究. 2004(4).

98. 李应仁. 美国的食品安全体系. 曾一木,译. 世界农业,2001(4):13-14.

99. 李清. 日本水产品质量安全监管现状. 中国质量技术监督,2009(6):78-79.

100. 刘文君. 日本重视水产品质量安全监管. 中国包装. 2011(8):31-33.

101. 凌申. 美国休闲渔业发展经验对长三角的启示. 世界渔业,2012(6):46-48.

102. 林建斌. 水产饲料安全与水产品质量. 水利渔业. 2008(2).

103. 林海蓉,关丽丽. 国际水产品贸易中的技术性贸易壁垒研究. 现代商业,2008,(30):120.

104. 林洪,李萌,曹立民. 我国水产食品安全与质量控制研究现状和发展趋势. 北京工商大学学报:自然科学,2012,30(1):1-5.

105. 刘聪. 渔业科技成果转化中存在的问题及其对策. 中国渔业经济,2009(4):62-66.

106. 刘国恩,William H. Dow,傅正泓,John Akin. 中国的健康人力资本与收入增长. 经济学季刊,2004(4-1).

107. 刘生龙. 教育和经验对中国居民收入的影响——基于分位数回归和审查分位数回归的实证研究. 数量经济技术经济研究,2008(4).

108. 刘景景. 2012年我国水产品市场形势分析与展望. 中国食物与营养.,2013(2):45-49.

109. 刘琳. 食品安全的社会监督研究. 中南大学硕士学位论文,2009.

110. 刘锐,李冉,陈洁. 我国水产品消费特征及增长潜力. 农业展望,2011(3):53-58.

111. 刘雅丹. 澳大利亚休闲渔业概况及其发展策略研究. 中国水产. 2006(3).

112. 刘雅丹. 中国水产品质量管理体系简介. 中国动物保健. 2000(10):33-34.

113. 刘绚,等. 我国水产饲料工业的现状、存在问题和对策. 渔业现代化. 2005(2).

114. 卢东,等. 中国水产品质量安全与有机水产养殖探讨. 中国人口·资源与环境,2005(2).

115. 卢昆,孙吉亭. 新时期我国水产养殖业发展路径与政策选择探析. 中国渔业经济,2008(6):29-38.

116. 卢凌霄,宋芝平. 调整食品消费结构促进水产品消费. 渔业经济研究. ,2009(4):6-9.

117. 卢卫平,吴维宁. 再论水产电子商务与网上渔市. 上海水产大学学报,2004(9).

118. 卢卫平,吴维宁. 再论水产电子商务与网上渔市. 上海水产大学学报,2004(9):244-249.

119. 路世勇,林洪. 我国水产业发展的战略取向——从比较优势到竞争优势. 中国渔业经济,2005(5):6-9.

120. 陆杰华,王广州,李建新,等. 经济转型期我国人口变化对水产品消费的影响. 经济问题,2002,4:11-13.

121. 马光荣,杨恩艳. 社会网络、非正规金融与创业. 经济研究. 2011(3):83-94.

122. 马骥,秦富. 消费者对安全农产品的认知能力及影响因素. 中国农村经济. 2009(5):26-33.

123. 马立军,吴光红. 日本水产品质量安全卫生管理及技术法规和标准现状介绍. 科学养鱼. 2005(12):6-7.

124. 美国卫生部.加强食品供应安全.国际商报,2003.10.15：11-12.

125. 美国休闲渔业现状.http://www.shac.gov.cn/fwzx/hwzc/scyhy/200712/t20071214_202581.htm.

126. 门玉峰.北京市食品安全的媒体适度监督作用研究.中国商界,2010(04)：9-12.

127. 孟祥云,连珂.科技进步与经济增长互动关系影响研究.中国统计出版社,2005年5月第1版.

128. 穆迎春,等.国内外水产品质量安全检验检测体系现状分析与对策研究.中国水产,2008(8)：19-21.

129. 沐彬.我国食品安全报道研究.暨南大学硕士学位论文.2008.

130. 农业部.中长期渔业科技发展规划(2006~2020).2008

131. 牛林伟,张晓忠.基于供应链的水产品质量安全控制体系探究.河北农业大学学报：农林教育版,2011,13(4)：499-502.

132. 欧盟补贴政策.http://www.iolaw.org.cn/showArticle.asp?id=3389.

133. 欧盟生态标签扩大至食品.http://www.ce.cn/cysc/agriculture/gdxw/201009/19/t20100919_20506340.shtml.

134. 保罗·莱文森.手机：挡不住的呼唤.何道宽,译.中国人民大学出版社,2004：108-109.

135. 卜丽媛.食品安全事件中的网络舆论监督.南京师范大学硕士学位论文.2011.

136. 全景网.2009.http://www.p5w.net/zt/dissertation/finance/200909/t2551461.htm.

137. 乔翔.论我国现代渔业金融支持政策的总体趋向.中国渔业经济,2009(1)：55-59.

138. 邓曲恒.城镇居民与流动人口的收入差异——基于 Oaxaca-Blinder 和 Quantile 方法的分解.中国人口科学,2007(2).

139. 任爱景,杨正勇,戴亚娟,等.我国水产品需求预测研究.上海海洋大学学报,2012(01)：145-150.

140. 任波.食品安全脆弱的神经：被遗忘的海城事件.财经,2003(11)：16-24.

141. 山世英.中国水产业的经济分析和政策研究.浙江大学出版社,2007.

142. 世界银行.1997年世界发展报告——变革世界中的政府.蔡秋生,等,译.北京：中国财政经济出版社,1997.

143. 世界各国和地区渔业概况研究课题组.世界各国和地区渔业概况.海洋出版社,2003.

144. 食物消费升级模式与粮食安全政策分析评估课题组.中国农民食物消费研究.北京：中国农业出版社,2007.

145. 宋怿,黄磊,穆迎春.我国水产品质量安全监管现状及对策.农产品质量与安全,2010(6)：19-21.

146. 宋春丽,等.中国和CAC、美国、欧盟、加拿大、日本水产品质量分级标准比较分析.中国渔业质量与标准,2012,02(1)：7-17.

147. 宋亮,罗永康,沈慧星.水产品安全生产的现状和对策.中国食品卫生杂志,2006,18(5)：445-449.

148. 孙喜模,刘欠非,宋怿,等.挪威水产品的质量管理体系.中国质量,2000(1)：15-17.

149. 孙建富,鹿丽.我国水产品质量安全问题探析.大连海事大学学报(社会科学版).2008,7(3)：124-127.

150. 孙建富,鹿丽.中国水产品消费市场影响因素分析.大连海事大学学报,2007,12：

418

98 - 100.

151. 孙琛,车斌. 中国水产品市场与政策. 杨凌：西北农林科技大学出版社,2005.

152. 孙月娥,李超,王卫东. 我国水产品质量安全问题及对策研究. 食品科学,2009(21)：493 - 497.

153. 谭城,张小栓. 我国城镇居民水产品消费影响因素分析. 中国渔业经济,2005,5：41 - 43,36.

154. 谭向勇,辛贤,等. 中国主要农产品市场分析. 北京：中国农业出版社,2001.

155. 唐议,段国庆. 我国水产品质量安全保障体系的差距分析. 江苏农业科学,2010(5)：426 - 430.

156. 唐云华. 发达国家对食品安全管理机构和职能的整合. 中国工商管理研究,2004(5)：15 - 19.

157. 王福林,张禹辰. 国外休闲渔业管理综述. 中国渔业经济. 2013(1).

158. 王坤,平瑛. 水产品消费需求影响因素的计量经济模型分析. 中国农学通报. 2012(35)：102 - 106.

159. 王丽波,杨子江. 当前我国渔业发展的主要特点及问题探讨. 中国渔业经济,2008(5)：34 - 38.

160. 王世表,李平,宋怿,等. 挪威渔业产品质量安全管理机制及其启示. 农业质量标准,2008(6)：46 - 48.

161. 王世表,宋怿. 我国渔业产品质量安全管理机制的构建与完善. 渔业经济研究,2010(1)：3 - 7.

162. 王伟,糜志勤,王章红,等. 中国农业科技创新能力评价. 科技导报,2009,27(12)：104 - 105.

163. 王玉堂. 国内外水产品市场分析. 中国水产,2004(4)：19 - 21.

164. 王志刚,翁燕珍,毛燕娜. 消费者对 HACCP 认证的支付意愿——基于北京乳制品市场的调查. 中国食品学报,2007(1)：12 - 17.

165. 王坤,平瑛. 水产品消费需求影响因素的计量经济模型分析. 中国农学通报,2012,28(35)：102 - 106.

166. 王娜娅,陈小影,曾剑,等. 透过媒体报道看我国食品安全现状. 温州农业科技,2010(1)：13 - 16.

167. 王兆华,雷家骕. 主要发达国家食品安全监管体系研究. 中国软科学,2004(7)：19 - 24.

168. 王永强,王勇,李春猛. 加强水产品质量安全管理,促进养殖业可持续发展. 齐鲁渔业,2005,22(3)：39 - 40.

169. 王辉. 我国水产品质量检测体系中存在的问题与对策探讨. 甘肃农业,2006(1)：100.

170. 魏宝振. 改革开放三十周年全国水产技术推广体系成就回顾. 中国渔业报,2009 年 1 月 17 日.

171. 吴洪喜,徐君. 美国水产品质量管理考察报告. 现代渔业信息. 2007,22(2)：10 - 13.

172. 吴恒. 易粪相食,终将集体中毒. 中国食品报,2011 年 6 月 30 日.

173. 吴翔,胡楚青. 中国百姓看食品安全. 生命时报,2007 年 1 月 2 日第 1 版.

174. 谢一荣,等. 水产饲料安全的隐患与对策. 广东饲料,2007(1)：17 - 19.

175. 休闲渔业得益于战略性发展规划—美国日本成功模式启示录. http://www. ysfri. ac. cn/Newshow. asp-showid＝687＆signid＝25. htm.

176. 吴慧曼,卢凤君,李晓红,等.我国大宗淡水鱼流通产业链问题研究.中国渔业经济,2010(6):44-49.

177. 吴湘生.中国水产品市场报告.江西饲料,2006(2):28-30.

178. 吴艳玲.浅谈我国水产业发展现状及趋势.吉林畜牧兽医,2005(5):1-3.

179. 肖舒楠.批评有效40.4%中国网友承认偏好分享负面评论.中国青年报,2010年8月3日F-02版.

180. 徐海龙,张桂芬,王晓蕾,等.中日渔业法律法规及管理对比分析.中国水产,2011(9):3-6.

181. 徐晓新.中国食品安全问题:问题、成因、对策.农业经济问题.2002(10):37-41.

182. 薛贝,郑建中,程景民.美国"调查性报道"理论对我国食品安全危机舆论监督的启示.中国医疗前沿,2012(05):88-89.

183. 姚娟.当前食品安全报道存在的问题.新闻实践,2011(07):42-44.

184. 杨善华,朱伟志.手机:全球化背景下的主动选择——珠三角地区农民工手机消费的文化和心态解读.广东社会科学,2006(2):168-173.

185. 杨立岩,潘慧峰.人力资本、基础研究与经济增长.经济研究,2003(4).

186. 杨林,贾明秀.从美国加拿大财政支渔政策演变历程看渔业补贴之存在性.国外渔业,2005(5):68-70.

187. 杨先乐,等.我国渔药使用现状、存在问题及对策.上海水产大学学报,2007(4).

188. 黄艳平,等.水产动物疾病控制的研究和进展.上海水产大学学报,2004(3).

189. 杨子江.关于中国渔业改革与发展三十年的对话.中国渔业经济,2008(4):94-112.

190. 杨丽.美国食品安全.中国食物与营养,2004(6):16-19.

191. 叶永茅.中国食品安全监管现状及发展趋势.药品评价,2004,1(5):323-329.

192. 殷绮.新媒体时代的食品安全舆论监督与引导.新闻研究导刊,2011(12):21-23.

193. 叶芳.正确发挥媒体的舆论监督作用——兼谈食品安全报道.青年记者,2009(01下):36-38.

194. 叶良.非关税壁垒对我国水产品贸易的影响.上海海洋大学硕士学位论文.2008.

195. 越南鲇鱼营销:倾全国之力,低价再低价.http://www.fishfirst.cn/article-5688-1.html.

196. 世界各国和地区渔业概况研究课题组.世界各国和地区渔业概况.北京:海洋出版社,2003.

197. 于孝东,等.我国水产用药的现状与分析.北京市水产,2001(4):6-7.

198. 于晓清,陈伟杰,刘天红,等.我国水产品健康养殖与食品安全发展初步研究.中国渔业质量与标准,2011,01(2):34-37.

199. 余艳玲,张永德.越南渔业概况.中国水产,2013(3):34-36.

200. 岳冬冬,张锋,王鲁民.水产养殖合作组织化与水产品质量安全刍议.中国农业科技导报,2012,14(6):139-144.

201. 张国霞.论舆论监督对食品安全的作用.中国食品药品监管,2006(04):10-11.

202. 张晓凤,赵建欣,朱璐华,等.农户安全农产品供给的影响因素分析.安徽农业科学,2010,38(14):7591-7594.

203. 张振,乔娟,黄圣男.基于异质性的消费者食品安全属性偏好行为研究.农业技术经济.2013(5):95-104.

204. 张兰兰.食品安全报道舆论监督的负面效应及其心理安抚——以"三鹿毒奶粉事件"和

"蛆虫橘子事件"为例. 洛阳师范学院学报. 2009(02)：101－104.

205. 赵秀秀,杨德利. 加快中国水产品消费发展的几点思考.山西农业科学,2010,38(3)：65－67.

206. 赵晓宏,马兆庆. 我国渔业补贴政策的局限性及其对策分析.山东经济战略研究,2006(3)：40－42.

207. 曾理,叶慧珏. 尴尬的食品安全报道——从不规范的媒体行为到不健全的信息传播体系.新闻记者.2008(01).

208. 曾峻. 相对集中行政处罚权与中国行政执法体制的改革：以城市管理为例.政治学研究,2003(4)：85.

209. 曾建清,李播. 浅析流通领域商品质量检验机构改革的基本想法.中国工商管理研究. 2003(8)：64.

210. 中国工程院重大咨询项目"中国养殖业可持续发展战略研究项目组". 中国养殖业可持续发展战略研究(水产养殖卷).中国农业出版社,2013.

211. 中国农业展望报告(2014－2023).北京：中国农业科学院农业信息研究所,2014.

212. 中国互联网络信息中心. 第 34 次中国互联网络发展状况统计报告.互联网天地,2014(7)：7.

213. 中国水产科学院. 中国水产资源开发利用的经济问题.北京：海洋出版社,1987.

214. 郑岩. 当前食品安全报道的误区与对策.传媒观察,2012(3)：22－23.

215. 周洁红,姜励卿. 食品安全管理中消费者行为的研究与进展.世界农业,2004(10)：22－24.

216. 朱永波. 我国鲜活农产品流通渠道现状、问题和对策.山西财经大学硕士学位论文.2009.

217. 周应恒,霍丽玥. 食品安全经济学导入及其研究动态.现代经济探讨,2004(8)：25－27.